高职会计专业项目化课程改革系列教材

总主编　陈　丽

财务会计实务与实训

主编　郭红梅　孙　静

立信会计出版社
LIXIN ACCOUNTING PUBLISHING HOUSE

图书在版编目(CIP)数据

财务会计实务与实训 / 郭红梅,孙静主编. —上海:立信会计出版社,2015.4
高职会计专业项目化课程改革系列教材
ISBN 978-7-5429-4538-9

Ⅰ.①财… Ⅱ.①郭… ②孙… Ⅲ.①财务会计—高等职业教育—教材 Ⅳ.①F234.4

中国版本图书馆CIP数据核字(2015)第073430号

策划编辑　余　榕
责任编辑　余　榕
封面设计　周崇文

财务会计实务与实训

出版发行	立信会计出版社		
地　　址	上海市中山西路2230号	邮政编码	200235
电　　话	(021)64411389	传　　真	(021)64411325
网　　址	www.lixinaph.com	电子邮箱	lxaph@sh163.net
网上书店	www.shlx.net	电　　话	(021)64411071
经　　销	各地新华书店		

印　　刷	常熟市梅李印刷有限公司	
开　　本	787毫米×1092毫米	1/16
印　　张	24.25	
字　　数	591千字	
版　　次	2015年4月第1版	
印　　次	2016年1月第2次	
印　　数	3 101—6 200	
书　　号	ISBN 978-7-5429-4538-9/F	
定　　价	45.00元	

高职会计专业项目化课程改革系列教材

编 委 会

GENERAL PREFACE 总　序

2014 年 5 月，国务院颁布《国务院关于加快发展现代职业教育的决定》，要求专科高等职业院校要密切产学研合作，培养服务区域发展的技术技能人才。因此，高职会计专业应当以培养高端技术技能型人才为目标。这就要求会计专业教学在兼顾会计基本原理的基础上，注重学生会计实务操作能力的培养，同时加强学生会计基本技能的训练。教材在会计教学中起着至关重要的作用，优秀实用的教材不仅能够帮助教师进行课程教学设计和实施，而且能够指导学生课前预习、课中自学和课后训练，最终实现上述教学目标。基于此，我们组织行业企业专家及专业骨干教师编写了本系列教材。

本系列教材以"能力导向、项目（任务）载体、素养贯穿、课证结合"作为整体设计理念并确定基本框架和结构，是进行项目导向、任务驱动等"教学做"一体的教学模式改革的阶段性成果，也是校企深度合作的成果体现。本系列教材具有以下特色：

一是在内容设计上，突出了学生实务操作能力的培养，同时兼顾学生考证的需要。从内容上看，本系列教材提供了大量企业经营中涉及的原始凭证，帮助学生在进入工作岗位时能直接根据原始凭证识别经济业务，避免了教学中过多使用文字叙述经济业务的弊端；明确区分了会计的日常业务和期末业务内容，使学生对会计工作的日常处理和期末处理能够有较为完整的理解；通过内容对接和习题训练，将课程教学与学生会计从业资格考试和会计专业技术资格考试密切结合。

二是在结构设计上，将学生职业素养的培养贯穿始终。从结构上看，本系列教材根据会计岗位任职要求设计了若干项目和任务，每个任务以"任务布置"作为引导,后面进一步为学生完成任务提供"知识链接"。值得一提的是,本系列教材在每个任务下为每个教学单元设计了子任务。课前学生通过自学知识链接分组完成每个单元的子任务;课上学生展示任务成果并与教师和其他同学讨论,之后由教师进行点评和知识要点总结;课后学生通过完成教材提供的对应实训项目进一步巩固知识和能力。总之,上述设计方便教师采用"教学做"的教学模式开展教学,使学生在训练会计实务操作能力的同时提升计算机办公软件应用能力、团队协作能力、交流能力、表达能力等职业素养。

本系列教材作为校本教材,已在山东外贸职业学院会计专业和会计电算化专业 2011 级、2012 级和 2013 级学生中使用。本系列教材在使用过程中不断征询学生、相关授课老师和校外行业企业专家的意见和建议,每次课程结束时都对学生进行问卷调查,并根据他们提出的意见和建议进行了多次修改。

本系列教材理论与实务相结合,习题、实训及其答案、ppt 课件一应俱全,能够充分满足高职层次学生提升操作能力和学习知识的需要。因此,授课教师普遍反映本系列教材是课程教学的好帮手;学生也喜欢使用本系列教材上课,可以大幅提高学习效率和效果,毕业后也能迅速适应会计岗位工作。

本系列教材的出版得到了立信会计出版社的大力支持,特别是余榕编辑的大力协助才促使本系列教材得以顺利出版,在此致以衷心的谢意。

本系列教材所做的探索是初步的,由于编者水平有限,教材中难免有考虑不周甚至错误之处,敬请读者批评指正。

编委会

FOREWORD 前　言

根据国家对高职教育的要求，鼓励高职院校的毕业生毕业后直接从事岗位工作，结合高职院校财会专业学生的学习特点和就业要求，为更有利于他们毕业后从事会计岗位工作，我们设计编写了本教材。

本教材分为上、下两篇：实务篇和实训篇；包括5个基本会计岗位，下设11个会计核算项目。实务篇模拟企业发生的实际经济业务，以真实的会计工作岗位为项目导向下的任务驱动式教学思想确定基本框架，将学生职业素养的培养贯穿整本教材，是“财务会计”课程改革的阶段性成果。岗位1为往来岗位（项目1　往来岗位）；岗位2为财产物资岗位（项目2　存货岗位、项目3　固定资产岗位、项目4　无形资产岗位）；岗位3为资金岗位（项目5　负债筹资岗位、项目6　权益筹资岗位、项目7　交易性金融资产岗位、项目8　长期股权投资岗位）；岗位4为财务成果岗位（项目9　财务成果岗位）；岗位5为财务报表岗位（项目10　财务报表岗位）。每个项目下根据不同的内容设不同的任务，在每个任务下根据高职学生的特点和认知规律，配合学生技能培养和知识学习的需要，设置了若干个子任务。实务篇要求学生在了解实际设置的会计工作岗位，并在掌握每个岗位的会计核算职责的基础上，进一步掌握每个会计岗位的基本会计核算。在实务篇末，还列出了分项目练习题，以便学生巩固和检验所学。实训篇（项目11　综合实训）是根据实务篇的项目内容设计的综合实训项目，为教师教学和学生完善所学知识提供实训资料。

本教材由郭红梅、孙静老师担任主编，负责确定整本教材的基本框架结构，并对书稿进行最后的统编和总纂；由王雪梅、孙玉红任副主编。

本教材的具体编写分工如下：实务篇由郭红梅、孙静、王雪梅、孙玉红、孙中平、徐烨、袁东霞、杨智慧老师编写，实训篇由孙静、郭红梅老师编写。

在本教材的编写过程中，山东省国际贸易集团孙志海总经理助理、青岛可信财税事务所有限公司朱海燕总经理提出了宝贵意见，山东外贸职业学院财会金融系主任陈丽和会计、会计电算化教研室其他老师也对本教材给予了大力支持和帮助，在此深表谢意！

本教材适用于所有学完"基础会计"课程的学生，特别是高职财会专业及其相关专业的学生。

本教材所做的探索是初步的，由于时间仓促，加之编者水平有限，教材中难免有考虑不周甚至不当之处，敬请读者批评指正。

编　者

2015年3月

CONTENTS 目　录

上篇　实　务　篇

下篇　实　训　篇

上篇　实务篇

导视图

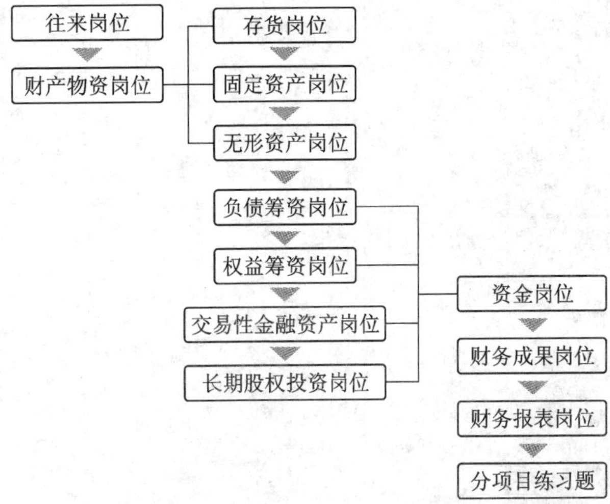
往来岗位
财产物资岗位
存货岗位
固定资产岗位
无形资产岗位
负债筹资岗位
权益筹资岗位
交易性金融资产岗位
长期股权投资岗位
资金岗位
财务成果岗位
财务报表岗位
分项目练习题

项目 1

往 来 岗 位

能力目标

1. 能够准确地建立往来信息名录。
2. 能够正确地根据往来结算岗位的经济业务填制记账凭证。
3. 能够根据记账凭证正确地登记相应会计账簿并进行账证核对和账账核对。

知识目标

1. 掌握往来结算岗位的核算方法。
2. 熟悉往来结算岗位的岗位职责。
3. 了解往来结算岗位的重要性。

素质目标

1. 培养高尚的职业道德:讲诚信、遵纪守法等。
2. 积极启发学生主动地思考问题,培养学生分析问题和解决问题的能力。
3. 提升沟通技巧和团队协作精神。
4. 进一步培养学生严谨的工作态度。
5. 进一步培养学生自主学习能力。

任务 1.1　建立往来信息名录

一、任务布置

【任务 1-1】　建立往来信息名录

青岛宏达服装有限公司位于美丽的海滨城市——青岛,该公司主要经营服装的生产与销售业务,经过多年的经营与发展,资产及经营规模迅速扩大,业务频繁。该公司生产服装需要购买面料、胆料、里料、纽扣、拉链、缝纫线等原料与辅料,供货商主要有青岛汇智服装辅料有限公司、山东创新服装材料有限公司、兴达服装配料店、青岛欧华服装辅料有限公司、力星拉链厂、广州新盛服装辅料商行、广州圣园服装辅料商行等;公司生产的服装主要批发给上海泉海服装商贸公司、济南福民服装有限公司、广州四季青服装股份有限公司、上海大红门服装批发商行、成都荷花服装商贸公司、青岛美天服装店等。

2014 年 12 月，公司销售给济南福民服装有限公司衬衣 2 000 件、广州四季青服装股份有限公司 10 000 条西裤，金额分别为 234 000 元和 585 000 元，款项均未收到；烟台时尚股份有限公司预定春季流行服装 3 000 套，交付定金 100 000 元；销售给老客户上海泉海服装商贸公司牛仔裤一批，收到商业汇票一张，金额为 702 000 元；收到上海大红门服装批发商行 7 月欠的女裙款1 000 000元；收到青岛美天服装店的定金 10 000 元；发出成都荷花服装商贸公司 11 月预定的羽绒服 1 000 套，金额为 585 000 元，收到余款 500 000 元。

2014 年 12 月，公司从青岛汇智服装辅料有限公司赊购面料，价税合计为 58 500 元，开出一张面值为 58 500 元的商业汇票；从青岛欧华服装辅料有限公司购买一批胆料，价税合计为 234 000元，开出转账支票支付部分货款 12 000 元，其余暂欠；预付给兴达服装配料店 50 000 元里料的定金；支付 11 月欠力星拉链厂的货款 80 000 元；支付 9 月从山东创新服装材料有限公司购买纽扣的欠款 30 000 元；从广州新盛服装辅料商行购进缝纫线，价税合计为 3 510 元，款未付；11 月从广州圣园服装辅料商行购买的里料到货，补付广州圣园服装辅料商行里料的 40 000 元货款。

2014 年 12 月，员工贾红华月初从财务部门预借 8 000 元的差旅费；孙凡从财务部门借现金 50 000 元；收到青岛根香有限公司租赁设备的押金 100 000 元；归还青岛东明有限公司承租设备的押金 60 000 元；为金凤有限公司垫付审计费 20 000 元；从宾业租赁公司承租 10 台电脑，交付押金 20 000 元。

假如你是该公司的会计，根据给定的情境资料完成如下任务：

1. 公司的客户和供应商分别有哪些？两者有什么区别？

2. 对于赊购、赊销、预收款、预付款等业务，应该设置哪些账户来反映？有没有必要进行详细具体的反映？为什么？

3. 在以上分析的基础上，请同学们尝试填制往来信息一览表（见表 1-1）。

表 1-1　　往来信息一览表

编制单位：青岛宏达服装有限公司　　　　单位：元

应收账款			
序号	客户名称	金额	备注（账龄、信用等）
应收票据			
序号	客户名称	金额	备注（账龄、信用等）
预收账款			
序号	客户名称	金额	备注（信用等）

（续表）

应付账款			
序号	供应商名称	金额	备注（账龄、联系电话等）
应付票据			
序号	供应商名称	金额	备注（账龄、联系电话等）
预付账款			
序号	供应商名称	金额	备注（账龄、联系电话等）
其他应收款			
序号	单位（个人）名称	金额	备注（联系人、联系电话等）
其他应付款			
序号	单位名称	金额	备注（联系人、联系电话等）

注意：此表格中备注可根据实际情况增加相应的信息，另外，同学们也可以使用 Excel 表格分别建立客户、供应商等的财务信息档案。

二、知识链接

（一）往来结算的重要性

在市场经济条件下，企业与企业的经济往来更加频繁，不可避免地就会出现如“你欠我、我欠他”等现象，这种业务称为往来业务，当然，往来业务还包含诸如员工借款、预借差旅费等对内的业务。与往来业务有关的款项即往来款项。

往来款项是指企业在日常生产经营过程中发生的各种债权、债务款项，包括因采购而产生的应付账款、应付票据及预付账款，因销售而产生的应收账款、应收票据及预收账款，因代收、暂收产生的其他应付款，因代付、暂付、暂借而产生的其他应收款等。往来款项是企业资产负债管理中很重要的一个方面。

往来款项主要涉及企业跟客户与供应商之间的资金往来。企业原材料、设备等的供货商称为供应商;企业产品的销售对象称为客户。往来业务中欠款的支付、货款的回收等货币资金的清算称为往来结算。

往来款项属于流动性比较强的资产,仅次于货币资金,对企业的经济活动和企业的营运状况有重要的影响。它的项目往来反复,很容易发生错误。如果把企业比做一个人,那么资金就如同人身体里的血液,贯穿全身。如果人没有血液,就无法存活;同样,企业无资金,也无法运转。可见,资金对于企业很重要。譬如,收账环节如果不能及时有效地回笼资金,货款收不回来,就无钱购买材料、发放员工薪酬,进而无法进行生产,甚至导致企业倒闭、破产等。因此,对企业往来结算的管理必须引起足够的重视。

(二) 往来结算岗位职责

往来结算的岗位职责是建立往来款项结算制度、办理往来款项结算,以及进行往来款项的明细分类核算。它具体包括如下职责。

1. 进行客户/供应商档案管理

往来会计应根据企业的销售客户及供应商的档案资料,建立客户及供应商的财务信息档案。财务信息档案至少包括所属类别(客户/供应商)、所在地区、单位名称、信用记录、分管部门、联系人、电话等。某公司的客户档案信息与供应商档案信息见图 1-1。

客户档案

序号	选择	客户编码	客户名称	客户简称	地区名称	发展日期	联系人	电话	专营业务员名称	分管部门名称
1		001	华宏公司	华宏公司	华北地区	2010-03-09			王丽	销售部
2		002	昌新贸易公司	昌新贸易	华北地区	2010-03-12			王丽	销售部
3		003	精益公司	精益公司	华东地区	2010-03-12			孙健	销售部
4	Y	004	利氏公司	利氏公司	华东地区	2010-03-12			孙健	销售部

供应商档案

序号	选择	供应商编码	供应商名称	供应商简称	地区名称	发展日期	电话	联系人	专营业务员名称	分管部门名称
1		001	兴华公司	兴华公司	华北地区	2010-03-09			白雪	采购部
2		002	建昌公司	建昌公司	华北地区	2010-03-09			白雪	采购部
3		003	泛美商行	泛美商行	华东地区	2010-03-09			李平	采购部
4		004	艾德公司	艾德公司	华东地区	2010-03-09			李平	采购部

图 1-1 客户和供应商档案信息

2. 登记往来账簿

各相关部门及时将往来账项的原始记录传递到会计部门,(往来)会计定期对签章的单据进行审核并填制记账凭证,然后登记相关账簿。对购销业务以外的各项往来款项,要按照单位和个人分户设置明细账,根据审核后的记账凭证逐笔登记明细账及总账。

3. 依据谨慎性原则计提坏账准备

根据会计制度的规定,企业应于期末及时编制应收账款账龄分析报告,根据账龄分析表对应收款项计提坏账准备,并做好调整账务的工作。

4. 核对往来账

每个单位应根据业务量的大小,按月份、季度、半年度、年度定期对账,如发现问题应及时沟通,查找原因,保证双方账目余额一致。往来账的核对是一项系统的工作,而不是独立的工作,在与对方单位核对余额之前,应进行往来账自查。核对的技巧主要包括三点:往来账自查、余额核对、发生额核对。

温馨提示

(1) 往来账自查：审查往来账余额的大小及方向，看是否有不正常的余额和方向，如出现异常情况，应重点审查相应的明细账；审查明细账时，应当逐笔浏览该账户借贷方有无不正常的发生额，有无异常摘要。如果存在异常的发生额或者摘要等，应审查相应的记账凭证及原始凭证，以确定往来账无错记金额等错误。逐笔审查期初至期末业务的记账凭证及原始凭证，并记录日期、金额、发票编号等，以备在与对方单位对账时使用。

(2) 余额核对：在往来账自查无误的基础上，与对方单位进行余额核对，如果双方余额一致，则表明双方记录余额均无误；如果双方余额不一致，则要计算两者差额，并对差额的方向和大小进行分析，查看是否有与差额相同的业务发生，判断是否是未达账项。

(3) 发生额核对：双方余额不一致通常有很多原因，如果通过分析差额无法确定双方余额不一致的原因时，则需要进行发生额核对。核对发生额，有两种方法：一是核对本单位的往来账中借贷发生额，勾出借贷发生额对应的业务，此类业务对余额不产生影响，则问题可能存在于没有借贷对应关系的业务中，如此可缩小详细核对的范围，从而减少对账的工作量；二是核对双方的业务发生额，可不按照时间顺序逐笔核对，而分别核对借方发生额或者贷方发生额，如专门核对付款业务或专门核对购销业务，以确定双方是错记了收付款还是错记了购销业务。

5. 催收呆账

负责登记往来业务的会计应定期跟踪分析客户的欠款情况，应当将客户所欠的应收账款余额及时书面告知公司外销人员，以加速款项的回笼；对超期未还的应收款及时通知销售部门催收，防止出现坏账。对预借的差旅费，要督促及时办理报销手续，收回余额，不得拖欠，不准挪用。

任务 1.2　客户往来款的记录与核对

一、任务布置

【任务 1-2】　客户往来款的记录与核对

在[任务 1-1]中，青岛宏达服装有限公司已经列出了客户的相关信息，2014 年 12 月初，“应收账款”总账账户借方余额是 1 199 470 元，其中“应收账款——济南福民”账户借方余额为 32 000 元，“应收账款——广州四季青”账户借方余额为 87 650 元；“应收账款——上海大红门”账户借方余额为 1 000 000 元；“应收账款——上海泉海”账户借方余额为 79 820 元；“应收票据”总账账户借方余额为 278 000 元，其中“应收票据——广州四季青”账户借方余额为 152 000 元；“应收票据——上海泉海”账户借方余额为 126 000 元；“预收账款”总账账户贷方余额为 95 000 元，其中“预收账款——美天服装店”账户贷方余额为 10 000 元；“预收账款——成都荷花”账户贷方余额为 85 000 元。该公司 2014 年 12 月发生的经济业务如下：

(1) 5 日，销售裤子。有关单据见图 1-2。

青岛市增值税专用发票

3700032860　　此联不作报销、扣税凭证使用　　No001772040

开票日期:2014 年 12 月 05 日

购货单位	名　　称:广州四季青服装股份有限公司 纳税人识别号:440100661735752 地 址 、电 话:广州市番禺区沙头街工业区 12 号 020-89230476 开户银行及账号:工商银行广州分行番禺支行 4376428636945767865	密码区	1 6 1 4 9 3 5 8 9/>+<1 3 7 5<－< 加密版本号:01 *+－ －5 5 2－</4 9 2<－2 2－1 3　3700032860 －3－6 3>8 7 1 7 2 6 8 2 6 7 0<7+0　001772040 9/9 2/4 4>>0 9－ >9 8>><1				
货物或应税劳务名称	规格型号	单位	数量	单价	金额	税率	税额
裤子		条	10 000	50.00	500 000.00	17%	85 000.00
合计					¥500 000.00		¥85 000.00
价税合计(大写)	⊗伍拾捌万伍仟元整				(小写)¥585 000.00		
销售单位	名　　称:青岛宏达服装有限公司 纳税人识别号:370265473222354 地 址 、电 话:青岛市四方区瑞昌路 33 号 0532-84863333 开户银行及账号:工商银行青岛分行四方支行 4222987586543400890	备注	青岛宏达服装有限公司 发票专用章				

收款人:　　复核:　　开票人:王方　　销货单位(盖章):

国税函[2014]1232号青岛印刷厂

第一联 记账联 销货方记账凭证

图 1-2　增值税专用发票

(2) 5 日,销售衬衣。有关单据见图 1-3。

青岛市增值税专用发票

3700032861　　此联不作报销、扣税凭证使用　　No001772041

开票日期:2014 年 12 月 05 日

购货单位	名　　称:济南福民服装有限公司 纳税人识别号:370203167860763 地 址 、电 话:济南市历下区解放路 32 号 0531-86553006 开户银行及账号:中国银行济南分行解放路支行 6013800076020331892	密码区	1 6 1 4 9 3 5 8 9/>+<1 3 7 5<－< 加密版本号:01 *+－ －5 5 2－</4 9 2<－2 2－1 3　3700032861 －3－6 3>8 7 1 7 2 6 8 2 6 7 0<7+0　001772041 9/9 2/4 4>>0 9－ >9 8>><1				
货物或应税劳务名称	规格型号	单位	数量	单价	金额	税率	税额
衬衣		件	2 000	100.00	200 000.00	17%	34 000.00
合计					¥200 000.00		¥34 000.00
价税合计(大写)	⊗贰拾叁万肆仟元整				(小写)¥234 000.00		
销售单位	名　　称:青岛宏达服装有限公司 纳税人识别号:370265473222354 地 址 、电 话:青岛市四方区瑞昌路 33 号 0532-84863333 开户银行及账号:工商银行青岛分行四方支行 4222987586543400890	备注	青岛宏达服装有限公司 发票专用章				

收款人:　　复核:　　开票人:王方　　销货单位(盖章):

国税函[2014]1232号青岛印刷厂

第一联 记账联 销货方记账凭证

图 1-3　增值税专用发票

(3) 8 日，收到客户前欠货款。有关单据见图 1-4。

转账进账单（回单或收账通知）

2014 年 12 月 08 日　　　　**1**

签发人	全　称	广州四季青服装股份有限公司	收款人	全　称	青岛宏达有限公司
	账　号	4376428636945767865		账　号	4222987586543400890
	开户银行	工商银行广州分行番禺支行		开户银行	工商银行青岛分行四方支行

人民币（大写）	壹拾万元整	千	百	十	万	千	百	十	元	角	分
			¥	1	0	0	0	0	0	0	0
票据种类	转账支票										
票据张数	1 张										

中国工商银行青岛分行四方支行 2014.12.08 转账 转讫

单位主管：王强　会计：丁平　复核：王晓　记账：赵山　　　　收款人开户行盖章

此联是收款人开户银行交给收款人的回单或收账通知

图 1-4　转账进账单

(4) 10 日，销售牛仔裤。有关单据见图 1-5 和图 1-6。

青岛市增值税专用发票

3700032862　　此联不作报销、扣税凭证使用　　№001772042

开票日期：2014 年 12 月 10 日

购货单位	名称：上海泉海服装商贸公司 纳税人识别号：622854756253147 地址、电话：上海市浦东路 23 号 021-87256921 开户银行及账号：中国银行浦东支行 5608015998342897681	密码区	1 6 1 4 9 3 5 8 9/>+<1 3 7 5<－ < 加密版本号：01 ＊+－ － 5 5 2－ </4 9 2<－ 2 2－ 1 3　3700032862 － 3－ 6 3>8 7 1 7 2 6 8 2 6 7 0<7+0　001772042 9/9 2/4 4>>0 9－ >9 8>><1

货物或应税劳务名称	规格型号	单位	数量	单价	金额	税率	税额
牛仔裤		条	1 000	600.00	600 000.00	17%	102 000.00
合计					¥600 000.00		¥102 000.00
价税合计（大写）	⊗柒拾万贰仟元整				（小写）¥702 000.00		

销售单位	名称：青岛宏达服装有限公司 纳税人识别号：370265473222354 地址、电话：青岛市四方区瑞昌路 33 号 0532-84863333 开户银行及账号：工商银行青岛分行四方支行 4222987586543400890	备注	青岛宏达服装有限公司 发票专用章

收款人：　　复核：　　开票人：王方　　销货单位（盖章）：

国税函[2014]1232号青岛印刷厂

第一联 记账联 销货方记账凭证

图 1-5　增值税专用发票

银行承兑汇票 2

签发日期(大写)贰零壹肆年壹拾贰月壹拾日

第 IC0453 号

出票人全称	上海泉海服装商贸公司			收款人	全　称	青岛宏达服装有限公司		
出票人账号	5608015998342897681				账　号	4222987586543400890		
付款行全称	中国银行浦东支行	行号	2668		开户行	工商银行青岛分行四方支行	行号	2376

汇票金额	人民币(大写) 柒拾万贰仟元整	千	百	十	万	千	百	十	元	角	分
			¥	7	0	2	0	0	0	0	0

汇票到期日	贰零壹肆年零陆月壹拾日		承兑协议编号	00135
本汇票请你行承兑,到期无条件付款 (上海泉海服装商贸公司 财务专用章) 出票人签章 2014 年 12 月 10 日		本汇票已经承兑,到期日由本行付款 (中国银行浦东支行) 承兑行签章 承兑日期　2014 年 12 月 10 日 备注:	科目(借) 对方科目(贷) 转账　年　月　日 复核 王琳　记账 李涛	

此联是收款人开户行随委托收款凭证寄付款行作借方凭证附件

图 1-6　银行承兑汇票

(5) 15 日,收到客户前欠货款。有关单据见图 1-7。

转账进账单(回单或收账通知)

2014 年 12 月 15 日　　1

签发人	全　称	上海大红门服装批发商行	收款人	全　称	青岛宏达服装有限公司
	账　号	6503254562434832135		账　号	4222987586543400890
	开户银行	中国农业银行虎山路支行		开户银行	工商银行青岛分行四方支行

人民币(大写)	壹佰万元整	千	百	十	万	千	百	十	元	角	分
			¥	1	0	0	0	0	0	0	0

票据种类	转账支票	
票据张数	1 张	
单位主管:王强　会计:丁平　复核:王晓　记账:赵山		(中国工商银行青岛分行四方支行 2014.12.15 转账 转讫) 收款人开户行盖章

此联是收款人开户银行交给收款人的回单或收账通知

图 1-7　转账进账单

(6) 17 日,预收货款。有关单据见图 1-8。

转账进账单（回单或收账通知）

2014 年 12 月 17 日　　　　**1**

签发人	全称	青岛美天服装店	收款人	全称	青岛宏达服装有限公司
	账号	2564323876323461789		账号	4222987586543400890
	开户银行	农业银行青岛分行四川路支行		开户银行	工商银行青岛分行四方支行

人民币（大写）	壹万元整	千	百	十	万	千	百	十	元	角	分
				¥	1	0	0	0	0	0	0
票据种类	转账支票	中国工商银行青岛分行四方支行 2014.12.17 转账 转讫									
票据张数	1 张										
单位主管：王强　会计：丁平　复核：王晓　记账：赵山		收款人开户行盖章									

此联是收款人开户银行交给收款人的回单或收账通知

图 1-8　转账进账单

(7) 18 日，销售羽绒服。有关单据见图 1-9 和图 1-10。

青岛市增值税专用发票

此联不作报销、扣税凭证使用

3700032863　　　　№001772043

开票日期：2014 年 12 月 18 日

购货单位	名　　称：成都荷花服装商贸公司 纳税人识别号：510444256457689 地址、电话：成都市沙坪路 23 号 028-51452546 开户银行及账号：中国银行成都分行沙坪支行 6521455233634251723			密码区	1 6 1 4 9 3 5 8 9/>+<1 3 7 5<－ < 加密版本号：01 ＊+－ － 5 5 2－ </4 9 2<－ 2 2－ 1 3　3700032863 － 3－ 6 3>8 7 1 7 2 6 8 2 6 7 0<7+0　001772043 9/9 2/4 4>>0 9－ >9 8>><1		
货物或应税劳务名称	规格型号	单位	数量	单价	金额	税率	税额
羽绒服		套	1 000	500.00	500 000.00	17%	85 000.00
合计					¥500 000.00		¥85 000.00
价税合计（大写）	⊗伍拾捌万伍仟元整				（小写）¥585 000.00		
销售单位	名　　称：青岛宏达服装有限公司 纳税人识别号：370265473222354 地址、电话：青岛四方区瑞昌路 33 号 0532-84863333 开户银行及账号：工商银行青岛分行四方支行 4222987586543400890			备注	青岛宏达服装有限公司 发票专用章		

收款人：　　复核：　　开票人：王方　　销货单位（盖章）：

国税函[2014]1232号青岛印刷厂

第一联　记账联　销货方记账凭证

注：此笔业务已经预收 85 000 元。

图 1-9　增值税专用发票

委邮

委托收款凭证(收账通知)

4 委托号码:0013489

委托日期 2014 年 12 月 20 日

付款期限 2014 年 12 月 20 日

付款人			收款人				
付款人	全　称	成都荷花服装商贸公司	收款人	全　称	青岛宏达服装有限公司		
付款人	账号或地址	6521455233634251723	收款人	账　号	42229875865400890		
付款人	开户银行	中国银行成都分行沙坪支行	收款人	开户银行	工商银行青岛分行四方支行	行号	2376

委收金额	千	百	十	万	千	百	十	元	角	分
人民币(大写) 伍拾万元整		¥	5	0	0	0	0	0	0	0

款项内容	货款	委托收款凭据名称		附寄单证张数	1

备注:

上列款项
√1. 已全部划回收入你方账户。
2. 已收回部分款项收入你方账户。
3. 全部未收到。

中国工商银行青岛分行四方支行 2014.12.20 转账 转讫

收款人开户行盖章
2014 年 12 月 20 日

此联是收款人开户银行在款项收妥后给收款人的收账通知

单位主管　　会计　　复核　　记账　　付款人开户银行收到日期 2014 年 12 月 20 日
支付日期 2014 年 12 月 20 日

图 1-10　委托收款凭证

公司财务经理专门让实习生王涛负责有关客户往来款的记录与核对工作，包括根据发生的业务填制记账凭证，登记往来账户的总账与明细账并进行账证核对和账账核对。王涛完成得非常出色。如果你是王涛，你能胜任这份工作吗?

二、知识链接

(一) 应收及预收款项会计岗位职责

应收及预收款项会计岗位的具体职责如下:

(1) 会同有关部门建立健全应收及预收款项手续制度，拟定应收及预收款项管理与核算的具体办法。

(2) 根据会计制度规定，要求各业务环节必须提供真实合法的原始凭证，制定切合实际的凭证传递程序。

(3) 制定、审核应收催收措施，严格控制应收款项的机会成本。

(4) 负责应收及预收款项的有关原始凭证的审核、收回业务的明细分类核算。对应收款项要督促清理催收。

(5) 会同销售部门制订销售计划、销售价格。

(6) 做好应收款项期末计价工作，及时对应收款项进行分析，根据会计制度的规定，于期末及时对应收款项计提坏账准备并做好调整账务处理的工作。

(7) 及时提供预收款项的会计信息，以便及时根据合同发出商品。

（二）应收及预收款项的核算内容

1. 应收票据

【任务 1-2-1】 编制记账凭证

2014 年 3 月 1 日，青岛东兴股份有限公司财务部门取得的原始凭证有：①增值税专用发票的记账联（甲商品，数量为 1 000 件，单价为 96 元，增值税税率为 17%，增值税额为 16 320 元，购货方为济南广大有限公司）。②银行承兑汇票（出票人：济南广大有限公司；承兑行：中国银行济南分行历夏支行；面值：112 320 元；期限：3 个月）。③出库单（甲商品，实际成本为 62 000 元）。2014 年 6 月 1 日，公司收到转账进账单，金额为 112 320 元。

请根据以上语言描述的原始凭证分别编制销售时和收到货款时的记账凭证。

应收票据是指企业因销售商品、产品或提供劳务等收到的已承兑的商业汇票，包括商业承兑汇票和银行承兑汇票。企业收到应收票据时，按照票据的票面价值即票面金额入账。

温馨提示

商业汇票是指由出票人签发，由承兑人承兑，并于到期日向收款人或被背书人支付款项的一种票据。商业汇票按其承兑人的不同，可以分为商业承兑汇票和银行承兑汇票；按是否带息，可以分为带息商业汇票和不带息商业汇票。

为了反映和监督应收票据的取得和到期收回情况，企业应设置"应收票据"账户。该账户应按照商业汇票的种类设置明细账户，并设置"应收票据备查簿"来登记商业汇票的到期日、票面利率及贴现等情况。

不带息应收票据的业务流程及所涉及的原始凭证见图 1-11。

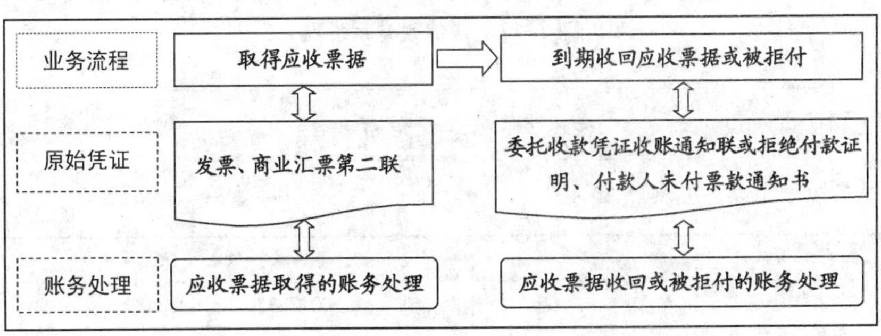

图 1-11 不带息应收票据的业务流程及所涉及的原始凭证

1）应收票据的一般账务处理

（1）一般账务处理方法。不带息票据的到期价值等于应收票据的面值。企业收到商业汇票时，按应收票据的面值，借记"应收票据"账户，按实现的营业收入，贷记" 主营业务收入"账户，按增值税专用发票上注明的增值税额，贷记"应交税费——应交增值税（销项税额）"账户。应收票据到期收回时，按票面金额，借记"银行存款"账户，贷记"应收票据"账户。商业承兑汇票到期，承兑人违约拒付或无力偿还票款，收款企业应将到期票据的票面金额转入"应收账款"账户。

（2）实训例题。

【例 1-1】 2014 年 10 月 1 日，青岛东方股份有限公司销售水泥，收到银行承兑汇票。有关原始凭证见图 1-12 和图 1-13。

青岛市增值税专用发票

此联不作报销、扣税凭证使用

3700257691　　　　No001893254

开票日期:2014 年 10 月 01 日

购货单位	名　　称:山东外贸公司 纳税人识别号:370220345065879 地址、电话:青岛市市南区香港中路 57 号 0532-87690225 开户银行及账号:交通银行青岛分行市南支行 6222601010011873474	密码区	16149358 9/>+<1375<-< 加密版本号:01 *+--552-</492<-22-13 3700257691 -3-63>87172682670<7+0 001893254 9/92/44>>09->98>><1

货物或应税劳务名称	规格型号	单位	数量	单价	金额	税率	税额
水泥	227	吨	2 000	40.00	80 000.00	17%	13 600.00
合计					¥80 000.00		¥13 600.00
价税合计(大写)	⊗玖万叁仟陆佰元整				(小写)¥93 600.00		

销售单位	名　　称:青岛东方股份有限公司 纳税人识别号:370256231000769 地址、电话:青岛市市北区镇江路 35 号 0532-84863333 开户银行及账号:中国银行青岛分行市北支行 6013837027658932425	备注	青岛东方股份有限公司 发票专用章

收款人:　　复核:　　开票人:王方　　销货单位(盖章):

国税函[2014]1232号青岛印刷厂

第一联 记账联 销货方记账凭证

图 1-12　增值税专用发票

银行承兑汇票　　2

签发日期(大写)贰零壹肆年零壹拾月零壹日

第 IC0178 号

出票人全称	山东外贸公司			收款人	全　称	青岛东方股份有限公司		
出票人账号	6222601010011873474				账　号	6013837027658932425		
付款行全称	交通银行青岛分行市南支行	行号	2668		开户行	中国银行青岛分行市北支行	行号	2376

汇票金额	人民币(大写) 玖万叁仟陆佰元整	千	百	十	万	千	百	十	元	角	分
				¥	9	3	6	0	0	0	0

汇票到期日	贰零壹肆年壹拾贰月零壹日	本汇票已经承兑,到期日由本行付款	承兑协议编号 00135
本汇票请你行承兑,到期无条件付款 山东外贸公司 财务专用章 出票人签章 2014 年 10 月 01 日		交通银行青岛分行市南支行 承兑行签章 承兑日期 2014 年 10 月 01 日 备注:	科目(借) 对方科目(贷) 转账　年　月　日 复核 王琳　记账 李涛

此联收款人开户行随委托收款凭证寄付款行作借方凭证附件

图 1-13　银行承兑汇票

要求：填制记账凭证（见图 1-14）。

记 账 凭 证

2014 年 10 月 01 日　　记字 001 号

摘要	会计科目	明细科目	借方金额	贷方金额	√
销售水泥	应收票据	山东外贸公司	9360000		
	主营业务收入			8000000	
	应交税费	应交增值税（销项税额）		1360000	
合计			¥9360000	¥9360000	

附件 2 张

会计主管：李平　　记账：宋涛　　审核：朱丽　　制单：刘强

图 1-14　记账凭证

【例 1-2】 2014 年 12 月 1 日，青岛东方股份有限公司收到货款，原始凭证见图 1-15。

委邮

委托收款凭证（收账通知）　　4 委托号码：0013489

委托日期　2014 年 12 月 01 日　　付款期限 2014 年 12 月 01 日

付款人			收款人				
	全　称	山东外贸公司		全　称	青岛东方股份有限公司		
	账号或地址	6222601010011873474		账　号	6013837027658932425		
	开户银行	交通银行青岛分行市南支行		开户银行	中国银行青岛分行市北支行	行号	2376
委收金额	人民币（大写）	玖万叁仟陆佰元整		千百十万千百十元角分	¥9360000		
款项内容	货款	委托收款凭据名称	银行承兑汇票	附寄单证张数	1		
备注：	上列款项 √1. 已全部划回收入你方账户。 2. 已收回部分款项收入你方账户。 3. 全部未收到。			收款人开户行盖章 2014 年 12 月 01 日			

（印章：中国银行青岛分行市北支行 2014.12.01 转账 转讫）

此联是收款人开户银行在款项收妥后给收款人的收账通知

单位主管　　会计　　复核　　记账　　付款人开户银行收到日期　2014 年 12 月 01 日

支付日期　2014 年 12 月 01 日

图 1-15　委托收款凭证

要求：填制记账凭证（见图 1-16）。

记 账 凭 证

2014 年 12 月 01 日　　　　记字 002 号

摘　要	会计科目	明细科目	借方金额										贷方金额										√
			千	百	十	万	千	百	十	元	角	分	千	百	十	万	千	百	十	元	角	分	
收回货款	银行存款	山东外贸公司				9	3	6	0	0	0	0											
	应收票据	山东外贸公司														9	3	6	0	0	0	0	
合　计					¥	9	3	6	0	0	0	0			¥	9	3	6	0	0	0	0	

附件 1 张

会计主管：李平　　记账：宋涛　　审核：朱丽　　制单：刘强

图 1-16　记账凭证

聪明屋

(1) 如果商业承兑汇票到期收不回票款，收款方该如何处理？

(2) 银行承兑汇票一般情况下存在到期收不回票款的情况吗？为什么？

2) 应收票据的贴现

【任务 1-2-2】 应收票据贴现

接[任务 1-2-1]，如果青岛东兴股份有限公司于 2014 年 4 月 17 日持未到期商业汇票去银行贴现，年贴现率为 8%，财务部门收到票据贴现凭证的收账通知联，请你计算一下贴现的金额及需要编制的记账凭证。

(1) 贴现的含义。贴现是指持票人在票据到期前为获得票款，向银行贴付一定利息，而将商业汇票的债权转让给银行的一种票据转让行为。贴现后，以汇票到期值扣除从贴现日起到汇票到期日止的利息后的票款，付给申请贴现人；汇票到期时，银行凭票向付款人按汇票到期值收取票款。

(2) 贴现的计算。贴现日的计算，应按照贴现日(头)和到期日(尾)，遵循算头不算尾或算尾不算头的原则，以每月的实际天数相加。

贴现金额的计算公式如下：

到期值＝应收票据票面金额＋到期利息

　　　＝应收票据票面金额＋应收票据票面金额 × 票面利率 × 期限

贴现息＝汇票到期值×年贴现率×实际贴现天数(贴现日起到汇票到期日止)÷360

实收贴现金额(贴现净额、贴现收入、贴现所得额)＝汇票到期值－贴现息

(3) 贴现的账务处理。贴现时，按实收贴现金额借记“银行存款”账户，按应收票据的账面余额贷记“应收票据”账户，差额借记或贷记“财务费用”账户。如果贴现的商业承兑汇票到期，承兑人的银行账户不足支付，银行即将已贴现的票据退回申请贴现的企业，同时从贴现企业的账户中将票款划回。此时，贴现企业应将所付票据本息转入“应收账款”账户，借记“应收账款”账户，贷记“银行存款”账户。如果申请贴现企业的银行存款账户余额不足，银行将作为逾期贷

款处理，贴现企业应借记“应收账款”账户，贷记“短期借款”账户。

（4）实训例题。

【例1-3】 2014年12月3日，青岛东方股份有限公司销售大芯板，有关原始凭证见图1-17～图1-19。

青岛市增值税专用发票

此联不作报销、扣税凭证使用

3700257692　　No001893255

开票日期：2014年12月03日

购货单位	名称：烟台福美来装饰公司 纳税人识别号：370602774635786 地址、电话：烟台市芝罘区只楚路145号 0535-66327121 开户银行及账号：招商银行烟台分行 2500111772435289			密码区	161493589/>+<1375<-< 加密版本号：01 *+--552-</492<-22-13 3700257692 -3-63>8717268267 0<7+0 001893255 9/92/44>>09->98>><1		
货物或应税劳务名称	规格型号	单位	数量	单价	金额	税率	税额
大芯板		张	200	55.00	11 000.00	17%	1 870.00
合计					¥11 000.00		¥1 870.00
价税合计（大写）	⊗壹万贰仟捌佰柒拾元整					（小写）¥12 870.00	
销售单位	名称：青岛东方股份有限公司 纳税人识别号：370256231000769 地址、电话：青岛市市北区镇江路35号 0532-87695555 开户银行及账号：中国银行青岛分行市北支行 6013837027658932425			备注	（印章：青岛东方股份有限公司 发票专用章）		

收款人：　复核：　开票人：王方　销货单位（盖章）：

国税函[2014]1232号青岛印刷厂

第一联 记账联 销货方记账凭证

图1-17 增值税专用发票

商业承兑汇票 2

签发日期（大写）贰零壹肆年壹拾贰月零叁日

第IC0324号

出票人全称	烟台福美来装饰公司		收款人	全称	青岛东方股份有限公司	
出票人账号	2500111772435289		收款人	账号	6013837027658932425	
付款行全称	招商银行烟台分行	行号 2668	收款人	开户行	中国银行青岛分行市北支行	行号 2376
汇票金额	人民币（大写）壹万贰仟捌佰柒拾元整				千百十万千百十元角分：¥1287000	
汇票到期日	贰零壹肆年零叁月零叁日	本汇票已经承兑，到期日由本行付款		承兑协议编号	00135	
本汇票请你行承兑，到期无条件付款 （印章：烟台福美来装饰公司 财务专用章） 出票人签章 2014年12月03日		承兑行签章 承兑日期　年　月　日 备注：		科目（借） 对方科目（贷） 转账　年　月　日 复核 王琳　记账 李涛		

此联收款人开户行随委托收款凭证寄付款行作借方凭证附件

图1-18 商业承兑汇票

票据贴现凭证(收账通知) 4

2014 年 12 月 28 日

第 14 号

申请人			贴现汇票		
	全称	青岛东方股份有限公司		种类及号码	不带息商业汇票
	账号	6013837027658932425		发票日	2014 年 12 月 03 日
	开户银行	中国银行青岛分行市北支行		到期日	2015 年 03 月 03 日

汇票承兑人	烟台福美来装饰公司	账号	2500111772435289	开户银行	招商银行烟台分行

汇票金额	人民币(大写)壹万贰仟捌佰柒拾元整	千	百	十	万	千	百	十	元	角	分
				¥	1	2	8	7	0	0	0

年贴现率	10%	贴现利息	万	千	百	拾	元	角	分	实付贴现金额	千	百	十	万	千	百	十	元	角	分
				¥	2	3	5	9	5				¥	1	2	6	3	4	0	5

上述款项已入你单位账户。 此致 （中国银行青岛分行市北支行 2014.12.28 转账 转讫） 银行盖章 2014 年 12 月 28 日	备注：

图 1-19 票据贴现凭证

要求：填制记账凭证(见图 1-20 和图 1-21)。

记 账 凭 证

2014 年 12 月 03 日　　记字 003 号

摘要	会计科目	明细科目	借方金额										贷方金额										√
			千	百	十	万	千	百	十	元	角	分	千	百	十	万	千	百	十	元	角	分	
销售大芯板	应收票据	烟台福美来				1	2	8	7	0	0	0											
	主营业务收入															1	1	0	0	0	0	0	附件1张
	应交税费	应交增值税(销项税额)															1	8	7	0	0	0	
合计					¥	1	2	8	7	0	0	0			¥	1	2	8	7	0	0	0	

会计主管：李平　记账：宋涛　出纳：王静　审核：朱丽　制单：刘强

图 1-20 记账凭证

记 账 凭 证

2014年12月28日 记字004号

摘要	会计科目	明细科目	借方金额										贷方金额										√
			千	百	十	万	千	百	十	元	角	分	千	百	十	万	千	百	十	元	角	分	
商业汇票贴现	银行存款	工商银行				1	2	6	3	7	6	2											
	财务费用							2	3	2	3	8											
	应收票据	烟台福美来														1	2	8	7	0	0	0	
合计					¥	1	2	8	7	0	0	0			¥	1	2	8	7	0	0	0	

附件1张

会计主管：李平　记账：宋涛　出纳：王静　审核：朱丽　制单：刘强

图1-21 记账凭证

数据计算过程如下：

到期值＝12 870(元)

贴现利息＝12 870×10%÷360×65＝232.38(元)

贴现净额＝12 870－232.38＝12 637.62(元)

2. 应收账款

【任务1-2-3】 应收账款的确认

青岛东兴股份有限公司2014年7月发生以下应收款业务：

(1) 1日，销售一批自产产品1 000件，单价为100元，价税合计为117 000元，款项未收。

(2) 4日，借入一批工具，支付给对方单位押金10 000元。

(3) 销售一批多余材料，价税合计为23 400元，收到对方单位签发并承兑的商业汇票一张，面值为23 400元。

(4) 帮企业困难职工垫付医药费5 000元。

(5) 预付给供应商材料款20 000元。

请说出上述业务中，哪些业务属于应收账款的核算范畴。

1) 应收账款的核算范围

应收账款是指企业因销售商品、产品或提供劳务等，应向购货单位或接受劳务单位收取的款项。会计上所指的应收账款有其特定的范围。首先，应收账款是指因销售活动形成的债权，不包括应收职工欠款、应收债务人的利息等其他应收款。其次，应收账款是指流动资产性质的债权，不包括长期的债权，如购买的长期债券等。再次，应收账款是指本企业应收客户的款项，不包括本企业付出的各类存出的保证金，如投标保证金和租入包装物保证金等。

2) 应收账款的计价

【任务1-2-4】 区分商业折扣和现金折扣

承[任务1-2-3]，青岛东兴股份有限公司销售自产产品时签发一张转账支票，金额为

2 000 元，用途为代垫运费；合同上给对方的折扣条件是：1 000 件以上（含 1 000 件）单价为 100 元；100 件～800 件（含 800 件），单价为 120 元，100 件以内（含 100 件）单价为 150 元；付款条件为“2/10，1/20/，n/30”，购买方于 2014 年 7 月 7 日付款。

根据以上业务说出青岛东兴股份有限公司销售时和收到货款时需要的原始凭证，并据以编制记账凭证。

应收账款应于收入实现时予以确认，按应收账款的实际发生金额入账，具体包括货款和增值税，以及代购货单位垫付的运杂费等。

应收账款通常按实际发生额计价入账，在计价时还需考虑商业折扣和现金折扣等因素。

（1）商业折扣。商业折扣是指企业根据市场供需情况或针对不同的顾客，在商品标价上给予的扣除。商业折扣是企业最常用的促销手段。企业为了扩大销售、占领市场，往往给予客户商业折扣，采取销量越大、价格越低的促销策略，即通常所说的“薄利多销”。商业折扣一般在交易发生时即已确定，所以，在存在商业折扣的情况下，企业应收账款入账金额应按扣除商业折扣以后的实际售价确认并记入“应收账款”账户。

（2）现金折扣。现金折扣是指债权人为鼓励债务人及早付款，而向债务人提供的债务优惠。企业为了鼓励客户提前偿付货款，通常与债务人达成协议，即债务人在不同的期限内付款可享受不同比例的现金折扣。现金折扣一般用符号“折扣/付款期限”表示。例如，买方在 10 天内付款可按售价给予 2%的折扣，用符号“2/10”表示；在 20 天内付款按售价给予 1%的折扣，用符号“1/20”表示；在 30 天内付款，则不给折扣，用符号“n/30”表示。

按照我国现行企业会计制度规定，采用总价法对应收账款进行核算。总价法认为，现金折扣是有一定时间条件的，现金折扣是否发生取决于客户能否在销货期内付款。因此，在销售发生时，按销售总价记入“应收账款”账户。客户在折扣期内付款时，将其享受的现金折扣通过“财务费用”账户核算。

（3）应收账款的业务流程及原始凭证。应收账款的业务流程及所涉及的原始凭证见图 1-22。

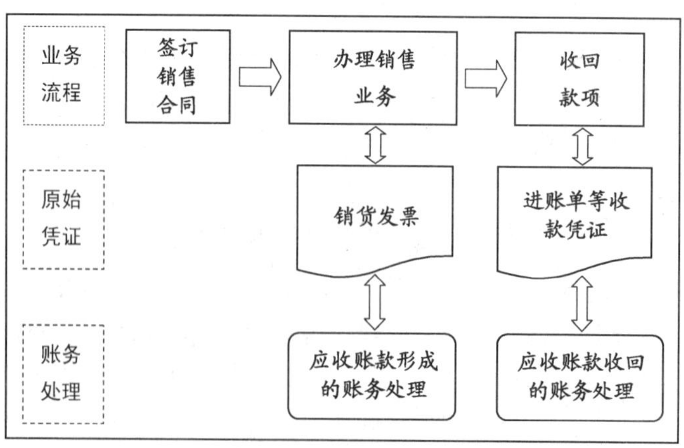

图 1-22 应收账款的业务流程及所涉及的原始凭证

（4）实训例题。“应收账款”账户应按照债务人的名称设置明细账户，进行明细核算。

青岛东方股份有限公司 2014 年 12 月客户业务取得的原始凭证如下：

情形一：不存在折扣时，应收账款取得和收回的账务处理。

【例 1-4】 10 日，销售钢丝绳，取得的原始凭证见图 1-23。

青岛市增值税专用发票

此联不作报销、扣税凭证使用

3700257693　　　　№0001893256

开票日期：2014 年 12 月 10 日

购货单位	名　　称：青岛物资公司 纳税人识别号：370220348356564 地址、电话：青岛市市南区南海路 71 号 0532-85763376 开户银行及账号：招商银行青岛分行市南支行 6222024402003284563			密码区	1 4 1 4 9 3 5 8 9/>+<1 3 7 5<− < 加密版本号：01 ∗+− − 5 5 2− </4 9 2<− 2 2− 1 3　3700257693 3− 6 3>8 7 1 7 2 6 8 2 6 7 0<7+　0001893256 9/9 2/4 4>>0 9− >9 8>><1			
货物或应税劳务名称	规格型号	单位	数量	单价	金额	税率	税额	
钢丝绳	BZ-2	千克	100	300.00	30 000.00	17%	5 100.00	
合计					¥30 000.00		¥5 100.00	
价税合计（大写）	⊗叁万伍仟壹佰元整					（小写）¥35 100.00		
销售单位	名　　称：青岛东方股份有限公司 纳税人识别号：370256231000769 地址、电话：青岛市市北区镇江路 35 号 0532-87695555 开户银行及账号：中国银行青岛分行市北支行 6013837027658932425			备注				

收款人：　　复核：　　开票人：王方　　销货单位（盖章）：

第一联 记账联 销货方记账凭证

国税函[2014]1232号青岛印刷厂

图 1-23　增值税专用发票

要求：填制记账凭证（见图 1-24）。

记　账　凭　证

2014 年 12 月 10 日　　　　记字 005 号

摘要	会计科目	明细科目	借方金额										贷方金额										√
			千	百	十	万	千	百	十	元	角	分	千	百	十	万	千	百	十	元	角	分	
销售钢丝绳	应收账款	青岛物资公司				3	5	1	0	0	0	0											
	主营业务收入															3	0	0	0	0	0	0	
	应交税费	应交增值税（销项税额）															5	1	0	0	0	0	
合计					¥	3	5	1	0	0	0	0			¥	3	5	1	0	0	0	0	

附件 1 张

会计主管：李平　　记账：宋涛　　出纳：　　审核：朱丽　　制单：刘强

图 1-24　记账凭证

【例 1-5】 21 日，收回货款，取得的原始凭证见图 1-25。

转账进账单(回单或收账通知)

2014 年 12 月 21 日　　1

签发人	全称	青岛物资公司	收款人	全称	青岛东方股份有限公司
	账号	6222024402003284563		账号	6013837027658932425
	开户银行	招商银行青岛分行市南支行		开户银行	中国银行青岛分行市北支行
人民币(大写)		叁万伍仟壹佰元整		千 百 十 万 千 百 十 元 角 分	¥ 3 5 1 0 0 0 0
票据种类		支票			
票据张数		1张			
单位主管:李平　会计:刘强　复核:朱丽　记账:宋涛				收款人开户行盖章	中国银行青岛分行市北支行 2014.12.21 转账 转讫

此联是收款人开户银行交给收款人的回单或收账通知

图 1-25　转账进账单

要求:填制记账凭证(见图 1-26)。

记 账 凭 证

2014 年 12 月 27 日　　记字 006 号

摘要	会计科目	明细科目	借方金额	贷方金额	√
收回货款	银行存款		3510000		
	应收账款	青岛物资公司		3510000	
合计			¥3510000	¥3510000	

附件1张

会计主管:李平　记账:宋涛　审核:朱丽　制单:刘强

图 1-26　记账凭证

情形二:存在折扣时,应收账款取得和收回的账务处理。

【例 1-6】 5 日,销售钢丝绳,现金折扣条件为"2/10, 1/20, n/30":

A. 确认应收账款:

取得的原始凭证见图 1-27。

青岛市增值税专用发票

3700257694　　此联不作报销、扣税凭证使用　　№0001893257

开票日期:2014 年 12 月 05 日

购货单位	名　　称:青岛同和有限责任公司 纳税人识别号:370210158976432 地址、电话:青岛市李沧区巨峰路21号 0532-87690096 开户银行及账号:青岛银行李沧支行 62231902250132589			密码区	1 4 1 4 9 3 5 8 9/>+<1 3 7 5<－< 加密版本号:01 *+－ －5 5 2－</4 9 2<－2 2－1 3 3700257694 －3－6 3>8 7 1 7 2 6 8 2 6 7 0<7+0 0001893257 9/9 2/4 4>>0 9－>9 8>><1		
货物或应税劳务名称	规格型号	单位	数量	单价	金额	税率	税额
钢丝绳	BY-3	千克	400.00	300.00	120 000.00	17%	20 400.00
合计					¥120 000.00		¥20 400.00
价税合计(大写)	⊗壹拾肆万零肆佰元整					(小写)¥140 400.00	
销售单位	名　　称:青岛东方股份有限公司 纳税人识别号:370256231000769 地址、电话:青岛市市北区镇江路35号 0532-87695555 开户银行及账号:中国银行青岛分行市北支行 6013837027658932425			备注			

收款人:　　复核:　　开票人:王方　　销货单位(盖章):

国税函[2014]1232号青岛印制厂

第一联 记账联 销货方记账凭证

图 1-27　增值税专用发票

要求:填制记账凭证(见图 1-28)。

记　账　凭　证

2014 年 12 月 05 日　　记字 007 号

摘要	会计科目	明细科目	借方金额										贷方金额										√
			千	百	十	万	千	百	十	元	角	分	千	百	十	万	千	百	十	元	角	分	
销售钢丝绳	应收账款	青岛同和			1	4	0	4	0	0	0	0											
	主营业务收入														1	2	0	0	0	0	0	0	
	应交税费	应交增值税(销项税额)														2	0	4	0	0	0	0	
合　计				¥	1	4	0	4	0	0	0	0		¥	1	4	0	4	0	0	0	0	

附件1张

会计主管:李平　　记账:宋涛　　审核:朱丽　　制单:刘强

图 1-28　记账凭证

B. 收回应收账款:

(B1) 假设款项于 2014 年 12 月 10 日收回。取得的原始凭证见图 1-29。

转账进账单（回单或收账通知）

2014 年 12 月 10 日　　　1

签发人			收款人		
签发人	全　称	青岛同和有限责任公司	收款人	全　称	青岛东方股份有限公司
	账　号	62231902250132589		账　号	6013837027658932425
	开户银行	青岛银行李沧支行		开户银行	中国银行青岛分行市北支行
人民币（大写）	壹拾叁万捌仟元整			金额	¥ 1 3 8 0 0 0 0 0（万 千 百 十 元 角 分）
票据种类	支票				
票据张数	1 张				
单位主管：李平　会计：刘强　复核：朱丽　记账：宋涛				收款人开户行盖章	

中国银行青岛分行市北支行 2014.12.10 转账 转讫

此联是收款人开户银行交给收款人的回单或收账通知

图 1-29　转账进账单

要求：填制记账凭证（见图 1-30）。

记　账　凭　证

2014 年 12 月 27 日　　　记字 008 号

摘　要	会计科目	明细科目	借方金额 千	百	十	万	千	百	十	元	角	分	贷方金额 千	百	十	万	千	百	十	元	角	分	√
收回货款	银行存款				1	3	8	0	0	0	0	0											
	财务费用						2	4	0	0	0	0											
	应收账款	青岛同和													1	4	0	4	0	0	0	0	
合　计				¥	1	4	0	4	0	0	0	0		¥	1	4	0	4	0	0	0	0	

附件 1 张

会计主管：李平　记账：宋涛　出纳：王静　审核：朱丽　制单：刘强

图 1-30　记账凭证

（B2）假设款项于 12 月 20 日收回。取得的原始凭证见图 1-31。

转账进账单（回单或收账通知）　　No00298

2014 年 12 月 20 日　　　1

签发人			收款人		
签发人	全　称	青岛同和有限责任公司	收款人	全　称	青岛东方股份有限公司
	账　号	62231902250132589		账　号	6013837027658932425
	开户银行	青岛银行李沧支行		开户银行	中国银行青岛分行市北支行
人民币（大写）	壹拾叁万玖仟贰佰元整			金额	1 3 9 2 0 0 0 0（千 百 十 万 千 百 十 元 角 分）
票据种类	支票				
票据张数	1 张				
单位主管：李平　会计：刘强　复核：朱丽　记账：宋涛				收款人开户行盖章	

中国银行青岛分行市北支行 2014.12.20 转账 转讫

此联是收款人开户银行交给收款人的回单或收账通知

图 1-31　转账进账单

要求:填制记账凭证(见图 1-32)。

记 账 凭 证

2014 年 12 月 27 日　　　　记字 009 号

摘　要	会计科目	明细科目	借方金额										贷方金额										√
			千	百	十	万	千	百	十	元	角	分	千	百	十	万	千	百	十	元	角	分	
收回货款	银行存款				1	3	9	2	0	0	0	0											附件1张
	财务费用						1	2	0	0	0	0											
	应收账款	青岛同和													1	4	0	4	0	0	0	0	
合　计				¥	1	4	0	4	0	0	0	0		¥	1	4	0	4	0	0	0	0	

会计主管:李平　记账:宋涛　出纳:王静　审核:朱丽　制单:刘强

图 1-32　记账凭证

(B3) 假设款项于 12 月 28 日收回。取得的原始凭证见图 1-33。

转账进账单(回单或收账通知)　　№00299

2014 年 12 月 28 日　　　　1

签发人	全　称	青岛同和有限责任公司	收款人	全　称	青岛东方股份有限公司
	账　号	62231902250132589		账　号	6013837027658932425
	开户银行	青岛银行李沧支行		开户银行	中国银行青岛分行市北支行
人民币（大写）	壹拾肆万零肆佰元整			千百十万千百十元角分	¥1 4 0 4 0 0 0 0
票据种类	支票				
票据张数	1张				

单位主管:李平　会计:刘强　复核:朱丽　记账:宋涛

中国银行青岛分行市北支行 2014.12.28 转账 转讫

收款人开户行盖章

此联是收款人开户银行交给收款人的回单或收账通知

图 1-33　转账进账单

要求:填制记账凭证(见图 1-34)。

记 账 凭 证

2014 年 12 月 27 日　　　　记字 010 号

摘　要	会计科目	明细科目	借方金额										贷方金额										√
			千	百	十	万	千	百	十	元	角	分	千	百	十	万	千	百	十	元	角	分	
收回货款	银行存款				1	4	0	4	0	0	0	0											附件1张
	应收账款	青岛同和													1	4	0	4	0	0	0	0	
合　计				¥	1	4	0	4	0	0	0	0		¥	1	4	0	4	0	0	0	0	

会计主管:李平　记账:宋涛　出纳:王静　审核:朱丽　制单:刘强

图 1-34　记账凭证

3）应收款项减值

【任务 1-2-5】 应收款项减值

青岛东兴有限公司 2014 年年初“应收账款”账户借方余额为 365 000 元，“应收票据”账户借方余额为 132 000 元，“坏账准备”账户贷方余额为 4 970 元，2014 年赊销商品价税合计128 000元，收回 2013 年的货款 186 000 元，因销售商品而收到银行承兑汇票一张，面值为 57 000 元，本年确认坏账 3 200 元，收回已经转销的坏账 1 000 元，2014 年年末预计应收款项未来现金流量现值为 490 000 元。

请你作为该公司财务人员自制一张坏账准备计提表，据此编制记账凭证并登记账簿。

（1）应收款项减值损失的确认。企业的各项应收款项可能会因购货人拒付、破产、死亡等原因而无法收回。这类无法收回的应收款项就是坏账。因坏账而遭受的损失称为坏账损失。企业应当在资产负债表日对应收款项的账面价值进行检查，有客观证据表明该应收款项发生减值的，应当将该应收款项的账面价值减记至预计未来现金流量现值，减记的金额确认应收款项减值损失，计提坏账准备。

动脑筋

你能解释下列专业术语的含义吗？

（1）账面价值。

（2）预计未来现金流量的现值。

（2）坏账损失的处理方法及坏账准备的计提。现行《企业会计准则》规定，企业对坏账损失只能采用备抵法进行核算。备抵法是采用一定的方法按期估计坏账损失，计入当期费用，同时建立坏账准备，待坏账实际发生时，冲销已计提的坏账准备和相应的应收款项的方法。

（3）坏账损失的计算过程。企业需要设置“坏账准备”账户。当期应提取的坏账准备可按下列公式计算：

$$\text{应收款项期末余额}=\text{期初余额}+\text{本期借方发生额}-\text{本期贷方发生额} \quad (1)$$

$$\text{应收款项预计未来现金流量的现值}=\text{预计未来现金流量}\times\text{现值系数} \quad (2)$$

$$\begin{matrix}\text{“坏账准备”账户}\\\text{期末应有金额}\end{matrix}=\begin{matrix}\text{应收款项}\\\text{期末余额}\end{matrix}-\begin{matrix}\text{应收款项预计未来}\\\text{现金流量的现值}\end{matrix} \quad (3)$$

$$\text{“坏账准备”账户的已有余额}=\text{期初余额}+\text{本期贷方发生额}-\text{本期借方发生额} \quad (4)$$

$$\begin{matrix}\text{当期应提}\\\text{坏账准备}\end{matrix}=\begin{matrix}\text{“坏账准备”账户}\\\text{期末应有金额}\end{matrix}-\begin{matrix}\text{“坏账准备”账户}\\\text{的已有余额}\end{matrix} \quad (5)$$

温馨提示

（1）应收款项包括应收票据、应收账款和其他应收款；其中应收账款中不含在“应收账款”账户中核算的预收款项。

（2）根据上述公式(5)的计算结果，若为正数，则需计提坏账准备；若为负数，则需冲销已计提的坏账准备。

（4）实训例题。

青岛东方股份有限公司 2014 年 12 月初“坏账准备”账户贷方余额为 1 800 元,“应收账款”总账账户余额为借方 308 000 元。该公司 12 月的业务如下:

【例 1-7】 13 日,确认一笔款项 30 000 元无法收回。

要求:填制记账凭证(见图 1-35)。

记 账 凭 证

2014 年 12 月 13 日　　　　记字 013 号

摘要	会计科目	明细科目	借方金额										贷方金额										√
			千	百	十	万	千	百	十	元	角	分	千	百	十	万	千	百	十	元	角	分	
转销坏账	坏账准备					3	0	0	0	0	0	0											
	应收账款	青岛物资公司														3	0	0	0	0	0	0	
合计					¥	3	0	0	0	0	0	0			¥	3	0	0	0	0	0	0	

附件 1 张

会计主管:李平　　记账:宋涛　　出纳:　　审核:朱丽　　制单:刘强

图 1-35　记账凭证

【例 1-8】 20 日,收到 2012 年已转销的坏账 2 000 元,已存入银行。取得的原始凭证见图 1-36。

转账进账单(回单或收账通知)　　№00356

2014 年 12 月 20 日　　　　1

签发人		收款人	
全　称	青岛物资公司	全　称	青岛东方股份有限公司
账　号	6222024402003284563	账　号	6013837027658932425
开户银行	招商银行青岛分行市南支行	开户银行	中国银行青岛分行市北支行

人民币(大写)	千	百	十	万	千	百	十	元	角	分
贰仟元整				¥	2	0	0	0	0	0

票据种类	支票
票据张数	1 张

单位主管:李平　会计:刘强　复核:朱丽　记账:宋涛

中国银行青岛分行市北支行　2014.12.20　转账　转讫

收款人开户行盖章

此联是收款人开户银行交给收款人的回单或收账通知

图 1-36　转账进账单

要求：填制记账凭证（见图 1-37 和图 1-38）。

记 账 凭 证

2014 年 12 月 20 日　　　　记字 011 号

摘　要	会计科目	明细科目	借方金额										贷方金额										√
			千	百	十	万	千	百	十	元	角	分	千	百	十	万	千	百	十	元	角	分	
已确认的坏账损失又收回	应收账款	青岛物资公司					2	0	0	0	0	0											
	坏账准备																2	0	0	0	0	0	
合　计						¥	2	0	0	0	0	0				¥	2	0	0	0	0	0	

附件 1 张

会计主管：李平　　记账：宋涛　　出纳：　　审核：朱丽　　制单：刘强

图 1-37　记账凭证

记 账 凭 证

2014 年 12 月 20 日　　　　记字 012 号

摘　要	会计科目	明细科目	借方金额										贷方金额										√
			千	百	十	万	千	百	十	元	角	分	千	百	十	万	千	百	十	元	角	分	
已确认的坏账损失又收回	银行存款						2	0	0	0	0	0											
	应收账款	青岛物资公司															2	0	0	0	0	0	
合　计						¥	2	0	0	0	0	0				¥	2	0	0	0	0	0	

附件 1 张

会计主管：李平　　记账：宋涛　　出纳：　　审核：朱丽　　制单：刘强

图 1-38　记账凭证

【例 1-9】 23 日，销售钢丝绳 400 千克，价款为160 000元，增值税额为 27 200 元，款项未收。取得的原始凭证见图 1-39。

青岛市增值税专用发票

此联不作报销、扣税凭证使用

3700257695　　　　№0001893258

开票日期：2014 年 12 月 23 日

购货单位	名　　称：青岛同和有限责任公司 纳税人识别号：370210158976432 地 址 、电 话：青岛市李沧区巨峰路 21 号 0532-87690096 开户银行及账号：青岛银行李沧支行 62231902250132589	密码区	1 4 1 4 9 3 5 8 9/>+<1 3 7 5<－< 加密版本号：01 *+－ －5 5 2－</4 9·2<－ 2 2－1 3 3700257695 －3－ 6 3>8 7 1 7 2 6 8 2 6 7 0<7+0 0001893258 9/9 2/4 4>>0 9－ >9 8>><1

货物或应税劳务名称	规格型号	单位	数量	单价	金额	税率	税额
钢丝绳	BY-3	千克	400	400.00	160 000.00	17%	27 200.00
合计					¥160 000.00		¥27 200.00
价税合计（大写）	⊗壹拾捌万柒仟贰佰元整				（小写）¥187 200.00		

销售单位	名　　称：青岛东方股份有限公司 纳税人识别号：370256231000769 地 址 、电 话：青岛市市北区镇江路 35 号 0532-87695555 开户银行及账号：中国银行青岛分行市北支行 6013837027658932425	备注	青岛东方股份有限公司 发票专用章

收款人：　　复核：　　开票人：王方　　销货单位（盖章）：

国税函[2014]1232号青岛印刷厂

第一联 记账联 销货方记账凭证

图 1-39　增值税专用发票

要求：填制记账凭证（见图 1-40）。

记　账　凭　证

2014 年 12 月 23 日　　　　记字 014 号

摘要	会计科目	明细科目	借方金额 千	百	十	万	千	百	十	元	角	分	贷方金额 千	百	十	万	千	百	十	元	角	分	√
销货	应收账款	青岛同和公司			1	8	7	2	0	0	0	0											
	主营业务收入	钢丝绳													1	6	0	0	0	0	0	0	
	应交税费	应交增值税（销项税额）														2	7	2	0	0	0	0	
合　计				¥	1	8	7	2	0	0	0	0		¥	1	8	7	2	0	0	0	0	

附件 1 张

会计主管：李平　　记账：宋涛　　审核：朱丽　　制单：刘强

图 1-40　记账凭证

【例 1-10】 31 日，计提年末坏账准备。取得的原始凭证见图 1-41。

坏账准备计提表

2014 年 12 月 31 日　　单位:元

项目	账户余额	坏账准备已有数	账面价值	预计未来现金流量的现值	应补提(或冲减)数
应收账款	465 200	−26 200	491 400	427 800	63 600
合计	465 200	−26 200	491 400	427 800	63 600

会计主管:李平　　制表:刘强

图 1-41　坏账准备计提表

小说明

坏账准备计提表中预计未来现金流量的现值是直接给出的,“应收账款”账户的余额和“坏账准备”账户已提金额是根据其期初数,结合[例 1-5]~[例 1-10]发生的业务计算得知的,请同学们试着计算一下。

要求:填制记账凭证(见图 1-42)。

记　账　凭　证

2014 年 12 月 31 日　　记字 015 号

摘要	会计科目	明细科目	借方金额										贷方金额										√
			千	百	十	万	千	百	十	元	角	分	千	百	十	万	千	百	十	元	角	分	
计提坏账准备	资产减值损失	坏账损失				6	3	6	0	0	0	0											
	坏账准备															6	3	6	0	0	0	0	
合　计					¥	6	3	6	0	0	0	0			¥	6	3	6	0	0	0	0	

附件 2 张

会计主管:李平　　记账:宋涛　　审核:朱丽　　制单:刘强

图 1-42　记账凭证

小思考

假设[例 1-11]中“坏账准备”账户 2014 年 12 月的月初余额是贷方 38 000 元,期末该计提坏账准备的金额是多少?如何编制会计分录?

3. 预收账款

【任务 1-2-6】　预收账款的核算

2014 年 5 月,青岛东兴股份有限公司发生如下经济业务:

12 日,该公司财务部门取得中国银行转账进账单一张,金额为 50 000 元,用途为预收货款。

15 日,收到业务部传来的增值税专用发票的记账联(甲商品,320 件,单价为 150 元,税额为 8 160 元);同日收到仓库传来的出库单(甲商品,320 件,实际单位成本为 112 元)。

22 日,取得中国银行转账进账单一张,金额为 6 160 元,用途为补收余款。

假设你是该公司的一名会计人员,请说出每笔业务金额的来源,编制记账凭证并登记账簿。

(1) 预收账款的含义。预收账款指企业(即销货单位)按照合同规定向购货单位预收的款项,这笔款项构成企业的一项流动负债。

(2) 预收账款的业务流程及原始凭证。预收账款的业务流程及所涉及的原始凭证详见图 1-43。

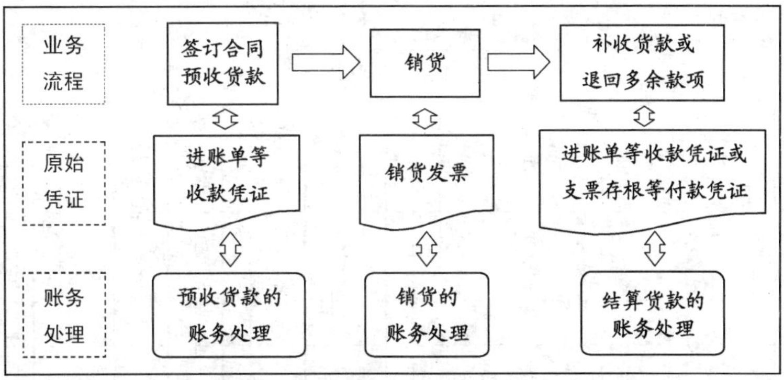

图 1-43 预收账款的业务流程及原始凭证

(3) 预收账款的账务处理。为了核算和监督预收款项,应当设置"预收账款"账户,并按购货单位开设明细账进行明细分类核算。不单独设置"预收账款"账户的企业,应当在"应收账款"账户中核算。

A. 预收货款。按合同规定向购货单位预收款项时,按所收金额借记"银行存款"账户,贷记"预收账款"账户。

B. 按合同约定发货。产品发出或劳务提供后,若符合收入确认条件,按实现的收入和应交的增值税销项税额等,借记"预收账款"账户,按实现的营业收入,贷记"主营业务收入"账户,按增值税专用发票上注明的增值税额,贷记"应交税费——应交增值税(销项税额)"等账户。

C. 结算货款。收到购货单位补付的款项时,按收到金额数借记"银行存款"账户,贷记"预收账款" 账户;若为退回购货单位多付的款项,则作相反的会计分录。

(4) 实训例题。

【例 1-11】 2014 年 12 月 18 日,青岛东方股份有限公司预收账款 8 万元,取得的原始凭证见图 1-44。

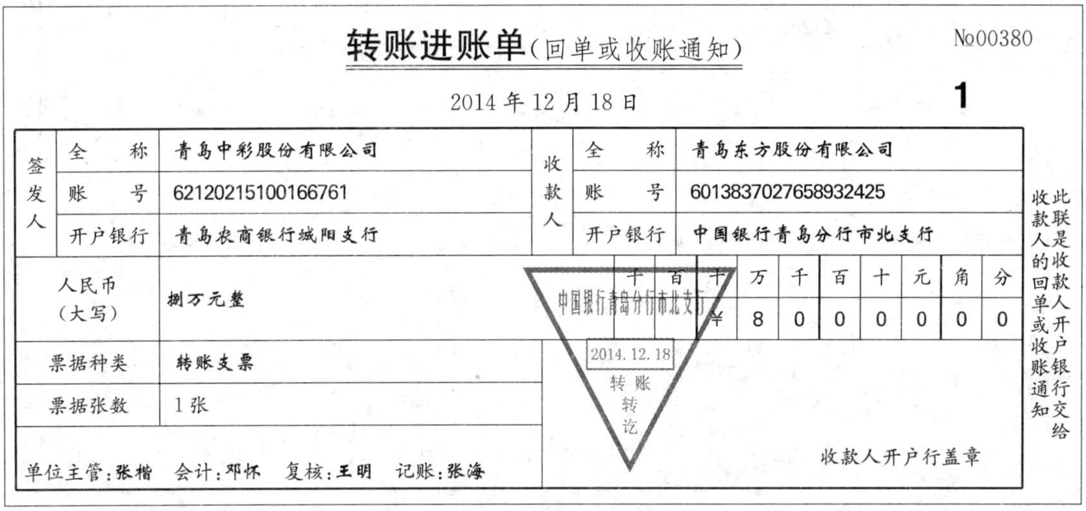

转账进账单(回单或收账通知)　№00380

2014 年 12 月 18 日　1

签发人	全称	青岛中彩股份有限公司	收款人	全称	青岛东方股份有限公司
	账号	62120215100166761		账号	6013837027658932425
	开户银行	青岛农商银行城阳支行		开户银行	中国银行青岛分行市北支行

人民币(大写)	捌万元整	千	百	十	万	千	百	十	元	角	分
				¥	8	0	0	0	0	0	0

票据种类	转账支票
票据张数	1张

单位主管:张楷　会计:邓怀　复核:王明　记账:张海

中国银行青岛分行市北支行 2014.12.18 转账 转讫

收款人开户行盖章

此联是收款人开户银行交给收款人的回单或收账通知

图 1-44 转账进账单

要求：填制记账凭证（见图 1-45）。

记 账 凭 证

2014 年 12 月 18 日　　　　记字 016 号

摘　要	会计科目	明细科目	借方金额										贷方金额										√
			千	百	十	万	千	百	十	元	角	分	千	百	十	万	千	百	十	元	角	分	
预收千斤顶款	银行存款					8	0	0	0	0	0	0											
	预收账款	青岛中彩														8	0	0	0	0	0	0	
合　计					¥	8	0	0	0	0	0	0			¥	8	0	0	0	0	0	0	

附件 1 张

会计主管：李平　　记账：宋涛　　出纳：　　审核：朱丽　　制单：刘强

图 1-45　记账凭证

【例 1-12】 承[例 1-11]，2014 年 12 月 20 日，青岛东方股份有限公司销售千斤顶，取得的原始凭证见图 1-46。

青岛市增值税专用发票

3700257696　　此联不作报销、扣税凭证使用　　№0001893259

开票日期：2014 年 12 月 20 日

购货单位	名　　称：青岛中彩股份有限公司 纳税人识别号：370255768954633 地 址 、电 话：青岛市城阳区正阳路 102 号 0532-65554213 开户银行及账号：青岛农商银行城阳支行 62120215100166761			密码区	151493589/>+<1375<−<　加密版本号：01 *+−−552−</492<−22−13　3700257696 −3−63>87172682670<7+0　0001893259 9/92/44>>09−>98>><1		
货物或应税劳务名称	规格型号	单　位	数　量	单　价	金　额	税　率	税　额
千斤顶	Ⅱ型	件	15	3 000.00	45 000.00	17%	7 650.00
合计					¥45 000.00		¥7 650.00
价税合计（大写）	⊗伍万贰仟陆佰伍拾元整				（小写）¥52 650.00		
销售单位	名　　称：青岛东方股份有限公司 纳税人识别号：370256231000769 地 址 、电 话：青岛市市北区镇江路 35 号 0532-87695555 开户银行及账号：中国银行青岛分行市北支行 6013837027658932425			备注			

收款人：　　复核：　　开票人：王方　　销货单位（盖章）：

国税函[2014]1232号青岛印刷厂

第一联 记账联 销货方记账凭证

图 1-46　增值税专用发票

要求：填制记账凭证(见图 1-47)。

记 账 凭 证

2014 年 12 月 20 日　　　　记字 017 号

摘要	会计科目	明细科目	借方金额										贷方金额										√
			千	百	十	万	千	百	十	元	角	分	千	百	十	万	千	百	十	元	角	分	
销售千斤顶	预收账款	青岛中彩				5	2	6	5	0	0	0											
	主营业务收入															4	5	0	0	0	0	0	
	应交税费	应交增值税(销项税额)															7	6	5	0	0	0	
合计					¥	5	2	6	5	0	0	0			¥	5	2	6	5	0	0	0	

附件 1 张

会计主管：李平　记账：宋涛　出纳：　审核：朱丽　制单：刘强

图 1-47　记账凭证

【例 1-13】 承[例 1-11]和[例 1-12]，2014 年 12 月 28 日，青岛东方股份有限公司退回多余的预收账款，取得的原始凭证见图 1-48。

中国工商银行
转账支票存根

ⅦⅢ00041186

科　　目：

对方科目：预收账款

出票日期：2014 年 12 月 28 日

收款人：青岛中彩股份有限公司
金　额：¥27 350.00
用　途：退多余货款

单位主管：李平　　会计：刘强

复核：　　记账：

图 1-48　转账支票存根

要求：填制记账凭证(见图 1-49)。

记 账 凭 证

2014 年 12 月 20 日　　　　记字 018 号

摘　要	会计科目	明细科目	借方金额										贷方金额										√
			千	百	十	万	千	百	十	元	角	分	千	百	十	万	千	百	十	元	角	分	
销售千斤顶	预收账款	青岛中彩				2	7	3	5	0	0	0											
	银行存款															2	7	3	5	0	0	0	
合　计					¥	2	7	3	5	0	0	0			¥	2	7	3	5	0	0	0	

附件 1 张

会计主管：李平　　记账：宋涛　　出纳：　　审核：朱丽　　制单：刘强

图 1-49　记账凭证

小思考

1. 假设实训例题中青岛东方股份有限公司当初预收货款 30 000 元，该如何进行账务处理？

2. 如果[任务 1-2-6]中当初青岛东兴股份有限公司预收货款 60 000 元，该如何进行账务处理？

如果青岛东方股份有限公司预收款业务不多，为简化核算，也可以不设置“预收账款”账户，用“应收账款”账户代替。则[例 1-11]～[例 1-13]编制的凭证分别见图 1-50 至图 1-52。

记 账 凭 证

2014 年 12 月 18 日　　　　记字 019 号

摘　要	会计科目	明细科目	借方金额										贷方金额										√
			千	百	十	万	千	百	十	元	角	分	千	百	十	万	千	百	十	元	角	分	
预收千斤顶款	银行存款					8	0	0	0	0	0	0											
	应收账款	青岛中彩														8	0	0	0	0	0	0	
合　计					¥	8	0	0	0	0	0	0			¥	8	0	0	0	0	0	0	

附件 1 张

会计主管：李平　　记账：宋涛　　出纳：　　审核：朱丽　　制单：刘强

图 1-50　记账凭证

记 账 凭 证

2014 年 12 月 20 日　　　　记字 020 号

摘要	会计科目	明细科目	借方金额										贷方金额										√
			千	百	十	万	千	百	十	元	角	分	千	百	十	万	千	百	十	元	角	分	
销售千斤顶	应收账款	青岛中彩				5	2	6	5	0	0	0											
	主营业务收入															4	5	0	0	0	0	0	
	应交税费	应交增值税(销项税额)															7	6	5	0	0	0	
合　计					¥	5	2	6	5	0	0	0			¥	5	2	6	5	0	0	0	

附件1张

会计主管：李平　　记账：宋涛　　出纳：　　审核：朱丽　　制单：刘强

图 1-51　记账凭证

记 账 凭 证

2014 年 12 月 28 日　　　　记字 021 号

摘要	会计科目	明细科目	借方金额										贷方金额										√
			千	百	十	万	千	百	十	元	角	分	千	百	十	万	千	百	十	元	角	分	
退千斤顶多余款	应收账款	青岛中彩				2	7	3	5	0	0	0											
	银行存款															2	7	3	5	0	0	0	
合　计					¥	2	7	3	5	0	0	0			¥	2	7	3	5	0	0	0	

附件1张

会计主管：李平　　记账：宋涛　　出纳：　　审核：朱丽　　制单：刘强

图 1-52　记账凭证

聪明屋

如果青岛东方股份有限公司 2014 年 12 月份通过“应收账款”账户核算预收款后，当月没有发货，或者已发货但月末未结清货款，你能计算出“应收账款——青岛中彩”明细账户的期末余额并解释其含义吗？

任务 1.3　供应商往来款的记录与核对

一、任务布置

【任务 1-3】　供应商往来款的记录与核对

在[任务 1-1]中，已经列出了供应商的相关信息，青岛宏达服装有限公司 2014 年 12 月初相关账户期初余额如下："应付票据"总账账户贷方余额为 61 000 元，其中"应付票据——青岛汇智"明细账户贷方余额为 61 000 元；"应付账款"总账账户贷方余额为 253 000 元，其中"应付账款——山东创新"明细账户贷方余额为 27 000 元；"应付账款——山东力星"明细账户贷方余额为 80 000 元；"应付账款——山东新盛"明细账户贷方余额为 100 000 元；"应付账款——青岛欧华"明细账户贷方余额为 46 000 元；"预付账款"总账账户借方余额为 88 000 元，其中"预付账款——青岛兴达"明细账户借方余额为 11 000 元；"预付账款——广州圣园"明细账户借方余额为 77 000 元。该公司 2014 年 12 月发生的经济业务如下：

(1) 1 日，购买面料。有关单据见图 1-53 和图 1-54。

银行承兑汇票　　2

签发日期(大写)贰零壹肆年壹拾贰月零壹日

第 IC0498 号

出票人全称	青岛宏达服装有限公司			收款人	全　称	青岛汇智服装辅料商行		
出票人账号	4222987586543400890				账　号	76020334456314115783		
付款行全称	工商银行青岛分行四方支行	行号	3695		开户行	农业银行青岛分行市北支行	行号	3535

汇票金额	人民币(大写) 伍万捌仟伍佰元整	千	百	十	万	千	百	十	元	角	分
				¥	5	8	5	0	0	0	0

汇票到期日	贰零壹伍年零叁月零壹日		承兑协议编号	00196
本汇票请你行承兑，到期无条件付款 青岛宏达服装有限公司 财务专用章 出票人签章 2014 年 12 月 01 日		本汇票已经承兑，到期日由本行付款 工商银行青岛分行四方支行 承兑行签章 承兑日期 2014 年 12 月 01 日 备注：	科目(借) 对方科目(贷) 转账　年　月　日 复核 王象　记账 李好	

此联收款人开户行随委托收款凭证寄付款行作借方凭证附件

图 1-53　银行承兑汇票

青岛市增值税专用发票

发票联（青岛 国家税务总局监制）

3700030466　　　　№001470079

开票日期:2014 年 12 月 01 日

购货单位	名　　称:青岛宏达服装有限公司 纳税人识别号:370265473222354 地 址 、电 话:青岛市四方区瑞昌路 33 号 0532-84863333 开户银行及账号:工商银行青岛分行四方支行 4222987586543400890	密码区	1 4 1 4 9 3 5 8 9 />+<1 3 7 5<— <　加密版本:01 *+— — 5 5 2— </4 9 2<— 2 2— 1 3　3700030466 — 3— 6 3>8 7 1 7 2 6 8 2 6 7 0<7+0　001470079 9/9 2/4 4>>0 9— >9 8>><1

货物或应税劳务名称	规格型号	单位	数量	单价	金额	税率	税额
面料		匹	2	25 000.00	50 000.00	17%	8 500.00
合计					¥50 000.00		¥8 500.00
价税合计(大写)	⊗伍万捌仟伍佰元整					(小写)¥58 500.00	

销售单位	名　　称:青岛汇智服装辅料商行 纳税人识别号:370205199860781 地 址 、电 话:青岛市银川路 89 号 0532-83720699 开户银行及账号:农业银行青岛分行市北支行 7602033445631415783	备注	（青岛汇智服装辅料商行 发票专用章）

收款人:　　复核:　　开票人:李亮　　销货单位(盖章):

国税函[2014]1232号青岛印刷厂

第三联 发票联 购货方记账凭证

图 1-54　增值税专用发票

(2) 3 日,购买胆料。有关单据见图 1-55 和图 1-56。

青岛市增值税专用发票

发票联（青岛 国家税务总局监制）

3700032222　　　　№001470654

开票日期:2014 年 12 月 03 日

购货单位	名　　称:青岛宏达服装有限公司 纳税人识别号:370265473222354 地 址 、电 话:青岛市四方区瑞昌路 33 号 0532-84863333 开户银行及账号:工商银行青岛分行四方支行 4222987586543400890	密码区	1 4 1 4 9 3 5 8 9 />+<1 3 7 5<— <　加密版本:01 *+— — 5 5 2— </4 9 2<— 2 2— 1 3　3700032222 — 3— 6 3>8 7 1 7 2 6 8 2 6 7 0<7+0　001470654 9/9 2/4 4>>0 9— >9 8>><1

货物或应税劳务名称	规格型号	单位	数量	单价	金额	税率	税额
胆料					20 000.00	17%	3 400.00
合计					¥20 000.00		¥3 400.00
价税合计(大写)	⊗贰万叁仟肆佰元整					(小写)¥23 400.00	

销售单位	名　　称:青岛欧华服装辅料有限责任公司 纳税人识别号:370205199860321 地 址 、电 话:青岛市北京路 45 号 0532-83720699 开户银行及账号:农业银行青岛分行中山路支行 6222076954143721632	备注	（青岛欧华服装辅料有限责任公司 发票专用章）

收款人:　　复核:　　开票人:张力　　销货单位(盖章):

国税函[2014]1232号青岛印刷厂

第三联 发票联 购货方记账凭证

图 1-55　增值税专用发票

中国工商银行

转账支票存根

Ⅶ Ⅲ00041175

科　　目：

对方科目：在途物资

出票日期：2014 年 12 月 03 日

收款人：青岛欧华服装辅料有限责任公司
金　额：¥12 000.00
用　途：支付购料款

单位主管：李平　　会计：刘强

复核：　　记账：

图 1-56　转账支票存根

(3) 7 日，预付货款。有关单据见图 1-57。

中国工商银行

转账支票存根

Ⅶ Ⅲ00041185

科　　目：

对方科目：预付账款

出票日期：2014 年 12 月 07 日

收款人：青岛兴达服装配料店
金　额：¥5 000.00
用　途：预付里料定金

单位主管：李平　　会计：刘强

复核：　　记账：

图 1-57　转账支票存根

(4) 15 日，支付前欠货款。有关单据见图 1-58。

中国工商银行

转账支票存根

Ⅶ Ⅲ00041654

科　　目：

对方科目：应付账款

出票日期：2014 年 12 月 15 日

收款人：山东力星拉链厂
金　额：¥80 000.00
用　途：支付 11 月欠款

单位主管：李平　　会计：刘强

复核：　　记账：

图 1-58　转账支票存根

(5) 19 日,支付前欠货款。有关单据见图 1-59。

中国工商银行
转账支票存根

Ⅷ Ⅲ 00041654

科　　目:

对方科目:应付账款

出票日期:2014 年 12 月 19 日

收款人:	山东创新公司
金　额:	¥27 000.00
用　途:	支付 9 月欠款

单位主管:李平　　会计:刘强

复核:　　记账:

图 1-59　转账支票存根

(6) 22 日,购买缝纫线。有关单据见图 1-60。

青岛市增值税专用发票

发票联

3700032999　　№001775289

开票日期:2014 年 12 月 22 日

购货单位	名　　称:青岛宏达服装有限公司 纳税人识别号:370265473222354 地 址 、电 话:青岛市四方区瑞昌路 33 号 0532-84863333 开户银行及账号:工商银行青岛分行四方支行 4222987586543400890	密码区	1 6 1 4 9 3 5 8 9/>+<1 3 7 5<− < 加密版本号: *+− − 5 5 2− </4 9 2<− 2 2− 1 3　3700032999 − 3− 6 3>8 7 1 7 2 6 8 2 6 7 0<7+0　001775289 9/9 2/4 4>>0 9− >9 8>><1

货物或应税劳务名称	规格型号	单位	数量	单价	金额	税率	税额
缝纫线	5#	只	300	10.00	3 000.00	17%	510.00
合计					¥3 000.00		¥510.00
价税合计(大写)	⊗叁仟伍佰壹拾元整				(小写)¥3 510.00		

销售单位	名　　称:山东新盛服装辅料商行 纳税人识别号:370203167880123 地 址 、电 话:青岛市中山路 46 号 0532-88029875 开户银行及账号:中国银行青岛分行中山路支行 76020334456	备注	

收款人:　　复核:　　开票人:杨亿　　销货单位(盖章):

第三联　发票联　购货方记账凭证

国税函[2014]1232号青岛印刷厂

图 1-60　增值税专用发票

(7) 28 日,购买里料,价款为 100 000 元,增值税额为 17 000 元,款项已付,材料已收。有关单据见图 1-61~图 1-63。

青岛市增值税专用发票

发票联

国家税务总局监制

3700056879　　　　No001775569

开票日期:2014年12月28日

购货单位	名称:青岛宏达服装有限公司 纳税人识别号:370265473222354 地址、电话:青岛市四方区瑞昌路33号 0532-84863333 开户银行及账号:工商银行青岛分行四方支行 4222987586543400890	密码区	1 6 1 4 9 3 5 8 9/>+<1 3 7 5<-< 加密版本号: *+- -5 5 2-</4 9 2<-2 2-1 3 3700032866 -3-6 3>8 7 1 7 2 6 8 2 6 7 0<7+0 1772005 9/9 2/4 4>>0 9->9 8>><1

货物或应税劳务名称	规格型号	单位	数量	单价	金额	税率	税额
里料		件	4 000	25.00	100 000.00	17%	17 000.00
合计					¥100 000.00		¥17 000.00
价税合计(大写)	⊗壹拾壹万柒仟元整				(小写)¥117 000.00		

销售单位	名称:广州圣园服装辅料商行 纳税人识别号:370203167882654 地址、电话:广州市胶州路114号 8026932 开户银行及账号:中国银行胶州路支行 760203325	备注	

收款人:　　复核:　　开票人:崔联　　销货单位(盖章):

广州圣园服装辅料商行 发票专用章

第三联 发票联 购货方记账凭证

国税函[2014]1232号青岛印刷厂

图1-61 增值税专用发票

材料入库单

供应单位:广州圣园服装辅料商行　　2014年12月28日

发票号:111098　　字第　号

材料名称	规格材质	计量单位	应收数量	实收数量	单价	千	百	十	万	千	百	十	元	角	分
里料		件	4 000	4 000	25.00		¥	1	0	0	0	0	0	0	0
运杂费															
合计							¥	1	0	0	0	0	0	0	0
备注															

(金额)

仓库:　　会计:李平　　收料员:王仟　　制单:李平

第二联 记账联

图1-62 材料入库单

中国工商银行
转账支票存根

ⅦⅢ00041654

科　　目:

对方科目:预付账款

出票日期:2014年12月28日

收款人:广州圣园服装辅料商行
金　额:¥40 000.00
用　途:补付货款

单位主管:李平　　会计:刘强

复核:　　记账:

图1-63 转账支票存根

如果你在假期去公司实习，财务经理安排你负责有关供应商往来款的记录与核对工作，包括根据发生的业务填制记账凭证，登记总账与明细账并进行账证核对和账账核对等。你能保质保量地完成上述工作吗?

二、知识链接

（一）应付及预付款项会计岗位职责

应付及预付款项会计岗位是企业债权、债务会计核算岗位，其具体职责如下：

（1）会同有关部门拟定应付、预付款项管理与核算办法。

（2）参与制订应付款项偿还计划，控制其偿还成本。

（3）及时提供预付款项的会计信息，以便及时根据合同向供货商催收商品。

（4）负责应付及预付款项的有关原始凭证的审核、发生以及偿付业务的账务处理和明细分类核算。

（二）应付及预付款项的核算内容

1. 应付票据

【任务 1-3-1】 编制记账凭证

2014 年 3 月 11 日，青岛东兴股份有限公司财务部门取得的原始凭证有：①增值税专用发票的发票联（注明甲材料 120 吨，单价为 72 元，增值税税率为 17%，增值税额为 1 468.8 元，销货方为上海恒宇有限公司）。②签发并承兑的商业承兑汇票（面值为 11 218.8 元，期限为 90 天）。③货物运输业增值税专用发票（运费为 1 000 元，增值税额为 110 元）。④入库单（甲材料，120 吨，单价为 80.3 元，实际成本为 9 640 元）。⑤商业承兑汇票到期时收到委托收款凭证付款通知联（金额为11 218.8元，留存存根联）。

请根据以上语言描述的原始凭证分别编制采购时、收货时、支付货款时的记账凭证并登记相关账簿。

（1）应付票据的含义。应付票据是指企业因购买材料、商品或接受劳务等开出、承兑的商业汇票，包括商业承兑汇票和银行承兑汇票。企业交付商业汇票时，按照票据的票面金额（也称票面价值）入账。

由于真实交易而开出承兑的商业汇票，在会计核算上应设置“应付票据”账户，用来总括地核算和监督企业已开出承兑的商业汇票及其支付的情况。同时，为了加强对应付票据的管理，企业还应当设置“应付票据备查簿”，详细登记每一应付票据的种类、号数、签发日期、到期日、票面金额、票面利率、合同交易号、收款人姓名或单位名称，以及付款日期和金额等资料。应付票据到期，应当在备查簿内逐笔注销。

不带息应付票据的业务流程及所涉及的原始凭证详见图 1-61。

（2）不带息应付票据的账务处理。不带息应付票据的到期价值等于应付票据的面值。企业因购买商品、产品或接受劳务等开出、承兑商业汇票时，按购买材料的货款，借记“原材料”等账户，按增值税专用发票上注明的增值税额，借记“应交税费——应交增值税（进项税额）”账户，按应付票据的面值，贷记“应付票据”账户。企业支付的银行承兑汇票手续费应计入财务费用，借记“财务费用”账户，贷记“银行存款”账户。应付票据到期兑付时，按票面金额，借记“应付票据”账户，贷记“银行存款”账户。商业承兑汇票到期，如企业无力支付票款，应按应付票据账面余额借记“应付票据”账户，贷记“应付账款”账户。对于不带息的银行承兑汇票，到期本企

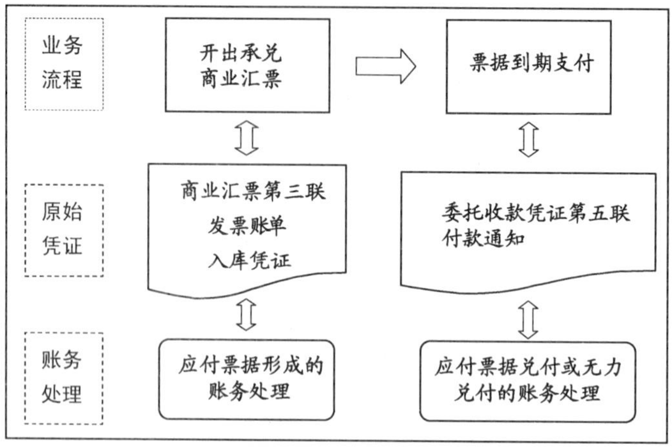

图 1-64　不带息应付票据的业务流程及原始凭证

业存款余额不足支付票款时，承兑银行先代企业付款，再向企业执行扣款，将尚未扣回的承兑金额转作企业的短期借款。因此，对不带息的银行承兑汇票，按其面值，借记"应付票据"账户，贷记"短期借款"账户。

（3）实训例题。

【例 1-14】 2014 年 12 月 1 日，青岛东方股份有限公司购买钢筋，同日签发一张银行承兑汇票，取得的原始凭证见图1-65～图 1-67。

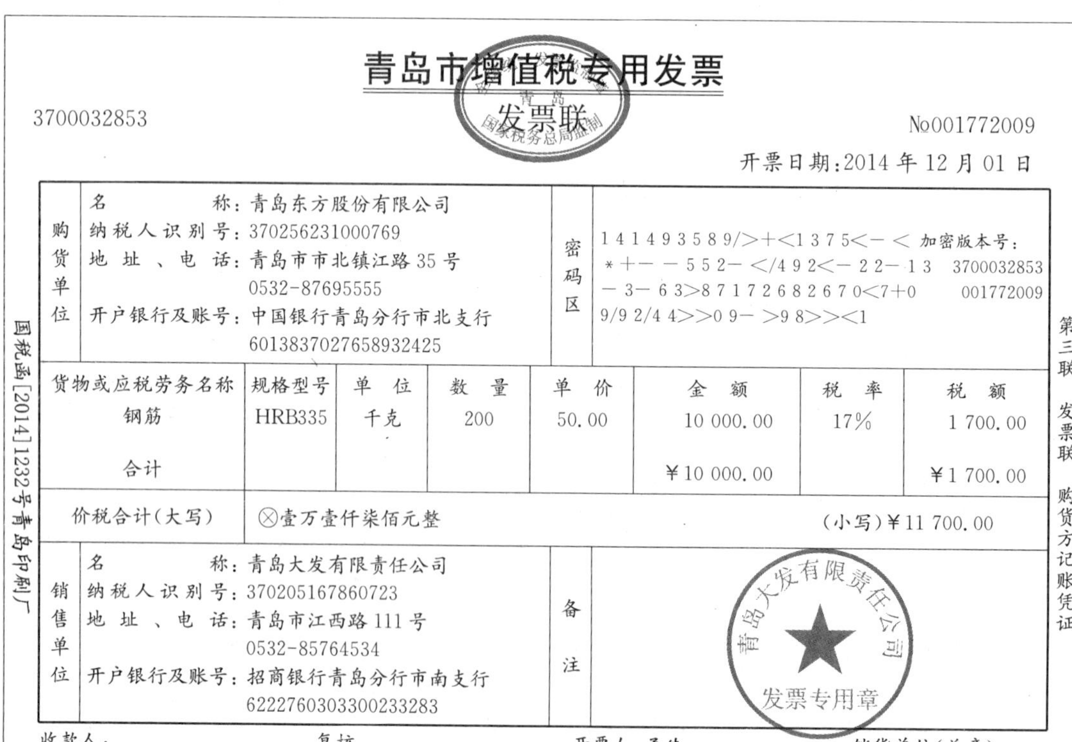

青岛市增值税专用发票

发票联（全国统一发票监制章：青岛 国家税务总局监制）

3700032853　　　　　　　　　　　　　　　　　　No001772009

开票日期：2014 年 12 月 01 日

购货单位	名　　称：青岛东方股份有限公司 纳税人识别号：370256231000769 地址、电话：青岛市市北镇江路 35 号 0532-87695555 开户银行及账号：中国银行青岛分行市北支行 6013837027658932425	密码区	1 4 1 4 9 3 5 8 9/>+<1 3 7 5<-< 加密版本号： *+- -5 5 2- </4 9 2<- 2 2- 1 3　3700032853 - 3- 6 3>8 7 1 7 2 6 8 2 6 7 0<7+0　001772009 9/9 2/4 4>>0 9- >9 8>><1

货物或应税劳务名称	规格型号	单位	数量	单价	金额	税率	税额
钢筋	HRB335	千克	200	50.00	10 000.00	17%	1 700.00
合计					¥10 000.00		¥1 700.00
价税合计（大写）	⊗壹万壹仟柒佰元整				（小写）¥11 700.00		

销货单位	名　　称：青岛大发有限责任公司 纳税人识别号：370205167860723 地址、电话：青岛市江西路 111 号 0532-85764534 开户银行及账号：招商银行青岛分行市南支行 6222760303300233283	备注	（印章：青岛大发有限责任公司 发票专用章）

收款人：　　复核：　　开票人：孟佳　　销货单位（盖章）：

国税函[2014]1232号青岛印刷厂

第三联 发票联 购货方记账凭证

图 1-65　增值税专用发票

材料入库单

供应单位：青岛大发有限责任公司

发票号：001772009　　2014 年 12 月 01 日　　字第　号

材料名称	规格材质	计量单位	应收数量	实收数量	单价	金额 千	百	十	万	千	百	十	元	角	分
钢筋	HRB335	千克	200	200	50.00			¥	1	0	0	0	0	0	0
	运杂费														
	合计							¥	1	0	0	0	0	0	0
备注															

第二联 记账联

仓库：　　会计：李平　　收料员：王仟　　制单：李平

图 1-66　材料入库单

银行承兑汇票　2

签发日期（大写）贰零壹肆年壹拾贰月零壹日　　第 IC0498 号

出票人全称	青岛东方股份有限公司	收款人 全称	青岛大发有限责任公司
出票人账号	6013837027658932425	收款人 账号	6222760303300233283
付款行全称	中国银行青岛分行市北支行　行号 3695	收款人 开户行	招商银行青岛分行市南支行　行号 3546

汇票金额	千	百	十	万	千	百	十	元	角	分
人民币（大写）壹万壹仟柒佰元整			¥	1	1	7	0	0	0	0

汇票到期日　贰零壹伍年零叁月零壹日	本汇票已经承兑，到期日由本行付款	承兑协议编号　00196
本汇票请你行承兑，到期无条件付款 青岛东方股份有限公司 财务专用章 出票人签章 2014 年 12 月 01 日	中国银行青岛分行市北支行 承兑行签章 承兑日期 2014 年 12 月 01 日 备注：	科目（借） 对方科目（贷） 转账　年　月　日 复核 王象　记账 李好

此联是收款人开户行随委托收款凭证寄付款行作借方凭证附件

图 1-67　银行承兑汇票

要求：填制记账凭证（见图 1-68）。

记 账 凭 证

2014 年 12 月 01 日　　记字 021 号

摘要	会计科目	明细科目	借方 千	百	十	万	千	百	十	元	角	分	贷方 千	百	十	万	千	百	十	元	角	分	√
采购钢筋	原材料	钢筋				1	0	0	0	0	0	0											
	应交税费	应交增值税（进项税额）					1	7	0	0	0	0											
	应付票据	青岛大发														1	1	7	0	0	0	0	
合计					¥	1	1	7	0	0	0	0			¥	1	1	7	0	0	0	0	

附件 3 张

会计主管：李平　　记账：宋涛　　审核：朱丽　　制单：刘强

图 1-68　记账凭证

温馨提示

银行承兑汇票签发单位把承兑的汇票第二、第三联发给收款人后，以汇票的复印件作为原始凭证编制记账凭证。

【例 1-15】 2014 年 12 月 1 日，青岛东方股份有限公司支付银行承兑汇票手续费，取得的原始凭证见图 1-69。

中国工商银行　凭证费、手续费、邮电费收费凭证

单位名称：青岛东方股份有限公司　　No00986

账　　号：24030331589　　2014 年 12 月 01 日

凭证名称	数量	单价	凭证费	手续费	邮电费	合　计
银行承兑汇票				100.00		100.00
合　　计				￥100.00		￥100.00
合计人民币（大写）⊗壹佰元整						

第一联　收费计数证明单

图 1-69　凭证费、手续费、邮电费收费凭证

要求：填制记账凭证（见图 1-70）。

记　账　凭　证

2014 年 12 月 01 日　　记字 022 号

摘　　要	会计科目	明细科目	借方金额										贷方金额										√
			千	百	十	万	千	百	十	元	角	分	千	百	十	万	千	百	十	元	角	分	
支付承兑手续费	财务费用	手续费						1	0	0	0	0											
	银行存款																	1	0	0	0	0	
合　　计							￥	1	0	0	0	0					￥	1	0	0	0	0	

附件 1 张

会计主管：李平　　记账：宋涛　　出纳：　　审核：朱丽　　制单：刘强

图 1-70　记账凭证

【例 1-16】 承[例 1-14]，2015 年 2 月 27 日，票据到期，青岛东方股份有限公司归还银行承兑汇票本金，取得的原始凭证见图 1-71。

委邮

委托收款凭证(付款通知)

5 委托号码:0013896

委托日期 2015 年 02 月 27 日

付款期限 2015 年 03 月 01 日

付款人	全称	青岛东方股份有限公司	收款人	全称	青岛大发有限责任公司		
	账号或地址	6013837027658932425		账号	6222760303300233283		
	开户银行	中国银行青岛分行市北支行		开户银行	招商银行青岛分行市南支行	行号	3546

委收金额	人民币(大写)	千	百	十	万	千	百	十	元	角	分
	壹万壹仟柒佰元整			¥	1	1	7	0	0	0	0

款项内容	货款	委托收款凭据名称	商业汇票	附寄单证张数	1

备注:	付款人注意: 1. 根据结算办法,上列委托收款,如在付款期限内未拒付时,即视同全部同意付款,以此联代付款通知。 2. 如需提前付款或多付款时,应另写书面通知送银行办理。

单位主管　会计　复核　记账　付款人开户银行盖章　2014 年 03 月 01 日

此联是付款人开户银行给付款人按期付款的通知

图 1-71　委托收款凭证

要求:填制记账凭证(见图 1-72)。

记　账　凭　证

2015 年 02 月 27 日　　记字 023 号

摘要	会计科目	明细科目	借方金额										贷方金额										√
			千	百	十	万	千	百	十	元	角	分	千	百	十	万	千	百	十	元	角	分	
归还银行承兑汇票本金	应付票据	青岛大发				1	1	7	0	0	0	0											
	银行存款															1	1	7	0	0	0	0	
合　计					¥	1	1	7	0	0	0	0			¥	1	1	7	0	0	0	0	

附件 1 张

会计主管:李平　记账:宋涛　审核:朱丽　制单:刘强

图 1-72　记账凭证

?小思考

(1) 如果商业承兑汇票到期不能兑付票款,付款方该如何处理?

(2) 如果银行承兑汇票到期不能兑付票款,付款方该如何处理?

2. 应付账款

【任务 1-3-2】 应付账款的确认

青岛东兴股份有限公司 2014 年 7 月发生以下应付款业务:

(1) 2 日,购买甲材料 20 吨,单价为 3 220 元,价税合计 75 348 元,对方代垫运杂费 1 200

元，款项未付。

(2) 5日，购买乙材料85个，单价为96元，价税合计9 547.2元，签发并承兑一张商业汇票。

(3) 6日，出借一批工具，收到对方单位交付的押金10 000元。

(4) 12日，接受修理劳务，价税合计2 340元。

(5) 17日，根据合同预付丙材料款20 000元。

(6) 28日，职工未按期领取工资15 000元。

你能判断出以上哪些业务属于应付账款的核算范围吗？

(1) 应付账款的确认。应付账款是指企业因购买材料、商品和接受劳务等，应向销货单位或提供劳务单位支付的款项。

会计上所指的应付账款有其特定的范围。首先，应付账款是指因采购活动形成的债务，不包括采用售后回购方式融入资金等其他应付款；其次，应付账款是指流动负债性质的债务，不包括长期的债务，如借入的长期借款等；再次，应付账款是指本企业应付供应商的款项，不包括本企业付给股东的股息、付给企业员工的工资等。

应付账款应于采购的货物验收入库时予以确认，按应付账款的实际发生金额入账，具体包括货款和增值税，以及销货单位代垫的运杂费等。

(2) 应付账款的计价。应付账款通常按实际发生额计价入账。如果有现金折扣的，应按照扣除现金折扣前的应付款总额入账。因在折扣期内付款而获得的现金折扣，在偿付应付货款时冲减财务费用。

【任务1-3-3】 编制应付账款的记账凭证并登记账簿

接[任务1-3-2]中7月2日业务，说出需要的原始凭证，据此编制记账凭证并登记“应付账款”账簿。

该公司签订的合同中对方给予的现金折扣条件为“1/15，n/30”，如果该公司的付款时间分别是7月10日、7月25日，请你说出需要的原始凭证，分别编制记账凭证。

(3) 应付账款的业务流程及原始凭证。应付账款的业务流程及所涉及的原始凭证见图1-73。

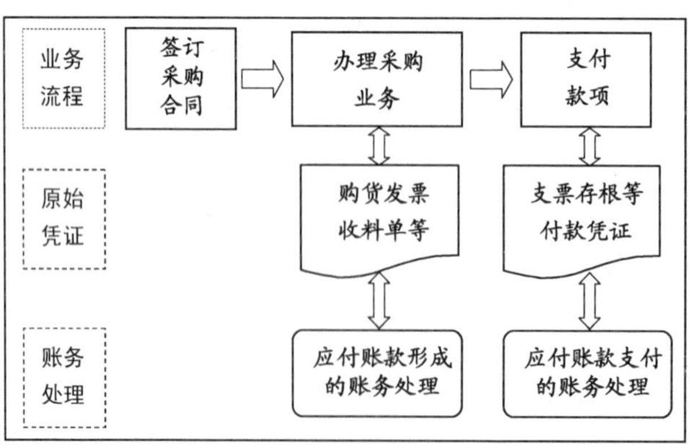

图1-73 应付账款的业务流程及所涉及的原始凭证

(4) 实训例题。

【例1-17】 2014年12月5日，青岛东方股份有限公司采购钢丝绳，取得的原始凭证见图1-74和图1-75。

青岛市增值税专用发票

发票联（青岛 国家税务总局监制）

3700032854　　　　№001772010

开票日期：2014 年 12 月 05 日

购货单位	名　　称：青岛东方股份有限公司 纳税人识别号：370256231000769 地址、电话：青岛市市北区镇江路 35 号 0532-87695555 开户银行及账号：中国银行青岛分行市北支行 6013837027658932425	密码区	141493589/>+<1375<−< 加密版本号：01 *+−−552−</492<−22−13 3700032854 −3−63>8717268267 0<7+0 001772010 9/92/44>>09−>98>><1

货物或应税劳务名称	规格型号	单位	数量	单价	金额	税率	税额
钢丝绳	BY-3	千克	400	300.00	120 000.00	17%	20 400.00
合计					¥120 000.00		¥20 400.00
价税合计（大写）	⊗壹拾肆万零肆佰元整				（小写）¥140 400.00		

销售单位	名　　称：青岛利友有限责任公司 纳税人识别号：370205167860723 地址、电话：青岛市南海路 1328 号 0532-85761348 开户银行及账号：招商银行青岛分行市南支行 6201760303316920132	备注	（青岛利友有限责任公司 发票专用章）

收款人：　　复核：　　开票人：孙佳　　销货单位（盖章）：

国税函[2014]1232号青岛印刷厂

第三联 发票联 购货方记账凭证

图 1-74　增值税专用发票

材料入库单

供应单位：青岛利友有限责任公司

发票号：001772009　　　　2014 年 12 月 08 日　　　　字第　号

材料名称	规格材质	计量单位	应收数量	实收数量	单价	金额：千	百	十	万	千	百	十	元	角	分
钢丝绳	BY-3	千克	400	400	300.00			1	2	0	0	0	0	0	0
运杂费															
合　计							¥	1	2	0	0	0	0	0	0
备　注															

仓库：　　会计：李平　　收料员：王仟　　制单：李平

第二联 记账联

图 1-75　材料入库单

要求：填制记账凭证（见图 1-76）。

记 账 凭 证

2014 年 12 月 08 日　　　　记字 024 号

摘要	会计科目	明细科目	借方金额										贷方金额										✓
			千	百	十	万	千	百	十	元	角	分	千	百	十	万	千	百	十	元	角	分	
采购钢丝绳	原材料	钢丝绳			1	2	0	0	0	0	0	0											
	应交税费	应交增值税(进项税额)				2	0	4	0	0	0	0											
	应付账款	青岛利友													1	4	0	4	0	0	0	0	
合计				¥	1	4	0	4	0	0	0	0		¥	1	4	0	4	0	0	0	0	

附件 2 张

会计主管:李平　　记账:宋涛　　审核:朱丽　　制单:刘强

图 1-76　记账凭证

【例 1-18】 2014 年 12 月 5 日,青岛东方股份有限公司购买圆钢,取得的原始凭证见图 1-77 和图 1-78。

青岛市增值税专用发票

发票联

3700032855　　　　No001772011

开票日期:2014 年 12 月 05 日

购货单位		密码区	
名称	青岛东方股份有限公司		1 4 1 4 9 3 5 8 9/>+<1 3 7 5<－< 加密版本号:01
纳税人识别号	370256231000769		*+－ －5 5 2－</4 9 2<－ 2 2－ 1 3　3700032855
地址、电话	青岛市市北区镇江路 35 号 0532-87695555		－3－ 6 3>8 7 1 7 2 6 8 2 6 7 0<7+0　001772011
开户银行及账号	中国银行青岛分行市北支行 6013837027658932425		9/9 2/4 4>>0 9－ >9 8>><1

货物或应税劳务名称	规格型号	单位	数量	单价	金额	税率	税额
圆钢	25MM	千克	400	700.00	280 000.00	17%	47 600.00
合计					¥280 000.00		¥47 600.00
价税合计(大写)	⊗叁拾贰万柒仟陆佰元整				(小写)¥327 600.00		

销售单位		备注
名称	青岛福祥有限责任公司	青岛福祥有限责任公司 发票专用章
纳税人识别号	370205167860731	
地址、电话	青岛市南海路 102 号 0532-85743210	
开户银行及账号	招商银行青岛分行市南支行 6203760303316920111	

收款人:　　复核:　　开票人:孙佳　　销货单位(盖章):

国税函[2014]1232号青岛印制厂

第三联 发票联 购货方记账凭证

图 1-77　增值税专用发票

材料入库单

供应单位：青岛福祥有限责任公司

发票号：001772015　　　　2014 年 12 月 11 日

材料名称	规格材质	计量单位	应收数量	实收数量	单价	金额 千	百	十	万	千	百	十	元	角	分
圆钢	25MM	千克	400	400	700.00			2	8	0	0	0	0	0	0
运杂费															
合计							¥	2	8	0	0	0	0	0	0
备注															

第二联 记账联

仓库：　　会计：李平　　收料员：王仟　　制单：李平

图 1-78　材料入库单

要求：填制记账凭证(见图 1-79)。

记　账　凭　证

2011 年 12 月 11 日　　　　记字 025 号

摘要	会计科目	明细科目	借方金额 千	百	十	万	千	百	十	元	角	分	贷方金额 千	百	十	万	千	百	十	元	角	分	√
购买圆钢	原材料	圆钢			2	8	0	0	0	0	0	0											
	应交税费	应交增值税(进项税额)				4	7	6	0	0	0	0											
	应付账款	青岛福祥													3	2	7	6	0	0	0	0	
合计				¥	3	2	7	6	0	0	0	0		¥	3	2	7	6	0	0	0	0	

附件 2 张

会计主管：李平　　记账：宋涛　　出纳：　　审核：朱丽　　制单：刘强

图 1-79　记账凭证

【例 1-19】 2014 年 12 月 15 日，青岛东方股份有限公司支付货款，取得的原始凭证见图 1-80。

中国工商银行
转账支票存根

Ⅶ Ⅲ 00041569

科　　目：

对方科目：应付账款

出票日期：2014 年 12 月 15 日

收款人：广州欧华有限公司
金　额：¥78 000.00
用　途：支付 10 月购料款

单位主管：李平　　会计：刘强

复核：　　记账：

图 1-80　转账支票存根

要求：填制记账凭证（见图 1-81）。

记 账 凭 证

2014 年 12 月 11 日　　　　记字 026 号

摘要	会计科目	明细科目	借方金额										贷方金额										√
			千	百	十	万	千	百	十	元	角	分	千	百	十	万	千	百	十	元	角	分	
支付 10 月货款	应付账款	广州欧华				7	8	0	0	0	0	0											
	银行存款															7	8	0	0	0	0	0	
合计					¥	7	8	0	0	0	0	0			¥	7	8	0	0	0	0	0	

附件 1 张

会计主管：李平　记账：宋涛　出纳：　审核：朱丽　制单：刘强

图 1-81　记账凭证

【例 1-20】 接[例 1-17]，2014 年 12 月 28 日，青岛东方股份有限公司支付青岛利友有限责任公司购货款，价税合计 140 400 元。因为在对方规定的折扣期内，享受现金折扣 2%即 2 400 元（不考虑增值税）。该公司取得的原始凭证见图 1-82。

中国工商银行
转账支票存根

ⅦⅢ00041769

科　　目：

对方科目：应付账款

出票日期：2014 年 12 月 28 日

收款人：	青岛利友有限责任公司
金　额：	¥138 000.00
用　途：	支付购料款

单位主管：李平　会计：刘强

复核：　记账：

图 1-82　转账支票存根

要求：填制记账凭证（见图 1-83）。

记 账 凭 证

2014 年 12 月 28 日　　　　记字 027 号

摘要	会计科目	明细科目	借方金额										贷方金额										√
			千	百	十	万	千	百	十	元	角	分	千	百	十	万	千	百	十	元	角	分	
支付货款	应付账款	青岛利友			1	4	0	4	0	0	0	0											
	银行存款														1	3	8	0	0	0	0	0	
	财务费用																2	4	0	0	0	0	
合计				¥	1	4	0	4	0	0	0	0		¥	1	4	0	4	0	0	0	0	

附件 1 张

会计主管：李平　记账：宋涛　出纳：　审核：朱丽　制单：刘强

图 1-83　记账凭证

温馨提示

在[例1-20]中，青岛东方股份有限公司原来应付购货款是120 000元，因为享受现金折扣2%，即2 400元，实际支付购货款为117 600元(120 000—2 400)。增值税不受影响，依然是20 400元。青岛东方股份有限公司少支付的购货款2 400元冲减财务费用。

3. 预付账款

【任务1-3-4】 预付账款的确认

接[任务1-3-2]，指出哪些业务属于预付账款业务。

预付账款是指企业按照购货合同或劳务合同规定，预先支付给供货单位或劳务供应单位的款项。

1) 预付账款的业务流程及所涉及的原始凭证

预付账款的业务流程及所涉及的原始凭证见图1-84。

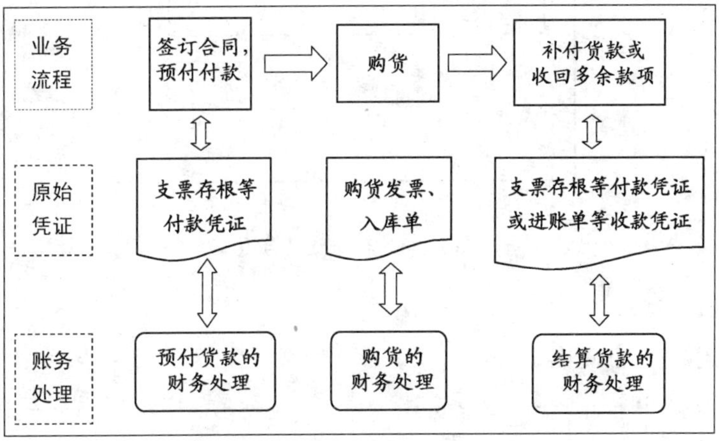

图1-84 预付账款的业务流程及所涉及的原始凭证

2) 预付账款的账务处理

为了核算和监督预付款项，应当设置"预付账款"账户，并按销货单位开设明细账进行明细分类核算。对预付账款不多的企业，也可以将预付的货款记入"应付账款"账户的借方。但在编制资产负债表时，仍然要将"预付款项"项目和"应付账款"项目的金额分开列示。

(1) 预付货款。按合同规定向销货单位预付款项时，按所付金额借记"预付账款"账户，贷记"银行存款"账户。

(2) 按合同约定收货。收到商品验收入库或接受劳务提供后，借记"原材料"、"应交税费——应交增值税(进项税额)"等账户，贷记"预付账款"账户。

(3) 结算货款。如果实际购货的款项大于预付的款项，则应补付购货款，按补付金额数借记"预付账款"账户，贷记"银行存款"账户；如果实际购货的款项小于前面预付的款项，则应收回多余的预付款，并作相反的会计分录。

（4）实训例题。

青岛东方股份有限公司 2014 年 12 月发生的预付账款业务的有关资料如下：

【例 1-21】 20 日，取得的原始凭证见图 1-85。

中国工商银行
转账支票存根

ⅦⅢ00041689

科　　目：

对方科目：预付账款

出票日期：2014 年 12 月 20 日

收款人：青岛仁易有限责任公司
金　额：￥63 000.00
用　途：预付购料款

单位主管：李平　　会计：刘强

复核：　　记账：

图 1-85　转账支票存根

要求：填制记账凭证（见图 1-86）。

记　账　凭　证

2014 年 12 月 20 日　　记字 028 号

摘　要	会计科目	明细科目	借方金额										贷方金额										√
			千	百	十	万	千	百	十	元	角	分	千	百	十	万	千	百	十	元	角	分	
支付货款	预付账款	青岛仁易				6	3	0	0	0	0	0											
	银行存款															6	3	0	0	0	0	0	
合　计					￥	6	3	0	0	0	0	0			￥	6	3	0	0	0	0	0	

附件 1 张

会计主管：李平　　记账：宋涛　　出纳：　　审核：朱丽　　制单：刘强

图 1-86　记账凭证

【例 1-22】 24 日，取得的原始凭证见图 1-87 和图 1-88。

青岛市增值税专用发票

发票联

（国家税务总局监制）

3700032856　　　　　　　　　　　　　　　　No0018326998

开票日期：2014 年 12 月 24 日

购货单位	名　　称：青岛东方股份有限公司 纳税人识别号：370256231000769 地址、电话：青岛市市北区镇江路 35 号 0532-87695555 开户银行及账号：中国银行青岛分行市北支行 6013837027658932425	密码区	1 4 1 4 9 3 5 8 9/>+<1 3 7 5<－ < 加密版本号：01 ＊＋－ －5 5 2－ </4 9 2<－ 2 2－ 1 3　3700032856 － 3－ 6 3>8 7 1 7 2 6 8 2 6 7 0<7+0　0018326998 9/9 2/4 4>>0 9－ >9 8>><1

货物或应税劳务名称	规格型号	单位	数量	单价	金额	税率	税额
圆钢	25MM	千克	100	600.00	60 000.00	17%	10 200.00
合计					￥60 000.00		￥10 200.00
价税合计（大写）	⊗柒万零贰佰元整				（小写）￥70 200.00		

销售单位	名　　称：青岛仁易有限责任公司 纳税人识别号：370205167864444 地址、电话：青岛市辽阳西路 31 号 0532-85763333 开户银行及账号：农业银行青岛分行崂山支行 6200760303311114123	备注	（青岛仁易有限责任公司 发票专用章）

收款人：　　　复核：　　　开票人：李项　　　销货单位（盖章）：

国税函[2014]1232号青岛印刷厂

第三联 发票联 购货方记账凭证

图 1-87　增值税专用发票

材料入库单

供应单位：青岛仁易有限责任公司　　　2014 年 12 月 24 日

发票号：111229　　　　　　　　　　　　字第　号

材料名称	规格材质	计量单位	应收数量	实收数量	单价	金额：千	百	十	万	千	百	十	元	角	分
圆钢	25MM	千克	100	100	600.00				6	0	0	0	0	0	0
运杂费															
合计								￥	6	0	0	0	0	0	0
备注															

仓库：　　　会计：李平　　　收料员：王仟　　　制单：李平

第二联 记账联

图 1-88　材料入库单

要求：填制记账凭证（见图 1-89）。

记 账 凭 证

2014 年 12 月 24 日　　　　记字 029 号

摘　要	会计科目	明细科目	借方金额										贷方金额										√
			千	百	十	万	千	百	十	元	角	分	千	百	十	万	千	百	十	元	角	分	
购买圆钢	原材料					6	0	0	0	0	0	0											
	应交税费	应交增值税(进项税额)				1	0	2	0	0	0	0											
	预付账款	青岛仁易														7	0	2	0	0	0	0	
合　计					¥	7	0	2	0	0	0	0			¥	7	0	2	0	0	0	0	

附件 2 张

会计主管：李平　　记账：宋涛　　出纳：　　审核：朱丽　　制单：刘强

图 1-89　记账凭证

【例 1-23】 29 日，取得的原始凭证见图 1-90。

中国工商银行
转账支票存根

ⅦⅢ00041769

科　　目：
对方科目：应付账款
出票日期：2014 年 12 月 29 日

收款人：青岛仁易有限责任公司
金　额：¥7 200.00
用　途：补付货款

单位主管：李平　　会计：刘强
复核：　　记账：

图 1-90　转账支票存根

记 账 凭 证

2014 年 12 月 29 日　　　　记字 030 号

摘　要	会计科目	明细科目	借方金额										贷方金额										√
			千	百	十	万	千	百	十	元	角	分	千	百	十	万	千	百	十	元	角	分	
补付货款	预付账款	青岛仁易					7	2	0	0	0	0											
	银行存款																7	2	0	0	0	0	
合　计						¥	7	2	0	0	0	0				¥	7	2	0	0	0	0	

附件 1 张

会计主管：李平　　记账：宋涛　　出纳：　　审核：朱丽　　制单：刘强

图 1-91　记账凭证

?小思考

假设青岛东方股份有限公司当初预付货款 100 000 元,该如何进行账务处理?

如果青岛东方股份有限公司预付款业务不多,为简化核算,也可以不设置“预付账款”账户,用“应付账款”账户代替,则[例 1-22]～[例 1-24]编制的记账凭证分别见图 1-92～图 1-94。

记 账 凭 证

2014 年 12 月 20 日　　　　记字 031 号

摘要	会计科目	明细科目	借方金额										贷方金额										√	
			千	百	十	万	千	百	十	元	角	分	千	百	十	万	千	百	十	元	角	分		
预付货款	应付账款	青岛仁易				6	3	0	0	0	0	0												附件1张
	银行存款															6	3	0	0	0	0	0		
合　计					¥	6	3	0	0	0	0	0			¥	6	3	0	0	0	0	0		

会计主管:李平　　记账:宋涛　　出纳:　　审核:朱丽　　制单:刘强

图 1-92　记账凭证

记 账 凭 证

2014 年 12 月 24 日　　　　记字 032 号

摘要	会计科目	明细科目	借方金额										贷方金额										√	
			千	百	十	万	千	百	十	元	角	分	千	百	十	万	千	百	十	元	角	分		
购买圆钢	原材料					6	0	0	0	0	0	0												
	应交税费	应交增值税(进项税额)				1	0	2	0	0	0	0												附件2张
	应付账款	青岛仁易														7	0	2	0	0	0	0		
合　计					¥	7	0	2	0	0	0	0			¥	7	0	2	0	0	0	0		

会计主管:李平　　记账:宋涛　　出纳:　　审核:朱丽　　制单:刘强

图 1-93　记账凭证

记 账 凭 证

2014 年 12 月 29 日　　　　记字 033 号

摘要	会计科目	明细科目	借方金额										贷方金额										√	
			千	百	十	万	千	百	十	元	角	分	千	百	十	万	千	百	十	元	角	分		
补付货款	应付账款	青岛仁易					7	2	0	0	0	0												附件1张
	银行存款																7	2	0	0	0	0		
合　计						¥	7	2	0	0	0	0				¥	7	2	0	0	0	0		

会计主管:李平　　记账:宋涛　　出纳:　　审核:朱丽　　制单:刘强

图 1-94　记账凭证

聪明屋

如果青岛东方股份有限公司2014年12月份通过“应付账款”账户核算预付款后，当月没有收货，或者已收货但月末未结清货款，你能计算出“应付账款——青岛仁易”明细账户的期末余额并解释其含义吗？

任务1.4　其他往来款的记录与核对

一、任务布置

【任务1-4】　其他往来款的记录与核对

青岛宏达服装有限公司2014年12月其他往来业务取得的相关原始凭证如下：

(1) 8日，预支差旅费。有关单据见图1-95。

借　款　单

2014年12月08日

借款部门	采购处	职别		借款人姓名	贾红华
借款事由	出差		备注	联系采购	
借款金额 人民币(大写)	捌仟元整		现金付讫	(小写)¥8 000.00	
部门负责人审批意见：同意。张浩				公司负责人审批意见：同意。王强	

财务主管：张琳　　复核：王晓　　出纳：赵月　　收款人：贾红华

（印章：青岛宏达服装有限公司 财务专用章）

图1-95　借款单

(2) 9日，垫付职工住院费。有关单据见图1-96和图1-97。

借　款　单

2014年12月09日

借款部门	人力资源部	职别	经理	借款人姓名	孙凡
借款事由	垫付职工住院费	备注			
借款金额 人民币(大写)	伍万元整		现金付讫	(小写)¥50 000.00	
部门负责人审批意见：同意。姜斌				公司负责人审批意见：同意。王强	

财务主管：张琳　　复核：王晓　　出纳：赵月　　收款人：孙凡

（印章：青岛宏达服装有限公司 财务专用章）

图1-96　借款单

中国工商银行
现金支票存根

ⅦⅢ00041225

科　　目：

对方科目：其他应收款

出票日期：2014 年 12 月 09 日

收款人：孙凡
金　额：¥50 000.00
用　途：借款

单位主管：王强　　会计：丁平

复核：王晓　　记账：赵山

图 1-97　现金支票存根

(3) 10 日，收到押金。有关单据见图 1-98。

转账进账单（回单或收账通知）　　No. 00195

2014 年 12 月 10 日　　1

签发人	全　称	青岛根香有限责任公司	收款人	全　称	青岛宏达服装有限公司
	账　号	6222210101040005181		账　号	4222987586543400890
	开户银行	农业银行青岛分行李沧支行		开户银行	工商银行青岛分行四方支行

人民币（大写）	千	百	十	万	千	百	十	元	角	分
壹拾万元整		¥	1	0	0	0	0	0	0	0

票据种类	转账支票
票据张数	1张

单位主管：王强　会计：丁平　复核：王晓　记账：赵山

（印章：中国工商银行青岛分行四方支行　2014.12.10　转账　转讫）

收款人开户行盖章

此联是收款人开户银行交给收款人的回单或收账通知

图 1-98　转账进账单

(4) 15 日，退还押金。有关单据见图 1-99。

(5) 18 日，报销职工差旅费。有关单据见图 1-100 和图 1-101。

中国工商银行
转账支票存根

ⅦⅢ00041891

科　　目：

对方科目：其他应付款

出票日期：2014年12月15日

收款人：青岛东明有限责任公司
金　额：¥6 000.00
用　途：退还押金

单位主管：王强　　会计：丁平

复核：王晓　　记账：赵山

图1-99　转账支票存根

收　据

2014年12月18日　　№126

收到：贾红华		金额								
		百	十	万	千	百	十	元	角	分
摘　要	预借差旅费			¥	8	0	0	0	0	0
合计金额人民币(大写)	捌仟元整	现金收讫								
备　注										

收款单位(印章)　财务专用章　　收款人：赵月

第二联 付款单位记账凭证

图1-100　收据

差旅费报销单

部门：管理部　　2014年12月18日

出差人			贾红华				出差事由				采购		
出发			到达			交通工具	车船费		出差补贴		其他费用		
月	日	地点	月	日	地点		单据张数	金额	天数	金额	项目	单据张数	金额
12	09	青岛	12	10	广州	火车	1	480.00	9	900.00	住宿费	1	3 200.00
12	16	广州	12	17	青岛	火车	1	480.00			市内交通	23	460.00
											餐饮费	10	1 800.00
合计							2	960.00	5	900.00		34	5 460.00
报销总额	人民币(大写)陆仟肆佰贰拾元整　(小写)¥6 420.00								预借旅费	¥8 000.00	补领金额		
											归还金额		¥1 580.00

派出部门负责人：罗平　　财务主管：吕平　　复核：王化成　　出纳：李欢

图1-101　差旅费报销单

(6) 20 日,代垫审计费。有关单据见图 1-102。

中国工商银行
转账支票存根
Ⅷ Ⅲ 00041892

科　　目：

对方科目：其他应收款

出票日期：2014 年 12 月 20 日

收款人：青岛大华会计师事务所
金　额：￥20 000.00
用　途：代垫审计费

单位主管：王强	会计：丁平
复核：王晓	记账：赵山

图 1-102　转账支票存根

(7) 20 日,支付押金。有关单据见图 1-103。

中国工商银行
转账支票存根
Ⅷ Ⅲ 00041893

科　　目：

对方科目：其他应收款

出票日期：2014 年 12 月 20 日

收款人：实业租赁公司
金　额：￥20 000.00
用　途：支付押金

单位主管：王强	会计：丁平
复核：王晓	记账：赵山

图 1-103　转账支票存根

在[任务 1-2]中,王涛完成得非常出色,财务经理又让他负责有关其他往来业务处理,工作内容和客户往来一样,包括根据发生的业务编制记账凭证,登记总账与明细账并进行账证核对和账账核对。有了以往工作的成功经验,王涛做该项工作更是得心应手了,看来王涛已经完全胜任他的实习工作了。如果你去公司实习,也能够做得这么优秀吗?

二、知识链接

(一) 其他应收款

【任务 1-4-1】 其他应收款的确认

接[任务 1-2-3],指出哪些业务属于青岛东兴股份有限公司的其他应收款业务?

1. 其他应收款的具体内容

其他应收款是指企业除应收票据、应收账款、预付账款等以外的其他各种应收暂付的款项。其主要内容包括：

(1) 应收的各种赔款、罚款，如因职工失职造成一定损失而应向该职工收取的赔款、因产品运输过程中遗失或损坏而应收运输单位的赔款、因企业财产等遭受意外损失而应向有关保险公司收取的赔款等。

(2) 应收出租包装物的租金。

(3) 应向职工收取的各种垫付款项，如为职工垫付的水电费、应由职工负担的医药费、房租费等。

(4) 存出保证金，如租入包装物暂付的押金。

(5) 备用金。

(6) 其他各种应收暂付款项。

2. 其他应收款的账务处理

1) 备用金的核算

备用金是企业、机关、事业单位或其他经济组织等拨付给非独立核算的内部单位或工作人员备作差旅费、零星采购、零星开支等用的款项。为了反映和监督备用金的领用和使用情况，应在“其他应收款”账户下设置“备用金”二级账户，或设置“备用金”一级账户。

根据备用金的管理制度，备用金的核算分为定额管理和非定额管理。

(1) 定额管理。对于零星开支用的备用金，可实行定额管理，即由指定的备用金负责人按照规定的数额领取，支用后按规定手续报销，补足原定额。实行定额备用金制度的单位，备用金领用部门支用备用金后，应根据各种费用凭证编制费用明细表，定期向财会部门报销，领回所支用的备用金。发生预支备用金时，借记“其他应收款——备用金”账户，贷记“银行存款”或“库存现金”账户；实际报销时，借记“制造费用”或“管理费用”等账户，贷记“银行存款”或“库存现金”账户。

温馨提示

若备用金实行定额管理，报销时不冲销备用金，以保持定额。

【例 1-24】 2014 年 12 月 12 日，青岛东方股份有限公司支付设计部备用金，取得的原始凭证见图 1-104。

领 款 收 据

2014 年 12 月 12 日

<table>
<tr><td>领款单位</td><td>设计部</td><td colspan="9">付款方式</td></tr>
<tr><td>款项内容</td><td>拨付备用金</td><td colspan="9">现金</td></tr>
<tr><td rowspan="2">金额
人民币(大写)</td><td rowspan="2">壹仟元整</td><td>百</td><td>十</td><td>万</td><td>千</td><td>百</td><td>十</td><td>元</td><td>角</td><td>分</td></tr>
<tr><td></td><td></td><td>¥</td><td>1</td><td>0</td><td>0</td><td>0</td><td>0</td><td>0</td></tr>
<tr><td>备　　注</td><td></td><td colspan="9"></td></tr>
</table>

会计：李华晟　　出纳：赵月　　领款人：张荣

青岛东方股份有限公司 财务专用章　　现金付讫

图 1-104 领款收据

要求：填制记账凭证（见图 1-105）。

记 账 凭 证

2014 年 12 月 12 日　　　　　　记字 034 号

摘要	会计科目	明细科目	借方金额										贷方金额										✓
			千	百	十	万	千	百	十	元	角	分	千	百	十	万	千	百	十	元	角	分	
拨付备用金	其他应收款	设计部					1	0	0	0	0	0											
	库存现金																1	0	0	0	0	0	
合计						¥	1	0	0	0	0	0				¥	1	0	0	0	0	0	

附件 1 张

会计主管：吕平　　记账：黄丹　　出纳：李欢　　审核：王化成　　制单：刘强

图 1-105　记账凭证

【例 1-25】 接[例 1-24]，2014 年 12 月 25 日，青岛东方股份有限公司报销办公用品，取得的原始凭证见图 1-106 和图 1-107。

山东省青岛市商业零售统一发票

发票联

发票代码：261001024013

购货单位：青岛东方股份有限公司　　2014 年 12 月 25 日填制　　发票号码：000640001

摘要	单位	数量	单价	金额							
				十	万	千	百	十	元	角	分
纸张	箱	1	300.00				3	0	0	0	0
油墨	箱	1	200.00				2	0	0	0	0
合计人民币（大写）	伍佰元整					¥	5	0	0	0	0
备注	设计部使用										

发票联

收款单位（财务公章）：　　会计：　　收款人：刘荣　　经手人：

图 1-106　商业零售统一发票

领 款 收 据

2014 年 12 月 25 日

领款单位	设计部门	付款方式								
款项内容	补足备用金	现金								
金额 人民币（大写）	伍佰元整	百	十	万	千	百	十	元	角	分
					¥	5	0	0	0	0
备注										

会计：李华晟　　出纳：孙俪　　领款人：张荣

图 1-107　领款收据

要求：填制记账凭证(见图 1-108)。

记 账 凭 证

2014 年 12 月 25 日　　　　记字 035 号

摘要	会计科目	明细科目	借方金额										贷方金额										√
			千	百	十	万	千	百	十	元	角	分	千	百	十	万	千	百	十	元	角	分	
补足备用金	管理费用	设计部						5	0	0	0	0											
	库存现金																	5	0	0	0	0	
合计							¥	5	0	0	0	0					¥	5	0	0	0	0	

附件 2 张

会计主管：吕平　　记账：黄丹　　出纳：李欢　　审核：王化成　　制单：刘强

图 1-108　记账凭证

(2) 非定额管理。非定额管理的备用金是根据使用部门的实际需要预先借款，使用后实报实销，如预借、报销差旅费。预支备用金时，借记“其他应收款”账户，贷记“银行存款”或“库存现金”账户；报销备用金时，借记“制造费用”或“管理费用”等账户，贷记“其他应收款”账户。

【例 1-26】 2014 年 12 月 8 日，青岛东方股份有限公司管理部张伟预借差旅费，取得的原始凭证见图 1-109。

借 款 单

2014 年 12 月 08 日

借款部门	办公室	职别	副主任	借款人姓名	张伟
借款事由	出差		备注	联系采购	
借款金额 人民币(大写)	叁仟元整		现金付讫		¥3 000.00
部门负责人审批意见：同意。张浩				公司负责人审批意见：同意。王强	

财务主管：张琳　　复核：王晓　　出纳：赵月　　收款人：贾红华

图 1-109　借款单

要求：填制记账凭证(见图 1-110)。

记 账 凭 证

2014 年 12 月 05 日　　　　记字 036 号

摘要	会计科目	明细科目	借方金额										贷方金额										√
			千	百	十	万	千	百	十	元	角	分	千	百	十	万	千	百	十	元	角	分	
补足备用金	其他应收款	张伟					3	0	0	0	0	0											
	库存现金																3	0	0	0	0	0	
合计						¥	3	0	0	0	0	0				¥	3	0	0	0	0	0	

附件 2 张

会计主管：吕平　　记账：黄丹　　出纳：李欢　　审核：王化成　　制单：刘强

图 1-110　记账凭证

【例 1-27】 接[例 1-26],2014 年 12 月 18 日,张伟报销差旅费,取得原始凭证见图 1-111 和图 1-112。

差旅费报销单

部门:管理部　　　　2014 年 12 月 18 日

出差人			张伟				出差事由				培训		
出发			到达			交通工具	车船费		出差补贴		其他费用		
月	日	地点	月	日	地点		单据张数	金额	天数	金额	项目	单据张数	金额
12	06	青岛	12	06	北京	火车	1	250.00	5	500.00	食宿费	8	1 000.00
12	10	北京	12	10	青岛	火车	1	250.00			培训费	1	800.00
合计							2	500.00	5	500.00		9	1 800.00
报销总额	人民币(大写) 贰仟捌佰元整				¥2 800.00		预借旅费	¥3 000.00			补领金额		
											归还金额		¥200.00

派出部门负责人:罗平　　财务主管:吕平　　复核:王化成　　出纳:李欢

图 1-111 差旅费报销单

收　据

2014 年 12 月 18 日　　№126

收到:管理部张伟		金额								
		百	十	万	千	百	十	元	角	分
摘　要	差旅费			¥	3	0	0	0	0	0
合计金额人民币(大写)	叁仟元整									
备　注										

收款单位(印章)　　收款人:李欢

第二联 付款单位记账凭证

图 1-112 收据

要求:填制记账凭证(见图 1-113 和图 1-114)。

记 账 凭 证

2014 年 12 月 18 日　　记字 037 号

摘　要	会计科目	明细科目	借方金额										贷方金额										√
			千	百	十	万	千	百	十	元	角	分	千	百	十	万	千	百	十	元	角	分	
报销差旅费	管理费用	差旅费					2	8	0	0	0	0											
	其他应收款	张伟															2	8	0	0	0	0	
合　计						¥	2	8	0	0	0	0				¥	2	8	0	0	0	0	

附件 2 张

会计主管:吕平　　记账:黄丹　　出纳:李欢　　审核:王化成　　制单:刘强

图 1-113 记账凭证

记 账 凭 证

2014 年 12 月 18 日　　　　记字 038 号

摘要	会计科目	明细科目	借方金额										贷方金额										√
			千	百	十	万	千	百	十	元	角	分	千	百	十	万	千	百	十	元	角	分	
报销差旅费	库存现金							2	0	0	0	0											
	其他应收款	张伟																2	0	0	0	0	
合计							¥	2	0	0	0	0					¥	2	0	0	0	0	

附件 1 张

会计主管：吕平　记账：黄丹　出纳：李欢　审核：王化成　制单：刘强

图 1-114　记账凭证

2）备用金以外的其他应收款的核算

企业发生备用金以外的其他应收款时，借记“其他应收款”账户，贷记“库存现金”、“银行存款”等账户；收回备用金以外的其他应收款时，借记“库存现金”、“银行存款”等账户，贷记“其他应收款”账户。

【例 1-28】 2014 年 12 月 15 日，青岛东方股份有限公司支付包装物押金，取得的原始凭证见图 1-115。

收 据

2014 年 12 月 15 日　　　　No127

收到：青岛东方有限责任公司		金额								
		百	十	万	千	百	十	元	角	分
摘要	租用包装物押金				¥	5	0	0	0	0
合计金额人民币（大写）	伍佰元整									
备注										

收款单位（印章）　隆丰股份有限公司 财务专用章　现金收讫　收款人：张柏寿

第二联 付款单位记账凭证

图 1-115　收据

要求：填制记账凭证（见图 1-116）。

记 账 凭 证

2014 年 12 月 18 日　　　　记字 039 号

摘要	会计科目	明细科目	借方金额										贷方金额										√
			千	百	十	万	千	百	十	元	角	分	千	百	十	万	千	百	十	元	角	分	
支付租用包装物押金	其他应收款	隆丰股份有限公司						5	0	0	0	0											
	库存现金																	5	0	0	0	0	
合计							¥	5	0	0	0	0					¥	5	0	0	0	0	

附件 1 张

会计主管：吕平　记账：黄丹　出纳：李欢　审核：王化成　制单：刘强

图 1-116　记账凭证

【例 1-29】 接[例 1-28],2014 年 12 月 19 日,青岛东方股份有限公司收回押金,取得的原始凭证见图 1-117。

收 据

2014 年 12 月 19 日　　　　№223

收到:隆丰股份有限公司		百	十	万	千	百	十	元	角	分
摘　要	包装物押金退还				¥	5	0	0	0	0
合计金额人民币(大写)	伍佰元整									
备　注										

收款单位(印章):　　　　收款人:李欢

青岛东方股份有限公司 财务专用章　　现金收讫

第三联 收款单位记账凭证

图 1-117　收据

要求:填制记账凭证(见图 1-118)。

记 账 凭 证

2014 年 12 月 19 日　　　　记字 040 号

摘　要	会计科目	明细科目	借方金额 千	百	十	万	千	百	十	元	角	分	贷方金额 千	百	十	万	千	百	十	元	角	分	√
包装物押金退还	库存现金							5	0	0	0	0											
	其他应收款	隆丰股份有限公司																5	0	0	0	0	
合　计							¥	5	0	0	0	0					¥	5	0	0	0	0	

附件 1 张

会计主管:吕平　　记账:黄丹　　出纳:李欢　　审核:王化成　　制单:刘强

图 1-118　记账凭证

【例 1-30】 2014 年 12 月 3 日,青岛东方股份有限公司进行年终财产清查盘亏原因已查明,取得的原始凭证见图 1-119。

盘盈盘亏报告单

填报部门:产成品仓库　　2014 年 12 月 31 日

序号	名称	规格及型号	计量单位	账面数 数量	账面数 金额	盘点数 数量	盘点数 金额	盘盈数 数量	盘盈数 金额	盘亏数 数量	盘亏数 金额	存放地点	备注
1	齿轮	CH002	箱	12	4 800.00	10	4 000.00			2	800.00	1号仓库	
盘点差错原因:管理员刘元的责任事故													
总经理审批意见:同意由刘元赔偿。王建一													

部门主管:王霞　　财务主管:吕平

青岛东方股份有限公司

图 1-119　盘盈盘亏报告单

要求：填制记账凭证(见图 1-120)。

记 账 凭 证

2014 年 12 月 18 日　　　　记字 041 号

摘要	会计科目	明细科目	借方金额										贷方金额										√
			千	百	十	万	千	百	十	元	角	分	千	百	十	万	千	百	十	元	角	分	
盘亏转出	其他应收款	应收赔款(刘元)						8	0	0	0	0											
	周转材料	低值易耗品																8	0	0	0	0	
合计							¥	8	0	0	0	0					¥	8	0	0	0	0	

附件 1 张

会计主管：吕平　　记账：黄丹　　出纳：　　审核：王化成　　制单：刘强

图 1-120　记账凭证

【例 1-31】 接[例 1-30]，2014 年 12 月 31 日，青岛东方股份有限公司收到管理员刘元上交赔款，取得的原始凭证见图 1-121。

收　据

2014 年 12 月 31 日　　　　№136

收到：刘元		金额								
		百	十	万	千	百	十	元	角	分
摘要	赔款				¥	8	0	0	0	0
合计金额人民币(大写)	捌佰元整									
备注										

收款单位(印章)　　收款人：李欢

青岛东方股份有限公司 财务专用章

现金收讫

第三联 收款单位记账凭证

图 1-121　收据

要求：填制记账凭证(见图 1-122)。

记 账 凭 证

2014 年 12 月 31 日　　　　记字 042 号

摘要	会计科目	明细科目	借方金额										贷方金额										√
			千	百	十	万	千	百	十	元	角	分	千	百	十	万	千	百	十	元	角	分	
盘亏转出	库存现金							8	0	0	0	0											
	其他应收款	应收赔款(刘元)																8	0	0	0	0	
合计							¥	8	0	0	0	0					¥	8	0	0	0	0	

附件 1 张

会计主管：吕平　　记账：黄丹　　出纳：李欢　　审核：王化成　　制单：刘强

图 1-122　记账凭证

（二）其他应付款

【任务 1-4-2】 其他应付款的确认

接[任务 1-3-2]，指出哪些业务属于青岛东兴有限公司其他应付款业务？

1. 其他应付款的具体内容

其他应付款是企业除了应付票据、应付账款、预收账款、应付职工薪酬、应付利息、应付股利、应交税费等经营活动以外的其他各项应付、暂收的款项。其主要包括：

（1）应付经营租入固定资产和包装物的租金。

（2）存入保证金，如收入包装物押金等。

（3）职工未按期领取的工资。

（4）其他应付、暂收所属单位、个人的款项。

2. 其他应付款的账务处理

“其他应付款”账户应按“应付租金”、“存入保证金”等其他应付和暂收的类别和单位或个人设置明细账户，进行明细分类核算。

（1）应付租金的核算。

【例 1-32】 2014 年 12 月 31 日，青岛东方股份有限公司计提本月租金，取得的原始凭证见图 1-123。

经营租赁租金计算表

部门：生产车间　　　　2014 年 12 月 31 日

所租设备	租赁期	租金总额（元）	每月租金（元）	交租时间
机床	2014.11.01～2015.01.31	6 000.00	2 000.00	租赁期结束

财务主管：吕平　　　　制表人：王化成

图 1-123　经营租赁租金计算表

要求：填制记账凭证（见图 1-124）。

记　账　凭　证

2014 年 12 月 31 日　　　　记字 043 号

摘　要	会计科目	明细科目	借方金额										贷方金额										√
			千	百	十	万	千	百	十	元	角	分	千	百	十	万	千	百	十	元	角	分	
计提经营租赁租金	制造费用						2	0	0	0	0	0											
	其他应付款	应付租金															2	0	0	0	0	0	
合　计						¥	2	0	0	0	0	0				¥	2	0	0	0	0	0	

附件 1 张

会计主管：吕平　　记账：黄丹　　出纳：　　审核：王化成　　制单：刘强

图 1-124　记账凭证

(2) 存入保证金的核算。存入保证金是指为保证本企业出租或出借的财产能如期完整、无损地收回而向客户收取一定数量的押金。收到存入的保证金时,借记“库存现金”或“银行存款”账户,贷记“其他应付款” 账户;企业支付租金或退回客户的押金时,借记“其他应付款”账户,贷记“库存现金”或“银行存款” 账户。

【例 1-33】 2014 年 12 月 31 日,青岛东方股份有限公司收到包装物押金,取得的原始凭证见图 1-125。

收　　据

2014 年 12 月 31 日　　　　№136

收到:华运有限责任公司		金额								
		百	十	万	千	百	十	元	角	分
摘　要	包装物押金				¥	8	0	0	0	0
合计金额人民币(大写)	捌佰元整									
备　注										

收款单位(印章):青岛东方股份有限公司 财务专用章　　收款人:李欢

现金收讫

第三联 收款单位记账凭证

图 1-125　收据

要求:填制记账凭证(见图 1-126)。

记　账　凭　证

2014 年 12 月 31 日　　　　记字 044 号

摘　要	会计科目	明细科目	借方金额										贷方金额										√
			千	百	十	万	千	百	十	元	角	分	千	百	十	万	千	百	十	元	角	分	
收到出租包装物押金	库存现金							8	0	0	0	0											
	其他应付款	华运有限责任公司																8	0	0	0	0	
合　计							¥	8	0	0	0	0					¥	8	0	0	0	0	

附件 1 张

会计主管:吕平　记账:黄丹　出纳:李欢　审核:王化成　制单:刘强

图 1-126　记账凭证

项目 2

存 货 岗 位

能力目标

1. 能够准确无误地识别原始凭证，并分析和判断经济业务内容。
2. 能够按照规范流程和会计核算方法进行原材料、周转材料、库存商品等的会计处理。
3. 能采用手工方式和电算化方式独立完成与存货业务相关的建账、填制审核凭证、登记账簿和财产清查业务。

知识目标

1. 熟悉《企业会计准则第 1 号——存货》，理解存货确认的条件，掌握存货取得的初始计量。
2. 掌握存货采用实际成本核算方法。
3. 掌握存货采用计划成本核算方法。
4. 理解存货减值核算的基本原理和方法。

素质目标

1. 能够根据工作任务的需要，使用各种信息媒体，独立收集相关资料。
2. 培养学生主动与人交流、与人协商的能力。
3. 培养学生良好的语言表达能力，能有条理地表达自己的思想和观点。
4. 培养学生积极、主动、灵活地完成工作的能力。

任务 2.1　建立存货信息目录

一、任务布置

【任务 2-1】　建立存货信息目录

参阅[任务 1-1]中青岛宏达有限责任公司的相关资料，了解服装企业存货岗位的基本内容，讨论服装生产企业存货的存在形式，编制服装企业存货目录（包括存货的名称、品种、分类、规格、型号等）并设置存货的相关会计账户（包括总账账户和明细账户）。

二、知识链接

【任务 2-1-1】 存货的判定

2014 年 6 月，青岛东兴股份有限公司发生如下经济业务：

(1) 15 日，购入一批包装箱，价值 8 500 元，已收到发票，货未收到。

(2) 3 日，购入生产空调的零部件，价值 12 000 元，款项已付，货已入库。

(3) 8 日，与材料供应商签订协议，定于 7 月份购入其一批材料，合同金额为 320 000 元。

(4) 28 日，通过实地盘点，生产车间未完工的空调共 2 800 台。

(5) 30 日，通过实地盘点，完工空调结存情况如下：①仓库库存 30 台空调，其中有 10 台是根据甲客户的要求为其特制的，有 3 台购货方已付款，但尚未提货。②有 28 台放置于蓝海商厦，委托其代销。③6 台放在会展中心，参与展销活动。

判断上述存货中，哪些属于青岛东兴股份有限公司的存货。

(一) 存货的概念

存货是指企业在日常活动中持有以备出售的产成品或商品、处在生产过程中的在产品、在生产过程或提供劳务过程中耗用的材料或物料等，包括各类材料、在产品、半成品、产成品、商品、周转材料、代销商品和委托加工物资等。

1. 原材料

原材料是指企业在生产过程中经加工改变其形态或性质并构成产品主要实体的各种原料及主要材料、辅助材料、燃料、修理用备件(备品备件)、包装材料、外购半成品(外购件)等。

2. 在产品

在产品是指企业正在制造尚未完工的生产物，包括正在各个生产工序加工的产品和已加工完毕但尚未检验或已检验但尚未办理入库手续的产品。

3. 半成品

半成品是指经过一定生产过程并已检验合格交付半成品仓库保管，但尚未制造完工成为产成品，仍需进一步加工的中间产品。

4. 产成品

产成品是指工业企业已经完成全部生产过程并已验收入库，可以按照合同规定的条件送交订货单位，或者可以作为商品对外销售的产品。

企业接受来料加工制造的代制品和为外单位加工修理的代修品，制造和修理完成验收入库后，应视同企业的产成品。

5. 商品

商品是指商品流通企业外购或委托加工完成验收入库用于销售的各种商品。

6. 周转材料

周转材料是指企业能够多次使用，不符合固定资产定义，逐渐转移其价值但仍保持原有形态，不确认为固定资产的材料。周转材料包括包装物和低值易耗品。

7. 代销商品(包括委托代销商品和受托代销商品)

代销商品是指企业委托其他单位代销的商品；或受其他单位委托代销其商品，以赚取差价或手续费为目的。

8. 委托加工物资

委托加工物资是指企业委托外单位加工的各种材料、商品等物资。

(二) 存货的确认标准

按照《企业会计准则》的规定,企业的存货同时满足下列两个条件,才能予以确认:

(1) 该存货包含的经济利益很可能流入企业。

(2) 该存货的成本能可靠地计量。

一项存货必须满足存货的定义,同时符合存货确认的两个条件时才能确认为企业的存货,从而在资产负债表内列示。

在进行存货确认时,应注意以下问题:

(1) 代销商品。代销商品在售出之前,所有权属于委托方;受托方应对其受托代销商品在资产负债表的存货中反映,并将与受托代销商品相对应的代销商品款作为一项负债,同时反映在资产负债表中。

(2) 在途商品。销货方按销售合同、协议规定已经确认销售(如已收到货款等)而尚未发给购货方的商品,应作为购货方的存货;购货方已收到商品但尚未收到销货方结算发票等的商品,应将其作为购货方的存货;购货方已经确认为购进(如已付款等)而尚未到达入库的在途商品应作为购货方的存货。

(3) 购货约定。对于约定购货而尚未购入的商品,不作为购货方的存货,也不确认其有关的负债和费用。

(三) 存货的岗位职责

存货岗位职责涉及会计人员和仓库管理人员的职责。

1. 仓库管理人员的岗位职责

仓库管理人员主要负责存货收发存的数量管理。为了方便管理可以根据实际需要建立存货目录(见图 2-1)。

物资编码	物资名称	系统规格/型号	系统计量单位	实际规格/型号(*)	实际计量单位(*)	计划数量(*)	备注
001010402	二级螺纹钢	Φ12	吨	Φ12	吨		

图 2-1 存货目录

(1) 根据存货验收情况,填制"验收单",并将存货入库管理。

(2) 根据领用部门填制的领料凭证,发出货物,并在领料凭证上签字。

(3) 根据"验收单"和领料凭证登记存货明细账上的收、发、存数量。

(4) 经常进行实物盘点,并与明细账的数量核对,保证存货的安全完整。

2. 会计人员的岗位职责

会计人员主要参与存货管理制度的制定和进行存货的核算。

(1) 会同有关部门制定存货管理的办法,建立健全存货核算制度。对于企业的原材料、包装物、低值易耗品、库存商品、半成品、在产品等存货,应建立健全其收入、发出、结存等的核算制度,制定相关管理制度,明确相关手续及管理责任。

(2) 参与制定存货定额。存货定额包括消耗定额、价格定额等。企业制定的存货定额应先进、科学、合理,并注意随着市场环境、生产技术等条件的改变而适时修正。

(3) 负责存货日常管理工作。存货日常管理主要指存货收、发、存的管理。应根据企业生产经营计划、存货预算、存货供应、消耗及库存情况等，控制存货的收入、发出及结存金额。

(4) 负责存货日常核算工作。应认真审核各类存货的收发凭证，进行汇总和试算平衡，登记账簿、对账、结账，完成存货收、发、存的日常核算。

(5) 参与存货的清查盘点工作。应定期、不定期地对存货进行清查盘点，年终应进行一次全面清查。对存货盘盈、盘亏、毁损等情况要查明原因，按不同情况经有关部门批准后分别处理，做到存货账实相符。

(6) 其他与存货核算有关的工作。如了解存货储备情况，对积压呆滞存货进行分析，监督存货保管工作，与存货管理人员有效沟通，建立有效的存货管理方法与账实核对机制等。

(四) 存货岗位业务核算流程

1. 存货岗位相关原始凭证及业务流程(见图 2-2)

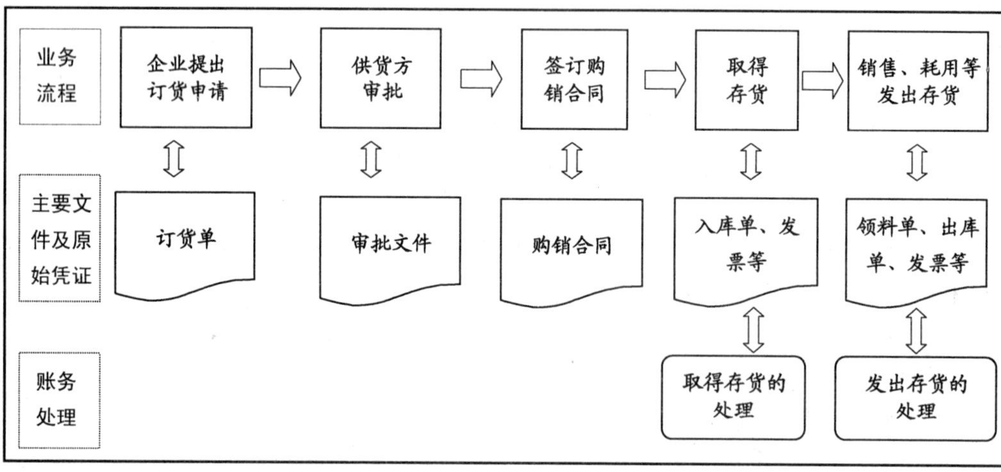

图 2-2　存货岗位的原始凭证及业务流程

2. 存货岗位的会计核算流程(见图 2-3 和图 2-4)

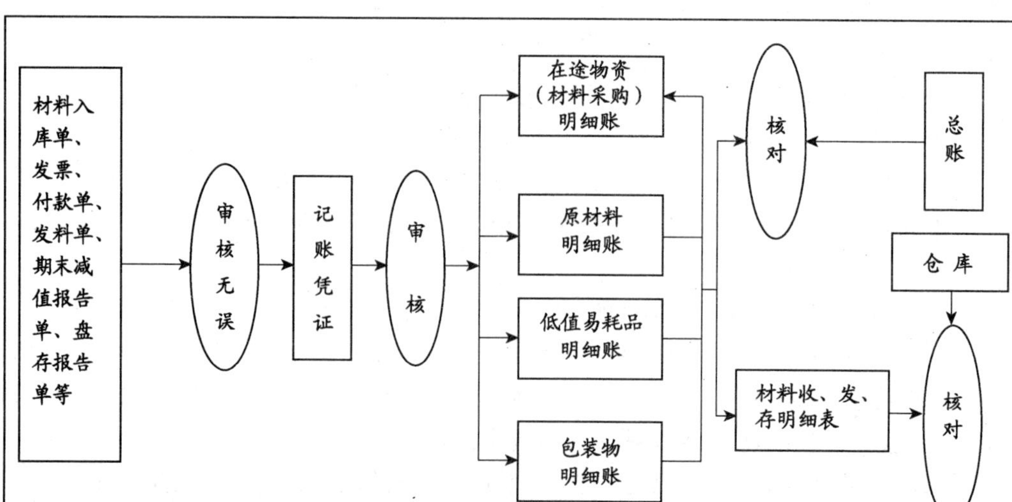

图 2-3　存货岗位(材料)的会计核算流程

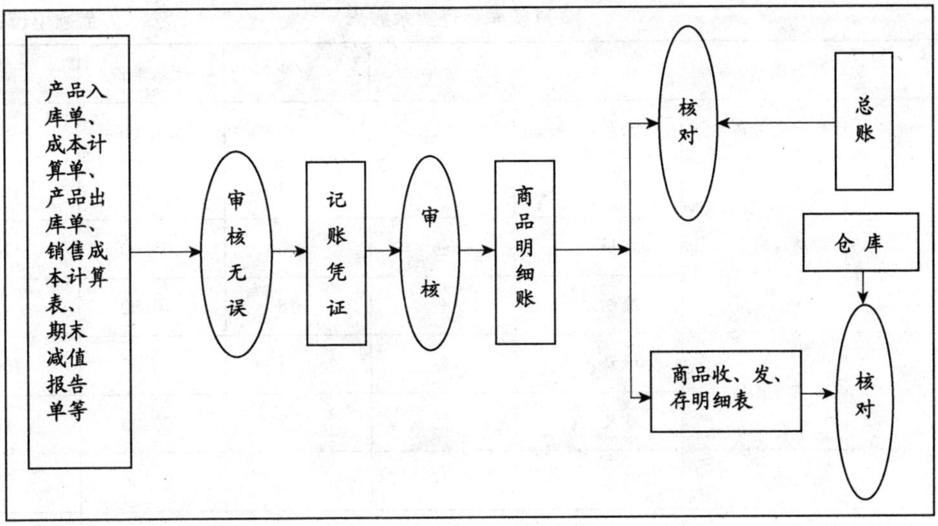

图 2-4　存货岗位(产成品)的会计核算流程

(五) 存货岗位核算所涉及的主要账户

存货核算过程中主要涉及的总账账户见表 2-1。

表 2-1　　总账账户一览表

账户名称	账户性质	核算内容
原材料	资产类	核算企业库存各种材料的收、发、存情况
在途物资	资产类	企业采用实际成本进行材料、商品等物资的日常核算时,核算已经采购尚未验收入库的各种物资(即在途物资)的实际采购成本
材料采购	资产类	企业采用计划成本进行材料日常核算时,核算购入材料的实际采购成本
周转材料	资产类	核算企业库存各种周转材料的收、发、存情况
库存商品	资产类	核算企业库存各种商品的收、发、存情况
材料成本差异	资产类(备抵附加账户)	核算企业各种材料实际成本与计划成本之间的差异
存货跌价准备	资产类(备抵账户)	核算企业存货的跌价准备

任务 2.2　记录存货收、发、存信息

一、任务布置

【任务 2-2】　记录存货收发存信息

青岛宏达服装有限公司 2014 年 12 月 1 日与存货相关的期初余额见表 2-2。

表 2-2 **12 月初库存存货余额表** 金额单位:元

材料类别、品种			计量单位	数量	计划单价	实际单价
原材料	原料及主要材料	面料	米	6 800	50.00	49.20
	辅助材料	里料	匹	10	1 200.00	1 150.00
		拉链	包	30	100.00	110.00
		缝纫线	个	180	10.00	9.00
周转材料	低值易耗品	维修工具	套	15	130.00	150.00
		量尺	把	30	20.00	18.00
	包装物	包装箱	个	80	20.00	23.00
库存商品		西裤	条	2 000	100.00	98.00
材料成本差异	原材料					
	周转材料					
	库存商品					

该公司 12 月发生的与存货相关的经济业务如下：

(1) 6 日，购买面料，有关单据见图 2-5～图 2-7。

中国工商银行
转账支票存根

ⅦⅢ00041185

科　　目：

对方科目：原材料、应交税费

出票日期：2014 年 12 月 06 日

收款人：广州兴盛布料厂
金　额：¥468 000.00
用　途：货款

单位主管：李平　　会计：刘强

复核：　　记账：

图 2-5　转账支票存根

广东省增值税专用发票

3700032143　　　　　　　　　　　　　　　　№001775101

开票日期:2014 年 12 月 06 日

购货单位	名　　称:青岛宏达服装有限公司 纳税人识别号:370265473222354 地 址 、电 话:青岛市四方区瑞昌路 33 号 0532-84863333 开户银行及账号:工商银行青岛分行四方支行 4222987586543400890	密码区	1 6 1 4 9 3 5 8 9/>+<1 3 7 5<－ < 加密版本号:01 ∗+－ － 5 5 2－ </4 9 2<－ 2 2－ 1 3　3700032143 － 3－ 6 3>8 7 1 7 2 6 8 2 6 7 0<7+0　001775101 9/9 2/4 4>>0 9－ >9 8>><1

货物或应税劳务名称	规格型号	单 位	数 量	单 价	金 额	税 率	税 额
面料		米	8 000	50.00	400 000.00	17%	68 000.00
合计					¥400 000.00		¥68 000.00
价税合计(大写)	⊗肆拾陆万捌仟元整				(小写)¥468 000.00		

销售单位	名　　称:广州兴盛布料厂 纳税人识别号:370203167880123 地 址 、电 话:广州市中山路 46 号 020-88029875 开户银行及账号:中国银行广州分行中山路支行 4210321076020334456	备注	

收款人:　　　　复核:　　　　开票人:杨亿　　　　销货单位(盖章):

国税函[2014]1438 号广州印刷厂

第三联 发票联 购货方记账凭证

图 2-6　增值税专用发票

材料入库单

供应单位:广州兴盛布料厂

发票号:111069　　　　　　2014 年 12 月 06 日　　　　　　字第　号

材料名称	规格材质	计量单位	应收数量	实收数量	单价	金额 千	百	十	万	千	百	十	元	角	分
面料		米	8 000	8 000											
运杂费															
合计															
备注															

仓库:　　　　会计:李平　　　　收料员:王仟　　　　制单:李平

第二联 记账联

图 2-7　材料入库单

(2) 10 日,购买材料,有关单据见图 2-8 和图 2-9。

青岛市增值税专用发票

发票联

3700032144　　　　　　　　№001775102

开票日期：2014 年 12 月 10 日

购货单位	名　　称：青岛宏达服装有限公司 纳税人识别号：370265473222354 地址、电话：青岛市四方区瑞昌路 33 号 0532-84863333 开户银行及账号：工商银行青岛分行四方支行 4222987586543400890	密码区	1 6 1 4 9 3 5 8 9/>+<1 3 7 5<− < 加密版本号：01 *+− − 5 5 2− </4 9 2<− 2 2− 1 3　3700032144 − 3− 6 3>8 7 1 7 2 6 8 2 6 7 0<7+0　001775102 9/9 2/4 4>>0 9− >9 8>><1

货物或应税劳务名称	规格型号	单位	数量	单价	金额	税率	税额
里料		匹	80	1 250.00	100 000.00	17%	17 000.00
拉链		包	130	102.00	13 260.00		22 54.20
缝纫线		个	300	11.00	3 300.00		561.00
合计					￥116 560.00		￥19 815.20
价税合计（大写）	⊗壹拾叁万陆仟叁佰柒拾伍元贰角整					（小写）￥136 375.20	

销售单位	名　　称：青岛汇智服装辅料商行 纳税人识别号：370205199860781 地址、电话：青岛市银川路 89 号 0532-83720699 开户银行及账号：农业银行青岛分行市北支行 7602033445631415783	备注	青岛汇智服装辅料商行 发票专用章

收款人：　　复核：　　开票人：王华　　销货单位（盖章）：

第三联 发票联 购货方记账凭证

国税函[2014]1232 号青岛印刷厂

图 2-8　增值税专用发票

材料入库单

供应单位：青岛汇智服装辅料商行

发票号：111070　　　　2014 年 12 月 10 日　　　　字第　号

材料名称	规格材质	计量单位	应收数量	实收数量	单价	金额：千	百	十	万	千	百	十	元	角	分
里料		匹	80	80											
拉链		包	130	130											
缝纫线		个	300	300											
运杂费															
合计															
备注															

仓库：　　会计：李平　　收料员：王仟　　制单：李平

第二联 记账联

图 2-9　材料入库单

（3）11 日，购买面料，有关单据见图 2-10 和图 2-11。

青岛市增值税专用发票

发票联

3700032145 №001775103

开票日期：2014 年 12 月 10 日

购货单位	名　　称：青岛宏达服装有限公司 纳税人识别号：370265473222354 地址、电话：青岛市四方区瑞昌路 33 号 0532-84863333 开户银行及账号：工商银行青岛分行四方支行 4222987586543400890	密码区	161493589/>+<1375<-< 加密版本号： *+--552-</492<-22-13 3700032145 -3-63>87172682670<7+0 001775103 9/92/44>>09->98>><1

货物或应税劳务名称	规格型号	单位	数量	单价	金额	税率	税额
面料		米	5 600	48.00	268 800.00	17%	45 696.00
合计					¥268 800.00		¥45 696.00
价税合计(大写)	⊗叁拾壹万肆仟肆佰玖拾陆元整				(小写)¥314 496.00		

销售单位	名　　称：山东创新服装材料有限公司 纳税人识别号：370203167880985 地址、电话：青岛市中山路 182 号 0532-87691230 开户银行及账号：中国银行青岛分行中山路支行 76020334456	备注	（印章：山东创新服装材料有限公司 发票专用章）

收款人：　　复核：　　开票人：王华　　销货单位(盖章)：

国税函[2014]1232号青岛印刷厂

第三联 发票联 购货方记账凭证

图 2-10　增值税专用发票

中国工商银行
转账支票存根

Ⅶ Ⅲ 00041185

科　　目：

对方科目：在途物资、应交税费

出票日期：2014 年 12 月 11 日

收款人：山东创新服装材料有限公司
金　额：¥314 496.00
用　途：货款

单位主管：李平　　会计：刘强

复核：　　记账：

图 2-11　转账支票存根

(4) 13 日，购买包装箱，有关单据见图 2-12 和图 2-13。

青岛市增值税专用发票

（印章：青岛 国家税务总局监制 发票联）

3700032146　　　　　　　　　　　　　　　　№001775104

开票日期：2014 年 12 月 13 日

购货单位	名　　　称：青岛宏达服装有限公司 纳税人识别号：370265473222354 地 址 、电 话：青岛市四方区瑞昌路 33 号 0532-84863333 开户行及账号：工商银行青岛分行四方支行 4222987586543400890	密码区	16149358 9/>+<1375<-< 加密版本号：01 *+--552-</492<-22-13　3700032146 -3-63>87172682670<7+0　001775104 9/92/44>>09->98>><1

货物或应税劳务名称	规格型号	单位	数量	单价	金额	税率	税额
包装箱		个	184	22.00	4 048.00	17%	688.16
合计					￥4 048.00		￥688.16
价税合计（大写）	⊗肆仟柒佰叁拾陆元肆角陆分					（小写）￥4 736.16	

销售单位	名　　　称：青岛昌盛包装有限公司 纳税人识别号：370203167880123 地 址 、电 话：青岛市中山路 176 号 0532-88029875 开户行及账号：建设银行青岛分行中山路支行 6201483276020334456	备注	（印章：青岛昌盛包装有限公司 发票专用章）

收款人：　　　　复核：　　　　开票人：杨亿　　　　销货单位（盖章）：

国税函[2014]1232号青岛印刷厂

第三联 发票联 购货方记账凭证

图 2-12　增值税专用发票

材料入库单

供应单位：青岛昌盛包装有限公司

发票号：111071　　　　2014 年 12 月 13 日　　　　字第　号

材料名称	规格材质	计量单位	应收数量	实收数量	单价	金额 千	百	十	万	千	百	十	元	角	分
包装箱		个	184	184											
运杂费															
合　计															
备　注															

仓库：　　　　会计：李平　　　　收料员：王仟　　　　制单：李平

第二联 记账联

图 2-13　材料入库单

（5）13 日，购买工具，有关单据见图 2-14 和图 2-15。

青岛市增值税专用发票

发票联 国家税务总局监制

3700032147　　№001775105

开票日期:2014年12月13日

购货单位	名称:青岛宏达服装有限公司 纳税人识别号:370265473222354 地址、电话:青岛市四方区瑞昌路33号 0532-84863333 开户银行及账号:工商银行青岛分行四方支行 4222987586543400890	密码区	1 6 1 4 9 3 5 8 9/>+<1 3 7 5<- < 加密版本号: *+- -5 5 2-</4 9 2<-2 2-1 3 3700032147 -3-6 3>8 7 1 7 2 6 8 2 6 7 0<7+0 001775105 9/9 2/4 4>>0 9- >9 8>><1

货物或应税劳务名称	规格型号	单位	数量	单价	金额	税率	税额
维修工具		套	30	140.00	4 200.00	17%	714.00
量尺		把	80	21.50	1 720.00		292.40
合计					¥5 920.00		¥1 006.40
价税合计(大写)	⊗陆仟玖佰贰拾陆元肆角整					(小写)¥6 926.40	

销货单位	名称:青岛兴通五金有限公司 纳税人识别号:370203167880123 地址、电话:青岛市中山路239号 0532-88029875 开户银行及账号:建设银行青岛分行中山路支行 4211321076020334456	备注	青岛兴通五金有限公司 发票专用章

收款人:　　复核:　　开票人:杨亿　　销货单位(盖章):

国税函[2014]1232号青岛印刷厂

第三联 发票联 购货方记账凭证

图 2-14 增值税专用发票

材料入库单

供应单位:青岛兴通五金有限公司

发票号:111072　　2014年12月13日　　字第　号

材料名称	规格材质	计量单位	应收数量	实收数量	单价	金额 千	百	十	万	千	百	十	元	角	分
维修工具		套	30	30											
量尺		把	80	80											
运杂费															
合计															
备注															

仓库:　　会计:李平　　收料员:王仟　　制单:李平

第二联 记账联

图 2-15 材料入库单

(6) 18日,收到面料,有关单据见图2-16。

材料入库单

供应单位：山东创新服装材料有限公司

发票号：111069　　2014 年 12 月 18 日　　字第　号

材料名称	规格材质	计量单位	应收数量	实收数量	单价	金额									
						千	百	十	万	千	百	十	元	角	分
面料		米	5 600	5 600											
运杂费															
合计															

第二联 记账联

仓库：　　会计：李平　　收料员：王仟　　制单：李平

图 2-16　材料入库单

（7）18 日，面料验收入库。有关单据见图 2-17。

材料入库单

供应单位：广州兴盛布料厂

发票号：111072　　2014 年 12 月 30 日　　字第　号

材料名称	规格材质	计量单位	应收数量	实收数量	单价	金额									
						千	百	十	万	千	百	十	元	角	分
面料		米	4 000	4 000											
运杂费															
合计															
备注															

第二联 记账联

仓库：　　会计：李平　　收料员：王仟　　制单：李平

注：此笔业务为已收货，未收到发票。

图 2-17　材料入库单

（8）31 日，分配工资。有关单据见图 2-18。

工资费用表

2014 年 12 月 31 日　　单位：元

部门、人员		工资	社会保险	住房公积金	工会经费	合计
基本生产车间	生产工人	95 000	19 000	9 500	1 900	125 400
	管理人员	18 000	3 600	1 800	360	23 760
企业管理部门		25 000	5 000	2 500	500	33 000
在建工程		42 000	8 400	4 200	840	55 440
专设销售机构		9 650	1 930	965	193	12 738
合　计		189 650	37 930	18 965	3 793	250 338

图 2-18　工资费用表

根据以上信息完成以下要求：

(1) 填制材料入库单。

(2) 根据限额领料单(见图2-19)及领料登记簿(见图2-20)编制发料汇总表(见图2-21)。①面料的发出方法采用先进先出法。②其余存货的发出均采用月末一次加权平均法(加权平均单位成本取整数,倒轧期末余额)。③包装箱随商品销售而不单独计价。④领用的量尺采用一次摊销法。⑤维修工具采用分次摊销法。

限额领料单

2014年12月31日

领料单位:生产车间　　用途:西裤　　计划产量:12 000条

材料编号:　　名称及规格:面料　　计量单位:米

计划单价:50元　　消耗定额:1.3米　　领用限额:15 600米

2014年		请领	实发			备注
月	日	数量	数量	领料人	限额结余	
12	01	4 160			11 440	
	08	6 240			5 200	
	20	5 300			−100	
	30	200			100	退料

生产部门负责人:　　领料人:　　发料人:张华

图2-19　限额领料单

领料登记簿

2014年12月31日

2014年		材料名称	计量单位	用途	数量	领料人	领料部门
月	日						
12	01	里料	匹	生产西裤	8		生产车间
	01	缝纫线	个	生产西裤	130		生产车间
	01	拉链	包	生产西裤	20		生产车间
	05	包装箱	个	包装产品	70		销售部门
	13	里料	匹	生产西裤	67		生产车间
	13	缝纫线	个	生产西裤	220		生产车间
	13	拉链	包	生产西裤	100		生产车间
	15	维修工具	套	维修用	35		生产车间
	15	量尺	把	测量	70		生产车间
	18	包装箱	个	包装产品	154		销售部门

图2-20　领料登记簿

发料凭证汇总表

年　　月　　日　　　　　　　　　　单位：

部门	材料名称	计量单位	领用数量	单价	金额
合计					

财务主管：　　　　　　　　　　　　　　　　　　制表人：李平

图 2-21　发料凭证汇总表

(3) 完成制造费用明细账(见图 2-22)。

制造费用明细账

单位：元

2014 年		摘要	材料费	人工费	折旧费	办公费	其他	合计
月	日							
12	10	支付办公费				27 600.0		
	12	报销通信费					8 650.0	
	15	支付修理费					12 530.0	
	31	计算折旧费			42 100.0			
	31	计算水电费					25 387.5	
	31	结转人工费						
	31	结转材料费						
	31	合计						
	31	结转制造费用						

图 2-22　制造费用明细账

(4) 完成成本计算单(见图 2-23)和产品入库单(见图 2-24)。

成 本 计 算 单

2014 年 12 月　　　　　　完工产量：12 000 件

产品名称：西裤　　　　　　　　　　单位：元

成本项目	直接材料	直接人工	制造费用	合计
本月发生费用				
完工产品总成本				
完工产量	12 000	12 000	12 000	—
单位成本				

图 2-23　成本计算单

产品入库单

供应单位：生产车间　　　　2014 年 12 月 30 日　　　　字第　号

产品名称	规格材质	计量单位	应收数量	实收数量	单价	金额									
						千	百	十	万	千	百	十	元	角	分
西裤		条	12 000	12 000											
运杂费															
合计															
备注															

第二联 记账联

仓库：　　　　会计：李平　　　　收料员：王仟　　　　制单：李平

图 2-24 成本入库单

(5) 完成产品出库单(见图 2-25)。

产品出库单

供应单位：销售部门　　　　2014 年 12 月 30 日　　　　字第　号

产品名称	规格材质	计量单位	应领数量	实领数量	单价	金额									
						千	百	十	万	千	百	十	元	角	分
西裤		条	11 200	11 200											
运杂费															
合计															
备注															

第二联 记账联

仓库：　　　　会计：李平　　　　发料员：王仟　　　　制单：李平

图 2-25 成品出库单

(6) 根据以上原始凭证编制记账凭证，登记总分类账，并绘制存货核算流程图。

(7) 如果该企业采用计划成本法进行存货核算，作出相关账务处理。

二、知识链接

(一) 存货的主要核算内容

在制造企业，存货主要包括原材料、周转材料和库存商品(产成品)等。

1. 原材料

原材料是制造业企业生产经营过程中的劳动对象，是企业生产经营过程中不可缺少的物质要素。原材料作为被加工的劳动对象，在生产经营中起着不同的作用，有的被劳动者用来进行加工，构成产品实体；有的虽不构成产品实体，但有助于产品的形成；有的在生产经营过程中被劳动工具所消耗。尽管材料在生产经营过程中所起的作用不同，但它们具有共同的特点：一次性地参加生产经营，经过一个生产周期，就要被全部消耗掉，或改变其原有实物形态，同时其价值也随着实体的消耗，一次性地全部转移到产品价值中去，并且通过产品销售一次性地得到补偿。

按照在生产经营过程中的不同作用，原材料一般可分为：

(1) 原料及主要材料。原料及主要材料是指经过加工后能够构成产品主要实体的各种原料及主要材料。原料是指没有经过加工的材料，如纺织用的原棉、制糖用的甘蔗、冶炼用的铁矿石等。主要材料是指经过加工后的材料，如织布用的棉纱、机器制造用的钢材等。

(2) 外购半成品(外购协作件)。外购半成品是指从外部购入，需经本企业进一步加工或装配的已加工过的原材料，如织布厂外购的棉纱、汽车制造厂外购的轮胎等。外购半成品也可归入原料及主要材料一类。

(3) 辅助材料。辅助材料是指直接用于生产，在生产中起辅助作用，不构成产品主要实体的各种材料。按其在生产中所起的作用不同，又可分为：①加入产品实体与主要材料相结合，或使主要材料发生变化，或给予产品某种性能的辅助材料，如染料、油漆、催化剂等。②被劳动工具所消耗的辅助材料，如维修机器设备用的润滑油和防锈剂等。③为创造正常劳动条件而消耗的辅助材料，如清洁工作地点的各种用具等。

(4) 燃料。燃料是指工艺技术过程或非工艺技术过程中用来燃烧取得热能的各种燃料。它包括固体燃料、液体燃料和气体燃料。

(5) 修理用备件(备品备件)。修理用备件是指为修理本企业机器设备和运输工具所专用的各种备品备件，如轴承、齿轮等。一般修理用零件可归入辅助材料。

(6) 包装材料。包装材料是指一般用包装材料，如纸张、麻绳、铁皮等，也可归入辅助材料类。

2. 周转材料

周转材料是指企业在正常生产经营过程中多次使用、价值逐渐转移，但仍保持原有形态不确认为固定资产的材料。周转材料主要包括包装物、低值易耗品，以及企业(建造承包企业等)的钢模板、木模板、脚手架等。本任务主要介绍包装物和低值易耗品的核算。

1) 低值易耗品

低值易耗品是指不能作为固定资产的各种用具物品，如工具、管理用具、玻璃器皿和在经营过程中周转使用的包装容器等。

低值易耗品按照用途可分为一般工具、专用工具、替换设备、管理用具、劳动保护用品等几大类。

低值易耗品的特点如下：

(1) 低值易耗品按其在生产经营中所起的作用来看，属于劳动手段。它在生产过程中能多次使用，其价值随着实物的磨损而逐渐转移。在使用过程中，需要经常修理，报废时有一定的残余价值。因此，它同固定资产有相似之处。

(2) 低值易耗品的单位价值较低或者使用期限较短，更换较频繁，其价值转移方式可以采用一次或分期摊销的方式。因此，低值易耗品同材料有相似之处。为了简化核算工作，在实际工作中一般将其作为存货进行管理和核算。

2) 包装物

包装物是指为了包装本企业商品而储备的各种包装容器，如桶、箱、瓶、袋等。企业的包装物按其具体用途不同，分为以下几种：

(1) 生产过程中用于包装产品作为产品组成部分的包装物。

(2) 随同商品出售而不单独计价的包装物。

(3) 随同商品出售单独计价的包装物。

(4) 出租或出借给购买单位使用的包装物。

小提示 下列各项存货不属于包装物的核算范围：

(1) 各种包装材料，如纸、绳、铁丝、铁皮等，应作为“原材料”进行管理和核算。

(2) 用于储备和保管商品、材料等不对外出售的包装物，应按其价值大小和使用年限长短分别作为“固定资产”或“低值易耗品”进行管理及核算。

(3) 单独列作企业商品产品的自制包装物，应作为“产成品”核算。

3. 库存商品(产成品)

库存商品是指企业已完成全部生产过程并已验收入库、合乎标准规格和技术条件，可以按照合同规定的条件送交订货单位，或可以作为商品对外销售的产品以及外购或委托加工完成验收入库用于销售的各种商品。库存商品具体包括库存产成品、外购商品、存放在门市部准备出售的商品、发出展览的商品、寄存在外的商品、接受来料加工制造的代制品和为外单位加工修理的代修品等。已完成销售手续、但购买单位在月末未提取的产品，不应作为企业的库存商品，而作为代管商品处理，单独设置代管商品备查簿进行登记。

(二) 确定存货成本

【任务 2-2-1】 存货成本的确定

(1) 购买 10 吨甲材料，买价为每吨 1 000 元，发生运费 1 500 元，增值税共计 1 865 元，验收入库 9.8 吨，0.2 吨为运输途中合理损耗，入库时发生费用 580 元。

(2) 完工的产品 1 200 台，每台实际消耗材料 370 元，人工费用 525 元，制造费用 179 元。

请计算青岛东兴股份有限公司以上存货的成本是多少？

1. 确定存货的取得成本

1) 确定存货取得成本的一般原则

存货应当按照成本进行初始计量。存货成本包括采购成本、加工成本和其他成本。

(1) 存货的采购成本。存货的采购成本是指存货入库前发生的应计入存货成本的相关支出，主要包括购买价款、相关税费(如关税、消费税等，不包括增值税)、运输费、装卸费、保险费和其他可归属于存货采购成本的费用。其中，存货的购买价款是指企业购入材料或商品的发票账单上列明的价款，但不包括按照规定可以抵扣的增值税额；存货的相关税费是指购买存货发生的进口关税、消费税、资源税和不能抵扣的增值税进项税额以及相应的教育费附加等应计入存货采购成本的税费；其他可归属于存货采购成本的费用是指采购成本中除上述各项以外的可归属于存货采购的费用，如在存货采购过程中发生的仓储费、包装费、运输途中合理损耗、入库前的挑选整理费用等。

(2) 存货的加工成本。存货的加工成本是指在存货加工过程中发生的费用，包括直接人工以及按照一定方法分配的制造费用。

知识回忆

(1) 如何分配职工工资和制造费用？

(2) 直接人工和制造费用是如何计入成本的？

(3) 存货的其他成本。存货的其他成本是指除采购成本、加工成本以外的，使存货达到目前场所和状态所发生的其他支出，如为特定客户设计产品所发生的、可直接确定的设计费用。

温馨提示

企业设计产品(不是为特定客户)发生的设计费用通常计入当期损益，而不计入存货成本。

2) 会计实务中存货取得成本的具体确定

会计实务中，根据存货的来源不同，其成本的构成内容也不尽相同。原材料、库存商品、周转材料等通过购买而取得的存货，其成本由采购成本构成；产成品、在产品、半成品等自制或需委托外单位加工完成的存货，其成本由采购成本、加工成本以及使存货达到目前场所和状态所发生的其他支出构成。具体按以下原则确定：

(1) 外购存货。其成本包括：买价、运杂费(包括运输费、装卸费、保险费、包装费、仓储费等)、运输途中的合理损耗、入库前的挑选整理费用(包括挑选整理中发生的工、费支出和挑选整理过程中所发生的损耗，并扣除回收的下脚料价值)以及按规定应计入成本的税费(如用于非应税项目的材料应交纳的增值税、进口存货的关税、消费税、资源税)和其他费用。

知识链接

小规模纳税人以及购入物资时不能取得增值税专用发票或用于增值税非应税项目的一般纳税人，购入物资时支付的增值税不可抵扣，应计入所购物资的成本。

课下查阅

什么是一般纳税人和小规模纳税人？

小思考

青岛新月公司2015年2月份采购了一批材料用于生产产品，取得的增值税专用发票列明：价款为10万元，增值税税率为17%，款项已通过银行存款支付。另外货物托运业增值税专用发票列明：运输费5 000元，增值税550元，款项已通过银行存款支付。请假定青岛新月公司分别是一般纳税人和小规模纳税人，计算其采购成本，并作出相应会计分录。

(2) 自制存货。它包括自制原材料、自制半成品、自制周转材料及库存商品等，其成本包括直接材料、直接人工和制造费用等各项实际支出。

小练习

2014年2月，青岛新月公司生产车间(只生产甲产品)为生产产品领用材料50 000元，发放生产工人工资20 000元，车间管理人员工资8 500元，车间耗用水电费共18 600元，月末产品全部完工入库。请计算入库产品的总成本。

(3) 委托外单位加工完成的存货，包括加工后的原材料、周转材料、半成品、产成品等，其成本包括实际耗用的原材料或者半成品、加工费、装卸费、保险费、委托加工的往返运输费等费用以及按规定应计入成本的税费(如消费税)。

(4) 投资者投入的存货。其成本按照投资合同或协议确定的价值，其合同或协议确定的价值不公允的除外。

小提示 在进行存货初始计量时，应注意下列问题：

(1) 非正常消耗的直接材料、直接人工和制造费用，应在发生时计入当期损益。如由于自然灾害而发生的直接材料、直接人工和制造费用，由于这些费用的发生无助于使该存货达到目前场所或状态，不应计入存货成本，而应确认为当期损益。

(2) 仓储费用是指企业在存货采购入库后发生的储存费用，应在发生时计入当期损益。但是，在生产过程中为到达下一生产阶段所必需的仓储费用应计入存货成本。例如，某种酒类产品生产企业为使生产的酒达到规定的产品质量标准而必须发生的仓储费用，应计入酒的成本，而不应计入当期损益。

(3) 不能归属于使存货达到目前场所和状态的其他支出，应在发生时计入当期损益，不得计入存货成本。

2. 确定存货的发出成本

在日常工作中，企业发出的存货可以按实际成本核算，也可以按计划成本核算。如果采用计划成本核算，会计期末应调整为实际成本。

企业应当根据各类存货的实物流转方式、企业管理要求、存货性质等实际情况，合理确定发出存货的实际成本。在实际成本核算方式下，企业可以采用的发出存货成本的计价方法包括个别计价法、先进先出法、月末一次加权平均法和移动加权平均法等。对于性质和用途相同的存货，应当采用相同的成本计算方法确定其发出成本。对不同的存货可以采用不同的计价方法。存货计价方法一经确定，不得随意变更。如需变更，应在会计报表附注中予以说明。

1) 个别计价法

个别计价法亦称个别认定法、具体辨认法、分批实际法，采用这一方法是假设存货具体项目的实物流转与成本流转相一致，按照各种存货逐一辨认各批发出存货和期末存货所属的购进批别或生产批别，分别按其购入或生产时所确定的单位成本计算各批发出存货和期末存货成本的方法。在这种方法下，是把每一种存货的实际成本作为计算发出存货和期末存货成本的基础。

个别计价法的成本计算准确，符合实际情况，但在存货收发频繁的情况下，其发出成本分辨的工作量大。因此，这种方法一般适用于不能替代使用的存货、为特定项目专门购入或制造的存货以及提供的劳务，如珠宝、名画等贵重物品。

【例 2-1】 青岛东方股份有限公司 2014 年 3 月 A 材料明细账见表 2-3。

表 2-3 原材料明细账 数量单位：件

材料名称：A 材料 金额单位：元

2014 年		摘要	收入			发出			结存		
月	日		数量	单价	金额	数量	单价	金额	数量	单价	金额
3	1	期初余额							100	9.4	940
	10	购入	300	9.5	2 850				400		
	15	领用				240			160		
	22	购入	200	9.7	1 940				360		
	26	领用				220			140		
3	31	本月合计	500		4 790	460			140		

要求：采用个别计价法计算发出 A 材料及月末结存材料的实际成本。

假定经过具体辨认，本期发出存货的单位成本如下：3 月 15 日发出的 240 件 A 材料中，80 件系期初结存，单位成本为 9.4 元；160 件为 10 日购入，单位成本为 9.5 元；3 月 26 日发出的 220 件 A 材料中，20 件系期初结存，单位成本为 9.4 元；100 件为 10 日购入，单位成本为 9.5 元，100 件为 22 日购入，单位成本为 9.7 元。则按个别认定法，A 材料收入、发出及结存情况见表 2-4。

表 2-4 原材料明细账（个别认定法） 数量单位：件

材料名称：A 材料 金额单位：元

2014 年		摘要	收入			发出			结存		
月	日		数量	单价	金额	数量	单价	金额	数量	单价	金额
3	1	期初余额							100	9.4	940
	10	购入	300	9.5	2 850				100 300	9.4 9.5	3 790
	15	领用				80 160	9.4 9.5	2 272	20 140	9.4 9.5	1 518
	22	购入	200	9.7	1 940				20 140 200	9.4 9.5 9.7	3 458
	26	领用				20 100 100	9.4 9.5 9.7	2 108	40 100	9.5 9.7	1 350
3	31	本月合计	500	—	4 790	460	—	4 380	40 100	9.5 9.7	1 350

从表 2-4 中可知，本期发出 A 材料成本及期末结存 A 材料成本如下：

本期发出存货成本＝80×9.4＋160×9.5＋20×9.4＋100×9.5＋100×9.7＝4 380（元）

期末结存存货成本＝期初结存存货成本＋本期购入存货成本－本期发出存货成本

＝940＋4 790－4 380＝1 350（元）

2）先进先出法

先进先出法是指以先购入的存货先发出（销售或耗用）这样一种存货实物流转假设为前提，对发出存货进行计价的一种方法。具体方法是：收入存货时，逐笔登记收入存货的数量、单价和金额；发出存货时，按照先进先出的原则逐笔登记存货的发出成本和结存金额。

先进先出法可以随时结转存货发出成本，但较繁琐。如果存货收发业务较多，且存货单价不稳定时，其工作量较大。在物价持续上升时，期末存货成本接近于物价，而发出成本偏低，会高估当期利润和库存存货的价值；反之，会低估企业的库存存货的价值和当期利润。

【例 2-2】 以[例 2-1]资料为例，采用先进先出法得出的发出存货成本和期末结存存货成本分别为 4 372 元和 1 358 元，具体计算过程见表 2-5。从表 2-5 可以看出存货成本的计价顺序，如 3 月 15 日发出的 240 件 A 材料中，按先进先出法的流转顺序，应当先发出期初

表 2-5 　　　　原材料明细账(先进先出法)　　　　数量单位:件

材料名称:A 材料　　　　　　　　　　　　　　　　　　金额单位:元

2014 年		摘要	收　入			发　出			结　存		
月	日		数量	单价	金额	数量	单价	金额	数量	单价	金额
3	1	期初余额							100	9.4	940
	10	购入	300	9.5	2 850				100 300	9.4 9.5	3 790
	15	领用				100 140	9.4 9.5	2 270	160	9.5	1 520
	22	购入	200	9.7	1 940				160 200	9.5 9.7	3 460
	26	领用				160 60	9.5 9.7	2 102	140	9.7	1 358
3	31	本月合计	500	—	4 790	460	—	4 372	140	9.7	1 358

结存的 100 件,单位成本为 9.4 元,然后再发出 10 日购入的 140 件,单位成本为 9.5 元,以此类推。

3) 月末一次加权平均法

月末一次加权平均法是指以本月全部进货数量加上月初存货数量作为权数,去除本月全部进货成本加上月初存货成本,计算出存货的加权平均单位成本,以此为基础计算本期发出存货成本和期末存货成本的一种方法。其计算公式如下:

$$\text{存货单位成本}=\frac{\text{月初库存存货实际成本}+\sum\left(\begin{array}{c}\text{本月各批进货的}\\\text{实际单位成本}\end{array}\times\begin{array}{c}\text{本月各批}\\\text{进货的数量}\end{array}\right)}{\text{月初库存存货数量}+\text{本月各批进货数量之和}}$$

或:

$$\text{加权平均单价}=\frac{\text{月初存货成本}+\text{本月入库存货成本}}{\text{月初存货数量}+\text{本月入库存货数量}}$$

$$\text{本月发出存货的成本}=\text{加权平均单价}\times\text{发出存货的数量}$$

$$\text{月末库存存货的成本}=\text{加权平均单价}\times\text{月末存货数量}$$

或:

$$\begin{array}{c}\text{月末库存}\\\text{存货的成本}\end{array}=\begin{array}{c}\text{月初存}\\\text{货成本}\end{array}+\begin{array}{c}\text{本月收入}\\\text{存货成本}\end{array}-\begin{array}{c}\text{发出存货成本}\\\text{(“加权平均单价未除尽时”)}\end{array}$$

采用加权平均法只在月末一次计算加权平均单价,手续简单,便于操作,有利于简化成本计算工作,但由于平时无法从账面上提供发出和结存存货的单价和金额,因此不利于存货成本的日常管理与控制。

【例 2-3】 以[例 2-1]资料为例,采用月末一次加权平均法计算发出存货成本和期末结存存货成本(见表 2-6)。

表 2-6　　原材料明细账(月末一次加权平均法)　　数量单位:件

材料名称:A 材料　　金额单位:元

2014 年		摘要	收入			发出			结存		
月	日		数量	单价	金额	数量	单价	金额	数量	单价	金额
3	1	期初余额							100	9.40	940
	10	购入	300	9.5	2 850						
	15	领用				240					
	22	购入	200	9.7	1 940						
	26	领用				220					
3	31	本月合计	500		4 790	460		4 393	140	9.55	1 337

$$3\text{ 月份 A 材料的平均单位成本}=\frac{100\times9.4+300\times9.5+200\times9.7}{100+300+200}=9.55(\text{元})$$

3 月份 A 材料发出成本与期末结存成本分别如下：

$$\text{发出存货成本}=460\times9.55=4\ 393(\text{元})$$
$$\text{期末结存存货成本}=140\times9.55=1\ 337(\text{元})$$

4) 移动加权平均法

移动加权平均法是指以每次进货的成本加上原有库存存货的成本，除以每次进货数量加上原有库存存货数量，计算加权平均单位成本，作为下次进货前计算各批次发出存货成本依据的一种方法。其计算公式如下：

$$\text{移动加权平均单价}=\frac{\text{以前结存存货的成本}+\text{本次收入存货的成本}}{\text{以前结存存货数量}+\text{本次收入存货数量}}$$
$$\text{本次发出存货成本}=\text{移动加权平均单价}\times\text{本次发出存货的数量}$$
$$\text{本月月末库存存货成本}=\text{月末加权平均单价}\times\text{月末库存存货的数量}$$

采用移动加权平均法能够使企业管理当局及时了解存货的结存情况，计算的平均单位成本以及发出和结存的存货成本比较客观。但由于每次收货都要计算一次平均单价，计算工作量较大，对收发货频繁的企业不适用。

【例 2-4】 以[例 2-1]资料为例，假设青岛东方股份有限公司采用移动加权平均法核算企业存货。A 材料本期收入、发出和结存情况见表 2-7。从表 2-7 中看出，存货的平均成本从期初的 9.4 元变为 9.475 元和 9.6 元，再到期末的 9.6 元。各平均成本计算如下：

$$3\text{ 月 10 日购入 A 材料后的平均单位成本}=\frac{100\times9.4+300\times9.5}{100+300}=9.475(\text{元})$$

$$3\text{ 月 22 日购入 A 材料后的平均单位成本}=\frac{160\times9.475+200\times9.7}{160+200}=9.6(\text{元})$$

如表 2-5 所示，采用移动加权平均法得出的本期发出存货成本和期末结存存货成本分别为 4 386 元和 1 344 元。

表 2-7　　原材料明细账(移动加权平均法)　　数量单位:件

材料名称:A 材料　　金额单位:元

2014 年		摘要	收入			发出			结存		
月	日		数量	单价	金额	数量	单价	金额	数量	单价	金额
3	1	期初余额							100	9.400	940
	10	购入	300	9.5	2 850				400	9.475	3 790
	15	领用				240	9.475	2 274	160	9.475	1 516
	22	购入	200	9.7	1 940				360	9.600	3 456
	26	领用				220	9.600	2 112	140	9.600	1 344
3	31	本月合计	500		4 790	460		4 386	140	9.600	1 344

课堂活动

根据“任务布置”中有关“原材料——原料及主要材料——里料”账户的相关资料，登记原材料明细账，采用先进先出法、月末一次加权平均法和移动加权平均法分别计算发出材料和期末结存材料的实际成本，并分析：

(1) 存货计价对企业损益计算的影响。

(2) 存货计价对资产负债表有关项目如流动资产总额、所有者权益等项目的影响。

(3) 存货计价对所得税额的影响。

(三) 记录存货按实际成本法计价的收发存信息

存货的日常核算，可以采用实际成本计价或计划成本计价。即使在同一个企业，对于不同的存货，也可以分别采用实际成本计价和计划成本计价两种计价方法进行日常核算，这主要取决于企业管理的实际需要。

按实际成本计价组织存货收发核算，是指在存货收发凭证、明细账、总账上都以实际成本来反映存货收、发、存情况。

?小思考

根据本任务“确定存货成本”的内容，想一想，何谓实际成本？原材料的实际成本是如何构成的？

1. 存货收入的账务处理

1) 外购存货的核算

由于结算方式和采购地点的不同，外购存货的入库和付款在时间上不一定完全同步。企业从本地采购的材料，通常在货款支付后就能立即收到材料。从外地采购的材料，由于材料运输时间和结算凭证的传递时间不一致，经常会发生结算凭证已到，货款已支付，但材料尚在运输途中的情况；有时也会发生材料已到，而结算凭证尚未到达，货款也未支付的情况。因此，存货采购要根据具体情况进行会计处理。

(1) 收到发票账单，已经付款或已开出、承兑商业汇票，同时材料验收入库。

【例 2-5】 青岛东方股份有限公司为增值税一般纳税人。2014 年 3 月 2 日，该公司购入燃料一批，取得的增值税专用发票上注明的原材料价款为 12 600 元，增值税额为 2 142 元，另

对方代垫包装费500元。发票等结算凭证已收到,货款已通过银行转账支付,材料已验收入库。该公司应编制如下会计分录:

借:原材料——燃料　　13 100
　应交税费——应交增值税(进项税额)　　2 142
　贷:银行存款　　15 242

【例2-6】 2014年4月8日,青岛东方股份有限公司持银行承兑汇票从江西钢铁厂购进乙材料,取得的增值税专用发票上注明的原材料价款为40 000元,增值税额为6 800元,货物托运业增值税专用发票上注明运输费用为1 000元,增值税额为110元。发票等结算凭证已收到,材料已验收入库。该公司应编制如下会计分录:

借:原材料——原料及主要材料　　41 000
　应交税费——应交增值税(进项税额)　　6 910
　贷:应付票据——江西钢铁厂　　47 910

【例2-7】 2014年5月12日,青岛东方股份有限公司购入修理机器用工具一批,取得的增值税专用发票上注明的原材料价款为80 000元,增值税额为13 600元,运输业增值税专用发票注明的运输费为2 450元,增值税额为269.5元。发票等结算凭证已收到,青岛东方股份有限公司已开出商业承兑汇票,材料已验收入库。该公司应编制如下会计分录:

借:周转材料——低值易耗品　　82 450.0
　应交税费——应交增值税(进项税额)　　13 869.5
　贷:应付票据　　96 319.5

(2) 收到发票账单,已经付款或已开出、承兑商业汇票,但材料尚未到达或尚未验收入库。在这种情况下,应先通过"在途物资"账户进行核算,待材料到达入库后,再根据收料单,由"在途物资"账户转入"原材料"账户。

【例2-8】 2014年3月2日,青岛东方股份有限公司采用汇兑结算方式向乙公司购入包装箱一批,发票及账单已收到,增值税专用发票上注明的货款为20 000元,增值税额为3 400元。支付运杂费1 000元,未取得运费的增值税专用发票,材料尚未到达。该公司应编制如下会计分录:

借:在途物资——乙公司　　21 000
　应交税费——应交增值税(进项税额)　　3 400
　贷:银行存款　　24 400

假设2014年3月8日,上述包装箱验收入库时,该公司再编制如下会计分录:

借:周转材料——包装物　　21 000
　贷:在途物资——乙公司　　21 000

知识拓展

小规模纳税人采购时无论取得何种采购发票及运输发票,其增值税额一律不许抵扣,全额计入采购成本;一般纳税人采购时至少取得以下三种发票之一的,增值税才可以抵扣:增值税专用发票、海关代开的完税凭证、农产品收购发票。

(3) 材料已验收入库,发票账单已收到但未付款(或尚未开出、承兑商业汇票),或发票账单尚未收到,但根据合同、随货同行发票等能够计算并确定实际成本。这种情况包括企业采用赊购方式购买材料未付款，以及由于企业银行存款不足而暂未付款两种情形，企业应在收到材料和发票账单时进行账务处理。

【例 2-9】 2014 年 3 月 18 日，青岛东方股份有限公司采用托收承付结算方式向乙公司购入 B 材料一批，发票及账单已收到，增值税专用发票上注明的货款为 50 000 元，增值税额为 8 500元。对方代垫运输费 1 000 元，未取得运费增值税专用发票，另外支付挑选整理费 1 000 元，以现金方式支付。银行转来的结算凭证已到，款项尚未支付，材料已验收入库。该公司应编制如下会计分录：

借：原材料——B 材料　　52 000
　　应交税费——应交增值税(进项税额)　　8 500
　贷：应付账款——乙公司　　60 500

(4) 材料已验收入库，但发票账单尚未收到。一般在收料后的短时间内结算凭证就能到达，所以为了简化核算手续，在月份内发生此类业务时，可暂不进行账务处理，保管收到的材料入库凭证，待有关发票账单到达后，按照正常程序进行账务处理。如果月末发票账单还未到达，为了使账实相符，应按材料的暂估价款(合同价格或计划成本等)入账。下月初再用红字作同样的会计分录予以冲回，以便下月收到发票账单付款时，按正常程序进行账务处理。

【例 2-10】 2014 年 3 月 25 日，青岛东方股份有限公司从乙公司购入包装材料一批，材料已验收入库，但发票账单及结算凭证尚未收到，货款尚未支付。月末发票账单均未收到，也无法确定其实际成本，假设估计价值为 25 000 元。该公司应编制如下会计分录：

借：原材料——包装材料　　25 000
　贷：应付账款——暂估应付账款　　25 000

下月初填制红字收料凭证(红字加“□”表示，下同)，并据以作相同红字分录，将暂估价冲销。待收到发票账单后，据实按正常程序入账。

借：原材料——包装材料　　[25 000]
　贷：应付账款——暂估应付账款　　[25 000]

假设该公司于 2014 年 4 月 5 日收到发票账单，增值税专用发票注明的价款为 20 000 元，增值税额为 3 400 元。已用银行存款付讫。该公司应编制如下会计分录：

借：原材料——包装材料　　20 000
　　应交税费——应交增值税(进项税额)　　3 400
　贷：银行存款　　23 400

2) 委托加工存货的核算

企业应设置“委托加工物资”账户，用于核算企业委托外单位加工的各种材料、包装物、低值易耗品、商品等物资的实际成本。该账户属于资产类账户，借方登记发出材料的实际成本、支付的加工费、应负担的往返运杂费和应计入委托加工物资成本的消费税等；贷方登记加工完成验收入库的物资和剩余材料的实际成本；期末借方余额反映企业委托外单位加工但尚未完成物资的实际成本。该账户按加工合同、受托单位以及加工物资的品种等设置明细账户。

【例 2-11】 青岛东方股份有限公司委托海昌加工厂加工商品 200 个，发出材料的实际成本为 40 000 元，加工费为 10 000 元，增值税税率为 17%，同类商品的销售价格为每个 400 元，全部款项以银行存款支付，商品已验收入库，该商品直接用于销售。该公司应编制如下会计分录：

① 发出委托加工物资时：

借：委托加工物资——W 工厂　　40 000

　贷：原材料——主要材料　　40 000

② 支付加工费、增值税和消费税时：

借：委托加工物资——W 工厂　　10 000

　　应交税费——应交增值税(进项税额)　　1 700

　贷：银行存款　　11 700

③ 加工完成，商品入库时：

借：库存商品　　50 000

　贷：委托加工物资——W 工厂　　50 000

3) 库存商品(产成品)完工入库的核算

当库存商品生产完成并验收入库时，根据“成本计算单”及“入库单”，借记“库存商品”账户，贷记“生产成本——基本生产成本”账户。

【例 2-12】 青岛东方股份有限公司的“成本计算单”上记载，本月完工甲产品 1 000 件，单位成本为 18.9 元，总成本为 18 900 元。该公司应编制如下会计分录：

借：库存商品——甲产品　　18 900

　贷：生产成本——基本生产成本　　18 900

2. 存货发出的账务处理

1) 原材料发出的账务处理

企业在生产过程中存货发出业务非常频繁，企业会计平时一般根据原始凭证逐笔登记存货明细分类账，以详细反映各种材料的收、发、存的数量和金额。总分类核算一般是根据“发出材料汇总表”于月末登记(“发出材料汇总表”是根据领、发料凭证，如领料单、限额领料单、领料登记簿等，按照领用部门和用途进行归类汇总编制的)，以简化记账工作。“发料凭证汇总表”的格式见表 2-8。

表 2-8　　**发料凭证汇总表**

2014 年 04 月　　单位:元

应贷科目 / 应借科目	原料及主要材料	辅助材料	外购半成品	修理用备件	合计
生产成本	43 430		7 615	3 181	54 226
制造费用		2 737			2 737
管理费用		1 075			1 075
在建工程		747			747
销售费用				1 010	1 010
其他业务成本	2 100				2 100
合计	45 530	4 559	7 615	4 191	61 895

根据“发料凭证汇总表”，生产产品领用的原材料记入“生产成本”账户；生产车间一般耗用的原材料记入“制造费用”账户；为企业组织管理而领用的原材料记入“管理费用”账户；各项固

定资产建造、安装工程领用的原材料记入“在建工程”账户；专设销售机构领用的原材料记入“销售费用”账户；销售材料转出的材料成本记入“其他业务成本”账户。

【例 2-13】 青岛东方股份有限公司根据表 2-8“发料凭证汇总表”应编制如下会计分录：

借：生产成本　54 226
　　制造费用　2 737
　　管理费用　1 075
　　在建工程　747
　　销售费用　1 010
　　其他业务成本　2 100
　贷：原材料——原料及主要材料　45 530
　　　　　——辅助材料　4 559
　　　　　——外购半成品　7 615
　　　　　——修理用备件　4 191

若企业将原材料用于在建工程（设备建造除外）、福利部门等非应税项目，应将购入材料交纳的增值税转入在建工程等，借记“在建工程”、“应付职工薪酬”等账户，贷记“应交税费——应交增值税（进项税额转出）”账户。

2）低值易耗品发出的账务处理

【任务 2-2-3】 摊销低值易耗品

2015 年 1 月 1 日，青岛东兴股份有限公司购进小型工具一批，增值税专用发票列明：数量为 100 件，单价为 80 元，增值税税率为 17%，款项未付，工具已收。该工具预计使用 2 次。请进行相关账务处理。

分别采用一次转销法和分次转销法摊销以上低值易耗品。

低值易耗品从仓库领用发出直到报废以前，可以在生产过程中反复使用，其价值逐渐转移。《企业会计准则》规定：低值易耗品等周转材料符合存货定义和条件的，按照使用次数分次计入成本费用。金额较小的，可在领用时一次计入成本费用，以简化核算，但为加强实物管理，应当在备查簿上进行登记。

(1) 一次转销法的账务处理。一次转销法是指在领用低值易耗品时，一次性地将其账面价值转入当期的成本费用中。它主要适用于一次领用数量不多、价值较低、使用期限较短或者容易破损的低值易耗品，如管理用具、小型工具、卡具和某些专用工具的摊销。

领用低值易耗品时，按其用途，将其账面价值一次全部转入当期的成本、费用中，借记“生产成本”、“制造费用”、“管理费用”、“销售费用”等账户，贷记“低值易耗品”账户。

报废低值易耗品时，将低值易耗品残料价值作为当月低值易耗品摊销额的减少，冲减有关成本、费用账户，借记“原材料”等账户，贷记“生产成本”、“制造费用”、“管理费用”、“销售费用”等账户。

【例 2-14】 青岛东方股份有限公司本月生产车间领用专用工具一批，实际成本为 780 元；厂部领用报架等办公用具，实际成本为 420 元。本月生产车间报废上月领用的小型工具一批，回收残料 110 元，并验收入库，采用一次转销法进行核算。该公司应编制如下会计分录：

① 领用时：

借：制造费用　　780

　　管理费用　　420

　贷：周转材料——低值易耗品（专用工具）　　780

　　　　　　——低值易耗品（管理用具）　　420

② 报废时：

借：原材料——辅助材料　　110

　贷：制造费用　　110

（2）分次摊销法的账务处理。分次摊销法是指根据周转材料的账面价值和预计使用期限，将其价值分次摊入成本、费用的摊销方法。采用分次摊销法摊销低值易耗品，低值易耗品在领用时摊销其账面价值的单次平均摊销额。分次摊销法适用于可供多次反复使用的低值易耗品。在采用分次摊销法的情况下，需要单独设置“周转材料——低值易耗品（在用）”、“周转材料——低值易耗品（在库）”、“周转材料——低值易耗品（摊销）”明细账户。

领用低值易耗品时，将在库低值易耗品的账面价值转为在用低值易耗品，借记“周转材料——低值易耗品（在用）”账户，贷记“周转材料——低值易耗品（在库）”账户；同时摊销其账面价值的单次平均摊销额，按照低值易耗品的用途，分别借记“生产成本”、“制造费用”、“管理费用”、“销售费用”等账户，贷记“周转材料——低值易耗品（摊销）”账户。

报废低值易耗品时，摊销其剩余价值，借记“生产成本”、“制造费用”、“管理费用”、“销售费用”等账户，贷记“周转材料——低值易耗品（摊销）”账户；同时，按照报废低值易耗品的残料价值，借记“原材料”等账户，贷记“生产成本”、“制造费用”、“管理费用”、“销售费用”等账户；并转销全部已提摊销额，借记“周转材料——低值易耗品（摊销）”账户，贷记“周转材料——低值易耗品（在用）”账户。其核算程序见图 2-26。

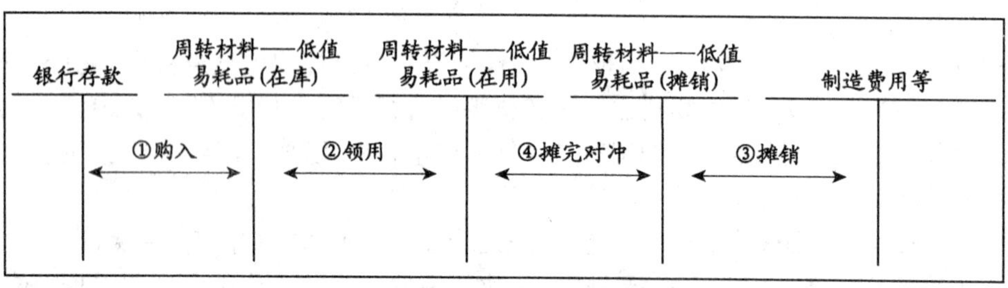

图 2-26　低值易耗品的核算程序

【例 2-15】 2014 年 3 月 8 日，青岛东方股份有限公司购买专用工具一批，增值税专用发票列明的价款为 100 000 元，增值税额为 17 000 元，款项已付，工具已收。该公司采用分次摊销法进行摊销。该专用工具的估计使用次数为 2 次。该公司应编制如下会计分录：

① 购入专用工具时：

借：周转材料——低值易耗品（在库）　　100 000

　　应交税费——应交增值税（进项税额）　　17 000

　贷：银行存款　　117 000

② 第一次领用专用工具时（3 月 20 日，基本生产车间全部领用专用工具）：

借：周转材料——低值易耗品（在用）　　100 000

　贷：周转材料——低值易耗品（在库）　　100 000

同时摊销其价值的一半：

借：制造费用　　50 000

　贷：周转材料——低值易耗品(摊销)　　50 000

③ 第一次送回专用工具时(4 月 2 日，基本生产车间送回全部专用工具)：

借：周转材料——低值易耗品(在库)　　100 000

　贷：周转材料——低值易耗品(在用)　　100 000

④ 第二次领用专用工具时(5 月 7 日，基本生产车间全部领用专用工具)：

借：周转材料——低值易耗品(在用)　　100 000

　贷：周转材料——低值易耗品(在库)　　100 000

同时摊销其价值的一半：

借：制造费用　　50 000

　贷：周转材料——低值易耗品(摊销)　　50 000

并转销低值易耗品价值：

借：周转材料——低值易耗品(摊销)　　100 000

　贷：周转材料——低值易耗品(在用)　　100 000

?小思考

(1) 为什么低值易耗品周转使用时每次收回、领用都按领用低值易耗品的总额？

(2) 为什么报废时要转销低值易耗品价值？

(3) 在[例 2-15]中，假如第二次领用时，基本生产车间只领用 8 000 元的低值易耗品，又该如何处理？

3) 包装物发出的账务处理

(1) 生产领用包装物的核算。生产领用包装物，应按照领用包装物的实际成本，借记“生产成本”账户，贷记“周转材料——包装物”账户。

【例 2-16】 青岛东方股份有限公司对包装物采用实际成本核算，本月生产甲产品领用包装盒，其实际成本为 10 000 元。该公司应编制如下会计分录：

借：生产成本——甲产品　　10 000

　贷：周转材料——包装物(包装盒)　　10 000

(2) 随同产品出售而不单独计价的包装物。随同产品出售而不单独计价的包装物，应按其领用包装物的实际成本，借记“销售费用”账户，贷记“周转材料——包装物”账户。

【例 2-17】 青岛东方股份有限公司本月销售乙商品所领用的不单独计价的包装袋，其实际成本为 50 000 元。该公司应编制如下会计分录：

借：销售费用——包装费　　50 000

　贷：周转材料——包装物(包装袋)　　50 000

(3) 随同产品出售单独计价的包装物。随同产品出售单独计价的包装物，包装物的收入应记入“其他业务收入”账户，实际成本应记入“其他业务成本”账户。

【例 2-18】 青岛东方股份有限公司本月销售丙商品所领用单独计价的包装盒，其实际成本为 8 000 元，销售收入为 10 000 元，增值税额为 1 700 元(款项已存入银行)。该公司应编制如下会计分录：

① 出售单独计价包装物时：

借：银行存款 11 700

贷：其他业务收入 10 000

应交税费——应交增值税(销项税额) 1 700

② 结转所售单独计价包装物的成本时：

借：其他业务成本 8 000

贷：周转材料——包装物(包装盒) 8 000

(4) 出租、出借包装物的核算。企业对于可以长期周转使用的包装物，一般要求使用单位用完后归还企业，其中有的包装物采用出租方式，有的包装物采用出借方式，为监督使用单位按期归还，不论采用什么方式提供给购货单位使用的包装物，都要收取押金。对出租的包装物除收取押金外，企业还要向租用单位收取租金。其核算要点如下：①出租包装物收取的租金收入，作为“其他业务收入”核算，出租包装物的成本和修理费用等，作为“其他业务成本”核算。②出借包装物，因其没有业务收入，所以出借包装物的成本和修理费等，记入“销售费用”账户核算。③核算包装物出租、出借时，企业应在“周转材料——包装物”账户下设置“在库”、“在用”和“摊销”三个明细账户进行核算。④出租、出借的包装物，可采用一次摊销法或分期摊销法摊销其价值。

【例 2-19】 青岛东方股份有限公司出租给某工厂库存未用包装铁桶 80 个，每个实际成本为 70 元，出租期限为 2 个月，约定租金为 936 元。收取押金 6 400 元，存入银行。采用一次摊销法。2 个月后，公司按期如数收回出租的铁桶，押金中扣除应收取的租金，其余款通过银行转账退回。收回的铁桶中有 2 个损坏不能使用，收回残料价值 30 元。该公司应编制如下会计分录：

① 结转发出包装物的成本时：

借：其他业务成本 5 600

贷：周转材料——包装物(包装物出租) 5 600

② 收到押金时：

借：银行存款 6 400

贷：其他应付款——存入保证金 6 400

③ 2 个月后按期如数收回出租的包装物时(在押金中扣除应收的租金，余额通过银行转账退回)：

借：其他应付款——存入保证金 6 400

贷：其他业务收入——包装物出租 800

应交税费——应交增值税(销项税额) 136

银行存款 5 464

④ 残料入库时：

借：原材料——辅助材料 30

贷：其他业务成本——包装物出租 30

【例 2-20】 接[例 2-19]，假设 2 个月后出租的铁桶只收回 70 个，没收逾期未退包装物押金 800 元，扣除应收的租金，其余押金通过银行转账退回。该公司应编制如下会计分录：

没收押金 800 元中应交的增值税 $=800\div(1+17\%)\times17\%=116$(元)

借：其他应付款——存入保证金　　6 400
　　贷：其他业务收入——包装物出租　　800
　　　　　　　　　——逾期包装物押金没收收入　　684
　　　　应交税费——应交增值税(销项税额)　　252
　　　　银行存款　　4 664

课堂活动

将[例 2-20]的条件改为出借给某工厂库存未用包装铁桶 80 个(不收取租金),其他条件不变,应如何进行账务处理?

包装物发出核算中涉及账户之间的关系可用图 2-27 表述。

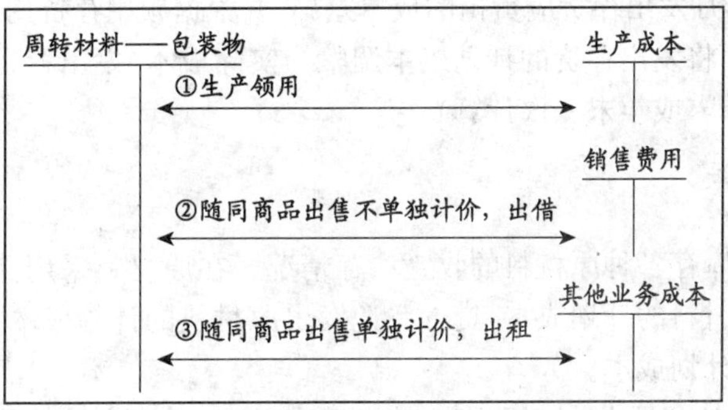

图 2-27　包装物发出核算时账户之间的关系

3. 存货按实际成本计价的优缺点及适用性

存货按实际成本核算,由于其收入、发出及结存都按实际成本计价,所以能直接提供存货资金的结存数额,为计算产品的生产成本提供较准确的材料消耗成本。对于一些规模比较小、材料收发业务也较少的企业来说,核算工作较为简单。但是,存货按实际成本计价核算,在账簿中反映不出存货采购的超支或节约,不利于考核采购部门的业绩,控制存货的采购成本。在存货品种较多、收发业务频繁的情况下,核算工作量较大。该方法一般适用于存货收发业务较少的中小企业。

(四) 记录存货按计划成本法计价的存货收发存信息

【任务 2-2-3】 存货收发核算(按计划成本法计价)

2014 年 5 月 6 日,A 公司购入乙材料一批,货款为 300 000 元,增值税额为 51 000 元,发票账单已收到,计划成本为 320 000 元,已验收入库,全部款项以银行存款支付;2014 年 5 月 8 日,采用汇兑结算方式购入丙材料一批,货款为 20 000 元,增值税额为 3 400 元,发票账单已收到,货款已汇出,计划成本为 18 000 元,材料尚未验收入库;2014 年 5 月 16 日,采用商业承兑汇票支付方式购入丙材料一批,货款为 50 000 元,增值税额为 8 500 元,发票账单已收到,已开出商业承兑汇票,计划成本为 52 000 元,材料已验收入库;2014 年 5 月 31 日,采用托收承付结算方式购入乙材料一批,材料已验收入库,发票账单未到,月末按照计划成本 60 000 元估价入账。月末,5 月 8 日购进的材料仍然没有验收入库。

说出上述每笔业务的原始凭证,按计划成本法编制记账凭证并登记账簿。

1. 按计划成本法计价的存货收发核算的特点及核算程序

1）特点

存货采用计划成本核算时，存货的收、发、存无论是总分类核算还是明细分类核算，均应按照计划成本计价。

2）核算程序

（1）制定各种存货的计划成本目录。规定存货的分类和计划单位成本。计划单位成本可以根据定额成本确定，也可以按前期采购成本的平均数确定。计划单位成本在年度内一般不作调整。

（2）收到存货时，按计划成本记入存货账户，并将实际成本与计划成本的差额通过“材料成本差异”账户核算。

（3）月末，计算本月发出存货应负担的成本差异，并根据领用存货用途计入相关资产的成本或者当期损益，从而将发出存货的计划成本调整为实际成本（发出存货分担的成本差异，必须按月分摊，不得在季末或年末一次计算）。

2. 账户设置

1）“原材料”账户

该账户用于核算库存各种原材料的收、发、存情况。在原材料采用计划成本核算时，该账户的借方登记入库原材料的计划成本，贷方登记发出原材料的计划成本，期末余额在借方，反映企业库存原材料的计划成本。

在计划成本核算方式下，原材料明细账的设置，与按实际成本计价的明细账设置，其格式基本相同，所不同的是原材料二级明细账和原材料三级明细账都按计划成本反映。

由于原材料计划成本一经确定，年内一般不予变动，这样，只要控制数量，也就控制了金额。因此在原材料明细账内的“收入”、“发出”两栏，只反映数量即可。原材料明细账的一般格式见表 2-9。

表 2-9　　原材料明细账

材料科目：原材料　　存放地点：2 号仓库

类别：原料及主要材料　　最高储备量：15 000 千克

名称及规格：材料　　计量单位：2.15 元/千克

2014 年		凭证编号	摘要	收入数量	发出数量	结存	
月	日					数量	金额（元）
7	1	（略）	期初余额			4 000	8 600
	5		购入	6 000		10 000	
	10		领用		8 000	2 000	
	18		购入	4 000		6 000	
	23		领用		4 000	2 000	
	28		购入	2 000		4 000	
7	31		本月合计	12 000	12 000	4 000	8 600

财会部门除了设置原材料明细账外，还应按原材料的类别设置反映金额的原材料二级明细账或原材料收、发、存汇总表。

2）“材料采购”账户

该账户用来核算企业采用计划成本进行材料日常核算而购入材料的采购成本。该账户借方登记采购材料的实际成本；贷方登记入库材料的计划成本；借方大于贷方表示超支，从该账户贷方转入“材料成本差异”账户的借方；贷方大于借方表示节约，从该账户借方转入“材料成本差异”账户的贷方；期末余额在借方，反映企业在途材料的采购成本。

为了详细反映和控制材料采购的付款、到货和在途材料的情况，以便确定实际成本和采购业务成果，还应设置材料采购明细账。其明细账户通常按照“原材料”、“周转材料”、“库存商品”等设置。如果原材料储备量较大，材料费用占产品成本比重较大时，也可以按材料的类别或品种设置。

材料采购明细账一般采用横线登记的方法逐笔登记。其借方金额栏根据付款凭证或转账凭证按时间顺序，逐笔登记其实际成本；贷方金额栏根据收料单等有关凭证登记计划成本及材料成本差异。每笔收料业务的付款和入库转账业务，应在同一行内登记。月末，将计算出的节约或超支差异额，结转到“材料成本差异”账户。对于已付款但尚未入库的在途材料，照抄在下月采购明细账内，以便下月收到材料时登记入账。材料采购明细账的格式见表 2-10。

表 2-10　材料采购明细账

明细科目：原材料　　单位：元

2014年		供货单位	摘要	借方（实际成本）			2014年		收料凭证号	摘要	贷方		
月	日			买价	采购费用	合计	月	日			计划成本	差异	合计
7	5	（略）	购进甲材料	12 000	600	12 600	7	5	（略）	入库	12 900	−300	12 600
	13		购进甲材料	8 000	600	8 600		18		入库	8 600		8 600
	20		购进乙材料	15 000	900	15 900		20		未入库			
	28		购进丙材料	12 500	500	13 000		28		入库	12 540	460	13 000
	30		购进甲材料	4 000	400	4 400		30		入库	4 300	100	4 400
7	31		本月合计	51 500	3 000	54 500	7	31		合计	38 340	260	38 600
			月末在途	15 000	900	15 900							

3）“材料成本差异”账户

该账户核算企业各种材料的实际成本与计划成本之间的差异。该账户属于资产类账户，是“原材料”账户的备抵附加调整账户。其借方登记超支差异及发出材料应负担的节约差异，贷方登记节约差异及发出材料应负担的超支差异。期末如为借方余额，反映企业库存材料实际成本大于计划成本的差异（即超支差异）；如为贷方余额，反映企业库存材料实际成本小于计划成本的差异（即节约差异）。

小提示　在实际工作中，发出材料应分摊的成本差异一般从“材料成本差异”账户的贷方结转。应分摊的超支差用蓝字结转，节约差用红字结转。

为了反映各类或各种材料的成本差异，计算差异率，据以调整发出材料的计划成本，需要设置“材料成本差异”明细账，以进行明细分类核算。其明细分类账户同“材料采购”明细账户的设置应保持一致，即可以按照“原材料”、“周转材料”、“库存商品”等设置，也可以按照材料类别或品种设置。材料成本差异明细账可以采用三栏式，也可以采用多栏式的专用账页。多栏式专用账页格式见表 2-11。

表 2-11 **材料成本差异明细账**

明细科目:原材料

2014 年		摘要	收入		差异分配率	发出		结存	
月	日	期初余额	计划成本	成本差异		计划成本	成本差异	计划成本	成本差异
7	1							57 180	707.6
	31	外购材料	38 340	260					
	31	自制材料	3 240	20					
	31	本月发出			1%	58 200	582		
7	31	本月合计	41 580	280	1%	58 200	582	40 560	405.6

注:表中如为节约差异用负号或红字表示。

"材料成本差异"明细账中本月收入和本月发出材料的计划成本,应分别根据收料凭证汇总表和发料凭证汇总表填列;本月收入和发出材料的成本差异,应分别根据有关转账凭证填列。差异分配率是根据材料成本差异明细账内的有关数字计算后填列。

发出材料应负担的成本差异,必须按月分摊,不得在季末或年末一次计算,发出材料应负担的成本差异,应使用当月实际差异率;如果期初的成本差异率与本月成本差异率相差不大的,也可按期初的成本差异率计算。计算方法一经确定,不得随意变动。材料成本差异率的计算公式如下:

$$本月材料成本差异率=\frac{月初结存材料成本差异+本月收入材料成本差异}{月初结存材料的计划成本+本月收入材料的计划成本}\times 100\%$$

$$期初材料成本差异率=\frac{月初结存材料成本差异}{月初结存材料的计划成本}\times 100\%$$

发出材料应分摊的成本差异的计算公式如下:

本月发出材料应分摊的成本差异=发出材料计划成本×材料成本差异率

有了材料成本差异率,并确定了发出材料应分摊的成本差异,就可以将发出材料的计划成本调整为实际成本:

发出材料的实际成本=发出材料的计划成本±发出材料应分摊的成本差异

进而也可以确定期末结存材料应分摊的材料成本差异,其计算公式如下:

结存材料应分摊的成本差异=结存材料的计划成本×材料成本差异率

现以表 2-11 为例,说明其成本差异率及分摊差异的计算方法。

表 2-11"材料成本差异——原材料"明细账中,月初结存原材料的计划成本为 57 180 元;本月收入材料的计划成本为 41 580 元。月初结存材料的成本差异为超支额 707.6 元;本月收入材料的成本差异为超支额 280 元。本月发出材料的计划成本为 58 200 元。其计算结果如下:

$$成本差异率=\frac{707.6+280}{57\ 180+41\ 580}\times100\%=1\%$$

本月发出材料应分摊的成本差异＝58 200×1%＝582(元)

发出材料的实际成本＝58 200＋582＝58 782(元)

结存材料应分摊的成本差异＝40 560×1%＝405.6(元)

3. 原材料收发的账务处理

1）购入原材料的账务处理

在计划成本法下，取得的材料先要通过“材料采购”账户进行核算。企业支付材料价款和运杂费等构成存货实际成本的，记入“材料采购” 账户。

验收入库的材料，按计划成本，借记“原材料”账户，贷记“材料采购”账户。为了简化核算工作，入库材料的总分类核算，也可以通过“收料凭证汇总表”，于月末经过汇总后进行账务处理。

外购材料成本差异的结转一般是在月终进行。根据“材料采购明细账”加以汇总，如为超支差，应从“材料采购”账户的贷方转入“材料成本差异”账户的借方；如为节约差，应从“材料采购”账户的借方转入“材料成本差异”账户的贷方。

购入原材料的核算，同实际成本计价核算一样，由于采购地点、结算方式、收料与付款时间的不同，存在几种不同情况：

(1) 发票账单已收到，已经付款或已开出、承兑商业汇票，同时材料已验收入库。

【例 2-21】 2014 年 7 月 5 日，青岛东方股份有限公司从南红公司购入材料，取得的增值税专用发票上注明的价款为 12 000 元，增值税额为 2 040 元；取得的货物运输业增值税专用发票上注明的运输费为 600 元，增值税额为 66 元，当即以银行存款付清。材料的计划成本为 12 900 元，验收入库。该公司应编制如下会计分录：

借：材料采购	12 600	
应交税费——应交增值税(进项税额)	2 106	
贷：银行存款		14 706
借：原材料	12 900	
贷：材料采购		12 900

(2) 发票账单已收到，已经付款或已开出、承兑商业汇票，但材料尚未到达或尚未验收入库。在这种情况下，应先通过“材料采购”账户进行核算，待材料到达验收入库后，再根据收料单，由“材料采购”账户转入“原材料”账户。

【例 2-22】 2014 年 7 月 13 日，青岛东方股份有限公司从兰新钢铁厂采购甲材料 4 000 千克，发票及账单已收到，增值税专用发票上注明的货款为 8 000 元，增值税额为 1 360 元，包装费为 600 元。采用商业汇票结算方式，签发银行承兑汇票一张，计 9 960 元，向开户银行申请承兑，并以银行存款支付手续费 50 元，当日连同解讫通知一并交给供应单位，材料尚未到达。该公司应编制如下会计分录：

借：材料采购	8 600	
应交税费——应交增值税(进项税额)	1 360	
贷：应付票据		9 960

借：财务费用 ——手续费　　50
　贷：银行存款　　50

假设7月18日，上述甲材料验收入库，其计划成本为8 600元。根据“收料单”，该公司应编制如下会计分录：

借：原材料——原料及主要材料(甲材料)　　8 600
　贷：材料采购——甲材料　　8 600

【例2-23】 2014年7月20日，青岛东方股份有限公司从江西钢铁厂采购乙材料10 000千克，发票及账单已收到，增值税专用发票上注明的货款为15 000元，增值税额为2 550元；货物运输业增值税专用发票注明的运输费为1 000元，增值税额为110元。采用托收承付结算方式，已承付全部货款，材料尚未到达。该公司应编制如下会计分录：

借：材料采购——乙材料　　16 000
　　应交税费——应交增值税(进项税额)　　2 660
　贷：银行存款　　18 660

上述乙材料至月终仍未到达，其实际成本保留在“材料采购”账户。

(3) 材料已验收入库，发票账单已收到但未付款(或尚未开出、承兑商业汇票)，或发票账单尚未收到，但根据合同、随货发票等能够计算并确定实际成本。这种情况包括企业采用赊购方式购买材料未付款，以及由于企业银行存款不足而暂未付款两种情形，企业应在收到材料和发票账单时进行账务处理。

【例2-24】 2014年7月20日，青岛东方股份有限公司向永宁钢铁厂购入丙材料5 000千克，发票及账单已收到，增值税专用发票上注明的货款为12 500元，增值税额为2 125元；货物运输业增值税专用发票注明的运输费为500元，增值税额为55元。银行转来的结算凭证已到，款项尚未支付。材料验收入库，计划成本为12 540元。该公司应编制如下会计分录：

借：材料采购——丙材料　　13 000
　　应交税费——应交增值税(进项税额)　　2 180
　贷：应付账款——永宁钢铁厂　　15 180
借：原材料——原料及主要材料(丙材料)　　12 540
　贷：材料采购——丙材料　　12 540

【例2-25】 2014年7月30日，青岛东方股份有限公司采用托收承付结算方式向江平钢铁公司购入甲材料一批，发票及账单已收到，增值税专用发票上注明的货款为4 000元，增值税额为680元。银行转来的结算凭证已到，款项尚未支付。材料已验收入库，计划成本为4 300元。该公司应编制如下会计分录：

借：材料采购——甲材料　　4 000
　　应交税费——应交增值税(进项税额)　　680
　贷：应付账款——永宁钢铁厂　　4 680
借：原材料——原料及主要材料(甲材料)　　4 300
　贷：材料采购——甲材料　　4 300

(4) 材料已验收入库,但发票账单尚未收到。一般在收料后的短时间内结算凭证就能到达,所以为了简化核算手续,在月份内发生此类业务时,可暂不进行账务处理,保管收到的材料入库凭证,待有关发票账单到达支付货款后,再按照正常程序进行账务处理。如果月末发票账单还未到达,为了使账实相符,应按材料的计划成本暂估入账。下月初再用红字作同样的会计分录予以冲回,以便下月收到发票账单付款时,按正常程序进行账务处理。

【例 2-26】 2014 年 7 月 29 日,青岛东方股份有限公司从兰新钢铁厂按合同购入的 12 000 千克乙材料已验收入库,但发票账单及结算凭证尚未收到,货款尚未支付。月末发票账单均未收到,也无法确定其实际成本,故按计划成本 19 000 元暂估入账。该公司应于月终根据"收料单"编制如下会计分录:

借:原材料——原料及主要材料(乙材料)　　19 000
　贷:应付账款——暂估应付账款　　19 000

下月初填制红字收料凭证,并据以编制相同红字分录,将暂估价冲销。待收到发票账单后,据实按正常程序入账。该公司应编制如下会计分录:

借:原材料——原料及主要材料(乙材料)　　[19 000]
　贷:应付账款——暂估应付账款　　[19 000]

2) 结转外购材料成本差异的账务处理

企业外购材料成本差异的结转,一般是在月终根据"材料采购明细账"的资料计算结转。

【例 2-27】 根据[例 2-21]～[例 2-26]各项业务登记"材料采购明细账"(见表 2-10)。经过汇总计算后得出,本月外购材料的实际成本大于计划成本,即发生超支差异 260 元。该公司应编制如下会计分录:

借:材料成本差异——原材料　　260
　贷:材料采购——原材料　　260

3) 自制材料和废料交库的账务处理

企业基本生产车间或辅助生产车间自制的材料,以及生产中产生的废料,在交库时,应根据"材料交库单"中所列计划成本入账,并结转成本差异。

【例 2-28】 青岛东方股份有限公司的基本生产车间,为满足生产所需自制丁材料一批,实际制造成本为 3 260 元,按材料交库单所列计划成本 3 240 元入库,并结转超支差异 20 元。该公司应编制如下会计分录:

借:原材料——原料及主要材料(丁材料)　　3 240
　　材料成本差异——原材料　　20
　贷:生产成本　　3 260

材料收入的总分类核算,在材料收入不多的企业,可以根据收料凭证逐笔编制记账凭证,并据以登记总分类账。在材料收入业务较多的企业里,为简化核算工作,财会部门也可以根据收料凭证定期编制"收料凭证汇总表",月终时一次登记总分类账。

【例 2-29】 根据[例 2-21]～[例 2-25]和[例 2-28] 编制"收料凭证汇总表"(见表 2-12)。

表 2-12　　收料凭证汇总表

应借科目:原材料　　2014 年 7 月　　单位:元

材料类型 应贷科目	原料及主要材料		辅助材料		修理用备件		合　计		
	计划成本	实际成本	计划成本	实际成本	计划成本	实际成本	计划成本	实际成本	差异额
材料采购	38 600	38 340					38 600	38 340	260
应付账款	19 000	19 000					19 000	19 000	—
生产成本	3 260	3 240					3 260	3 240	20
合计	60 860	60 580					60 860	60 580	280

根据“收料凭证汇总表”所列有关材料收入的业务,该公司应编制如下会计分录:

借:原材料——原料及主要材料　　60 580

　贷:材料采购——原材料　　38 340

　　　应付账款　　19 000

　　　生产成本　　3 240

4）发出材料的账务处理

月末,企业根据领料单等编制“发料凭证汇总表”结转发出材料的计划成本,按照发出材料的用途,分别记入“生产成本”、“制造费用”、“管理费用”、“销售费用”、“在建工程”等账户,同时结转材料成本差异。“发料凭证汇总表”的一般格式见表 2-13。

表 2-13　　发料凭证汇总表

2014 年 7 月　　单位:元

应借科目 应贷科目	生产成本	制造费用	管理费用	在建工程	销售费用	合计
原料及主要材料	43 000					43 000
辅助材料	2 710	1 065	740			4 515
外购半成品	7 540					7 540
修理用备件	3 150					3 150
包装材料						
燃料						
计划成本小计	56 400	1 065	740			58 205
材料成本差异额	564.00	10.65	7.40			582.05
实际成本	56 964	1 075.65	747			58 787.05

注:表中的计划成本应根据各种发料凭证和退料凭证直接分类汇总填列;“材料成本差异率”一项来自于“材料成本差异明细账”的计算。计算过程如前所述。

【例 2-30】 根据表 2-13,青岛东方股份有限公司应编制如下会计分录:

借：生产成本——基本生产成本 56 400
　　制造费用——材料费 1 065
　　管理费用——材料费 740
　贷：原材料——原料及主要材料 43 000
　　　　　　——辅助材料 4 515
　　　　　　——外购半成品 7 540
　　　　　　——修理用备件 3 150

根据“发料汇总表”所列发出材料应分摊的成本差异，青岛东方股份有限公司应编制如下会计分录：

借：生产成本——基本生产成本 564.00
　　制造费用——材料费 10.65
　　管理费用——材料费 7.40
　贷：材料成本差异——原材料 582.05

结转发出材料应分摊的成本差异时，如为超支差，从“材料成本差异”账户的贷方用蓝字结转，编制如下会计分录：

借：相关费用 （蓝字）
　贷：材料成本差异 （蓝字）

如为节约差，从“材料成本差异”账户的贷方用红字结转，编制如下会计分录：

借：相关费用 （红字）
　贷：材料成本差异 （红字）

【例 2-31】 青岛东方股份有限公司委托宏远公司加工包装箱 500 个，发出材料的计划成本为 10 000 元，月初材料成本差异率为－2%。1 个月后收回包装箱 500 个并验收入库，每个包装箱的计划成本为 30 元。增值税专用发票列示支付的加工费为 5 000 元，增值税额为 850 元，款项以转账支票支付。该公司应编制如下会计分录：

① 发出委托加工物资时：

借：委托加工物资——宏远公司（包装箱） 9 800
　贷：原材料——辅助材料 10 000
　　　材料成本差异——原材料 [200]

② 支付加工费和增值税时：

借：委托加工物资——宏远公司（包装箱） 5 000
　　应交税费——应交增值税（进项税额） 850
　贷：银行存款 5 850

③ 加工完成，包装箱入库时：

借：周转材料——包装物（包装箱） 15 000
　贷：委托加工物资——宏远公司（包装箱） 14 800
　　　材料成本差异——周转材料 200

试试看

沿用[任务 2-2-3]资料，青岛东兴股份有限公司根据“发料凭证汇总表”的记录，原材料的消耗(计划成本)为:基本生产车间领用 200 000 元,辅助生产车间领用 60 000 元,车间管理部门领用 10 000 元,企业行政管理部门领用 5 000 元。A 公司月初结存材料的计划成本为 100 000 元,成本差异为超支 3 000 元。请计算领用材料的实际成本,并编制领用材料的会计分录及调整分录。

4. 原材料按计划成本计价的优缺点及适用性

按计划成本核算材料的优点如下:

(1) 可以考虑和分析材料采购成本计划的执行情况。因为通过“材料采购”总账账户和所属明细账的登记,可以反映各类外购材料的实际成本、计划成本和成本差异,并考核和分析材料采购成本计划的执行情况。

(2) 有利于考核和分析各车间和部门的成本。由于各车间、部门发生的材料费用先按材料的实际消耗量和计划单位成本计算,然后调整所耗材料的成本差异,因而可以剔除材料单位成本变动对材料费用的影响,有利于分清各车间、部门的责任。

(3) 可以简化材料核算和产品成本核算工作。在材料明细账中,平时只登记材料收发的数量,不登记材料收发的金额。材料收发的金额根据材料收发数量和材料计划单位成本计算,月末一次登记,减少了材料核算工作量。

按计划成本核算材料的缺点主要是发出材料实际成本的准确性稍差,因为发出材料的实际成本要用材料成本差异率进行调整,而差异率的计算是按材料类别综合计算的,而非按材料品种计算。

材料按计划成本计价主要适用于材料收发业务较多且又比较健全、合理计划成本的大中型企业。

任务 2.3 核对期末存货信息

一、任务布置

【任务 2-3】 核对期末存货信息

(1) 青岛宏达服装有限公司 2014 年 12 月的“存货盘点报告单”见表 2-14。

表 2-14 **存货盘点报告单**

2014 年 12 月 金额单位:元

存货名称	计量单位	数量		单价	盘盈		盘亏		盈亏原因
		账存	实存		数量	金额	数量	金额	
缝纫线	个		132						记账差错
量尺	把		36						管理不善丢失

(2) 2014 年 12 月 31 日,青岛宏达服装有限公司“原材料——原料及主要材料(面料)”账户的账面余额为 235 200 元。由于面料市场销售价格下降,市场上用此面料生产的西裤的销售价格也下降了 10%,由此造成了该公司西裤的市场销售总额预计由 452 400 元下降为 407 160 元,但生产成本预计仍为 369 460 元。将面料加工成西裤预计尚需投入加工成本

100 650元，估计销售费用及税金为39 600元。

要求：

(1) 完成“存货盘点报告单”并进行存货盘盈、盘亏的账务处理(批准前及批准后)。

(2) 计算西裤的可变现净值并与其成本进行比较。

(3) 确定面料的期末账面价值。

二、知识链接

(一) 存货的清查

【任务2-3-1】 作出相关账务处理

某公司进行存货清查时，发现甲产品中盘盈100千克，计划单位成本为19.5元/千克，合计1 950元。经核查该项盘盈属于收发计量错误造成的。

请编制该公司的相关会计分录。

存货清查是指通过对存货的实地盘点，确定存货的实有数量，并与账面结存数核对，从而确定存货实存数与账面结存数是否相符的一种专门方法。

由于存货种类繁多、收发频繁，在日常收发过程中可能发生计量错误、计算错误、自然损耗，还可能发生损坏变质和贪污、盗窃等情况，造成账实不符，形成盘亏、盘盈。所以为了保护企业存货的安全完整，做到账实相符，企业对存货应定期进行清查。

存货清查通常采用实地盘点的方法。对于账实不符的存货，核实盘亏、盘盈和毁损的数量，应在期末前查明原因，并据以编制“存货盘点报告表”，根据企业管理权限，经股东大会或董事会，或经理(厂长)会议或类似机构批准后，在期末结账前处理完毕。

为了反映企业在财产清查中查明的各种存货的盘盈、盘亏和毁损情况，企业应当设置“待处理财产损溢”账户。该账户借方登记存货的盘亏、毁损金额和批准转销的盘盈金额，贷方登记发生的盘盈金额及批准转销的盘亏金额。企业清查的各种存货损益，应在期末结账前处理完毕，期末处理后，该账户应无余额。该账户下设“待处理流动资产损溢”和“待处理固定资产损溢”两个明细账户。存货的盘盈、盘亏和毁损，通过“待处理流动资产损溢”明细账户进行核算。

1. 存货盘盈的账务处理

发生盘盈时，借记“原材料”、“库存商品”等账户，贷记“待处理财产损溢”账户；按管理权限报经批准后，借记“待处理财产损溢”账户，贷记“管理费用”账户。存货盘盈一般是由于收发计量或核算上的差错造成的，故应冲减管理费用。在采用计划成本进行存货日常核算的情况下，盘盈存货应按计划成本入账。

【例2-32】 青岛东方股份有限公司在财产清查中盘盈A材料1 000千克，其实际单位成本为60元，经查属于材料收发计量方面的错误。该公司应编制如下会计分录：

① 批准处理前：

借：原材料	60 000	
贷：待处理财产损溢——待处理流动资产损溢		60 000

② 批准处理后：

借：待处理财产损溢——待处理流动资产损溢	60 000	
贷：管理费用		60 000

【任务 2-3-2】 完成会计分录

某企业进行存货清查时，发现材料短缺 5 000 千克，其计划单位成本为 3.6 元/千克，总计 18 000 元，本月材料成本差异 2%。经查，该项短缺分别由以下原因造成，经批准，分别进行转销：

(1) 材料短缺中，属于定额损耗的部分，价值 325 元。

(2) 材料短缺中，属于过失人责任造成 2 000 元损失部分，应由其予以赔偿。

(3) 材料短缺中，属于非常损失部分，价值 15 135 元，其中，收回残料 100 元，保险公司给予赔偿 15 000 元，剩余 35 元批准转为营业外支出。

请编制相应的会计分录。

2. 存货盘亏及毁损的账务处理

企业发生存货盘亏及毁损时，借记“待处理财产损溢”账户，贷记“原材料”、“库存商品”等账户。经审批后，按发生的原因和相应的处理决定，分别进行转销。

属于自然损耗造成的定额内损耗，应借记“管理费用”账户；属于过失人责任造成的损失，应扣除其残料价值，借记“原材料”、“其他应收款”账户；应向保险公司收取的赔偿金，借记“其他应收款”账户；剩余净损失或未参加保险部分的损失，借记“营业外支出”账户，贷记“待处理财产损溢”账户。一般纳税人企业，存货发生的非常损失，其进项税额也应转入“待处理财产损溢”账户。

【例 2-33】 青岛东方股份有限公司在财产清查中发现盘亏 F 材料 500 千克，实际单位成本为 200 元/千克，经查属于一般经营损失。假定不考虑相关税费。该公司应编制如下会计分录：

① 批准处理前：

借：待处理财产损溢——待处理流动资产损溢　　100 000

　贷：原材料　　100 000

② 批准处理后：

借：管理费用　　100 000

　贷：待处理财产损溢——待处理流动资产损溢　　100 000

【例 2-34】 青岛东方股份有限公司在财产清查中发现毁损 G 材料 300 千克，其实际单位成本为 100 元/千克。经查，毁损属于材料保管员张明的过失造成的，按规定由其个人赔偿 20 000 元；残料已办理入库手续，价值 2 000 元。假定不考虑相关税费。该公司应编制如下会计分录：

① 批准处理前：

借：待处理财产损溢——待处理流动资产损溢　　30 000

　贷：原材料　　30 000

② 批准处理后：

由过失人张明赔偿部分：

借：其他应收款——张明　　20 000

　贷：待处理财产损溢——待处理流动资产损溢　　20 000

残料入库：

借：原材料　　2 000

　贷：待处理财产损溢——待处理流动资产损溢　　2 000

结转材料毁损净损失：

借：管理费用　　8 000

　贷：待处理财产损溢——待处理流动资产损溢　　8 000

【例 2-35】 青岛东方股份有限公司因台风造成一批库存材料毁损，其实际成本为 70 000 元，根据保险责任范围及保险合同规定，应由保险公司赔偿 50 000 元。假定不考虑相关税费。该公司应编制如下会计分录：

① 批准处理前：

借：待处理财产损溢——待处理流动资产损溢　　70 000

　贷：原材料　　70 000

② 批准处理后：

借：其他应收款——保险公司　　50 000

　　营业外支出——非常损失　　20 000

　贷：待处理财产损溢——待处理流动资产损溢　　70 000

（二）存货的期末计价

【任务 2-3-3】 编制每年年末计提存货跌价准备的会计分录

甲企业按照"成本与可变现净值孰低法"对期末存货进行计价。假设 2011 年年末存货的成本为 100 000 元，可变现净值为 90 000 元；2012 年年末该存货的可变现净值为 85 000 元；2013 年年末该存货的可变现净值为 97 000 元；2014 年年末该存货的可变现净值为 105 000 元。

存货的初始计量虽然以成本入账，但存货进入企业后可能发生毁损、陈旧或价格下跌等情况，而使企业持有存货的可变现净值下跌到成本以下，此时如果期末存货仍以历史成本计价，就会虚夸资产价值和虚增利润。因此，《企业会计准则》规定，资产负债表日，存货应当按照成本与可变现净值孰低计量。

成本与可变现净值孰低计量，是指对期末存货按照成本与可变现净值两者之中较低者计价的方法。即：当成本低于可变现净值时，存货按成本计价；当可变现净值低于成本时，存货按可变现净值计价。

1. 存货可变现净值的确定

资产负债表日，存货应当按照成本与可变现净值孰低计量。其中，成本是指期末存货的实际成本，如企业在存货成本的日常核算中采用计划成本法、售价金额核算法等简化核算方法，则成本为经调整后的实际成本。可变现净值是指在日常活动中，存货的估计售价减去至完工时估计将要发生的成本、估计的销售费用以及相关税费后的金额。可变现净值的计算公式如下：

可变现净值＝估计售价－至完工估计将要发生的成本－估计的销售费用和相关税费

在确定存货可变现净值时，应注意以下基本特征：

(1) 可变现净值的特征表现为存货的预计未来净现金流量，而不是存货的售价或合同价。

(2) 应以确凿证据为基础计算确定存货的可变现净值。存货可变现净值的确凿证据，是指对确定存货的可变现净值有直接影响的客观证明，如产成品或商品的市场销售价格、与产成品或商品相同或类似商品的市场销售价格、销售方提供的有关资料和生产成本资料等。

(3) 不同存货可变现净值的确定。

第一，没有销售合同约定的产成品、商品和用于出售的材料等直接用于出售的存货，在正常生产过程中，应当以该存货的估计售价减去估计的销售费用以及相关税费后的金额，确定其可变现价值。

【例 2-36】 青岛东方股份有限公司 2014 年 12 月 31 日用于出售的甲产品有 1 500 个，单位成本为 80 元/个，总成本为 120 000 元。该日甲产品的市场销售价格为 70 元/个，同时估计的销售费用和相关税费共计 1 500 元，公司没有签订有关甲产品的销售合同。

则：青岛东方股份有限公司 2013 年 12 月 31 日甲产品的可变现净值为 103 500 元（70×1 500－1 500）。

第二，需要经过加工的材料存货，在正常生产经营过程中，应当以所生产的产成品的估计售价减去至完工时估计要发生的成本、估计销售费用和相关税费后的金额，确定其可变现净值。

【例 2-37】 青岛东方股份有限公司 2014 年 12 月 31 日有 G 材料 1 000 个，其账面成本为 60 000 元，市场销售总价格为 50 000 元；该批 G 材料需要加工成 1 000 个乙产品出售，估计还要发生成本 50 000 元，销售费用和相关税费计 8 000 元，G 材料的市场价格的下降导致乙产品市场销售价格由 120 元/个降为 110 元/个。

则：2013 年 12 月 31 日，G 材料的可变现净值为 52 000 元（110×1 000－50 000－8 000）。

《企业会计准则第 1 号——存货》规定：如果为生产而持有的材料等，用其生产的产成品的可变净值高于成本的，则该材料仍然应当按成本计量；如果材料价格的下降表明产成品的可变现净值低于成本的，该材料应当按照可变现净值计量。

【例 2-38】 接[例 2-37]，乙产品可变现净值为 102 000 元（110×1 000－8 000）；用 G 材料生产的乙产品成本为 110 000 元（60 000＋50 000），高于其可变净值，因此，G 材料应按可变现净值计量。

2. 成本与可变现净值的比较方法

(1) 单项比较法，即按单个存货项目比较其成本和可变现净值，确定期末存货价值，并计算每个存货项目可变现净值低于其账面成本的金额。

(2) 分类比较法，即按存货类别比较其成本与可变现净值，确定期末存货价值，并计算每类存货项目可变现净值低于其账面成本的金额。

【例 2-39】 青岛东方股份有限公司有甲、乙、丙、丁四种存货，分为 A、B 两大类。2014 年 12 月 31 日各种存货成本与可变净值资料见表 2-15，分别按单个存货项目和存货类别确定存货期末价值，计算可变现净值低于其账面成本的金额。

表 2-15　　期末存货成本与可变现净值比较表　　单位：万元

项目	成本	可变现净值	可变现净值低于账面成本的金额	
			单项比较法	分类比较法
A类	130	125		5
甲	50	50	0	
乙	80	75	5	
B类	280	290		0
丙	100	90	10	
丁	180	200	0	
合计	410	415	15	5

相关链接

(1) 当存货存在下列情形之一时，表明存货的可变现净值低于成本：①该存货的市价持续下跌，并且在可预见的未来无回升的希望。②企业使用该项原材料生产产品的成本大于产品的销售价格。③企业因产品更新换代，原有库存原材料已不适应新产品的需要，而该原材料的市场价格又低于其账面成本。④因企业所提供的商品或劳务过时或消费者偏好改变而使市场需求发生变化，导致市场价格逐渐下跌。⑤其他足以证明该项存货实质上已经发生减值的情形。

(2) 存货存在下列情形之一时，表明存货的可变现净值为零，此时应将存货账面价值全部转入当期损益：①已霉烂变质的存货。②已过期且无转让价值的存货。③生产中已不再需要，并且已无使用价值和转让价值的存货。④其他足以证明已无使用价值和转让价值的存货。

3. 存货跌价准备的计提和转回

当存货成本低于可变现净值时，存货按成本计价；当存货成本高于可变现净值时，存货按可变现净值入账。当存货成本高于可变现净值时，表明存货可能发生损失，应在存货销售之前确认这一损失，计入当期损益，同时计提减值准备，使存货账面成本抵减存货跌价准备即为存货可变现净值。当以前减记存货价值的影响因素已经消失的，减记的金额应当予以恢复，并在原已计提的存货跌价准备金额内转回，转回的金额计入当期损益。

期末存货选择成本与可变现净值中较低者计价，按可变现净值低于成本的差额计提存货跌价准备。计提存货跌价准备后，期末存货账面价值等于两者中较低者。期末存货账面价值的计算公式如下：

期末存货账面价值＝“存货”账户账面余额－“存货跌价准备”账户余额

4. 存货跌价准备的账务处理

对存货减值应采用备抵法进行账务处理。企业应当设置“存货跌价准备”账户，核算计提的跌价准备。该账户贷方登记计提的存货跌价准备金额；借方登记实际发生的存货跌价损失金额和冲减的存货跌价准备金额；期末余额一般在贷方，反映企业已计提但尚未转销的存货跌价准备。

当存货成本高于其可变现净值时，企业应当按照存货可变现净值低于成本的差额，借记“资产减值损失——计提的存货跌价准备”账户，贷记“存货跌价准备”账户。

相关计算公式如下：

当期实际提取的存货跌价准备＝应计提的存货跌价准备－“存货跌价准备”账户的贷方余额

$$\text{应计提的存货跌价准备}=\begin{cases}\text{成本}-\text{可变现净值} & (\text{当成本}>\text{可变现净值时})\\ 0 & (\text{当成本}<\text{可变现净值时})\end{cases}$$

转回已计提的存货跌价准备金额时，按恢复增加的金额，借记“存货跌价准备”账户，贷记“资产减值损失——计提的存货跌价准备”账户。

企业结转存货销售成本时，对于已计提存货跌价准备的，借记“存货跌价准备”账户，贷记“主营业务成本”、“其他业务成本”等账户。

【例 2-40】 根据表 3-1 的资料，青岛东方股份有限公司采用成本与可变现净值孰低法进行期末存货计价核算，并采用单个存货项目计提跌价准备。该公司 2014 年 12 月 31 日计提跌

价准备前,"存货跌价准备"各明细账户余额如下(单位:元):

"存货跌价准备——甲存货"账户　贷方余额　50 000

"存货跌价准备——乙存货"账户　贷方余额　30 000

"存货跌价准备——丙存货"账户　贷方余额　30 000

"存货跌价准备——丁存货"账户　贷方余额　20 000

要求:编制 2014 年计提存货跌价准备的有关会计分录。

2014 年年末,青岛东方股份有限公司计提存货跌价准备应编制如下会计分录:

借:资产减值损失——存货跌价准备　20 000

　　存货跌价准备——甲材料　50 000

　　　　　　　　——丁材料　20 000

　贷:存货跌价准备——乙材料　20 000

　　　　　　　　——丙材料　70 000

温馨提示

(1) 若已计提跌价准备的存货价值以后全部恢复,其冲减的跌价准备金额应以"存货跌价准备"账户的余额冲减至零为限。

(2) 任务 2.2 属于日常业务处理,基于已经发生的业务,以单据(原始凭证)为依据,对日常业务进行会计核算,如根据发票、付款凭证、收料单、发料单等进行的存货收、发、存核算。任务 2.3 属于期末业务处理,主要是基于对财产物资管理和《企业会计准则》的要求而产生的,如存货清查和减值准备的核算等。

项目 3

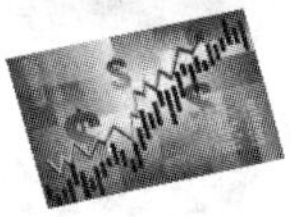

固定资产岗位

能力目标

1. 熟知固定资产会计核算岗位的各项工作。
2. 按照国家有关财经法规和企业要求，结合业务资料，对固定资产准确计价，合理计提折旧。
3. 能够按照规范流程和会计核算方法进行固定资产取得、折旧、减值、处置与清查业务的账务处理。

知识目标

1. 正确理解《企业会计准则第 4 号——固定资产》。
2. 理解固定资产的确认条件。
3. 掌握固定资产入账价值的确认条件和方法。
4. 掌握影响固定资产折旧的因素及计算方法。
5. 掌握固定资产取得、折旧、减值、处置与清查业务的账务处理。

素质目标

1. 能够准确无误地识别原始凭证、分析和判断经济业务的内容，能采用手工和电算化方式独立完成建账、填制和审核会计凭证、汇总和试算平衡、登记账簿、结账、对账，能完成财产物资的管理和清查。
2. 能与资产管理人员有效沟通，建立有效的账实核对机制与资产控制方法。
3. 坚持按财务制度进行资产盘盈、盘亏的报批与账务处理，能够洞察企业资产管理上的漏洞并及时与领导沟通。

任务 3.1　固定资产岗位的核算任务和业务流程

一、任务布置

【任务 3-1】　固定资产岗位的核算任务和业务流程

通过实地考察并阅读相关资料，了解制造业固定资产岗位的基本内容，完成以下任务：

(1) 讨论并编制某一制造业固定资产目录(包括种类、项目、型号等)。

(2) 根据上述目录设置固定资产的相关会计账户(包括总账账户和明细账户)。

二、知识链接

(一) 固定资产概述

1. 固定资产的定义及特征

由于企业的经营内容、经营规模等各不相同,固定资产的标准也不可能绝对一致。企业在对固定资产确认时,应当按照固定资产的定义和确认条件,考虑企业的具体生产经营状况,制定出适合本企业实际情况的固定资产目录、分类方法、每类或每项固定资产的折旧年限和折旧方法,作为固定资产的核算依据。

固定资产是指使用期限较长,单位价值较高,并在其使用过程中保持原有实物形态的资产。由于企业生产经营的多样性,国际上已少有国家对固定资产定义作出详细规定的,我国在《企业会计准则第 4 号——固定资产》中也只是提供了确认基础。该准则中规定,固定资产是指同时具有以下特征的有形资产:

(1) 为生产商品、提供劳务、出租或经营管理而持有的。

(2) 使用寿命超过一个会计期间。

根据上述定义,固定资产应具有以下基本特征:

第一,使用期限超过 1 年或超过长于 1 年的一个营业周期,且在使用过程中保持原来的物质形态不变。即固定资产的收益期超过 1 年,或者说它能在 1 年以上的时间里为企业创造经济利益。这一特征说明了有必要计提固定资产折旧、进行固定资产报废和更新改造等业务的会计处理。

温馨提示

使用寿命是指企业使用固定资产的预计期间,或者是该固定资产所能生产产品或提供劳务的数量。

自用房屋建筑物的使用寿命以使用年限表示;对于某些机器设备或运输设备等固定资产,其使用寿命往往以该固定资产所能生产产品或提供劳务的数量来表示,例如,发电设备按其预计发电量估计使用寿命,汽车或飞机等按其预计行驶里程估计使用寿命。

第二,企业拥有固定资产的目的是为了进行生产经营活动,而不是直接用于出售。

小思考 区分固定资产与存货最重要的标志是什么?

2. 固定资产的确认条件

对于符合固定资产定义的资产,要确认为企业的固定资产在资产负债表中列示,还必须同时满足两个条件:

(1) 该固定资产包含的经济利益很可能流入企业。持有固定资产的目的,就是要预期给企业带来经济利益。所以在确认固定资产时,需要判断与该项固定资产有关的经济利益是否很可能流入企业。如果与该项固定资产有关的经济利益很可能流入企业,并同时满足固定资产确认的其他条件,那么企业应将其确认为固定资产,否则不应在固定资产中核算。

在实务中,判断与固定资产有关的经济利益是否很可能流入企业,主要是判断与该项固定资产所有权相关的风险和报酬是否转移到了企业。与固定资产所有权相关的风险是指由于经营情况变化造成的相关收益的变动，以及由于资产闲置、技术陈旧等原因造成的损失；与固定资产所有权相关的报酬是指在固定资产使用寿命内直接使用该项资产而获得的收入，以及处置该项资产所实现的利得等。

通常，取得固定资产的所有权是判断与固定资产所有权相关的风险和报酬转移给企业的一个重要标志。但是，所有权是否转移，不是判断与固定资产所有权相关的风险和报酬转移给企业的唯一标志。在有些情况下，某项固定资产的所有权不属于企业，但是企业能够控制与该项固定资产有关的经济利益流入企业，这就意味着与该项固定资产所有权相关的风险和报酬实质上已经转移到企业，按照实质重于形式的会计信息质量要求，应将该项固定资产予以确认。例如，融资租入的固定资产，虽然企业不拥有固定资产的所有权，但与固定资产所有权相关的风险和报酬实质上已经转移到企业（承租人），因此，符合固定资产确认的第一个条件。

（2）该固定资产的成本能够可靠地计量。成本能够可靠地计量是资产确认的一项基本条件。企业在确定固定资产成本时要依据确凿、可靠的证据来证明为取得该资产所发生的支出，并具有可验证性。但是，有时需要根据所获得的最新资料，对固定资产的成本进行合理的估计。如对于已达到预定可使用状态的固定资产，在尚未办理竣工决算前，需要根据工程预算、工程造价或者工程实际发生的成本等资料，按估计价值确定固定资产的成本，待办理竣工决算后，再按实际成本调整原来的暂估价值。

相关链接

在实务中，对于固定资产进行确认时，还需要注意以下两个问题：

（1）固定资产的各组成部分具有不同使用寿命或者以不同方式为企业提供经济利益，适用不同折旧率或折旧方法的，应当分别将各组成部分确认为单项固定资产。比如楼房里的电梯，既可以与房屋一起确认为固定资产，也可以单独列作一项固定资产。

（2）固定资产有关的后续支出，满足固定资产确认条件的，应当计入固定资产成本；不满足固定资产条件的，应当在发生时计入当期损益。

3. 固定资产的分类

为了加强对固定资产的管理，便于组织固定资产的会计核算，需要对固定资产进行分类。根据不同的分类标准，固定资产可以分为不同的种类。

1）固定资产按经济用途分类，可以分为生产经营用固定资产和非生产经营用固定资产

生产经营用固定资产是指直接服务于企业生产、经营过程的各种固定资产，如生产经营用的房屋、建筑物、机器、设备、工具、器具等。

非生产经营用固定资产是指不直接服务于企业生产、经营过程的各种固定资产，如职工宿舍、食堂、浴池等使用的房屋、设备和其他固定资产等。

2）固定资产按使用情况分类，可以分为使用中的固定资产、未使用的固定资产和不需用的固定资产

使用中的固定资产是指正在使用中的生产经营用固定资产和非生产经营用固定资产，包括由于季节性生产经营或大修理等原因而暂停使用的固定资产。企业以经营租赁方式出租的机器设备类固定资产也属于使用中的固定资产。

未使用的固定资产是指已完工或已购建、尚未交付使用的新增固定资产，以及因进行改建、扩建等原因而暂停使用的固定资产。

不需用的固定资产是指已不适合企业使用，准备调配处理的固定资产。

这种分类有利于合理使用固定资产，加强固定资产的处理和盘活固定资产。

3）固定资产按所有权分类，可以分为自有固定资产和租入固定资产

自有固定资产是指企业拥有的可以长期使用的固定资产。

租入固定资产是指向外单位租入，供企业在一定时期内使用的固定资产。租入固定资产的所有权属于出租单位。租入固定资产可分为经营租入固定资产和融资租入固定资产。

这种分类有利于核算和管理固定资产，有利于合理使用资金、提高资金使用效益。

4）固定资产按经济用途和使用情况综合分类，可以分为以下七类

（1）生产经营用固定资产是指直接服务于企业生产、经营过程的各种固定资产，如生产经营用的房屋、建筑物、机器、设备、工具、器具等。

（2）非生产经营用固定资产是指不直接服务于企业生产、经营过程的各种固定资产，如职工宿舍、食堂、浴池等使用的房屋、设备和其他固定资产等。

（3）租出固定资产是指在经营租赁方式下出租给外单位使用并收取租金的机器、设备等固定资产。

（4）不需用固定资产是指本企业多余或不适用、需要处理的固定资产。

（5）未使用固定资产是指已经完工或已购建、尚未交付使用的新增固定资产和因进行改建、扩建等原因而暂停使用的固定资产，以及经批准停止使用的固定资产。

（6）土地是指过去已估价单独入账的土地。因征地而支付的补偿费，应计入与土地有关的房屋、建筑物的价值内，不单独作为土地价值入账。企业取得的土地使用权应作为无形资产管理和核算。

（7）融资租入固定资产是指在融资租赁方式下，从其他单位租入并支付租金的固定资产。融资租入固定资产在租赁期内，应视同自有固定资产进行管理。

另外，固定资产还可以按其来源不同分类，可以分为外购的固定资产、自行建造的固定资产、投资者投入的固定资产、融资租入的固定资产、盘盈的固定资产等。

由于企业的经营性质不同、经营规模各异，对固定资产的分类不可能完全一致。在实际工作中，企业大多采用按经济用途和使用情况综合分类的方法作为编制固定资产目录，进行固定资产核算的依据。

（二）固定资产岗位的核算任务

固定资产是企业的主要劳动手段，是物质资料生产过程中用来改变或影响劳动对象的主要劳动资料，是企业从事生产活动的物质基础，管好、用好固定资产，促进固定资产不断增值和提高固定资产使用效益，是会计工作的主要任务。

固定资产岗位的核算任务如下：

（1）固定资产明细账或卡片账的设置与登记。

（2）固定资产增加和减少的程序及账务处理。

（3）每季与固定资产保管员核对账目、实物，做到账账、账物相符，若发现问题，应查明原因，及时解决。

（4）固定资产盘点方法、固定资产盘点表的编制及其报批程序和账务处理。

(三) 固定资产岗位的核算业务流程(见图3-1)

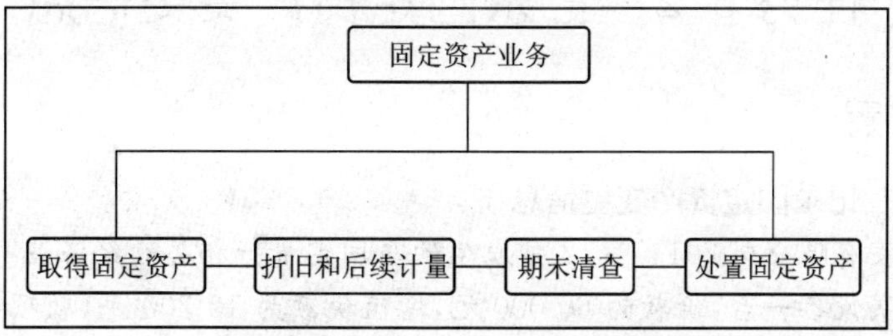

图3-1 固定资产岗位的核算业务流程

(四) 固定资产岗位核算中涉及的主要账户

固定资产岗位核算过程中主要经济业务及涉及的总账账户见表3-1。

表3-1 主要经济业务及总账账户一览表

经济业务	对应账户名称	账户性质	核算内容
固定资产取得	固定资产	资产类	核算企业持有固定资产的原始价值,总括反映企业固定资产的增减变动及结存情况
	在建工程	资产类	核算企业进行的固定资产基本建设工程,包括新建、改建和扩建工程以及购入需要安装的固定资产
	工程物资	资产类	核算企业为在建工程而准备的各种物资的实际成本
固定资产折旧	累计折旧	资产类	属于"固定资产"账户的备抵调整账户,核算企业固定资产的累计折旧
固定资产清理	固定资产清理	资产类	核算企业因出售、报废、毁损、对外投资、非货币性资产交换、债务重组等原因转出的固定资产价值以及在清理过程中发生的费用等
固定资产清查	待处理财产损溢	资产、负债双重性质	核算企业清查资产时账实之间的差额
固定资产期末计量	固定资产减值准备、在建工程减值准备、工程物资减值准备	资产类(备抵账户)	核算企业固定资产、在建工程、工程物资发生的减值

固定资产核算的主要账户见图3-2。

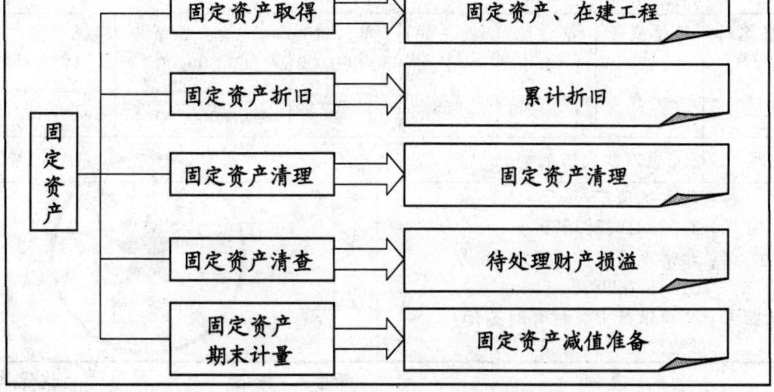

图3-2 固定资产核算的主要账户

任务 3.2 记录固定资产变更信息

一、任务布置

【任务 3-2】 记录固定资产变更信息

青岛宏达服装有限公司 2014 年 12 月发生的与固定资产相关的经济业务如下：

(1) 6 日，购买设备一台，价款为 60 000 元，增值税额为 10 200 元，款项已付，设备已投入使用。有关单据见图 3-3～图 3-5。

中国工商银行
转账支票存根
ⅦⅢ00041185

科 目：
对方科目：
出票日期：2014 年 12 月 06 日

收款人：北方机械厂
金 额：¥70 200.00
用 途：货款

单位主管：李平 会计：刘强
复核： 记账：

图 3-3 转账支票存根

北京市增值税专用发票

北京 发票联 国家税务总局监制

3700031901 № 001762581

开票日期：2014 年 12 月 06 日

国税函[2014]2345号北京印刷厂

购货单位
名 称：青岛宏达服装有限公司
纳税人识别号：370265473222354
地 址 、电 话：青岛市四方区瑞昌路 33 号 0532-84863333
开户银行及账号：工商银行青岛分行四方支行 4222987586543400890

密码区
1 6 1 4 9 3 5 8 9/>+<1 3 7 5<－< 加密版本号：01
*+－ －5 5 2－</4 9 2<－2 2－1 3 3700031901
－3－6 3>8 7 1 7 2 6 8 2 6 7 0<7+0 001762581
9/9 2/4 4>>0 9－ >9 8>><1

货物或应税劳务名称	规格型号	单位	数量	单价	金额	税率	税额
数控机床		台	1	60 000.00	60 000.00	17%	10 200.00
合计					¥60 000.00		¥10 200.00
价税合计(大写)	⊗柒万零贰佰元整				(小写)¥70 200.00		

销售单位
名 称：北方机械厂
纳税人识别号：370203167881579
地 址 、电 话：北京市海淀区育新路 46 号 010-88029875
开户银行及账号：工商银行中关村育新支行 4321765432404689136

备注 北方机械厂 发票专用章

收款人： 复核： 开票人：杨亿 销货单位(盖章)：

第三联 发票联 购货方记账凭证

图 3-4 增值税专用发票

固定资产验收单

2014 年 12 月 07 日　　　　　　　　　　　　　　　　单位:元

名称	规格型号	单位	数量	设备买价	运杂费	安装费	合计
数控机床		台	1				
合计							
使用部门	基本生产车间			预计使用年限(年)		10	

单位主管:杨鲁灵　　　　　　制单:王青军　　　　　　接收人:赵东东

图 3-5　固定资产验收单

(2) 15 日,购买锅炉,价款为 28 500 元,增值税额为 4 845 元,款项已付,锅炉未投入使用。有关单据见图 3-6 和图 3-7。

山东省增值税专用发票

发票联（国家税务总局监制 青岛）

3700031902　　　　　　　　　　　　　　　　№ 001702582

开票日期:2014 年 12 月 15 日

购货单位	名　　称:青岛宏达服装有限公司 纳税人识别号:370265473222354 地 址 、电 话:青岛市四方区瑞昌路 33 号 0532-84863333 开户银行及账号:工商银行青岛分行四方支行 4222987586543400890	密码区	1 6 1 4 9 3 5 8 9/>+<1 3 7 5<-< 加密版本号:01 *+--5 5 2-</4 9 2<-2 2-1 3 3700031902 -3-6 3>8 7 1 7 2 6 8 2 6 7 0<7+0 001702582 9/9 2/4 4>>0 9->9 8>><1

货物或应税劳务名称	规格型号	单位	数量	单价	金额	税率	税额
锅炉		台	1	28 500.00	28 500.00	17%	4 845.00
合计					¥28 500.00		¥4 845.00
价税合计(大写)	⊗叁万叁仟叁佰肆拾伍元整						(小写)¥33 345.00

销货单位	名　　称:济宁锅炉厂 纳税人识别号:370203167661324 地 址 、电 话:济宁市新湖区青年 12 号 0537-88459875 开户银行及账号:工商银行济宁分行新湖区办事处 6222145832147602033	备注	济宁锅炉厂 发票专用章

收款人:　　　　复核:　　　　开票人:赵庆　　　　销货单位(盖章):

国税函[2014]1232号青岛印刷厂

第三联 发票联 购货方记账凭证

图 3-6　增值税专用发票

中国工商银行
转账支票存根
ⅧⅢ00041185

科　　目：

对方科目：

出票日期：2014 年 12 月 15 日

收款人：济宁锅炉厂
金　额：¥33 345.00
用　途：货款

单位主管：李平　　会计：刘强

复核：　　记账：

图 3-7　转账支票存根

(3) 17 日，安装锅炉，其中：领用安装材料 5 000 元，现金支付安装人员工资 4 000 元。锅炉安装完毕后投入使用。有关单据见图 3-8～图 3-10。

领　料　单

材料类别　A 类材料

领用部门：设备处　　2014 年 12 月 17 日　　领单号　174

产品名称及用途	锅炉安装		工程编号 003			
材料名称	规格	单位	数量		单位成本	总成本
			请领	实发		
甲材料		吨	100	100	50.00	5 000.00

发料部门	审核员	发料员	领用部门	主管	领料	备注	
		王云			陆石		

第二联　财务科核算

图 3-8　领料单

费用报销领款单

2014 年 12 月 17 日

领款事由	领安装人员工资		
领款金额	人民币（大写）肆仟元整		
审核意见	同意付款	领导签章	刘强
领款单位	设备处	领款人	蒋虎
备　注	现金付讫		

现金付讫

图 3-9　费用报销领款单

固定资产竣工验收单

2014 年 12 月 19 日

总编号		分类编码			分类编码(测)		
名称	锅炉		型号		1090F		
规格							
国别	中国	生产厂家			出厂编号		
出厂日期	2014.12	单位	台	数量	1	单价	37 500.00
总价		发票号码	82726		经费来源	自筹	
销售单位	济宁锅炉厂				使用方向	生产	
附件	一张				新旧程度	新	
备注			使用单位				

图 3-10　固定资产竣工验收单

(4) 22 日，发生维修费 3 000 元，增值税额为 510 元，款项已付。有关单据见图 3-11 和图 3-12。

中国工商银行
转账支票存根

ⅦⅢ00041185

科　　目：

对方科目：管理费用

出票日期：2014 年 12 月 22 日

收款人：青岛海天汽修厂
金　额：¥3 510.00
用　途：维修费

单位主管：李平　　　会计：刘强

复核：　　　　　　　记账：

图 3-11　转账支票存根

青岛市增值税专用发票

发票联

3700031903　　　　　　　　　　　　№ 001762583

开票日期:2014 年 12 月 15 日

购货单位	名　　称:青岛宏达服装有限公司 纳税人识别号:370265473222354 地址、电话:青岛市四方区瑞昌路 33 号 0532-84863333 开户银行及账号:工商银行青岛分行四方支行 4222987586543400890	密码区	161493589/>+<1375<-< 加密版本号:01 *+--552-</492<-22-13 3700031903 -3-63>8717268267 0<7+0 001762583 9/92/44>>09->98>><1				
货物或应税劳务名称	规格型号	单位	数量	单价	金额	税率	税额
修理费					3 000.00	17%	510.00
合计					¥3 000.00		¥510.00
价税合计(大写)	⊗叁仟伍佰壹拾元整				(小写)¥3 510.00		
销售单位	名　　称:青岛海天汽修厂 纳税人识别号:370203167654321 地址、电话:青岛市李沧区四流中路 138 号 0532-87691231 开户银行及账号:工商银行青岛分行李沧支行 6201432154748769327	备注	青岛海天汽修厂 发票专用章				

收款人:　　　复核:　　　开票人:赵庆　　　销货单位(盖章):

国税函[2014]1232号青岛印刷厂

第三联 发票联 购货方记账凭证

图 3-12　增值税专用发票

要求:根据上述所提供的原始凭证编制记账凭证。

二、知识链接

(一) 固定资产的初始计量

1. 固定资产的初始计量原则

固定资产的计量,涉及初始计量和期末计量两个方面。其中,固定资产的初始计量是指固定资产的取得成本;固定资产的期末计量,主要解决固定资产的期末计价问题。

根据《企业会计准则》规定,固定资产应当按照成本进行初始计量,它包括企业购建某项固定资产达到预定可使用状态前所发生的一切合理、必要的支出。这些支出既有直接发生的,如固定资产的购买价款、运杂费、包装费和安装成本等,也有间接发生的,如应承担的借款利息、外币借款折合差额和分摊的其他间接费用等。固定资产达到预定可使用状态具体可以从以下几个方面进行判断:一是固定资产的实体建造(包括安装)工作已经全部完成或者实质上已经完成;二是所购建的固定资产与设计要求或合同要求相符或基本相符,即使有极个别与设计或要求不相符的地方,也不影响其正常使用;三是继续发生在所购建固定资产上的支出金额很少或几乎不会再发生。

2. 不同方式取得固定资产的初始计量

固定资产的来源渠道不同,其初始计量的内容有所差异。取得时的成本应根据具体情况分别确定。

(1) 外购的固定资产。外购固定资产的成本,包括买价、相关税费、使固定资产达到预定可使用状态前所发生的可归属于该项资产的运输费、装卸费、安装费和专业人员服务费等。以一笔款项购入多项没有单独标价的固定资产，应当按照各项固定资产公允价值比例对总成本进行分配，分别确定各项固定资产的成本。

(2) 自行建造的固定资产。自行建造的固定资产，按建造该项资产达到预定可使用状态前所发生的必要支出作为入账价值。其中，建造该项固定资产达到预定可使用状态前所发生的必要支出，包括工程用物资成本、人工成本、交纳的相关税费和应摊销的间接费用等。企业为在建工程准备的各种物资，应按实际支付的购买价款、相关税费、运输费、保险费等作为实际成本。企业自行建造固定资产，主要有自营建造和出包建造两种方式。

(3) 投资者投入的固定资产。投资者投入固定资产的成本，应当按照投资合同或协议约定的价值确定。但投资合同或协议约定价值不公允的除外。

固定资产的取得方式除以上几种情况外，还有接受捐赠的固定资产、债务重组取得的固定资产、以非货币性资产交换取得的固定资产、融资租入的固定资产等，我们将在以后项目的学习中加以介绍。

3. 固定资产的初始计量应注意的问题

(1) 在固定资产达到预定可使用状态后发生的任何费用不能计入固定资产成本。

(2) 外购机器、设备等固定资产(不包括房屋建筑物)发生的增值税进项税额可以抵扣，不计入固定资产的成本。纳税人允许抵扣的固定资产进项税额，应以取得的增值税扣税凭证上注明的增值税额为准。这里所称的增值税扣税凭证是指增值税专用发票、海关进口增值税专用缴款书和运输费用结算单据。

(3) 小规模纳税人购入机器、设备的进项税额计入固定资产成本核算。

(4) 企业将自产的货物用于在建工程(如房屋、建筑物)，应当视同销售计算销项税额；企业将购买的存货用于在建工程(房屋建筑物)，需要作进项税额转出。

(5) 计入固定资产的相关税费包括：为取得固定资产而交纳的契税、耕地占用税、车辆购置税等相关税费。企业交纳的房产税、车船税、印花税等计入管理费用。

(6) 专业人员服务费计入固定资产成本，内部员工的培训费计入当期损益(管理费用等)。

(二) 固定资产取得的账务处理

【任务3-2-1】 确定固定资产的入账价值

长恒公司自建仓库一幢，购入工程物资200万元，增值税额为34万元，已全部用于建造仓库；耗用库存材料50万元，应负担的增值税额为8.5万元；耗用本企业生产产品成本80万元，对外销售价格为100万元；支付建筑工人工资36万元。该仓库建造完成并达到预定可使用状态。

请计算该公司仓库的入账价值并编制相关会计分录。

1. 购进不需安装固定资产的账务处理

这种情况是指购入的固定资产不需要安装就可以直接交付使用。购入的固定资产按实际支付的全部价款加上相关税费(进口关税、增值税、保险等费用)以及使固定资产达到预定可使用状态前发生的可归属于该项资产的运输费、装卸费和专业人员服务费等支出，借记“固定资产”、“应交税费——应交增值税(进项税额)”等账户，贷记“银行存款”等账户。

【例3-1】 青岛东方股份有限公司购入不需安装的车床一台，取得的增值税专用发票上注明的设备价款为80 000元，增值税额为13 600元；取得的货物运输业增值税专用发票上注明的运输费为1 400元，增值税额为154元。款项以银行存款支付，设备已交付使用。该公司应编制如下会计分录：

借：固定资产——生产用固定资产——车床　　81 400

　　应交税费——应交增值税(进项税额)　　13 754

　贷：银行存款　　95 154

注意：企业基于产品价格等因素的考虑，可能以一笔款项购入多项没有单独标价的固定资产。如果这些资产均符合固定资产定义，并满足固定资产的确认条件，则应将各项资产单独确认为固定资产，并按各项固定资产公允价值的比例对总成本进行分配，分别确定各项固定资产的成本。

【例 3-2】 青岛东方股份有限公司为了降低采购成本，2014 年 8 月 10 日，向华诚公司一次性购入了三套不同型号且具有不同生产能力的设备 A、B 和 C，共支付款项 7 800 000 元，增值税额为 1 326 000 元；运输费为 42 000 元，增值税额为 4 620 元。全部款项以银行存款转账支付。假定 A、B、C 设备均满足固定资产的定义及确认条件，公允价值分别为 2 926 000 元、3 594 800 元和 1 839 200 元；不考虑其他相关税费。该公司应进行如下会计处理：

首先，确定应计入固定资产成本的金额(包括购买价款、包装费)：

$$7\ 800\ 000+42\ 000=7\ 842\ 000(\text{元})$$

其次，确定 A、B、C 设备的价值分配比例：

$$\text{A设备应分配的固定资产价值比例}=\frac{2\ 926\ 000}{2\ 926\ 000+3\ 594\ 800+1\ 839\ 200}\times 100\%=35\%$$

$$\text{B设备应分配的固定资产价值比例}=\frac{3\ 594\ 800}{2\ 926\ 000+3\ 594\ 800+1\ 839\ 200}\times 100\%=43\%$$

$$\text{C设备应分配的固定资产价值比例}=1-35\%-43\%=22\%$$

再次，确定 A、B、C 设备各自的成本：

$$\text{A设备的成本}=7\ 842\ 000\times 35\%=2\ 744\ 700(\text{元})$$

$$\text{B设备的成本}=7\ 842\ 000\times 43\%=3\ 372\ 060(\text{元})$$

$$\text{C设备的成本}=7\ 842\ 000\times 22\%=1\ 725\ 240(\text{元})$$

最后，编制如下会计分录：

借：固定资产——A 设备　　2 744 700

　　　　　　——B 设备　　3 372 060

　　　　　　——C 设备　　1 725 240

　　应交税费——应交增值税(进项税额)　　1 330 620

　贷：银行存款　　9 172 620

2. 购进需要安装固定资产的账务处理

购进需要安装的固定资产，应在购入的固定资产取得成本的基础上加上安装调试成本等，作为购入固定资产的成本，先通过“在建工程”核算，待安装完毕达到预定可使用状态时，再由“在建工程”账户转入“固定资产”账户。

【例 3-3】 青岛东方股份有限公司购入一台需要安装的设备，取得的增值税专用发票上注明的设备买价为 50 000 元，增值税额为 8 500 元。安装设备时，领用原材料价值为 1 500 元，购进该批材料时，支付的增值税额为 255 元，应付安装人员工资 2 500 元。设备安装完毕交付使用。该公司应编制如下会计分录：

① 支付价款、税费、运输费时：

借：在建工程	50 000
应交税费——应交增值税(进项税额)	8 500
贷：银行存款	58 500

② 支付安装费时：

借：在建工程	4 000
贷：原材料	1 500
应付职工薪酬——工资	2 500

注：根据《企业会计准则》，生产用固定资产的增值税额允许抵扣，其他安装用材料的增值税额不需转出。

③ 设备安装完毕交付使用时：

借：固定资产	54 000
贷：在建工程	54 000

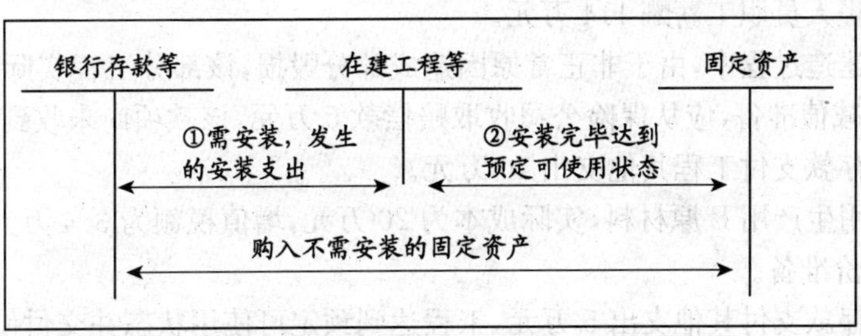

图 3-13 购进固定资产的核算流程

3. 自行建造固定资产的账务处理

企业自行建造固定资产，应按建造该项资产达到预定可使用状态前所发生的必要支出(包括所消耗的材料、人工、其他费用和交纳的相关税金等)作为固定资产的成本。

自建固定资产应先通过“在建工程”账户核算，当工程达到预定可使用状态时，再由“在建工程”账户转入“固定资产”账户。企业自建固定资产，主要有自营工程和出包工程两种方法，由于采用的建造方式不同，其会计处理也不相同。

1) 自营方式建造固定资产的账务处理

自营工程是指企业自行组织工程物资采购、自行组织施工人员施工的建筑工程或安装工程。

?小思考 在自营方式下建造固定资产，企业会发生哪些支出？

自营方式建造固定资产的核算过程见图 3-14。

【例 3-4】 青岛东方股份有限公司在生产经营期间以自营方式建造一幢厂房。2014 年 10～12 月，该公司发生如下业务：

(1) 购入一批工程物资，收到的增值税专用发票上注明价款为 200 万元，增值税额为 34 万元，款项已通过银行转账支付。

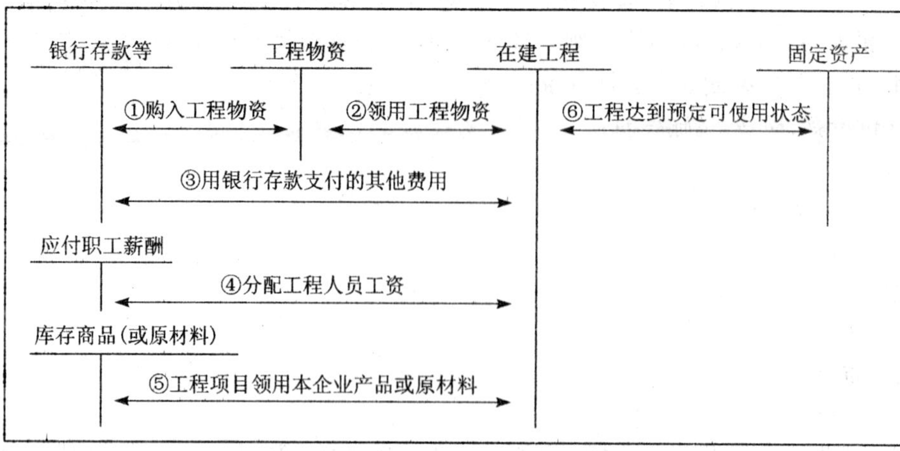

图 3-14　自营方式建造固定资产核算过程

(2) 工程领用工程物资 210.6 万元(其中成本为 180 万元,增值税额为 30.6 万元)。

(3) 工程领用生产用 A 原材料一批,实际成本为 100 万元,增值税额为 17 万元,未对该批 A 原材料计提存货跌价准备。

(4) 应付工程人员职工薪酬 114 万元。

(5) 在工程建造过程中,由于非正常原因造成部分毁损,该部分工程实际成本为 50 万元,未计提在建工程减值准备,应从保险公司收取赔偿款 5 万元,该款项尚未收到。

(6) 以银行存款支付工程其他支出 40 万元。

(7) 工程领用生产用 B 原材料,实际成本为 20 万元,增值税额为 3.4 万元,未对该批 B 原材料计提存货跌价准备。

(8) 以银行存款支付其他支出 5 万元,工程达到预定可使用状态并交付使用。

(9) 剩余工程物资转为生产用原材料,并办妥相关手续。

要求:根据以上资料,编制青岛东方股份有限公司相关业务的会计分录。

① 借:工程物资　　2 340 000
　　贷:银行存款　　2 340 000

② 借:在建工程——厂房建造工程　　2 106 000
　　贷:工程物资　　2 106 000

③ 借:在建工程——厂房建造工程　　1 170 000
　　贷:原材料　　1 000 000
　　　　应交税费——应交增值税(进项税额转出)　　170 000

④ 借:在建工程——厂房建造工程　　1 140 000
　　贷:应付职工薪酬——工资　　1 140 000

⑤ 借:营业外支出　　450 000
　　　其他应收款——保险公司　　50 000
　　贷:在建工程——厂房建造工程　　500 000

⑥ 借:在建工程——厂房建造工程　　400 000
　　贷:银行存款　　400 000

⑦ 借：在建工程——厂房建造工程　234 000
　贷：原材料——B材料　200 000
　　　应交税费——应交增值税(进项税额转出)　34 000
⑧ 借：在建工程——厂房建造工程　50 000
　贷：银行存款　50 000
　借：固定资产　4 600 000
　　贷：在建工程——厂房建造工程　4 600 000
⑨ 借：原材料　200 000
　　　应交税费——应交增值税(进项税额)　34 000
　贷：工程物资　234 000

企业对自营工程核算时需要注意的问题：

(1) 工程物资的处理：企业为非应税工程准备的各种物资应按实际支付的价款、增值税额、运输费、保险费等相关税费作为实际成本，并按各种专项物资的种类进行明细核算。工程完工后剩余的工程物资，如转作本企业生产用材料的，应按其实际成本或计划成本计入库存材料。存在可抵扣增值税进项税额的，应按减去增值税进项税额后的实际成本或计划成本，转作企业的库存材料。

(2) 工程报废或毁损的处理：在建工程发生单项或单位工程报废或毁损时，应将减去残料价值和过失人或保险公司等赔偿后的净损失，工程项目尚未达到预定可使用状态的，计入继续施工的工程成本；工程已达到预定可使用状态的，属于筹建期间的，计入管理费用，不属于筹建期间的，计入营业外支出。如为非常原因造成的报废或毁损，或在建工程项目全部报废或毁损，应将其净损失直接计入当期营业外支出。

(3) 试运转净支出的处理：工程达到预定可使用状态前因进行负荷联合试车所发生的净支出，计入工程成本。企业的在建工程项目在达到预定可使用状态前所取得的负荷联合试车过程中形成的、能够对外销售的产品，其发生的成本计入在建工程成本，销售或转为库存时，按其实际销售收入或预计售价冲减工程成本。

(4) 在建工程转入固定资产的处理：所建造的固定资产已达到预定可使用状态，但尚未办理竣工结算的，应当自达到预定可使用状态之日起，根据工程预算、造价或者工程实际成本等，按估计价值转入固定资产，并按有关规定计提折旧。待办理了竣工结算手续后再作调整。

相关链接

增值税的处理总结如下：

(1) 购入工程物资100万元，进项税额为17万元，款项已支付。

第一种情况：工程物资用于生产设备(动产)。

借：工程物资　1 000 000
　　应交税费——应交增值税(进项税额)　170 000
　贷：银行存款　1 170 000

工程(生产设备)领用物资：

借：在建工程　　1 000 000

　贷：工程物资　　1 000 000

第二种情况：工程物资用于房屋建筑物（不动产）。

借：工程物资　　1 170 000

　贷：银行存款　　1 170 000

工程（房屋建筑物）领用物资：

借：在建工程　　1 170 000

　贷：工程物资　　1 170 000

(2) 工程领用本企业生产的产品，成本为 100 万元，对外销售价为 120 万元。

第一种情况：用于生产设备（动产）的安装、改造等。

借：在建工程　　1 000 000

　贷：库存商品　　1 000 000

第二种情况：用于房屋建筑物（不动产）的建造等。

借：在建工程　　1 204 000

　贷：库存商品　　1 000 000

　　应交税费——应交增值税（销项税额）　　204 000

(3) 工程领用本企业购买的材料 100 万元。

第一种情况：用于生产设备（动产）的安装、改造等。

借：在建工程　　1 000 000

　贷：原材料　　1 000 000

第二种情况：用于房屋建筑物（不动产）的建造等。

借：在建工程　　1 170 000

　贷：原材料　　1 000 000

　　应交税费——应交增值税（进项税额转出）　　170 000

2）出包方式建造固定资产的账务处理

出包方式建造固定资产是指通过招标方式将工程项目发给建造承包商，由建造承包商组织施工的建筑工程和安装工程。企业采用出包方式进行的固定资产工程，其工程的具体支出主要由建造承包商核算，所以在这种方式下，“在建工程”账户主要是企业与建造承包商办理工程价款的结算账户，企业支付给建造承包商的工程价款作为工程成本，通过“在建工程”账户核算。企业按合理估计的发包工程进度或合同规定向建造承包商结算的进度款，借记“在建工程”账户，贷记“银行存款”等账户；工程完工时，按合同规定补付的工程款，借记“在建工程”账户，贷记“银行存款”等账户；工程达到预定可使用状态时，按其成本，借记“固定资产”账户，贷记“在建工程”账户。

【例 3-5】 青岛东方股份有限公司经批准新建一个火电厂，包括建造发电车间、冷却塔、安装发电设备等单项工程。2014 年 2 月 1 日至 12 月 31 日，该公司与恒源公司签订合同，将火电厂新建工程出包给恒源公司。双方约定，建造发电车间的价款为 5 000 000 元，建造冷却塔的价款为 2 800 000 元，安装发电设备的安装费用为 450 000 元。其他有关资料如下：

(1) 2 月 1 日，向恒源公司预付建造发电车间的工程价款 3 000 000 元。

借：在建工程——建筑工程（发电车间）　　3 000 000

　贷：银行存款　　3 000 000

(2) 5月8日，购入需安装的发电设备，价款总计3 800 000元，款项已经支付。

借：工程物资——发电设备　　3 800 000
　贷：银行存款　　3 800 000

(3) 向恒源公司预付建造冷却塔的工程价款1 400 000元。

借：在建工程——建筑工程(冷却塔)　　1 400 000
　贷：银行存款　　1 400 000

(4) 7月22日，将发电设备运抵现场，交付恒源公司安装。

借：在建工程——在安装设备(发电设备)　　3 800 000
　贷：工程物资——发电设备　　3 800 000

(5) 9月11日，工程项目发生管理费、可行性研究费、公证费、监理费共计116 000元，款项已经支付。

借：在建工程——待摊支出　　116 000
　贷：银行存款　　116 000

(6) 11月12日，工程建造期间，由于台风造成冷却塔工程部分毁损，经核算，损失为450 000元，保险公司已承诺支付300 000元。

借：营业外支出　　150 000
　其他应收款　　300 000
　贷：在建工程——建筑工程(冷却塔)　　450 000

(7) 12月25日，所有工程完工，收到恒源公司的有关工程结算单据后，补付剩余工程款。

借：在建工程——建筑工程(发电车间)　　2 000 000
　　——建筑工程(冷却塔)　　1 400 000
　　——安装工程(发电设备)　　450 000
　贷：银行存款　　3 850 000

(8) 12月31日，工程完工，交付使用。

待摊支出分摊率＝116 000÷(5 000 000＋2 800 000－450 000＋3 800 000＋450 000)×100%＝1%

借：在建工程——建筑工程(发电车间)　　50 000
　　——建筑工程(冷却塔)　　23 500
　　——安装工程(发电设备)　　42 500
　贷：在建工程——待摊支出　　116 000

借：固定资产——发电车间　　5 050 000
　　——冷却塔　　2 373 500
　　——发电设备　　4 292 500
　贷：在建工程——建筑工程(发电车间)　　5 050 000
　　——建筑工程(冷却塔)　　2 373 500
　　——安装工程(发电设备)　　4 292 500

课堂练习

某企业将一栋仓库的建造工程发包给甲公司承建，按规定先向甲公司支付工程结算进度款 600 000 元，工程完工后，收到甲公司有关工程结算单据，补付工程款 30 000 元，工程完工并达到预定可使用状态。请编制相关会计分录。

4. 投资者投入的固定资产

企业对投资者投入的机器、设备等固定资产，一方面反映本企业固定资产的增加；另一方面反映投资者投资额的增加。投资者投入固定资产的成本，应当按照投资合同或协议约定的价值，借记“固定资产”账户；按照投资各方确认的价值在其注册资本中所占份额，贷记“实收资本”或“股本”账户；按照投资各方确认的价值与确认为注册资本或股本的差额，贷记“资本公积——资本(股本)溢价”账户。

【例 3-6】 青岛东方股份有限公司注册资本为 3 000 000 元。2014 年 3 月 1 日，该公司接受蓝天公司以一台机器设备进行投资。蓝天公司记录的该固定资产的账面原价为 900 000 元，已提折旧 250 000 元。该公司接受投资时，双方同意按合同约定的价值 580 000 元确认投资额，占其注册资本的 15%。假定不考虑其他相关税费，该公司应编制如下会计分录：

借：固定资产　　580 000
　贷：实收资本——蓝天公司　　450 000
　　　资本公积——股本溢价　　130 000

(三) 固定资产后续支出业务的核算

固定资产的后续支出是指固定资产在使用过程中发生的更新改造支出、修理费用等。企业的固定资产投入使用后，由于各个组成部分耐用程度不同或者使用条件不同，因而往往发生固定资产的局部损坏。为了保持固定资产的正常运转和使用，充分发挥其使用效能，就必须对其进行必要的后续支出。

1. 固定资产后续支出的会计处理方法

固定资产后续支出的会计处理方法有两种：一种是资本化；另一种是费用化。

1) 资本化的后续支出

与固定资产有关的后续支出，满足固定资产确认条件的，应当将其资本化，即应计入固定资产成本，增加固定资产的账面价值；固定资产如有被替换的部分，应同时将被替换部分的账面价值从该固定资产原账面价值中扣除。在会计实务中，对于固定资产进行更新改造等过程中发生的后续支出，通常将其资本化。

2) 费用化的后续支出

不满足固定资产确认条件的固定资产修理费用等，应当将其费用化，即将发生的后续支出直接确认为费用，计入当期损益。例如，固定资产的维修只是为了确保固定资产的正常工作状态，并不导致固定资产性能的改变，不会增加企业未来经济利益的流入。因此，与固定资产有关的维修等一般费用化。

课堂讨论

(1) 甲公司一座仓库原价为 100 万元，为了扩大仓库容量，企业在仓库上方加盖一层，共发生支出50万元。

(2) 甲公司生产用机器设备维修,发生维修费用1万元。

请问针对以上两项支出,甲公司应该如何进行会计处理?

2. 固定资产后续支出的核算

在对固定资产发生可资本化的后续支出后,企业应将固定资产的原价、已计提的累计折旧和减值准备转销,将固定资产的账面价值计入在建工程。固定资产发生的可资本化的后续支出,通过"在建工程"账户核算。在固定资产发生的后续支出完工并达到预定可使用状态时,从"在建工程"账户转入"固定资产"账户。

企业生产车间(部门)、行政管理部门等发生的固定资产维修费用等后续支出,借记"管理费用"等账户,贷记"银行存款"等账户。企业发生的与专设销售机构相关的固定资产维修费用等后续支出,借记"销售费用"账户,贷记"银行存款"等账户。

【例3-7】 青岛东方股份有限公司2014年2月准备对一条生产线进行改建,该生产线原值为100万元,累计已提折旧为20万元,未提减值准备。2014年8月改建工程完工,达到预定可使用状态。该生产线改扩建发生支出为50万元。生产线改建后,预计可使用10年,预计净残值为5万元,采用年限平均法计提折旧。该公司应编制如下会计分录:

① 改扩建时将固定资产转入在建工程:

借:在建工程 800 000
　　累计折旧 200 000
　贷:固定资产 1 000 000

② 改扩建过程中的支出:

借:在建工程 500 000
　贷:银行存款 500 000

③ 改扩建完工达到预定可使用状态时:

借:固定资产 1 300 000
　贷:在建工程 1 300 000

【例3-8】 2014年6月1日,青岛东方股份有限公司对现有的一台生产用设备进行日常修理,修理过程中支付维修费20 000元。该公司应编制如下会计分录:

借:管理费用 20 000
　贷:银行存款 20 000

【例3-9】 2014年8月1日,青岛东方股份有限公司对其现有的一台管理部门使用的设备进行修理,修理过程中发生的维修人员工资为5 000元。该公司应编制如下会计分录:

借:管理费用 5 000
　贷:应付职工薪酬 5 000

考考你

(1) 某企业对一座建筑物进行改建。该建筑物的原价为100万元,已提折旧为60万元。改建过程中发生支出30万元。被替换部分固定资产的账面价值为5万元。试计算该建筑物改建后的入账价值。

(2) 企业的某项固定资产原价为2 000万元,采用年限平均法计提折旧,使用寿命为10

年，预计净残值为 0，在第 5 年年初企业对该项固定资产的某一主要部件进行更换，发生支出合计为 1 000 万元，符合《企业会计准则》规定的固定资产确认条件，被更换部件的原价为 800 万元，被替换部分的残值收入为 100 万元。试计算该项固定资产的入账价值并编制会计分录。

温馨提示

（1）处于更新改造（符合固定资产确认条件）期间的固定资产不提折旧。待固定资产发生的后续支出完工并达到预定可使用状态时，再从在建工程转为固定资产，并按重新确定的使用寿命、预计净残值和折旧方法计提折旧。

（2）基本生产车间所使用的固定资产，其计提的折旧费用应计入制造费用，生产车间（部门）发生的固定资产修理费用等后续支出计入管理费用。

（3）机器设备日常的修理费用支出领用的原材料属于正常的生产经营活动，不存在增值税进项税额转出问题。

（四）固定资产处置的核算

动脑筋

乙公司因遭受水灾而毁损一座仓库，仓库原价为 400 万元，已提折旧为 100 万元，已计提减值准备为 50 万元。其残料估计价值为 5 万元，残料已入库。发生清理费用 2 万元，经保险公司核定应赔偿损失 150 万元，尚未收到赔款。问该项固定资产的净损失为多少？

企业在生产经营过程中，可能将不适用或不需用的固定资产对外出售转让，或因磨损、技术进步等原因对固定资产进行报废，或因遭受自然灾害而对毁损的固定资产进行处理。对于上述事项在进行会计核算时，应按规定程序办理有关手续，结转固定资产的账面价值，计算有关的清理收入、清理费用及残料价值等。

固定资产处置包括固定资产的出售、报废、毁损、对外投资、非货币性资产交换、债务重组等。处置固定资产应通过“固定资产清理”账户核算，具体包括以下几个环节。

1）固定资产转入清理

企业因出售、报废、毁损、对外投资、非货币性资产交换、债务重组等转出的固定资产，按该项固定资产的账面价值，借记“固定资产清理”账户，按已计提的累计折旧，借记“累计折旧”账户，按已计提的减值准备，借记“固定资产减值准备”账户，按其账面原价，贷记“固定资产”账户。

2）发生清理费用、税金等

固定资产清理过程中应支付的相关税费及其他费用，借记“固定资产清理”账户，贷记“应交税费——应交营业税”、“银行存款”等账户[“应交税费——应交营业税”通常在企业销售不动产（如房屋、建筑物等）、提供应税劳务、转让无形资产时才会发生]。

3）收回所出售的固定资产价款、残料价值和残料变价收入等

按照收回所出售固定资产价款、残料价值和残料的变价收入等，借记“银行存款”、“原材料”等账户，贷记“固定资产清理”账户。

4）保险赔偿等的处理

应由保险公司或过失人赔偿的损失，借记“其他应收款”等账户，贷记“固定资产清理”账户。

5）清理净损益的处理

（1）属于生产经营期间正常的处理损失，借记“营业外支出——处置非流动资产损失”账

户，贷记“固定资产清理”账户。

(2) 属于自然灾害等非正常原因造成的损失，借记“营业外支出——非常损失”账户，贷记“固定资产清理”账户。

(3) “固定资产清理”账户如为贷方余额，应将其确认为营业外收入，借记 “固定资产清理”账户，贷记“营业外收入”账户。

固定资产处置过程的核算见图 3-15 所示。

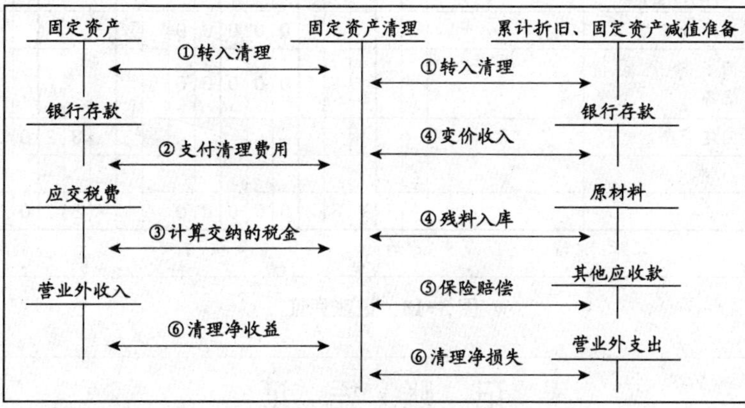

图 3-15 固定资产处置的会计核算

【例 3-10】 2014 年 8 月 30 日，青岛东方股份有限公司报废一台榨汁机。有关原始凭证见图 3-16 和图 3-17。

固定资产报废单

2014 年 08 月 30 日　　　　金额单位：元

固定资产名称	编号	单位	数量	预计使用年限	实际使用年限	原值	已提折旧	减值准备	净值
榨汁机	H-6	台	1	4	2	82 000	41 000	1 000	40 000
报废原因	遭遇雷击								
鉴定小组意见	基本毁损，残料作价 1 200 元入库				主管部门意见		同意报废。2014 年 09 月 27 日		

图 3-16 固定资产报废单

入 库 单

入库部门：仓库　　2014 年 08 月 30 日　　专字 第 9 号

种类	编号	名称	规格	数量	单位	单价	运杂费	成本总额									
								千	百	十	万	千	百	十	元	角	分
		残料		60	千克	20						1	2	0	0	0	0
备注：毁损榨汁机残料作价入库							合计				¥	1	2	0	0	0	0

第三联 财务记账

图 3-17 入库单

要求：编制记账凭证(见图 3-18～图 3-20)。

记 账 凭 证

2014 年 08 月 30 日　　记字 044 号

摘要	会计科目	明细科目	借方金额										贷方金额										√
			千	百	十	万	千	百	十	元	角	分	千	百	十	万	千	百	十	元	角	分	
榨汁机毁损报废	固定资产清理					4	0	0	0	0	0	0											
	累计折旧					4	1	0	0	0	0	0											
	固定资产减值准备						1	0	0	0	0	0											
	固定资产															8	2	0	0	0	0	0	
合计					¥	8	2	0	0	0	0	0			¥	8	2	0	0	0	0	0	

附件 1 张

会计主管：李平　　记账：宋涛　　出纳：　　审核：朱丽　　制单：刘强

图 3-18　记账凭证

记 账 凭 证

2014 年 08 月 30 日　　记字 045 号

摘要	会计科目	明细科目	借方金额										贷方金额										√
			千	百	十	万	千	百	十	元	角	分	千	百	十	万	千	百	十	元	角	分	
电焊机残料	原材料						1	2	0	0	0	0											
作价入库	固定资产清理																1	2	0	0	0	0	
合计						¥	1	2	0	0	0	0				¥	1	2	0	0	0	0	

附件 1 张

会计主管：李平　　记账：宋涛　　出纳：　　审核：朱丽　　制单：刘强

图 3-19　记账凭证

记 账 凭 证

2014 年 09 月 27 日　　记字 046 号

摘要	会计科目	明细科目	借方金额										贷方金额										√
			千	百	十	万	千	百	十	元	角	分	千	百	十	万	千	百	十	元	角	分	
毁损榨汁机清理完毕	营业外支出					3	8	8	0	0	0	0											
	固定资产清理															3	8	8	0	0	0	0	
合计					¥	3	8	8	0	0	0	0			¥	3	8	8	0	0	0	0	

附件 1 张

会计主管：李平　　记账：宋涛　　出纳：　　审核：朱丽　　制单：刘强

图 3-20　记账凭证

【例3-11】 青岛东方股份有限公司出售一座建筑物，原价为2 000 000元，已计提折旧1 000 000元，未计提减值准备，实际出售价格为1 200 000元，已通过银行收回价款，该公司应编制如下会计分录：

① 将出售固定资产转入清理时：

借：固定资产清理 1 000 000
　　累计折旧 1 000 000
　贷：固定资产 2 000 000

② 收回出售固定资产的价款时：

借：银行存款 1 200 000
　贷：固定资产清理 1 200 000

③ 计算销售该固定资产应交纳的营业税时(按规定使用的营业税税率为5%)：

借：固定资产清理 60 000
　贷：应交税费——应交营业税(1 200 000×5%) 60 000

④ 结转出售固定资产实现的利得时：

借：固定资产清理 140 000
　贷：营业外收入——非流动资产处置利得 140 000

【例3-12】 青岛东方股份有限公司现有一台设备，由于性能等原因决定提前报废，原价为500 000元，已计提折旧450 000元，未计提减值准备，报废时的残值变价收入20 000元，报废清理过程中发生清理费用3 500元。有关收入、支出均通过银行办理结算。假定不考虑相关税收影响，该公司应编制如下会计分录：

① 将报废固定资产转入清理时：

借：固定资产清理 50 000
　　累计折旧 450 000
　贷：固定资产 500 000

② 收回残料变价收入时：

借：银行存款 20 000
　贷：固定资产清理 20 000

③ 支付清理费用时：

借：固定资产清理 3 500
　贷：银行存款 3 500

④ 结转报废固定资产发生的净损失时：

借：营业外支出——非流动资产处置损失 33 500
　贷：固定资产清理 33 500

【例3-13】 青岛东方股份有限公司因遭受水灾而毁损一座仓库，该仓库原价为4 000 000元，已计提折旧1 000 000元，未计提减值准备，其残料估计价值为50 000元，残料已办理入库，发生的清理费用20 000元，以现金支付。经保险公司核定应赔偿损失1 500 000元，尚未收到赔款，假定不考虑相关税费。该公司应编制如下会计分录：

① 将毁损的仓库转入清理时：

借：固定资产清理　　3 000 000

　　累计折旧　　1 000 000

　贷：固定资产　　4 000 000

② 残料入库时：

借：原材料　　50 000

　贷：固定资产清理　　50 000

③ 支付清理费用时：

借：固定资产清理　　20 000

　贷：库存现金　　20 000

④ 确定应由保险公司理赔的损失时：

借：其他应收款　　1 500 000

　贷：固定资产清理　　1 500 000

⑤ 结转毁损固定资产发生的损失时：

借：营业外支出——非常损失　　1 470 000

　贷：固定资产清理　　1 470 000

考考你

1. 下列各项中，影响固定资产清理净损益的有(　　)。

A. 清理固定资产发生的税费　　B. 清理固定资产的变价收入

C. 清理固定资产的账面价值　　D. 清理固定资产耗用的材料成本

2. 某企业出售一台设备(不考虑相关税金)，原价为 160 000 元，已提折旧 45 000 元，出售设备时发生各种清理费用 3 000 元，出售设备所得价款 113 000 元。该设备出售净收益为(　　)元。

任务 3.3　核对期末固定资产信息

一、任务布置

【任务 3-3】　核对期末固定资产信息

青岛宏达服装有限公司的固定资产折旧表见表 3-2。

表 3-2　　固定资产折旧计算表

2014 年 12 月　　单位：万元

类　别	上月折旧额		上月增加		上月减少		本月折旧额	
	原值	折旧额	原值	折旧额	原值	折旧额	原值	折旧额
房屋建筑物								
1. 厂房	120							
2. 办公楼	130							

（续表）

类　别	上月折旧额		上月增加		上月减少		本月折旧额	
	原值	折旧额	原值	折旧额	原值	折旧额	原值	折旧额
3. 仓库	40							
小计	290							
主要机器设备								
1. 缝纫机	22							
2. 定型机	7		2.0					
3. 熨烫机	5				0.8			
小计	34							
主要办公设备								
1. 电脑	9		1.2					
2. 复印机	11							
小计	20							
合计	344							

青岛宏达服装有限公司于2012年12月正式投产，缝纫机和复印机均为2012年12月份购入。缝纫机采用双倍余额递减法计提折旧，预计使用年限为10年，预计净残值率为5%；复印机采用年数总和法计提折旧，预计使用年限为5年，预计净残值率为3%；其他固定资产均采用直线法计提折旧：房屋、建筑物预计使用20年，预计净残值率为4%；机器设备预计使用10年，预计净残值率为5%；办公设备预计使用5年，预计净残值率为3%。

请完成该公司“固定资产折旧计算表”，并编制相关记账凭证。

二、知识链接

固定资产的期末计量包括三个方面的内容，一是计提固定资产折旧；二是通过实地盘点清查企业固定资产的实有数量，进行账实核对；三是按一定的方法对企业的固定资产进行计价，以反映其期末价值。

（一）固定资产折旧的核算

【任务3-3-1】 计提折旧的范围

(1) 经营租入的设备。

(2) 融资租入的办公楼。

(3) 经营租出的厂房。

(4) 融资租出的办公楼。

(5) 提前报废的设备。

(6) 超过预计使用年限继续使用的设备。

(7) 单独计价的土地。

判断以上哪项固定资产应该计提折旧？

【任务3-3-2】 固定资产折旧的判定

(1) 提前报废的固定资产不再补提折旧。

(2) 固定资产折旧方法一经确定不得改变。

(3) 已提足折旧但仍继续使用的固定资产不再计提折旧。

(4) 自行建造的固定资产应自办理竣工决算时开始计提折旧。

判断以上哪项表述正确?

1. 固定资产折旧概述

固定资产折旧是指在固定资产预计使用寿命内,按照确定的方法对应计折旧额进行系统分摊。应计折旧额是指应当计提折旧的固定资产原值扣除其预计净残值的金额。已计提减值准备的固定资产,还应当扣除已计提的固定资产减值准备累计金额。

相关链接

固定资产在使用过程中,由于资产的更新换代和正常使用中损耗等原因,其价值会逐渐减少,会计上采用一定的方法将固定资产的价值在固定资产的使用寿命内进行系统的分摊,将其逐渐地转移到有关的成本费用中去。

固定资产的损耗包括有形损耗和无形损耗两种。有形损耗是指固定资产由于使用和自然力侵蚀而引起的价值的损失。无形损耗是由于技术进步等引起固定资产的价值损失。

影响折旧的因素主要有以下几个方面。

1) 固定资产应计折旧额

其计算公式如下:

固定资产应计折旧额=固定资产原值-预计净残值-固定资产减值准备

温馨提示

(1) 固定资产原值是指固定资产的初始入账价值。

(2) 预计净残值是指假定固定资产预计使用寿命已满并处于使用寿命终了时的预期状态,企业目前从该项资产处置中获得的扣除预计处置费用后的金额。

(3) 固定资产减值准备是指固定资产已计提的减值准备金额。

2) 固定资产的预计使用寿命

固定资产的预计使用寿命是指企业使用固定资产的预计期间,或者该固定资产预计所能生产产品或提供劳务的数量。确定固定资产的预计使用寿命时应考虑下列因素:该项资产的预计生产能力或实物产量;该项资产预计有形损耗,如设备使用中发生磨损、房屋建筑物受到自然侵蚀等;该项资产预计无形损耗,如因新技术的出现而使现有的资产技术水平相对陈旧、市场需求变化使产品过时等;法律或者类似规定对该项资产使用的限制。

温馨提示

企业应当根据固定资产的性质和使用情况,合理确定固定资产的预计使用寿命和预计净残值。固定资产的预计使用寿命、预计净残值一经确定,不得随意变更。

3) 固定资产的折旧范围

(1) 时间范围。固定资产应当按月计提折旧,当月增加的固定资产,当月不计提折旧,从下月起计提折旧;当月减少的固定资产,当月仍计提折旧,从下月起停止计提折旧。

(2) 空间范围。除以下情况外，企业应当对所有固定资产计提折旧：

第一，已提足折旧仍继续使用的固定资产。提足折旧是指已提足该项固定资产的应计折旧额。固定资产提足折旧后，不论能否继续使用，均不再计提折旧。

第二，提前报废的固定资产。提前报废的固定资产，虽然未能提足折旧也无需继续计提折旧。

第三，单独计价入账的土地。在我国，土地归国家所有，任何企业和个人只拥有土地的使用权而无所有权。企业取得的土地使用权应作为“无形资产”入账。“计入固定资产的土地”是指特定情况下按国家规定允许入账的固定资产。

企业至少应当于每年年度终了，对固定资产的使用寿命、预计净残值和折旧方法进行复核。使用寿命预计数与原先估计数有差异的，应当调整固定资产使用寿命。净残值预计数与原先估计数有差异的，应当调整预计净残值。与固定资产有关的经济利益预期实现方式有重大改变的，应当改变固定资产折旧方法。

2. 固定资产折旧的计算方法

企业应当根据与固定资产有关的经济利益的预期实现方式，合理选择固定资产折旧方法。可选用的折旧方法包括年限平均法、工作量法、双倍余额递减法和年数总和法等。

1）年限平均法

【任务3-3-3】 采用年限平均法计算折旧额

在任务3.2的[例3-7]中的生产线改建后，其年折旧额应如何计算，试编制2014年计提折旧的会计分录。

年限平均法又称直线法，是将固定资产的应计折旧额在固定资产的使用寿命内平均分摊到各期的一种方法。这种方法适用于在整个使用周期中利用率比较均衡的固定资产。其缺点是假定固定资产的服务能力是随着时间推移而均衡减少的，而不论固定资产在各个期间的使用程序如何，偏重于固定资产的使用时间，而忽视了固定资产的利用程度。其计算公式如下：

固定资产年折旧率＝(1－预计净残值率)÷预计使用年限

固定资产预计净残值率＝固定资产预计净残值÷固定资产原值×100％

固定资产月折旧率＝固定资产年折旧率÷12

固定资产月折旧额＝固定资产原值×月折旧率

【例3-14】 甲公司有一幢厂房，原价为5 000 000元，预计可使用20年，预计报废时的净残值率为2％。该厂房的折旧率和折旧额的计算如下：

年折旧率＝(1－2％)÷20＝4.9％

月折旧率＝4.9％÷12＝0.41％

月折旧额＝5 000 000×0.41％＝20 500(元)

2）工作量法

【任务3-3-4】 采用工作量法计算折旧额

某企业有货车一辆，原值为200 000元，预计总行驶里程为750 000千米，预计净残值率为4％，4月份行驶里程为5 000千米。请问该辆货车4月份的折旧额是多少？

工作量法是将固定资产的应计折旧额，在固定资产的使用寿命内按各期完成的工作量进行分摊的一种方法。其中，工作量可以是行驶里程、工作小时或产品生产数量等。该方法适用于磨损程度和其工作量关系密切，并且使用不均衡的运输车辆、机器设备等。该方法优点是简单、易于掌握，而且计算出来的折旧额更接近损耗的价值，体现了收入与费用配比原则的要求。但是将有形损耗看成是引起固定资产折旧的唯一因素，忽视了无形损耗对固定资产的影响。其计算公式如下：

$$\text{单位工作量折旧额} = \text{固定资产原值} \times (1 - \text{预计净残值率}) \div \text{预计总工作量}$$

$$\text{某项固定资产月折旧额} = \text{该项固定资产当月工作量} \times \text{单位工作量折旧额}$$

【例 3-15】 某企业的一辆运货卡车的原价为 600 000 元，预计总行驶里程为 500 000 千米，预计报废时的净残值率为 5%，本月行驶 4 000 千米，该辆汽车的月折旧额计算如下：

$$\text{单位里程折旧额} = \frac{600\ 000 \times (1 - 5\%)}{500\ 000} = 1.14(\text{元 / 千米})$$

$$\text{本月折旧额} = 4\ 000 \times 1.14 = 4\ 560(\text{元})$$

3）双倍余额递减法

【任务 3-3-5】 采用双倍余额递减法计算折旧额

青岛恒源有限公司 2014 年 3 月购入并投入使用不需要安装设备一台，原值为 860 万元，预计使用年限 5 年，预计净残值为 2 万元，采用双倍余额递减法计提折旧，则该公司在 2015 年应计提的折旧额是多少？

双倍余额递减法是指在不考虑固定资产预计净残值的情况下，根据每期期初固定资产原价减去累计折旧后的金额和双倍的直线折旧率计算固定资产折旧的一种方法。其计算公式如下：

$$\text{年折旧率} = 2 \div \text{折旧年限(预计使用年限)} \times 100\%$$

$$\begin{aligned}\text{年折旧额} &= \text{期初固定资产账面净值} \times \text{双倍直线折旧率}\\ &= (\text{期初固定资产原值} - \text{累计折旧}) \times \text{双倍直线折旧率}\end{aligned}$$

$$\text{月折旧额} = \text{年折旧额} \div 12$$

在固定资产折旧年限的最后 2 年，将固定资产账面净值扣除预计净残值后的余额平均摊销：

$$\text{最后 2 年的折旧额} = (\text{固定资产账面净值} - \text{预计净残值}) \div 2$$

【例 3-16】 青岛东方股份有限公司一项固定资产的原价为 1 000 000 元，预计使用年限为 5 年，预计净残值为 4 000 元，按双倍余额递减法计提折旧。该固定资产每年的折旧额计算如下：

$$\text{年折旧率} = 2 \div 5 \times 100\% = 40\%$$

第 1 年应提的折旧额 $=1\ 000\ 000\times40\%=400\ 000$(元)

第 2 年应提的折旧额 $=(1\ 000\ 000-400\ 000)\times40\%=240\ 000$(元)

第 3 年应提的折旧额 $=(600\ 000-240\ 000)\times40\%=144\ 000$(元)

从第 4 年起改用年限平均法(直线法)计提折旧：

第 4 年、第 5 年的折旧额 $=[(360\ 000-144\ 000)-4\ 000]\div2=106\ 000$(元)

考考你

1. 2014 年 12 月 31 日，甲公司购入一台设备并投入使用，其成本为 25 万元，预计使用年限为5年,预计净残值为1万元,采用双倍余额递减法计提折旧。假定不考虑其他因素,2015年度该设备应计提的折旧为(　　)万元。

2. 某企业于2014年5月31日购入一项固定资产,其原价为200万元,预计使用年限为5年,预计净残值为0.8万元,采用双倍余额递减法计提折旧。2015年度该项固定资产应计提的年折旧额为(　　)万元。

4) 年数总和法

【任务3-3-6】 采用年数总和法计算折旧额

重庆山城公司为增值税一般纳税人,2014年12月31日购入不需要安装的生产设备一台,当日投入使用。该设备价款为360万元,增值税额为61.2万元,预计使用寿命为5年,预计净残值为零,采用年数总和法计提折旧。该设备2015年应计提的折旧额为多少万元?

年数总和法是将固定资产原值减去净残值后的净额乘以一个逐年递减的分数计算每年折旧额的一种方法。其计算公式如下:

年折旧率 = 尚可使用年数 ÷ 年数总和 ×100%

某年折旧额 =(固定资产原值 − 预计净残值)× 该年折旧率

【例3-17】 接[例3-16],若该公司采用年数总和法对固定资产计提折旧,则计算的各年折旧额见表3-3。

表3-3　　折旧计算表(年数总和法)　　单位:元

年份	尚可使用年限	原价一净残值	变动折旧率	年折旧额	累计折旧
1	5	996 000	5/15	332 000	332 000
2	4	996 000	4/15	265 600	597 600
3	3	996 000	3/15	199 200	796 800
4	2	996 000	2/15	132 800	929 600
5	1	996 000	1/15	66 400	996 000

比较

试比较双倍余额递减法和年数总和法的相同点和不同点。

温馨提示

(1) 无论采用何种折旧方法,应提折旧总额=固定资产的原值一预计净残值。固定资产的折旧方法一经确定,不得随意变更。

(2) 固定资产的使用寿命、预计净残值和折旧方法改变后,固定资产计提折旧时应以"固定资产的原值一预计净残值一累计折旧一固定资产减值准备"作为计提折旧的基数(双倍余额递减法除外)。

(3) 固定资产原值=固定资产的初始入账价值

固定资产账面净值=固定资产原值一累计折旧

固定资产账面价值=固定资产原值一累计折旧一固定资产减值准备

(4) 折旧年度与会计年度的区别如下:

会计年度:1 月 1 日至 12 月 31 日。

折旧年度:从该资产计提折旧开始至 12 个月后的时间。

例如,某公司于 2014 年 3 月 31 日购入设备 100 万元,预计使用年限 5 年,无残值。

第一个会计年度:2014 年 1 月 1 日至 2014 年 12 月 31 日。

第一个折旧年度:2014 年 4 月至 2015 年 3 月。

如采用年数总和法计提折旧,则折旧额计算如下:

2014 年度的折旧额$=100\times5/15\div12\times9=25$(万元)

2015 年度的折旧额$=100\times5/15\div12\times3+100\times4/15\div12\times9=28.33$(万元)

试试看

山东清河股份有限公司为增值税一般纳税人,增值税税率为 17%。该公司 2014 年发生的固定资产业务如下:

(1) 1 月 20 日,生产车间购入一台不需安装的 A 设备,取得增值税专用发票上注明的设备价款为 550 万元,增值税额为 93.5 万元,款项均已银行存款支付。A 设备经过调试后,于 1 月 22 日投入使用,预计使用 10 年,净残值为 35 万元,采用双倍余额递减法计提折旧。

(2) 7 月 15 日,生产车间购入一台需要安装的 B 设备,取得增值税专用发票上注明的设备价款为 600 万元,增值税额为 102 万元。款项均已银行存款支付。

(3) 8 月 19 日,将 B 设备投入安装,以银行存款支付安装费 3 万元。B 设备于 8 月 25 日达到预定可使用状态,并投入使用。B 设备采用工作量法计提折旧,预计净残值为 35.65 万元,预计总工时为 5 万小时。9 月,B 设备实际使用工时为 720 小时。

要求:

(1) 编制该公司 2014 年 1 月 20 日购入 A 设备会计分录。

(2) 计算该公司 2014 年 2 月 A 设备的折旧额并编制会计分录。

(3) 编制该公司 2014 年 7 月 15 日购入 B 设备会计分录。

(4) 编制该公司 2014 年 8 月安装 B 设备及其投入使用的会计分录。

(5) 计算该公司 2014 年 9 月 B 设备的折旧额并编制会计分录。

特别提醒

已达到预定可使用状态但尚未办理竣工决算的固定资产,应当按照估计价值确定其成本,并计提折旧;待办理竣工决算后,再按实际成本调整原来的暂估价值,但不需要调整原已计提的折旧额。

3. 固定资产折旧的会计处理

【任务 3-3-7】 计算固定资产的折旧

重庆山城公司 2014 年 3 月份固定资产增减业务如下:

(1) 购买一台设备供一车间使用,采用工作量法计提折旧。该设备原价为 120 万元,预计总工作时数为 200 000 小时,预计净残值为 10 万元。该设备 2014 年 4 月份工作量为 4 000 小时。

(2) 厂部新办公楼交付使用,采用年限平均法计提折旧。该办公楼原价为 1 240 万元,预计使用年限为 20 年,预计净残值为 40 万元。

(3) 公司总部的一辆轿车使用期满予以报废。该轿车原价为 74 万元,预计使用年限为 6

年，净残值为 2 万元，采用年限平均法计提折旧。

假定该公司 2014 年 4 月份未发生固定资产增减业务，不考虑其他固定资产的折旧。

计算重庆山城公司 2014 年 4 月份应计提的折旧额；编制重庆山城甲公司 2014 年 4 月份计提折旧的会计分录。

固定资产应当按月计提折旧，计提的折旧额应当记入“累计折旧”账户的贷方。“累计折旧”账户反映企业固定资产折旧的增减变动情况及累计折旧金额，是“固定资产”账户的备抵账户。当计提固定资产折旧和增加固定资产而相应增加已提折旧时，记入该账户贷方；当因出售、报废清理、盘亏、投资等原因减少固定资产而相应转销其折旧额时，记入该账户借方，余额在贷方，反映企业现有固定资产累计折旧额。

企业按月计提的固定资产折旧，按用途计入相关资产的成本或者当期损益：

(1) 企业自行建造固定资产过程中使用的固定资产，其计提的折旧应计入在建工程成本。

(2) 基本生产车间所使用的固定资产，其计提的折旧应计入制造费用。

(3) 管理部门所使用的固定资产，其计提的折旧应计入管理费用。

(4) 企业专设销售机构所使用的固定资产，其计提的折旧应计入销售费用。

(5) 经营租出的固定资产，其应提的折旧额应计入其他业务成本。

企业计提固定资产折旧时，应编制如下会计分录：

借：制造费用

　　管理费用

　　销售费用

　　其他业务成本

　　在建工程

　贷：累计折旧

动脑筋

企业未使用、不需用的固定资产是否计提折旧？大修理停用的固定资产是否计提折旧？

【例 3-18】 青岛东方股份有限公司取得的原始凭证见图 3-21。

固定资产折旧计算表

2014 年 06 月　　　　单位：元

固定资产使用部门	上月折旧额	上月增加固定资产		上月减少固定资产		本月折旧额
		原值	折旧额	原值	折旧额	
第一车间	2 000	10 000	1 000			3 000
第二车间	3 000			50 000	1 000	2 000
第三车间	1 000					1 000
合计	6 000	10 000	1 000	50 000	1 000	6 000

图 3-21 固定资产折旧计算表

要求：编制记账凭证(见图 3-22)。

记 账 凭 证

2014 年 06 月 30 日　　　　记字 047 号

摘　要	会计科目	明细科目	借方金额										贷方金额										√
			千	百	十	万	千	百	十	元	角	分	千	百	十	万	千	百	十	元	角	分	
计提固定资产折旧	制造费用	第一车间					3	0	0	0	0	0											
		第二车间					2	0	0	0	0	0											
		第三车间					1	0	0	0	0	0											
	累计折旧																6	0	0	0	0	0	
合　计						¥	6	0	0	0	0	0				¥	6	0	0	0	0	0	

附件 1 张

会计主管：李平　　记账：宋涛　　出纳：　　审核：朱丽　　制单：刘强

图 3-22　记账凭证

【例 3-19】 青岛东方股份有限公司取得的原始凭证见图 3-23。

固定资产折旧计算表

2014 年 06 月　　　　单位：元

固定资产使用部门	上月折旧额	上月增加固定资产		上月减少固定资产		本月折旧额
		原值	折旧额	原值	折旧额	
行政管理部门	10 000					10 000
专设销售机构	20 000		2 000			22 000
合　计	30 000					32 000

图 3-23　固定资产折旧计算表

要求：编制记账凭证(见图 3-24)。

记 账 凭 证

2014 年 06 月 30 日　　　　记字 048 号

摘　要	会计科目	明细科目	借方金额										贷方金额										√
			千	百	十	万	千	百	十	元	角	分	千	百	十	万	千	百	十	元	角	分	
计提固定资产折旧	管理费用					1	0	0	0	0	0	0											
	销售费用					2	2	0	0	0	0	0											
	累计折旧															3	2	0	0	0	0	0	
合　计					¥	3	2	0	0	0	0	0			¥	3	2	0	0	0	0	0	

附件 1 张

会计主管：李平　　记账：宋涛　　出纳：　　审核：朱丽　　制单：刘强

图 3-24　记账凭证

（二）固定资产清查的核算

企业应定期或者至少于每年年末对固定资产进行清查盘点，以保证固定资产核算的真实性，充分挖掘企业现有固定资产的潜力。在固定资产清查过程中，如果发现盘盈、盘亏的固定资产，应填制固定资产盘盈、盘亏报告表。清查固定资产的损益，及时查明原因，并按照规定程序报批处理。固定资产清查的业务流程及原始凭证见图3-25。

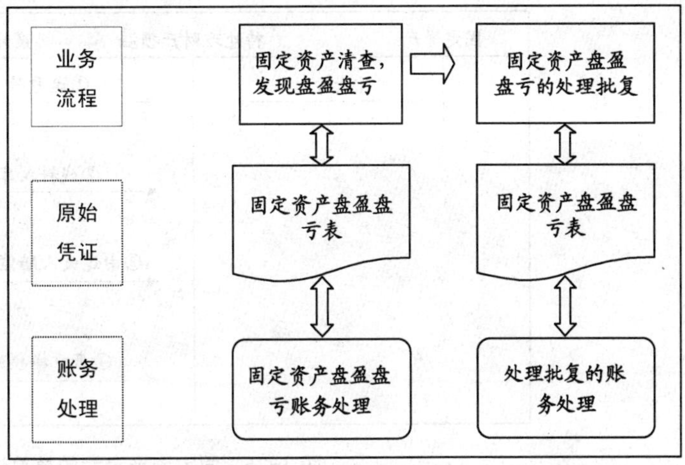

图3-25 固定资产清查的业务流程及原始凭证

1. 固定资产盘盈的核算

企业在财产清查中盘盈的固定资产，作为前期差错处理。企业在财产清查中盘盈的固定资产，在按管理权限报经批准处理前应先通过“以前年度损益调整”账户核算。盘盈的固定资产，应按以下规定确定其入账价值：如果同类或类似固定资产存在活跃市场的，按同类或类似固定资产的市场价格，减去按该项资产的新旧程度估计的价值损耗后的余额，作为入账价值；如果同类或类似固定资产不存在活跃市场的，按该项固定资产的预计未来现金流量的现值，作为入账价值。

企业应按上述规定确定的入账价值，借记“固定资产”账户，贷记“以前年度损益调整”账户。

【例3-20】 2015年1月20日，青岛东方股份有限公司在财产清查过程中，发现2014年12月购入的一台设备尚未入账，该设备的重置成本为30 000元（假定与其计税基础不存在差异），根据《企业会计准则第28号——会计政策、会计估计变更和差错更正》规定，该盘盈固定资产作为前期差错进行处理，假定该公司按净利润的10%计提法定盈余公积，不考虑相关税费的影响。该公司应编制如下会计分录：

① 盘盈固定资产时：

借：固定资产　　30 000

　贷：以前年度损益调整　　30 000

② 结转为留存收益时：

借：以前年度损益调整　　30 000

　贷：盈余公积——法定盈余公积　　3 000

　　　利润分配——未分配利润　　27 000

2. 固定资产盘亏的核算

企业在财产清查中盘亏的固定资产，按盘亏固定资产的账面价值，借记“待处理财产损溢”账户，按已计提的累计折旧，借记“累计折旧”账户，按已计提的减值准备，借记“固定资产减值准备”账户，按固定资产的原价，贷记“固定资产”账户。按管理权限报经批准后处理时，按可收回的保险赔偿或过失人赔偿，借记“其他应收款”账户，按应计入营业外支出的金额，借记“营业外支出”账户，贷记“待处理财产损溢”账户。

固定资产盘亏的核算过程见图 3-26。

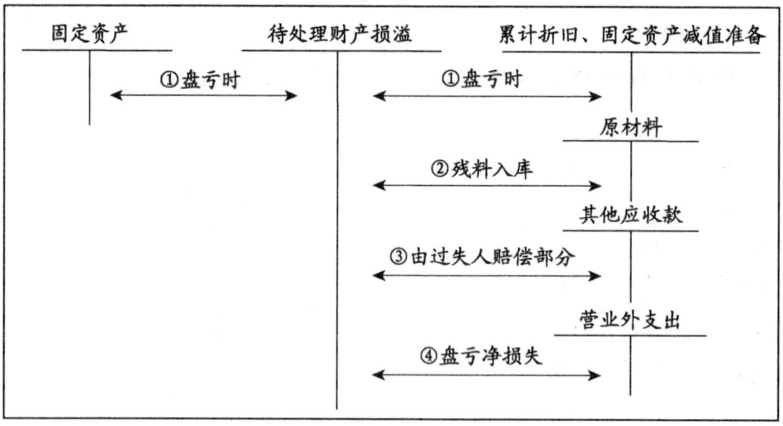

图 3-26　固定资产盘亏的核算过程

【例 3-21】　青岛东方股份有限公司取得的原始凭证见图 3-27。

固定资产盘盈、盘亏表

2014 年 06 月 30 日　　　　金额单位：元

固定资产名称	规格型号	单位	数量	盘盈		盘亏		毁损		原因
				重置价值	估计损耗	原价	已提折旧	原价	已提折旧	
切割机	QG-9203	台	1			100 000.00	10 000.00			
备注：	主管部门批复：予以转销。									

图 3-27　固定资产盘盈、盘亏表

要求：编制记账凭证(见图 3-28 和图 3-29)。

记　账　凭　证

2014 年 06 月 30 日　　　　记字 049 号

摘　要	会计科目	明细科目	借方金额										贷方金额										√
			千	百	十	万	千	百	十	元	角	分	千	百	十	万	千	百	十	元	角	分	
固定资产盘亏	待处理财产损溢					9	0	0	0	0	0	0											
	累计折旧					1	0	0	0	0	0	0											
	固定资产														1	0	0	0	0	0	0	0	
合　计				¥	1	0	0	0	0	0	0	0		¥	1	0	0	0	0	0	0	0	

附件 1 张

会计主管：李平　　记账：宋涛　　出纳：　　审核：朱丽　　制单：刘强

图 3-28　记账凭证

记 账 凭 证

2014 年 06 月 30 日　　　　记字 050 号

摘要	会计科目	明细科目	借方金额										贷方金额										√
			千	百	十	万	千	百	十	元	角	分	千	百	十	万	千	百	十	元	角	分	
固定资产盘亏	营业外支出					9	0	0	0	0	0	0											
	待处理财产损溢															9	0	0	0	0	0	0	
合　计					¥	9	0	0	0	0	0	0			¥	9	0	0	0	0	0	0	

附件1张，参见转字57号凭证

会计主管：李平　　记账：宋涛　　审核：朱丽　　制单：刘强

图 3-29　记账凭证

【例 3-22】 青岛东方股份有限公司进行财产清查时，发现短缺一台笔记本电脑，原价为 10 000 元，已计提折旧 7 000 元。该公司应编制如下会计分录：

① 盘亏固定资产时：

借：待处理财产损溢　　3 000

　　累计折旧　　7 000

　贷：固定资产　　10 000

② 报经批准转销时：

借：营业外支出——盘亏损失　　3 000

　贷：待处理财产损溢　　3 000

（三）固定资产减值的核算

【任务 3-3-8】 计算固定资产的减值

2014 年 12 月 31 日，青岛宏达服装有限公司发现甲设备的原值是 280 万元，累计折旧为 80 万元，而同样设备的市价为 100 万元，该设备的市场价格已经大幅度下跌且无望恢复。

计算青岛宏达服装有限公司设备的账面价值是多少？该公司是否应确认该设备发生的价值损失呢？固定资产在这种情形下的价值减少与折旧有何不同呢？

1. 固定资产减值的确认标准：可收回金额低于其账面价值

企业应当定期对固定资产逐项进行检查，如果发现存在减值的迹象，应当估计固定资产可收回金额，用可收回金额与账面价值进行比较，以判断固定资产是否已经发生减值。

当固定资产的可收回金额低于账面价值时，表明固定资产发生减值，此时企业应当将该固定资产的账面价值减记至可收回金额，减记的金额确认为减值损失，计入当期损益，同时计提相应的资产减值准备。

解释

可收回金额是指资产的公允价值减去处置费用后的总金额与资产预计未来现金流量的现值两者之中的较高者。

2. 固定资产减值的会计处理

企业计提固定资产减值准备，应当设置“固定资产减值准备”账户核算。企业按应减记的金额，借记“资产减值损失——计提的固定资产减值准备”账户，贷记“固定资产减值准备”账户。

固定资产的减值损失一经确认，在以后会计期间不得转回。

温馨提示

如果有迹象表明以前期间据以计提固定资产减值的各种因素发生变化，使得固定资产的可收回金额大于其账面价值，以前期间已计提的减值准备不得转回。

【例 3-23】 青岛东方股份有限公司取得的原始凭证见图 3-30。

固定资产减值准备计算表

2014 年 06 月 30 日　　　　单位：元

固定资产编号	名称	账面原值	已提折旧	已提减值准备	可收回金额	应提准备
21	机床	500 000	100 000	12 000	380 000	8 000
……						
合计						

图 3-30 固定资产减值准备计算表

要求：编制记账凭证（见图 3-31）。

记 账 凭 证

2014 年 06 月 30 日　　　　记字 051 号

摘　要	会计科目	明细科目	借方金额										贷方金额										√
			千	百	十	万	千	百	十	元	角	分	千	百	十	万	千	百	十	元	角	分	
计提固定资产	资产减值损失						8	0	0	0	0	0											
减值准备	固定资产减值准备																8	0	0	0	0	0	
合　计						¥	8	0	0	0	0	0				¥	8	0	0	0	0	0	

附件 1 张

会计主管：李平　　记账：宋涛　　出纳：　　审核：朱丽　　制单：刘强

图 3-31 记账凭证

【例 3-24】 青岛东方股份有限公司取得的原始凭证见图 3-32。

固定资产减值准备计算表

2014 年 07 月 31 日　　　　单位：元

固定资产编号	名称	账面原值	已提折旧	已提减值准备	账面价值	可变现净值	应提准备
21	机床	500 000	150 000	20 000	330 000	337 000	0
……							
合计							

图 3-32　固定资产减值准备计算表

要求：分析该公司是否需要进行账务处理。

固定资产的可收回金额大于其账面价值，以前期间已计提的减值准备不得转回，因而该公司不作账务处理。

【例 3-25】 青岛东方股份有限公司于 2012 年 9 月 5 日对一生产线进行改扩建，改扩建前该生产线的原价为 900 万元，已提折旧 200 万元，已提减值准备 50 万元。在改扩建过程中领用工程物资 300 万元，领用生产用原材料 58.5 万元(含增值税)。发生改扩建人员工资 80 万元，用银行存款支付其他费用 61.5 万元。该生产线于 2012 年 12 月 20 日达到预定可使用状态。该企业对改扩建后的固定资产采用年限平均法计提折旧，预计尚可使用年限为 10 年，预计净残值为 50 万元。2014 年 12 月 31 日，该生产线的可收回金额为 690 万元。假定固定资产按年计提折旧，固定资产计提减值准备不影响固定资产的预计使用年限和预计净残值。

要求：

(1) 编制上述与固定资产改扩建有关业务的会计分录，并计算改扩建后固定资产的入账价值。

(2) 计算改扩建后的生产线 2013 年和 2014 年每年应计提的折旧额。

(3) 计算 2014 年 12 月 31 日该生产线是否应计提减值准备，若计提减值准备，编制相关会计分录。

(4) 计算该生产线 2015 年和 2016 年每年应计提的折旧额。

① 该公司应编制如下会计分录：

借：在建工程　6 500 000
　　累计折旧　2 000 000
　　固定资产减值准备　500 000
　贷：固定资产　9 000 000

借：在建工程　3 000 000
　贷：工程物资　3 000 000

借：在建工程　585 000
　贷：原材料　500 000
　　　应交税费——应交增值税(进项税额转出)　85 000

借：在建工程　800 000
　贷：应付职工薪酬　800 000

借：在建工程　615 000
　贷：银行存款　615 000

改扩建后在建工程账户的金额＝650＋300＋58.5＋80＋61.5＝1 150(万元)

借：固定资产　　11 500 000

　贷：在建工程　　11 500 000

② 2013 年和 2014 年每年计提折旧＝(1 150－50)÷10＝110(万元)。

③ 2014 年 12 月 31 日，固定资产计提减值准备前的账面价值为 930 万元(1 150－110×2)，可收回金额为 690 万元，应计提减值准备 240 万元(930－690)。该公司应编制如下会计分录：

借：资产减值损失　　2 400 000

　贷：固定资产减值准备　　2 400 000

④ 2015 年和 2016 年每年计提折旧＝(690－50)÷8＝80(万元)。

考考你

某企业于 2013 年 12 月 31 日购入一台设备，该设备入账价值为 200 万元，预计使用寿命为 10 年，预计净残值为 20 万元，采用年限平均法计提折旧。2014 年 12 月 31 日，该设备存在减值迹象，经测试预计可收回金额为 120 万元。则 2014 年 12 月 31 日该设备账面价值应为(　　)万元。

项目 4

无形资产岗位

一、任务布置

【任务 4-1】 无形资产岗位核算

2014 年上半年，青岛宏达服装有限公司自行研究开发了一项用于优化生产工艺的新技术，共发生相关费用 50 万元，其中，前期考察费用 3 万元，咨询论证费用 5 万元；正式进入开发阶段后发生研发人员工资、补助等 17 万元，使用原材料 8 万元，其他支出 17 万元。同年 11 月，该公司购买了某财务软件，花费 8 万元。对于这两种情况的会计处理，几名财务人员存在分歧意见，请你帮助他们简要分析一下该怎么处理，并说服他们。

二、知识链接

（一）无形资产概述

1. 无形资产的概念及特征

无形资产是指企业拥有或者控制的没有实物形态的可辨认非货币性资产。

聪明屋

你能说出哪些资产属于无形资产？并归纳无形资产的特征。

无形资产具有三个主要特征：

(1) 不具有实物形态。无形资产是不具有实物形态的非货币性资产，它不像无形资产、存货等有形资产具有实物形态。

提示

正因为无形资产不具有实物形态，所以无形资产不存在期末盘点和清查。

(2) 具有可辨认性。资产满足下列条件之一的，符合无形资产定义中的可辨认性标准：①能够从企业中分离或者划分出来，并能单独或者与相关合同、资产、负债一起，用于出售、转让、授予许可、租赁或者交换。②源自合同性权利或其他法定权利，无论这些权利是否可以从企业或其他权利和义务中转移或者分离。

提示

商誉的存在无法与企业自身分离，不具有可辨认性，不属于无形资产。

(3) 属于非货币性长期资产。无形资产属于非货币性资产且能够在多个会计期间为企业带来经济利益。无形资产的使用年限在1年以上，其价值将在各个受益期间逐渐摊销。

提示

货币性资产是指企业持有的货币资金和将以无形或可确定的金额收取的资产，包括库存现金、银行存款、应收账款、应收票据和准备持有至到期的债券投资等。非货币性资产是指货币性资产以外的资产，包括存货、无形资产、长期股权投资、不准备持有至到期的债券投资等。

2. 无形资产的内容

小案例

美国可口可乐公司凭借“可口可乐”商标权和饮料配方这些独特的无形资产，占领了世界饮料市场的每一个角落。

美国微软公司靠着其商标和独特的计算机软件，成为世界软件市场的霸主。

世界快餐业之王肯德基公司靠着服务商标和特许经营权等无形资产扩散、渗透在世界各地，无形资产的收入已成为其收入和利润的主要来源。

……

这些活生生的事例均证明，无形资产在企业中处于举足轻重的地位。企业界有这么一种说法：三流企业卖苦力，二流企业卖商品，一流企业卖专利，超一流企业靠无形资产获取长久收益。无形资产对于企业的重要性是无可估量的。优秀的企业离不开无形资产的支撑。

那么，无形资产都包括哪些内容呢？无形资产包括专利权、商标权、土地使用权、著作权、经营特许权和非专利技术(专有技术)。无形资产的内容见图4-1。

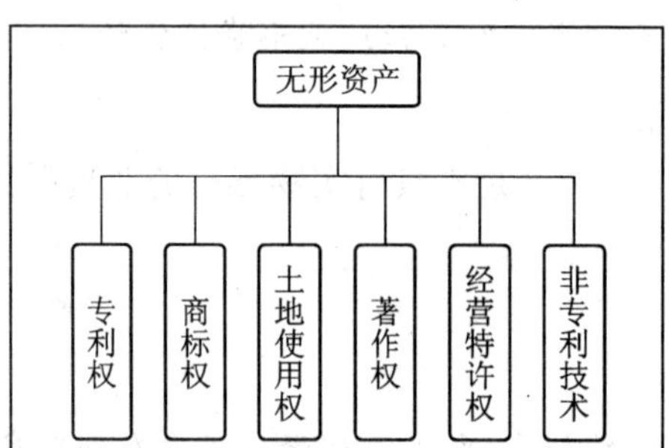

图4-1 无形资产的内容

提示

单独估价入账的土地，作为固定资产核算，不作为无形资产核算。

(二) 记录无形资产变更信息

它主要包括无形资产的取得及处置等。

1. 无形资产取得的核算

无形资产取得的渠道见图 4-2。

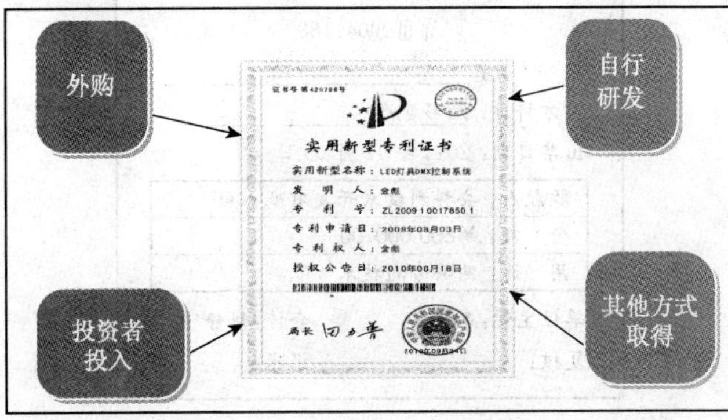

图 4-2　无形资产取得的渠道

无形资产应当按照成本进行初始计量。企业取得无形资产的主要方式有外购、自行研发、投资者投入和其他方式取得等。无形资产取得的方式不同，其账务处理也有差别。

1）外购的无形资产

外购的无形资产的成本包括购买价款、相关税费和直接归属于使该项资产达到预定用途所发生的其他支出。达到预定用途所发生的其他支出是指使无形资产达到预定用途所发生的专业服务费用、测试无形资产是否能够正常发挥作用的费用等。下列各项不包括在无形资产的成本中：①为引入新产品进行宣传发生的广告费、管理费用及其他间接费用。②无形资产已经达到预定用途以后发生的费用。

企业购入的无形资产，应按实际支付的成本，借记“无形资产”账户，贷记“银行存款”等账户。

【例 4-1】 2014 年 12 月 5 日，青岛东方股份有限公司外购专利技术，相关原始凭证见图 4-3 和图 4-4。

无形资产拨出单

购买单位：青岛东方股份有限公司

销售单位：安科利技术开发有限公司　　2014 年 12 月 05 日　　单位：元

名称	单位	数量	单价	已摊销额	账面净值	评估确认价值	备注
专利技术	项	1	600 000.00		600 000.00	600 000.00	取得所有权
合　计		1	600 000.00		600 000.00	600 000.00	

购买单位：（印章：青岛东方股份有限公司）　　销售单位：（印章：安科利技术开发有限公司）

图 4-3　无形资产拨出单

中国工商银行
转账支票存根

Ⅶ Ⅲ 00041188

科　　目：

对方科目：无形资产

出票日期：2014 年 12 月 05 日

收款人：安科利技术开发有限公司
金　额：¥600 000.00
用　途：购买专利技术

单位主管：李强　　　　会计：刘静

复核：　　　　　　　　记账：

图 4-4　转账支票存根

要求：编制会计分录。

借：无形资产——专利权　　600 000

　贷：银行存款　　600 000

2）自行研发的无形资产

动脑筋

思凯科技公司年初开始开发一套新的客户信息管理系统，历时 10 个月，耗资 60 万元，开发完成并投入运营，可是财务经理犯难了："这 60 万元若计入费用，当年利润就要大打折扣，公司股东肯定有意见；可是，若资本化处理计入管理系统成本则按年分摊……"

你认为应该如何处理？为什么？

【任务 4-1】　编制相关会计分录

重庆山城公司正在研究和开发一项新工艺，2013 年 1～9 月发生各项研究、调查、试验等费用 100 万元，其中材料费用 40 万元、人工费用 60 万元。

2014 年 9 月末，该公司已经可以证实该项新工艺必然开发成功，并满足无形资产确认标准。

2014 年 10～12 月，该项新工艺发生材料费用 20 万元，人工费用等 40 万元。

2014 年 1～6 月，该项新工艺又发生材料费用 30 万元、直接参与开发人员的工资 160 万元、场地设备等租金和注册费等支出 30 万元。

2014 年 6 月末，该项新工艺完成，达到了预定可使用状态。

试编制重庆山城公司该项无形资产的相关会计分录。

温馨提示

企业内部研究开发项目所发生的支出应区分研究阶段的支出和开发阶段的支出。

研究是指为获取并理解新的科学或技术知识而进行的独创性的有计划的调查，如材料、设备、产品、工序、系统或服务的替代品研究。

开发是指在进行商业性生产或使用前，将研究成果或其他知识应用于某项计划或设计，以生产出新的或具有实质性改进的材料、装置、产品等，如生产或使用前的原型和模型的设计、建造和测试，含新技术的工具、夹具、模具和冲模的设计，不具有商业性生产经济规模的试生产设施的设计、建造和运营,新的或经改造的材料、设备、产品、工序、系统或服务所选定的替代品的设计、建造和测试等。

研发支出的会计处理见图4-5。

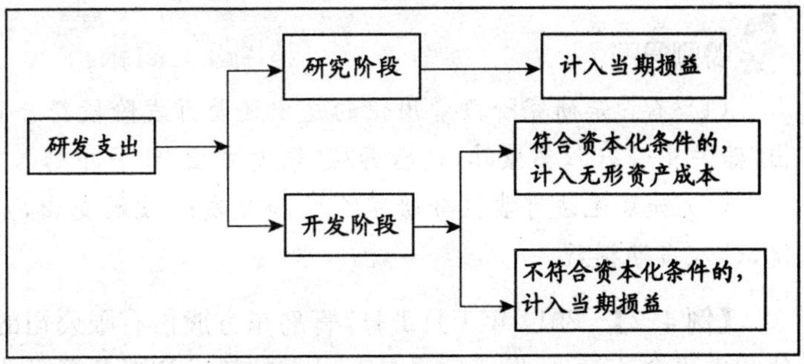

图4-5 研发支出的会计处理

企业应当设置"研发支出"账户,核算企业进行研究与开发无形资产过程中发生的各项支出,按照研究开发项目,分别"费用化支出"和"资本化支出"进行明细核算。

(1) 研究阶段的支出全部费用化(此阶段不存在资本化的可能):

支出发生时:

借:研发支出——费用化支出

贷:原材料(或银行存款、应付职工薪酬等)

期末(含月末):

借:管理费用

贷:研发支出——费用化支出

(2) 开发阶段的支出分两种情况:符合条件的资本化和不符合条件的费用化。

其一:不满足资本化条件的支出,会计处理方式同研究阶段的支出。

其二:满足资本化条件的支出:

借:研发支出——资本化支出

贷:原材料(或银行存款、应付职工薪酬等)

达到预定用途形成无形资产时:

借:无形资产

贷:研发支出——资本化支出

企业自行研究开发无形资产的核算流程见图4-6。

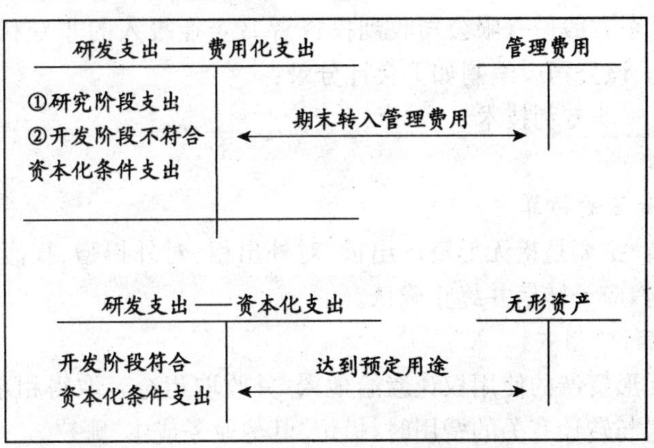

图4-6 企业自行研究开发无形资产的核算流程

特别提醒

(1) 不管是研究阶段费用化的支出还是开发阶段符合资本化的支出，均需要先在“研发支出”账户中进行归集核算，之后再从“研发支出”账户中转入“管理费用”或“无形资产”账户。

(2) 如果无法可靠区分研究阶段和开发阶段的支出，应将其所发生的研发支出全部费用化，计入当期损益。

【例 4-2】 2014 年 1 月 1 日，青岛东方股份有限公司的董事会批准研发某项新型技术，该公司董事会认为，研发该项目具有可靠的技术和财务等资源的支持，并且一旦研发成功将降低该公司的生产成本。该公司在研究开发过程中发生材料费用 600 万元、人工费用 300 万元，以银行存款支付其他费用 200 万元。其中符合资本化条件的支出为 500 万元。2014 年 12 月 31 日，该项新型技术已经达到预定用途。该公司应编制如下会计分录：

① 发生研发费用时：

借：研发支出——费用化支出	6 000 000	
——资本化支出	5 000 000	
贷：原材料		6 000 000
应付职工薪酬		3 000 000
银行存款		2 000 000

② 2014 年 12 月 31 日：

借：管理费用	6 000 000	
无形资产	5 000 000	
贷：研发支出——费用化支出		6 000 000
——资本化支出		5 000 000

3) 投资者投入的无形资产

投资者投入的无形资产，应当按照合同或协议约定的价值确定，但合同或协议约定价值不公允的除外。企业应按投资各方确认的价值(假定该价值公允)，借记“无形资产”账户，贷记“实收资本”或“股本”等账户。为首次发行股票而接受投资者投入的无形资产，企业应按该项无形资产在投资方的账面价值，借记“无形资产”账户，贷记“实收资本”或“股本”等账户。

【例 4-3】 青岛东方股份有限公司收到投资者 B 企业投入的非专利技术一项，双方确认的价值为 80 000 元。该公司应编制如下会计分录：

借：无形资产——非专利技术	80 000	
贷：实收资本		80 000

(三) 无形资产处置的核算

无形资产的处置，主要是指无形资产出售、对外出租、对外捐赠、报废，或者是无法为企业带来未来经济利益时，应予转销并终止确认。

1. 无形资产出租(使用权)

企业将所拥有无形资产的使用权让渡给他人，并收取租金。取得租金收入时，贷记“其他业务收入”账户，支付与转让有关的费用时，借记“其他业务成本”账户。

【例 4-4】 青岛东方股份有限公司将一项专利技术出租给 A 企业使用，该专利技术账面余额为5 000 000元，摊销期限为 10 年，出租合同规定，承租方每销售一件用该专利生产的产品，必须付给出租方 10 元专利技术使用费。假定承租方当年销售该产品 10 万件，不考虑相关税费。该公司应编制如下会计分录：

借：银行存款　　1 000 000

　贷：其他业务收入　　1 000 000

借：其他业务成本　　500 000

　贷：累计摊销　　500 000

2. 无形资产出售（转让所有权）

企业出售无形资产，应当将取得的价款扣除该无形资产账面价值和出售相关税费后的差额计入营业外收入或营业外支出。其中，无形资产的账面价值是无形资产账面余额扣减累计摊销和减值准备后的金额，其计算公式如下：

账面价值 = 无形资产的原价 − 计提的减值准备 − 累计摊销

【例 4-5】 青岛东方股份有限公司转让一项专利权，与此相关的资料如下：该专利权的初始入账价值为 50 万元，已摊销 20 万元，计提减值准备 5 万元，取得转让价款 28 万元，应交营业税 1.4 万元。假设不考虑其他因素，请计算该公司应确认的转让无形资产净收益。

账面价值＝50－20－5＝25（万元）

应确认的转让无形资产净收益＝28－1.4－25＝1.6（万元）

【例 4-6】 青岛东方股份有限公司将其购买的一项专利权出售，部分原始单据见图 4-7。

无形资产转让损益计算表

2014 年 12 月 31 日　　金额单位：元

项目	购入成本	累计摊销	售价	营业税		转让损益
				税率	税额	
特许权	600 000	220 000	500 000	5%	25 000	95 000
合计	600 000	220 000	500 000	5%	25 000	95 000

会计主管：李净　　制表：刘强

图 4-7 无形资产转让损益计算表

青岛东方股份有限公司应编制如下会计分录：

借：银行存款　　500 000

　　累计摊销　　220 000

　贷：无形资产　　600 000

　　　应交税费——应交营业税　　25 000

　　　营业外收入——非流动资产处置利得　　95 000

3. 无形资产报废

如果无形资产预期不能给企业带来经济利益，如无形资产已被其他新技术所替代，则应将其报废并予转销，将其账面价值转作当期损益（营业外支出）。

【例 4-7】 2014 年 12 月 31 日，青岛东方股份有限公司某项专利权账面余额为 6 000 000 元。该专利权的摊销期限为 10 年，采用直线法进行摊销，已摊销 5 年。该专利权的残值为零，已累计计提减值准备 1 600 000 元。假定以该专利权生产的产品已没有市场，预期不能再为公司带来经济利益。该公司应编制如下会计分录：

借：累计摊销　　3 000 000
　　无形资产减值准备　　1 600 000
　　营业外支出　　1 400 000
　贷：无形资产　　6 000 000

（四）核对期末无形资产信息

1. 无形资产摊销的核算

1）无形资产的摊销范围

企业应当于取得无形资产时分析判断其使用寿命。使用寿命有限的无形资产应进行摊销。使用寿命不确定的无形资产不应摊销。

温馨提示

使用寿命不确定的无形资产和商誉不应摊销，但应当考虑计提减值准备。

2）无形资产的应摊销金额、摊销期和摊销方法

使用寿命有限的无形资产，其残值应当视为零，但下列情况除外：①有第三方承诺在无形资产使用寿命结束时购买该无形资产。②可以根据活跃市场得到预计残值信息，并且该市场在无形资产使用寿命结束时很可能存在。

无形资产的应摊销金额是指无形资产的成本扣除预计残值后的金额。已计提减值准备的无形资产，还应扣除已计提的无形资产减值准备累计金额。

对于使用寿命有限的无形资产，企业应当自可供使用（即其达到预定用途）当月起开始摊销，处置当月不再摊销。即：当月增加的当月摊销；当月减少的当月不摊销。

无形资产摊销方法包括直线法、生产总量法等。企业选择无形资产的摊销方法，应当反映与该项无形资产有关的经济利益的预期实现方式。例如，受技术陈旧因素影响较大的专利权等无形资产，可采用类似固定资产加速折旧的方法进行摊销。有特定产量限制的特许经营权，应采用产量法进行摊销。无法可靠确定预期实现方式的，应当采用直线法摊销。

3）无形资产摊销的账务处理

企业应当按月对无形资产进行摊销。无形资产的摊销额一般应当计入当期损益，并同时记入“累计摊销”账户的贷方。①企业自用的无形资产，其摊销金额记入“管理费用”账户。②出租的无形资产，其摊销金额记入“其他业务成本”账户。③某项无形资产包含的经济利益通过所生产的产品或其他资产实现，其摊销金额应当计入相关资产成本，借记“制造费用”等账户。

【例 4-8】 2014 年 12 月 31 日，青岛东方股份有限公司摊销无形资产，取得的原始凭证见图 4-8。

无形资产摊销计算表

2014 年 12 月 31 日　　单位:元

无形资产名称	账面价值	摊销期限	月摊销额
特许权	4 800 000	10	40 000
合计	4 800 000	10	40 000

会计主管:李强　　制表:刘强

图 4-8 无形资产摊销计算表

该公司应编制如下会计分录：

借：管理费用　　40 000

　贷：累计摊销　　40 000

【例 4-9】 2015 年 1 月 1 日，青岛东方股份有限公司将其自行开发完成的非专利技术出租给丁公司，该非专利技术成本为 360 万元，双方约定的租赁期限为 10 年，甲公司每月应摊销 3 万元，每月摊销时，甲公司应编制如下会计分录：

借：其他业务成本　　30 000

　贷：累计摊销　　30 000

【例 4-10】 2015 年 1 月 1 日，青岛东方股份有限公司从外单位购入一项商标权，支付价款 3 000 万元，款项已经支付，该商标的使用寿命为 10 年，不考虑残值因素，以直线法摊销。该公司应编制如下会计分录：

① 购入商标权时：

借：无形资产——商标权　　30 000 000

　贷：银行存款　　30 000 000

② 每月摊销时：

借：管理费用　　250 000

　贷：累计摊销　　250 000

【例 4-11】 2015 年 1 月 10 日，青岛东方股份有限公司购入一项专利权，价款为 600 万元，估计使用寿命为 8 年，款项用银行存款支付，不考虑残值。此项专利专门用于生产某种产品，其所包含的经济利益通过所生产的产品实现。该公司应编制如下会计分录：

① 购入专利权时：

借：无形资产——专利权　　6 000 000

　贷：银行存款　　6 000 000

② 每月摊销时：

借：制造费用　　62 500

　贷：累计摊销　　62 500

2. 无形资产减值的核算

无形资产在资产负债表日存在可能发生减值的迹象时，其可收回金额低于账面价值的，企业应当将该无形资产的账面价值减记至可收回金额，减记的金额确认为减值损失，计入当期损益，同时计提相应的资产减值准备。企业按应减记的金额，借记“资产减值损失——计提的无形资产减值准备”账户，贷记“无形资产减值准备”账户。

特别提醒

无形资产减值损失一经确认，在以后会计期间不得转回。固定资产减值准备和无形资产减值准备一经计提，在以后会计期间不得转回。

【例 4-12】 2014 年 12 月 31 日，市场上某项新技术生产的产品销售势头较好，已对青岛东方股份有限公司产品的销售产生重大不利影响。青岛东方股份有限公司外购的类似专利技术的账面价值为 900 000 元，剩余摊销年限为 4 年，经减值测试，该专利技术的可收回金额为 850 000 元。该公司应编制如下会计分录：

借：资产减值损失——计提的无形资产减值准备　　50 000

　贷：无形资产减值准备　　50 000

无形资产摊销减值核算总结见图 4-9。

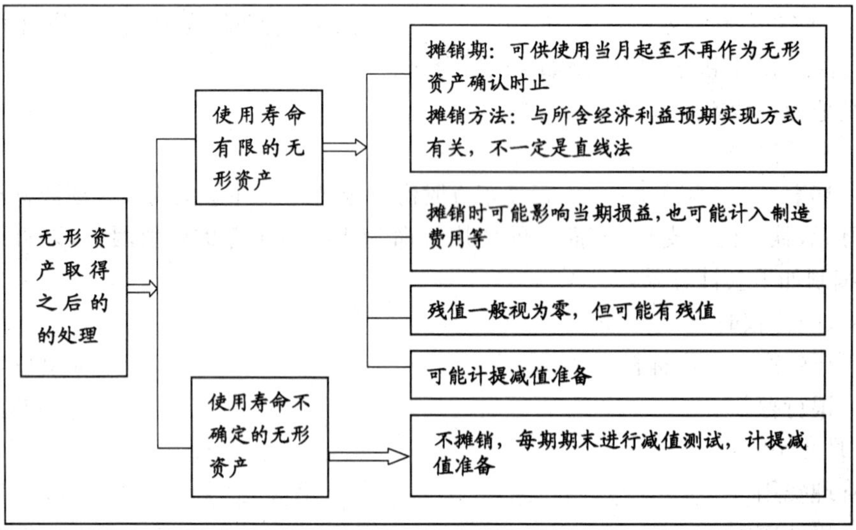

图 4-9　无形资产摊销、减值核算总结

项目 5

负债筹资岗位

能力目标	1. 熟知负债筹资的各种途径。 2. 按照国家有关财经法规和企业要求，结合业务资料，对负债筹资进行准确核算。
知识目标	1. 理解负债筹资的途径。 2. 掌握短期借款的核算方法。 3. 掌握长期借款的核算方法。 4. 掌握应付债券的核算方法。
素质目标	1. 能够准确无误地识别原始凭证、分析和判断经济业务的内容，能采用手工和电算化方式独立完成并审核会计凭证、编制记账凭证、登记相关账簿。 2. 能与资金筹集人员有效沟通，建立有效的资金管理制度。 3. 能够洞察企业资金筹集、管理上的漏洞并及时与领导沟通。

任务 5.1　建立贷款信息索引表

一、任务布置

【任务 5-1】　建立贷款信息索引表

青岛宏达服装有限公司经营规模迅速扩大，最初主要从事服装生产与销售，现在已涉及房地产开发、国际贸易等多个领域。公司现有职工 2 000 多人，资产总额为 10 亿元。2014 年，该公司实现销售收入 12 亿元。

公司所属子公司亚齐房地产开发有限公司因业务需要，现在急需 3 亿元的资金用于房地产开发项目。为此，集团总经理张奇于 2015 年 2 月 10 日召开会议，讨论该集团公司 3 亿元资金筹资问题，参加人员有项目部、财务部、开发部等相关部门领导。

大家在会议上各抒己见，争论不休。有提议发行债券的，有提议向银行借款的，有提议让员工入股的……

会议要散场了，大家也没有达成一致意见。

(1) 如果你是参会一员，你的建议是什么？请说出理由。

(2) 讨论企业筹资的途径有哪些，并编制企业负债筹资目录(包括筹资名称、途经、期限、用途等)。

(3) 根据上述目录设置负债筹资的相关会计账户(包括总账账户和明细账户)。

二、知识链接

(一) 负债筹资业务的主要方式及业务流程

1. 短期借款的筹资流程

短期借款是指企业为维持正常的生产经营所需的资金或为抵偿某项债务而向银行或其他金融机构借入的、还款期限在1年以下(含1年)的各种借款。短期借款主要有经营周转借款、临时借款、结算借款、票据贴现借款等。

企业向银行或其他金融机构办理短期借款，应提出借款申请书，并根据所需借款的具体情况，提供相应的证明材料。银行或其他金融机构对企业的借款申请及有关证明材料进行审查评估。经审核同意后，双方要签订借款合同。企业要严格按合同规定的金额、利率确认和计量短期借款及其利息费用。借款到期后，企业应按期偿还。短期借款的业务流程及原始凭证见图5-1。

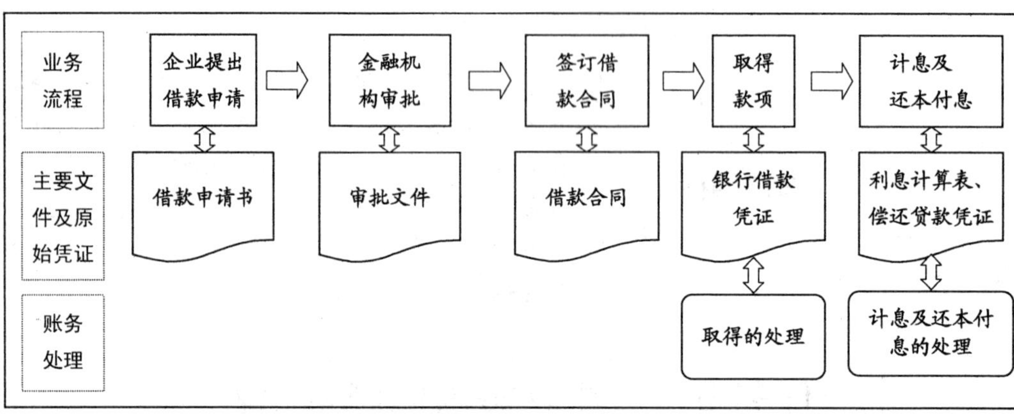

图5-1 短期借款的业务流程及原始凭证

2. 长期借款的筹资流程

长期借款是指企业向银行或其他金融机构借入的期限在1年以上(不含1年)或超过1年的一个营业周期以上的各项借款。

银行等金融结构为降低贷款风险，对借款企业提出了必要条件。这些条件包括：借款企业应具有法人资格；借款企业在宏观上其经营方向和业务范围应符合国家政策，在微观上其借款用途应属于银行贷款办法规定的范围，并提供有关借款项目的可行性报告；借款企业具有一定的物资和财产保证，如果由第三方担保，则担保单位应具有相应的经济实力；借款企业每个经营周期都应有足够的净现金流入量来支付当期本息；借款企业应在有关金融部门开立账户、办理结算。

企业申请借款的程序为：企业提出借款申请，并附有资金使用的可行性报告；银行或其他金融结构审批；签订借款合同；发放贷款、监督贷款的使用；按期归还贷款本息。长期借款的业务流程及原始凭证见图5-2。

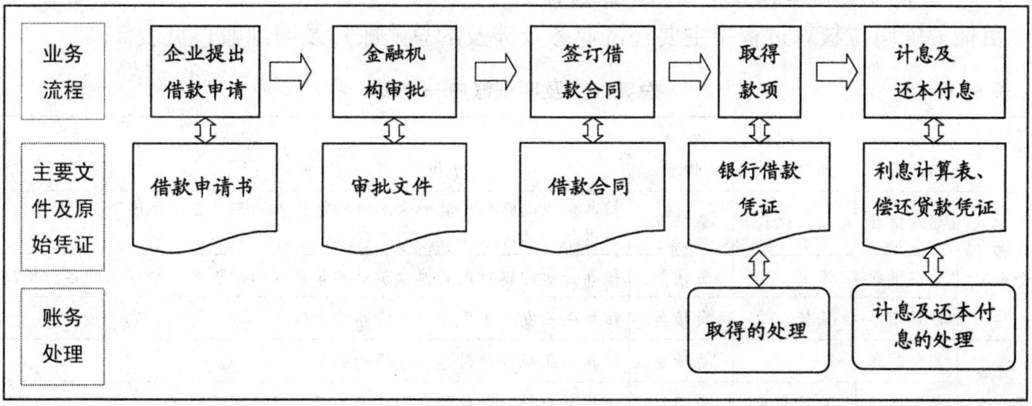

图5-2　长期借款的业务流程及原始凭证

3. 债券筹资流程

债券是广泛应用的一种融资工具，是企业对外部的机构或个人投资者发行的具有既定面值、到期日、利率和利息支付方式的证券，是具有法律效力的书面凭证。债券的本质是债的证明书，具有法律效力。债券购买者与发行者之间是一种债权债务关系，债券发行人即债务人，投资者(或债券持有人)即债权人。债券的要素主要包括债券的票面价值、债务人与债权人、债券的价格、债券利率、债券的期限及债券利息支付方式、提前赎回规定等。

债券按发行主体分类，可分为国债、地方政府债券、金融债券、企业债券；按募集方式分类，可分为公募债券和私募债券；按担保性质分类，可分为有担保债券、无担保债券；按是否记名分类，可划分为记名债券和无记名债券。

债券主要有以下三种发行方式：一是平价发行。当债券的票面利率与市场利率相同时，按票面价值发行，也就是平价发行。二是溢价发行。当债券的票面利率高于市场利率时，按超过债券票面价值的价格发行，即溢价发行。其发行溢价就是企业以后各期多付利息而事先从债券购买者那里得到的补偿。三是折价发行。当债券的票面利率低于市场利率时，按低于债券面值的价格发行，即折价发行。其折价是企业为以后少付利息而预先给投资者的补偿。

债券筹资的业务流程及原始凭证见图5-3。

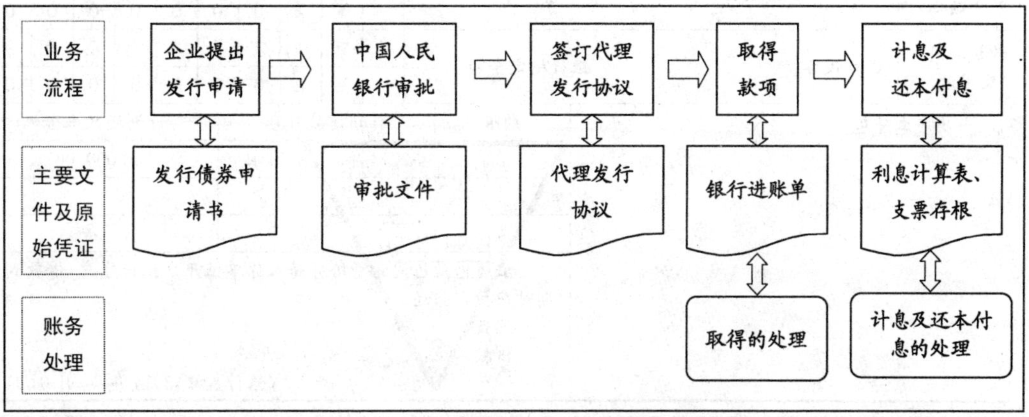

图5-3　债券筹资的业务流程及原始凭证

（二）负债筹资岗位核算中涉及的主要账户

负债筹资岗位核算过程中主要经济业务及涉及的总账账户及明细账户见表5-1。

表5-1　　总账账户及明细账户一览表

经济业务	对应总账账户名称	对应明细账户名称	账户性质	核算内容
借入及偿还资金	短期借款	××银行	负债类	核算企业向银行或其他金融机构等借入的期限在1年以下(含1年)的各种借款
	长期借款	本金	负债类	核算企业向银行或其他金融机构等借入的期限在1年以上的各种借款
	应付债券	面值	负债类	核算企业发行1年期以上债券的面值
计提利息	应付利息		负债类	核算企业在分期付息下计提的利息
	长期借款	应计利息	负债类	核算企业长期借款到期一次还本付息时计提的利息
	应付债券	应计利息	负债类	核算企业因发行长期债券到期一次还本付息时计提的利息

任务5.2　记录贷款借入和偿还信息(日常业务)

一、任务布置

【任务5-2】　记录贷款借入和偿还信息

青岛宏达服装有限公司发生如下贷款业务：

(1) 2014年1月1日，取得短期借款，有关单据见图5-4。

工商银行(短期贷款)借款凭证(回单)

日期:2014年01月01日　　银行编号:00183599

收款单位	名称	青岛宏达服装有限公司	付款单位	名称	工商银行青岛分行四方支行
	往来户账号	4222987586543400890		往来户账号	5025000102101314189
	开户银行	工商银行青岛分行四方支行		开户银行	工商银行青岛分行四方支行
借款期限	6个月	年利率6%	起息日期	2014年01月01日	

		千	百	十	万	千	百	十	元	角	分
借款申请金额	人民币(大写)贰拾万元整		¥	2	0	0	0	0	0	0	0
借款原因及用途	进口设备　银行核定金额		¥	2	0	0	0	0	0	0	0

备注:一次还本付息

期限	计划还款日期	计划还款本金
	2014年07月01日	200 000.00

(印章:工商银行青岛分行四方支行 2014.01.01 转账 转讫)

上述借款已同意贷给并转入你单位开户银行账户，借款到期时应按期归还。

此致

借款单位：

(银行盖章)2014年01月01日

图5-4　借款凭证

(2) 2014 年 7 月 1 日，偿还短期借款，有关单据见图 5-5。

偿还贷款凭证(第一联)

2014 年 07 月 01 日

借款单位名称	青岛宏达服装有限公司	贷款账号	5025000102101314189	结算账号	4222987586543400890
还款金额（人民币大写）	贰拾万陆仟元整		千 百 十 万 千 百 十 元 角 分		￥ 2 0 6 0 0 0 0 0
贷款种类	6 个月	借出日期	2014 年 01 月 01 日	原约定还款日期	2014 年 07 月 01 日
上列款项已由你单位 6013837027658932425 账户归还借款 此致		会计分录： 收： 付： 复核员：张明　记账员：王蕾			

偿还贷款收据

图 5-5 偿还贷款凭证

(3) 2014 年 1 月 1 日，取得长期借款，有关单据见图 5-6。

工商银行(长期贷款)借款凭证(回单)

日期：2014 年 01 月 01 日　　银行编号：00183599

收款单位	名称	青岛宏达服装有限公司	付款单位	名称	工商银行青岛分行四方支行
	往来户账号	4222987586543400890		往来户账号	5025000102101314189
	开户银行	工商银行青岛分行四方支行		开户银行	工商银行青岛分行四方支行
借款期限	3 年	年利率 6%	起息日期	2014 年 01 月 01 日	
借款申请金额	人民币(大写)壹佰伍拾万元整		千 百 十 万 千 百 十 元 角 分	￥ 1 5 0 0 0 0 0 0 0	
借款原因及用途	建造厂房	银行核定金额	千 百 十 万 千 百 十 元 角 分	￥ 1 5 0 0 0 0 0 0 0	

备注：一次还本付息	期限	计划还款日期	计划还款本金
		2017 年 01 月 01 日	1 500 000.00

上述借款已同意贷给并转入你单位开户银行账户，借款到期时应按期归还。

此致

借款单位

（银行盖章）2014 年 01 月 01 日

工商银行青岛分行四方支行 2014.01.01 转账 转讫

图 5-6 借款凭证

(4) 2017 年 1 月 1 日，偿还长期借款，有关单据见图 5-7。

偿还贷款凭证(第一联)

2017 年 01 月 01 日

借款单位名称	青岛宏达服装有限公司	贷款账号	5025000102101314189	结算账号	4222987586543400890
还款金额(人民币大写)	壹佰柒拾柒万元整				
贷款种类	3 年	借出日期	2014 年 01 月 01 日	原约定还款日期	2017 年 01 月 01 日

千	百	十	万	千	百	十	元	角	分
¥	1	7	7	0	0	0	0	0	0

上列款项已由你单位
6013837027658932425 账户归还借款
此致

会计分录：
收：
付：
复核员：张明　　记账员：王蕾

偿还贷款收据

图 5-7　偿还贷款凭证

(5) 2014 年 7 月 1 日，取得长期借款，有关单据见图 5-8。

工商银行(长期贷款)借款凭证(回单)

日期：2014 年 07 月 01 日　　银行编号：00183599

收款单位		付款单位	
名称	青岛宏达服装有限公司	名称	工商银行青岛分行四方支行
往来户账号	4222987586543400890	往来户账号	5025000102101314189
开户银行	工商银行青岛分行四方支行	开户银行	工商银行青岛分行四方支行
借款期限	3 年　年利率 8%	起息日期	2014 年 07 月 01 日
借款申请金额	人民币(大写)伍拾万元整		
借款原因及用途	进口设备	银行核定金额	

借款申请金额：

千	百	十	万	千	百	十	元	角	分
	¥	5	0	0	0	0	0	0	0

银行核定金额：

千	百	十	万	千	百	十	元	角	分
	¥	5	0	0	0	0	0	0	0

备注：半年付息一次，到期一次还本

期限	计划还款日期	计划还款本金
	2017 年 07 月 01 日	500 000.00

上述借款已同意贷给并转入你单位开户银行账户，借款到期时应按期归还。
此致
借款单位
(银行盖章)2014 年 07 月 01 日

工商银行青岛分行四方支行 2014.07.01 转账 转讫

图 5-8　借款凭证

(6) 2017 年 7 月 1 日，偿还长期借款，有关单据见图 5-9。

偿还贷款凭证(第一联)

2017 年 07 月 01 日

借款单位名称	青岛宏达服装有限公司	贷款账号	5025000102101314189	结算账号	4222987586543400890

还款金额 人民币(大写)	伍拾贰万元整	千	百	十	万	千	百	十	元	角	分
			¥	5	2	0	0	0	0	0	0

贷款种类	3 年	借出日期	2014 年 07 月 01 日	原约定还款日期	2017 年 07 月 01 日

上列款项已由你单位 6013837027658932425 账户归还借款 此致	会计分录： 收： 付： 复核员：张明　　记账员：王蕾

偿还贷款收据

图 5-9　偿还贷款凭证

要求：根据以上原始凭证编制记账凭证。

二、知识链接

（一）短期借款的日常核算

短期借款的日常核算内容包括取得借款和归还借款的核算两方面。企业所发生的短期借款业务，应设置"短期借款"账户。该账户的贷方登记取得的借款本金，借方登记借款本金的偿还，期末贷方余额表示期末尚未偿还的借款本金，列示在资产负债表负债方的流动负债项下。该账户应按照债权人和短期借款的种类设置明细账户，进行明细核算。

【例 5-1】 2014 年 4 月 1 日，青岛东方股份有限公司向银行借入 80 万元，期限为 9 个月，年利率为 4.5%，该借款的利息按季支付，本金到期归还。该公司应编制如下会计分录：

① 4 月 1 日，借入款项时：

借：银行存款　　800 000

　贷：短期借款　　800 000

② 12 月 31 日，偿还借款本金时：

借：短期借款　　800 000

　贷：银行存款　　800 000

（二）长期借款的日常核算

长期借款的日常核算内容包括长期借款的借入、借款本息归还的核算。为了反映企业的各种长期借款，应设置"长期借款"总账账户，用来核算各种长期借款的借入、应计利息、归还和结欠情况。在总账账户下设置"本金"明细账户。"长期借款"账户属于负债类，其贷方登记借入的款项及预计的应付利息；借方登记还本付息的数额；期末余额在贷方，表示尚未偿还的长期借款本息数额。该账户应按贷款单位设置明细账户，并按贷款种类进行明细核算。

【例 5-2】 青岛东方股份有限公司为增值税一般纳税人。2014 年 11 月 30 日，该公司从银行借入资金 4 000 000 元，借款期限为 3 年，年利率为 8.4%（每月计息，到期一次还本付息，不计复利）。所借款项已存入银行。该公司应编制如下会计分录：

① 取得借款时：

借：银行存款　　4 000 000

　贷：长期借款——本金　　4 000 000

② 归还本息时：

借：长期借款——本金　　4 000 000

　　　　　　——应计利息　　980 000

　　财务费用　　28 000

　贷：银行存款　　5 008 000

【例 5-3】 接[例 5-2]，如果该笔借款每月计息，每半年付息一次。该公司应编制如下会计分录：

① 取得借款时：

借：银行存款　　4 000 000

　贷：长期借款——本金　　4 000 000

② 归还本息时：

借：长期借款——本金　　4 000 000

　　应付利息　　140 000

　　财务费用　　28 000

　贷：银行存款　　4 168 000

（三）应付债券的日常核算

应付债券的日常核算内容包括应付债券的发行、债券本息归还的核算。为了反映企业发行的债券，应设置“应付债券”总账账户，用来核算应付债券的发行、计息、归还和结欠情况。在总账账户下设置“本金”、“应计利息”明细账户。“应付债券”账户属于负债类，其贷方登记发行债券的面值及预计的应付利息；借方登记还本付息的数额；期末余额在贷方，表示尚未到期的债券本息数额。

【例 5-4】 2014 年 1 月 1 日，青岛东方股份有限公司按面值发行 3 年期、到期一次还本付息、年利率为 8%（不计复利）、面值总额为 1 000 万元的债券。该公司发行债券所筹资金用于建造固定资产，至 2014 年 12 月 31 日工程完工。该公司应编制如下会计分录：

① 2014 年 1 月 1 日，发行债券时：

借：银行存款　　10 000 000

　贷：应付债券——面值　　10 000 000

② 2017 年 1 月 1 日，偿还债券本金和利息时：

借：应付债券——面值　　10 000 000

　　　　　　——应计利息　　2 400 000

　贷：银行存款　　12 400 000

小思考

[例 5-4]中的债券发行方式如果是分期付息、一次还本，会计处理会有何变化？请编制相应的会计分录。

任务5.3 计提贷款利息(期末业务)

一、任务布置

【任务5-3】 计提贷款利息

青岛宏达服装有限公司2014年发生的和计提贷款利息有关的经济业务如下:

(1) 1月31日,计提本月短期借款利息。有关单据见图5-10。

短期借款利息计算表

2014年01月31日 单位:元

本 金	利 率	计息期限	利息
200 000.00	6%	1个月	1 000.00

图5-10 短期借款利息计算表

(2) 12月31日,计提本年度长期借款利息。有关单据见图5-11。

长期借款利息计算表

2014年12月31日 单位:元

本 金	利 率	计息期限	利息
1 500 000.00	6%	12个月	90 000.00

图5-11 长期借款利息计算表

(3) 7月31日,计提本月长期借款利息。有关单据见图5-12。

长期借款利息计算表

2014年07月31日 单位:元

本 金	利 率	计息期限	利息
500 000.00	8%	1个月	3 333.33

图5-12 长期借款利息计算表

根据上述原始凭证编制记账凭证。

二、知识链接

(一) 短期借款利息处理

对短期借款利息,应设置"应付利息"账户。该账户的借方偿还的利息费用,贷方登记期末计提的利息费用的金额。同时设置“财务费用”账户。

【例 5-5】 接[例 5-1],青岛东方股份有限公司于每月末计息。该公司应编制如下会计分录:

① 月末计息时:

借:财务费用　　3 000

　贷:应付利息　　3 000

② 季末偿还利息时:

借:应付利息　　6 000

　　财务费用　　3 000

　贷:银行存款　　9 000

(二) 长期借款利息处理

长期借款应当在资产负债表日(即按期)计提利息,计算确定利息费用。长期借款计算确定的利息费用应当按以下原则计入有关成本、费用:

(1) 属于筹建期间的,计入管理费用。

(2) 属于生产经营期间的,计入财务费用。

(3) 为购建固定资产而发生的长期借款利息,在固定资产达到预定可使用状态之前所发生的,计入所建固定资产价值,予以资本化,计入在建工程等相关资产成本。

(4) 为购建固定资产而发生的长期借款利息,在固定资产达到预定可使用状态之后所发生的利息支出,以及按规定不予资本化的利息支出,计入财务费用。

长期借款计算确定的应付未付利息,如果属于分期付息的,记入“应付利息”账户,如果属于到期一次还本付息的,记入“长期借款——应计利息”账户。

【例 5-6】 接[例 5-2],青岛东方股份有限公司用该借款于当日购买不需安装的设备一台,价款为 3 000 000 元。该公司应编制如下会计分录:

① 2014 年 12 月 31 日,计提长期借款利息:

借:财务费用　　28 000

　贷:长期借款——应计利息　　28 000

如果该公司用该笔借款购买的设备需要安装,设备于 2015 年 4 月 30 日安装完毕,借款仍是到期一次还本付息。该公司应编制如下会计分录:

② 截至 2015 年 4 月,每月计提利息时:

借:在建工程　　28 000

　贷:长期借款——应计利息　　28 000

③ 2015 年 5 月至借款到期,每月计提利息时:

借:财务费用　　28 000

　贷:长期借款——应计利息　　28 000

试试看

接[例 5-6],如果该笔借款是每半年付息一次,到期一次还本,计提利息的会计分录是什么?

(三) 应付债券的利息处理

【任务 5-3-1】 编制债券发行、每月计息、每年年末付息、到期还本的会计分录

重庆山城公司于 2014 年 7 月 1 日发行 3 年期、每年付息一次、到期时一次还本、年利率为

8%(不计复利)、发行面值总额为4 000万元的债券,该债券按面值发行,发行所筹资金于借款当日开始建造固定资产,至2017年12月31日完工。

发行长期债券的企业应按期计提利息,对于按面值发行的债券,在每期采用票面利率计算计提利息时,应当按照与长期借款相一致的原则计入有关成本费用,借记"在建工程"、"制造费用"、"财务费用"、"研发支出"等账户;计算确定的应付未付利息,通过"应付利息"账户或者"应付债券——应计利息"账户核算。

【例5-7】 接[例5-4],青岛东方股份有限公司于发行该债券的每年年末计提利息。该公司每年年末计提利息时应编制如下会计分录:

① 2014年12月31日,计提债券利息时:

借:在建工程　　800 000

　贷:应付债券——应计利息　　800 000

② 2015年12月31日,计提债券利息时:

借:财务费用　　800 000

　贷:应付债券——应计利息　　800 000

③ 2016年12月31日,计提债券利息时:

借:财务费用　　800 000

　贷:应付债券——应计利息　　800 000

项目 6

权益筹资岗位

能力目标

1. 熟知什么是权益筹资。
2. 按照国家有关财经法规和企业要求，结合业务资料，对权益筹资进行准确核算。

知识目标

1. 理解权益筹资。
2. 掌握实收资本的核算方法。
3. 掌握资本公积的核算方法。

素质目标

1. 能够准确无误地识别原始凭证、分析和判断经济业务的内容，能采用手工和电算化方式独立完成审核会计凭证、编制记账凭证、登记相关账簿。
2. 能与资金筹集人员有效沟通，建立有效的资金管理制度。
3. 能够洞察企业资金筹集、管理上的漏洞并及时与领导沟通。

任务 6.1　建立所有者信息档案

一、任务布置

【任务 6-1】　建立所有者信息档案

大学一毕业，王林和于青就各自出资 30 000 元，在创业园开了一家零食坊。由于事先做过详细的市场调查，他们对年轻人的消费心理把握得比较透彻，小店 1 年的净利润竟然达到 50 000 元。于青对小店的经营非常满意，这样经营了 2 年后，王林没有满足现状，而是不断地发掘新的商机，王林发现零食 DIY 在年轻人中很受欢迎，并且做好了的话会比以往的普通零食收益率更高。但是此项目需要的启动资金为 50 000 元，需要一台价值 50 000 元的专用设备。虽然小店经营了 2 年收益也颇丰，但如果赚来的钱都用于了新款零食的采购，收回的资金要用于日常经营的流转，启动资金和设备款还得另想办法。于是王林把自己的想法和于青做了沟通并且说服了他。两人都认为不能再开口向家人要钱了，认为可以让他们的好友李可和张冰加入进来，比例各占1/4，不仅解决了资金和设备问题，还可以帮他们分担风险。四人一拍即合，资金和设备很快到位，开始了正常经营。

根据以上任务描述，列出零食坊的所有者信息档案（包括所有者名称，出资资产名称、金额，出资时间，所占比例等）。

二、知识链接

（一）所有者权益的含义及构成

1. 所有者权益的含义及特征

所有者权益是指企业资产扣除负债后，由所有者享有的剩余权益。公司的所有者权益又称为股东权益。所有者权益具有以下特征：①除非发生减资、清算或分派现金股利，企业不需要偿还所有者权益。②企业清算时，只有在清偿所有的负债后，所有者权益才返还给所有者。③所有者凭借所有者权益能够参与企业的利润分配。

2. 所有者权益的来源

我国《企业会计准则》规定："所有者权益的来源包括所有者投入的资本、直接计入所有者权益的利得和损失、留存收益等。"

所有者投入的资本是指所有者投入企业的资本部分。它既包括构成企业注册资本或股本部分的金额，也包括投入资本超过注册资本或者股本部分的金额（即资本溢价或股本溢价）。直接计入所有者权益的利得和损失，是指不应计入当期损益、会导致所有者权益发生增减变动的、与所有者投入资本或者向所有者分配利润无关的利得或者损失。其中，利得是指由企业非日常活动所形成的、会导致所有者权益增加的、与所有者投入资本无关的经济利益的流入，包括直接计入所有者权益的利得和直接计入当期利润的利得；损失是指由企业非日常活动所发生的、会导致所有者权益减少的、与向所有者分配利润无关的经济利益的流出，包括直接计入所有者权益的损失和直接计入当期利润的损失。

留存收益是企业历年实现的净利润留存于企业的部分，主要包括累计计提的盈余公积和未分配利润。

3. 所有者权益的构成

所有者权益通常由实收资本、资本公积、盈余公积和未分配利润构成。

实收资本是指企业投资者按照企业章程或合同、协议的约定，实际投入企业的资本。我国实行的是注册资本制，因而，在投资者足额缴纳资本之后，企业的实收资本应该等于企业的注册资本。所有者向企业投入的资本，在一般情况下无需偿还，可以长期周转使用。

资本公积是企业收到的投资者超出其在企业注册资本（或股本）中所占份额的投资，以及直接计入所有者权益的利得和损失。一般来说，资本公积包括接受捐赠、股本溢价等。

盈余公积项目包括法定盈余公积和任意盈余公积。

未分配利润是企业未作分配的利润。

（二）权益筹资岗位核算中涉及的主要账户

权益筹资岗位核算过程中的主要经济业务和涉及的总账账户见表6-1。

表 6-1　　总账账户一览表

经济业务	对应账户名称	账户性质	核算内容
权益筹资	实收资本	所有者权益类	核算企业按照章程规定或合同、协议约定，接受投资者投入企业的资本。它总括反映企业实收资本的增减变动及结存情况
	资本公积	所有者权益类	核算企业受到投资者出资额超出其在注册资本(或股本)中所占份额的部分，以及直接计入所有者权益的利得和损失等

任务 6.2　记录增资信息

一、任务布置

【任务 6-2】　记录增资信息

根据[任务 6-1]分别编制王林、于青、李可、张冰投资时的会计分录。

二、知识链接

(一) 实收资本

1. 实收资本的含义及相关规定

实收资本是企业按照章程规定或合同、协议约定、接受投资者投入企业的资本。实收资本的构成比例或股东的股份比例，是确定所有者在企业所有者权益中份额的基础，也是企业进行利润或股利分配的主要依据。

我国《公司法》规定，股东可以用货币出资，也可以用实物、知识产权等能够用货币估价并可以依法转让的非货币财产作价出资；但是法律、行政法规规定不得作为出资的财产除外。全体股东的货币出资金额不得低于公司注册资本的 30%。

2. 业务流程及原始凭证

投入资本的业务流程及原始凭证见图 6-1。

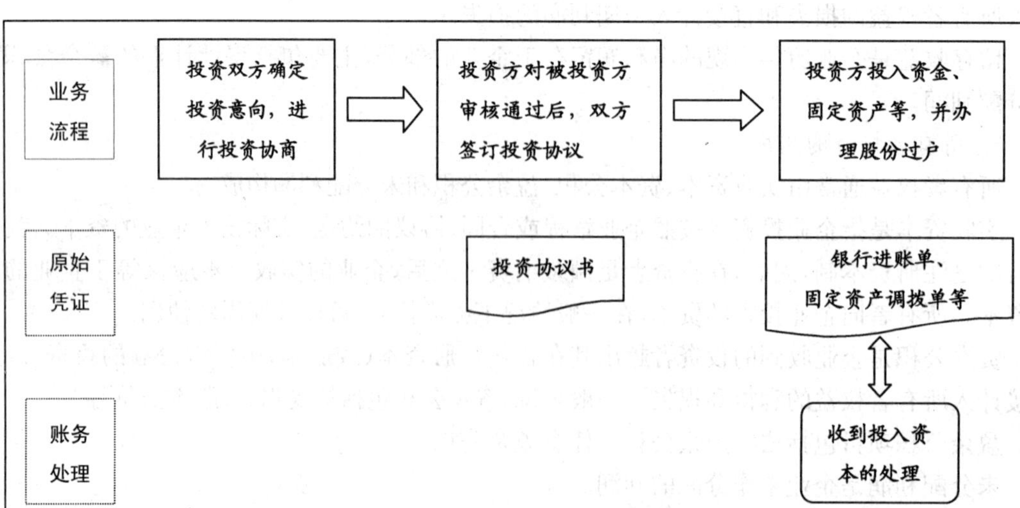

图 6-1　投入资本的业务流程及原始凭证

3. 实收资本的账务处理

1）接受投资时的账务处理

（1）股份有限公司以外的企业接受投资的核算。

【任务6-2-1】 编制天恒有限责任公司收到款项时的会计分录

甲、乙、丙共同投资设立天恒有限责任公司，该公司注册资本为300万元，持股比例分别为60%、25%和15%。按照章程规定，甲、乙、丙投入资本分别为180万元、75万元和45万元。天恒有限责任公司已如期收到各投资者一次缴足的款项。

投资者以现金投入的资本，应以实际收到或者存入企业开户银行的金额，借记"银行存款"账户，贷记"实收资本"账户和"资本公积"账户。投资者以非现金资产投入的资本，应按投资各方确认的价值，借记有关资产账户，贷记"实收资本"账户和"资本公积"账户。

【例6-1】 甲、乙、丙公司共同出资设立华源公司，公司注册资本为10 000 000元，甲、乙、丙持股比例分别为50%、30%和20%。2015年1月5日，华源公司如期收到各投资者一次性缴足的款项。该公司应编制如下会计分录：

借：银行存款	10 000 000
贷：实收资本——甲公司	5 000 000
——乙公司	3 000 000
——丙公司	2 000 000

【例6-2】 如果华源公司于设立时收到甲公司作为资本投入的不需要安装的设备一台，合同约定该设备的价税合计为2 000 000元。合同约定的固定资产价值与公允价值相符，不考虑其他因素，其他均为收到的现金。该公司应编制如下会计分录：

借：银行存款	8 000 000
固定资产	1 709 401
应交税费——应交增值税（进项税额）	290 599
贷：实收资本——甲公司	5 000 000
——乙公司	3 000 000
——丙公司	2 000 000

练一练

A有限责任公司于设立时收到B公司作为资本投入的原材料一批，该批原材料投资合同或协议约定的价值为20万元，增值税进项税额为3.4万元。B公司已开具了增值税专用发票。不考虑其他因素，原材料按实际成本进行日常核算。

根据上述资料，编制会计分录。

（2）股份有限公司接受投资的核算。股份有限公司与一般企业相比，其显著特点在于将公司的资本总额平分为金额相等的股份，公司可以向社会公开发行股票筹资。股东以其所认购股份对公司承担有限责任，公司以其全部资产对公司债务承担责任；每一股有一表决权，股东以其所认购持有的股份，享受权利，承担义务。

股份有限公司股票发行的会计核算主要通过"股本"账户进行，该账户仅核算公司发行股票的面值或设定价值部分。如果是溢价发行股票，其溢价部分记入"资本公积"账户。

发行股票相关的手续费、佣金等交易费用，如果是溢价发行股票的，应从溢价中扣除，企业应按扣除手续费、佣金后的数额记入“资本公积”账户。在采用面值发行的情况下，企业没有溢价收入，应按面值全部记入“股本”账户，支付的发行股票费用冲减盈余公积。

【例 6-3】 青岛东方股份有限公司发行股票 10 000 000 股，每股面值为 1 元，按面值发行。该公司与南方证券公司约定，按发行收入的 3%收取手续费，并从发行费用中扣除。股款已经全部收到。该公司应编制如下会计分录：

借：银行存款　　9 700 000
　　资本公积　　300 000
　贷：股本　　10 000 000

【例 6-4】 青岛东方股份有限公司收到 A 公司作为资本投入的原材料一批，该批原材料投资合同约定价值(不含可抵扣的增值税进项税额部分)为 200 000 元，增值税进项税额为 34 000元。A 公司已经开具了增值税专用发票。假设合同约定的价值公允，该进项税额允许抵扣，不考虑其他因素，青岛东方股份有限公司应编制如下会计分录：

借：原材料　　200 000
　　应交税费——应交增值税(进项税额)　　34 000
　贷：股本——A 公司　　234 000

小思考

甲股份有限公司发行普通股 5 000 万股，每股面值为 1 元，发行价为 4.5 元，按承销协议规定：券商直接从发行收入中扣取手续费 5%，普通股现已发行成功，股款已划入该公司账户。根据上述资料，编制会计分录。

(3) 实收资本(或股本)的减少。

【例 6-5】 2014 年 12 月 31 日，长远股份公司的股本为 5 000 万股，面值为 1 元，资本公积(股本溢价)为 1 500 万元。经股东大会批准，该公司以现金回购本公司股票 1 000 万股并注销。假定该公司按每股 2 元回购股票，不考虑其他因素，该公司应编制如下会计分录：

① 回购本公司股份时：

借：库存股　　20 000 000
　贷：银行存款　　20 000 000

② 注销本公司股份时：

借：股本　　10 000 000
　　资本公积　　10 000 000
　贷：库存股　　20 000 000

(二) 资本公积

1. 资本公积的来源

资本公积是企业收到投资者出资额超出其在注册资本(或股本)中所占份额的部分(即资本溢价或股本溢价)，以及直接计入所有者权益的利得和损失等。

温馨提示

资本公积与实收资本的区别如下：

(1) 从来源和性质看，实收资本是指投资者按照企业章程或合同、协议的约定，实际投入企业并依法进行注册的资本，它体现了企业所有者对企业的基本产权关系；资本公积是投资者的出资中超出其在注册资本中所占份额的部分，以及直接计入所有者权益的利得和损失，它不直接表明所有者对企业的基本产权关系。

(2) 从用途看，实收资本的构成比例是确定所有者参与企业财务经营决策的基础，也是企业进行利润分配或股利分配的依据，同时还是企业清算时确定所有者对净资产的要求权的依据；资本公积的用途主要是用来转增资本。资本公积不体现各所有者的占有比例，也不能作为所有者参与企业财务经营决策或进行利润分配的依据。

2. 资本公积的账务处理

1) 资本溢价

除股份有限公司外的其他类型的企业，在企业创立时，投资者认缴的出资额与注册资本一致，一般不会产生资本溢价。但在企业重组或有新的投资者加入时，常常会出现资本溢价。因为在企业进行正常生产经营后，其资本利润率要高于企业初创阶段，另外，企业有内部积累，次年投资者加入企业后，对这些积累也要分享，所以新加入的投资者往往要付出大于原投资者的出资额，才能取得与原投资者相同的出资比例。投资者多交的部分就形成了资本溢价。

【例 6-6】 接[例 6-1]，华源公司经营 2 年后，为扩大经营规模，经批准其注册资本增加到 12 000 000 元，并引入第四位投资者加入。按照投资协议，新投资者须缴入现金 2 800 000 元，同时享有该公司 15%的股份。华源公司已收到该现金投资。假定不考虑其他因素，该公司应编制如下会计分录：

借：银行存款	2 800 000	
贷：实收资本		1 800 000
资本公积——资本溢价		1 000 000

算算看

华源公司接受第四位投资者投入后，各股东的投资比例分别是多少？

2) 股本溢价

【例 6-7】 青岛东方股份有限公司发行股票 10 000 000 股，每股面值为 1 元，每股发行价格为 6 元。该公司与南方证券公司约定，按发行收入的 3%收取手续费，并从发行费用中扣除。股款已经全部收到。该公司应编制如下会计分录：

借：银行存款	58 200 000	
贷：股本		10 000 000
资本公积——股本溢价		48 200 000

试试看

(1) A 有限责任公司由一位投资者投资 100 万元设立，3 年后，为扩大经营规模，经批准，该公司注册资本增加到 200 万元，并引入一位新的投资者加入。根据协议，新投资者需出资 150 万元，同时享有 50%的股份，该公司已收到该笔投资。

(2) B 股份有限公司发行普通股 2 000 万股，每股面值为 1 元，每股发行价格为 5 元，B 公司与受托单位约定，按发行收入的 3%收取手续费，从发行收入中扣除。收到的股款已存入银行。

要求：根据以上资料，编制会计分录。

3）其他资本公积

其他资本公积是指除资本溢价(或股本溢价)项目以外所形成的资本公积，其中主要是直接计入所有者权益的利得和损失。

【例 6-8】 青岛东方股份有限公司持有上海新天地股份有限公司 1 000 万股，占该公司有表决权股份的 40%，对其有重大影响。2014 年，上海新天地股份有限公司可供出售金融资产的公允价值增加了 4 000 000 元。青岛东方股份有限公司按照持股比例确认相应的资本公积 1 600 000 元。该公司应编制如下会计分录：

借：长期股权投资——其他权益变动	1 600 000	
贷：资本公积——其他资本公积		1 600 000

4）资本公积转增资本

【例 6-9】 接[例 6-6]，华源公司为扩大经营规模需要，经批准，按出资比例将资本公积 1 000 000元转增资本。该公司应编制如下会计分录：

借：资本公积	1 000 000	
贷：实收资本——甲		425 000
——乙		255 000
——丙		170 000
——丁		150 000

项目 7

交易性金融资产

能力目标

1. 基本会办理交易性资产核算岗位的各项工作。
2. 能按照规范流程和方法进行交易性金融资产的会计核算。

知识目标

1. 熟悉《企业会计准则第 22 号——金融工具确认和计量》。
2. 掌握交易性金融资产的账务处理。

素质目标

1. 学习证券市场的相关知识，熟悉股票、债券的特点及交易流程。
2. 能与资产管理人员有效沟通，建立有效的交易性金融资产管理办法。
3. 能够准确无误地识别原始凭证、分析和判断经济业务的内容，能采用手工和电算化方式独立完成建账、填制和审核会计凭证、汇总和试算平衡、登记账簿、结账、对账。

任务 7.1　建立交易性金融资产档案

一、任务布置

【任务 7-1】　建立交易性金融资产档案

通过去证券交易所实地考察及阅读相关资料，了解交易性金融资产的基本内容，讨论并编制某一企业的交易性金融资产目录（包括交易性金融资产的分类、品种等）。

二、知识链接

（一）投资概述

企业筹集到资金以后，一方面，为了维持正常的生产经营活动，必须提供必要的物资、技术条件，即购置所需的固定资产和无形资产等，形成直接对内投资；另一方面，为了使闲置的资金发挥作用，谋取更大的经济利益，利用这部分资金进行对外投资，如购买债券、股票等。投资是指企业为通过分配来增加财富，或为谋求其他利益，而将资产让渡给其他单位所获得的另一项资产。

投资核算内容的分类见图 7-1。

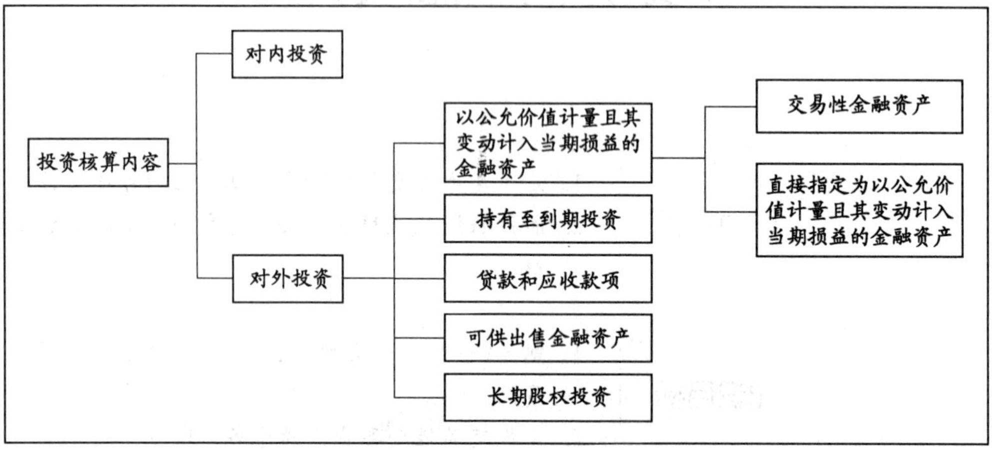

图 7-1 投资核算内容的分类

企业开展对外投资活动，通常要达到如下目的：一是有效地利用暂时闲置的资金，以获取一定的经济利益；二是为了影响或控制其他企业的经营或财务政策，以保证本企业正常经营业务的顺利进行和经营规模的扩大；三是为了积累整笔巨额资金，为满足企业未来某些特定用途做准备。

对外投资形式主要有：一是将企业的部分资产转让给其他单位使用，由其创造收益后，通过分配收益，或改善贸易关系等达到获取利益的目的；二是将现金、实物资产让渡给其他单位或直接投资股票、债券等金融资产，通过金融资产的买卖获得资本增值。

（二）交易性金融资产概述

金融资产是与实物资产相对的一类资产。它的具体内容包括库存现金、应收账款、应收票据、贷款、垫款、其他应收款、应收利息、债券投资、股权投资、基金投资及衍生金融资产等。企业应当结合自身业务特点和风险管理要求，将取得的金融资产分类核算。金融资产主要涉及流动性较强的两类金融资产的核算，即：交易性金融资产和直接指定为以公允价值计量且其变动计入当期损益的金融资产。

1. 交易性金融资产的含义

交易性金融资产主要是指企业为了近期内出售而持有的金融资产，例如企业以赚取差价为目的从二级市场购入的股票、债券、基金等。

2. 交易性金融资产的特点

(1) 具有较强的变现能力，流动性强。交易性金融资产均有活跃的市场报价，可以随时变现，其流动性仅次于货币资金。

(2) 持有交易性金融资产的目的是为了从其价格的短期波动中获利。交易性金融资产保持了资金的流动性和获利性，企业是为了利用生产经营过程中暂时闲置的资金获得一定的收益而持有股票、债券、基金等交易性金融资产，而不是为了控制被投资企业。

(三) 交易性金融资产核算的业务流程

交易性金融资产核算的业务流程及所涉及的原始凭证见图7-2。

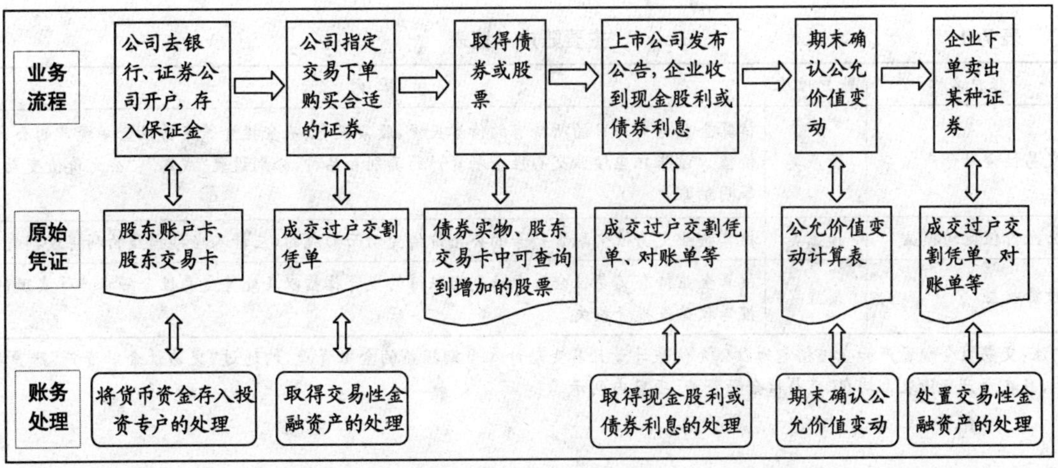

图7-2 交易性金融资产的业务流程及所涉及的原始凭证

(四) 交易性金融资产核算的内容和设置的主要账户

1. 核算的内容

根据交易性金融资产的业务流程可知，企业交易性金融资产的核算主要从以下几个方面展开，见图7-3。

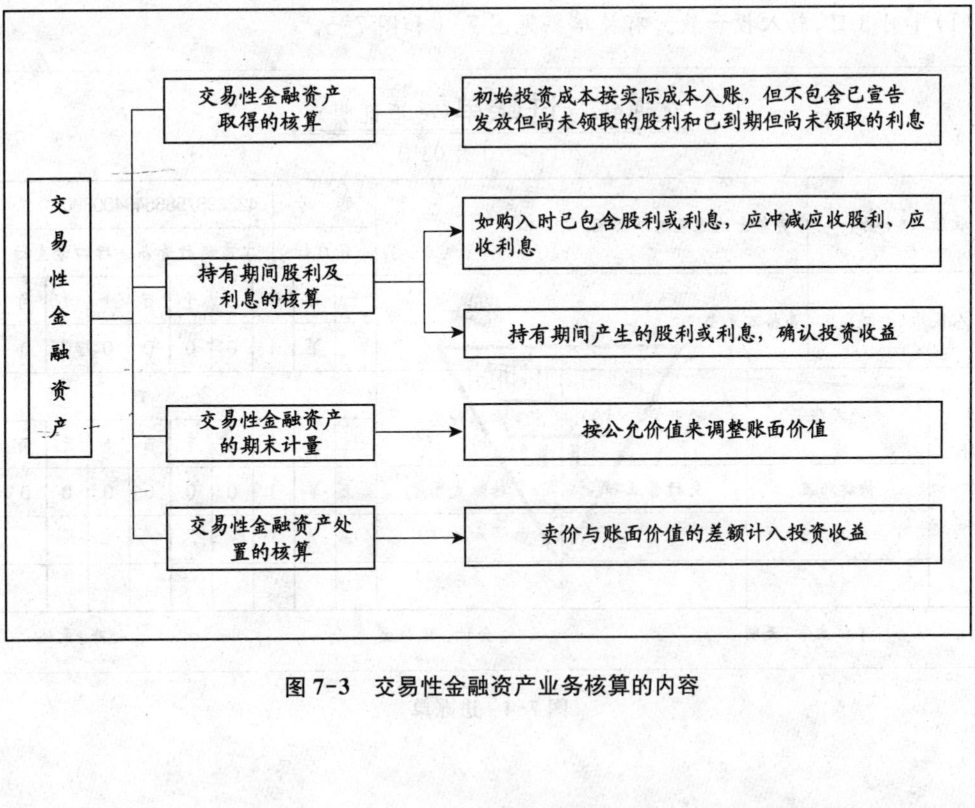

图7-3 交易性金融资产业务核算的内容

2. 设置的主要账户

为了核算交易性金融资产业务，企业应设置“交易性金融资产——成本”、“交易性金融资产——公允价值变动”、“应收股利”、“应收利息”、“投资收益”、“公允价值变动损益”等账户，见表 7-1。

表 7-1　　主要账户一览表

账户名称	账户性质	核算内容
交易性金融资产	资产类	核算企业为交易目的所持有的债券投资、股票投资、基金投资等交易性金融资产的公允价值。该账户应按照交易性金融资产的类别和品种，分别设置“成本”、“公允价值变动”等明细账户
公允价值变动损益	损益类	核算企业交易性金融资产等的公允价值变动而形成的，应计入当期损益的利得或损失
投资收益	损益类	核算企业持有交易性金融资产期间取得的投资收益以及处置交易性金融资产等实现的投资收益或投资损失

注：交易性金融资产和直接指定为以公允价值计量且其变动计入当期损益的金融资产，均通过“交易性金融资产”账户核算，且在资产负债表上均在“交易性金融资产”项目内列示。

任务 7.2　记录交易性金融资产变更信息

一、任务布置

【任务 7-2】　记录交易性金融资产变更信息

2014 年，青岛宏达服装有限公司发生如下与交易性金融资产有关的经济业务：

(1) 1 月 3 日，转入投资款。有关单据见图 7-4 和图 7-5。

交通银行**进账单**(受理证明)

2014 年 01 月 03 日

收款人(全称)	青岛宏达服装有限公司		账号	4222987586543400890
			开户行	工商银行青岛分行四方支行
人民币(大写)	壹拾万元整		千百十万千百十元角分	¥ 1 0 0 0 0 0 0 0
付款人 全称或账号	开户行	票据种类	金额 千百十万千百十元角分	
快捷物流	交行营业部	转账支票	¥ 1 0 0 0 0 0 0 0	

工商银行青岛分行四方支行 2014.01.03 转账 转讫

单位主管：王明　　会计：张征文　　记账：宋城

图 7-4　进账单

中国农业银行 转账支票存根 Ⅶ Ⅲ 00041191	
科　　目：	
对方科目：其他货币资金	
出票日期：2014 年 01 月 03 日	
收款人：本公司投资户	
金　额：￥100 000.00	
用　途：存出投资款	
单位主管：李平	会计：刘强
复核：	记账：

图 7-5　转账支票存根

(2) 1 月 11 日，购买股票作为交易性金融资产持有。有关单据见图 7-6 和图 7-7。

成交过户交割凭单

股东代码：	154	股东姓名：	青岛宏达服装有限公司
资金账号：	7578478		
合同账号：	587478		
证券名称：	陆家嘴	委托时间：	09:50:01
成交号码：	5478	成交时间：	10:05:12
成交股数：	5 000 股	本次余额：	10 000 股
成交价格：	15.00	成交金额：	75 000.00
手续费：	100.00	印花税：	50.00
过户费：	50.00	其他收费：	0.00
清算费：	0.00		
收付余额：	75 200.00		
上次余额：	100 000.00	买卖方向：	买
本次余额：	24 800.00		
成交日期：	**2014.01.11**		
备注信息：			

图 7-6　成交过户交割凭单

证 券 市 场 报

……

陆家嘴发布董事会通告：公司于 2014 年 01 月 01 日通过了每股发放现金股利 0.1 元的 2013 年度股息分配方案……股利支付日为 2014 年 02 月 10 日。

……

图 7-7　证券市场报

(3) 2 月 10 日,出售股票。有关单据见图 7-8。

成交过户交割凭单

股东代码:	154	股东姓名:	青岛宏达服装有限公司
资金账号:	7578478		
合同账号:	266013		
证券名称:	陆家嘴	委托时间:	09:55:02
成交号码:	772	成交时间:	10:44:30
成交股数:	股	本次余额:	股
成交价格:		成交金额:	500.00
手续费:		印花税:	
过户费:		其他收费:	500.00 股息
清算费:			
收付余额:	500.00		
上次余额:	24 800.00	买卖方向:	其他
本次余额:	253 000.00		
成交日期:	2014.02.10		
备注信息:			

图 7-8 成交过户交割凭单

要求:根据以上原始凭证,编制相关记账凭证。

二、知识链接

【任务 7-2-1】 交易性金融资产的核算

A 公司于 2014 年 12 月 5 日从证券市场上购入 B 公司发行在外的股票 20 万股作为交易性金融资产,每股支付价款 5 元;2014 年 12 月 31 日,该股票公允价值为 110 万元。

(1) 假定 2015 年 1 月 10 日,A 公司将上述股票全部出售,收到款项 115 万元存入银行。

(2) 假定 2015 年 1 月 10 日,A 公司出售 10 万股上述股票,收到款项 60 万元并存入银行。

请编制相关的会计分录。

(一) 交易性金融资产取得的核算

企业取得交易性金融资产时,应当按照该交易性金融资产的公允价值作为初始确认金额,记入"交易性金融资产——成本"账户。如果在取得交易性金融资产所支付价款中,包含了已宣告但尚未发放的现金股利或已到付息期但尚未领取的债券利息(相当于企业投资时暂时垫付的款项),应当单独确认为应收项目,记入"应收股利"或"应收利息"账户。

图 7-9 形象地展示了应收股利的期间,为股利宣告日和支付日间。

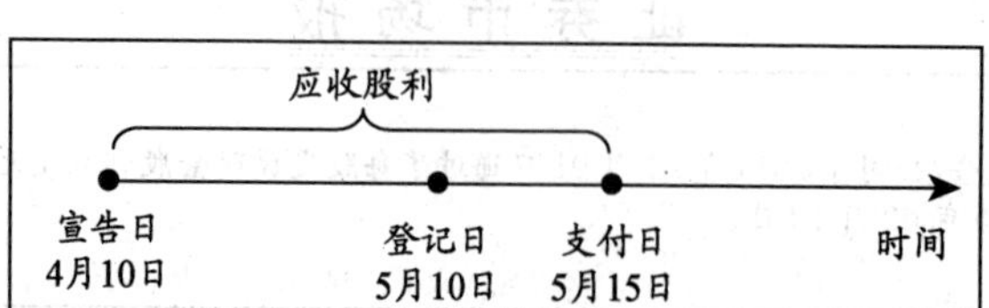

图 7-9 应收股利的期间

取得交易性金融资产所发生的相关交易费用,应在发生时计入投资损益,不计入交易性金融资产的成本。

相关链接

交易费用是指可直接归属于购买、发行或处置金融工具新增的外部费用,包括支付给代理机构、咨询公司、券商等的手续费和佣金及其他必要支出。

取得交易性金融资产的业务核算流程见图 7-10。

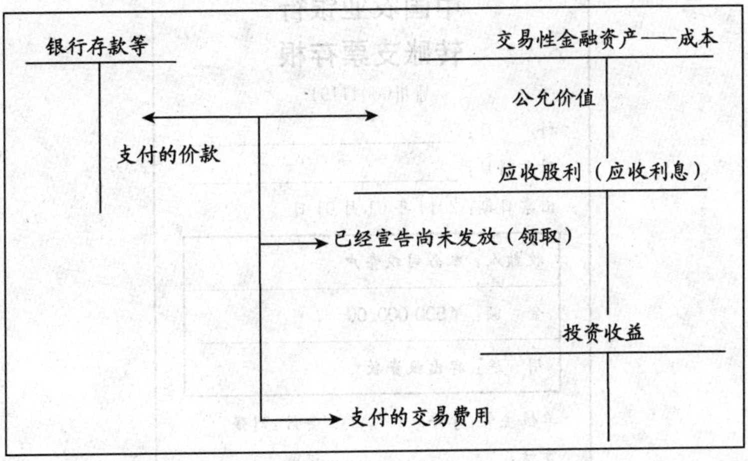

图 7-10 取得交易性金融资产的业务核算流程

提示

取得交易性资产的方式不同,贷方登记的账户也不同,如果是直接购入某公司的股票,则贷方登记“银行存款”账户;如果是委托证券公司购买,则贷方登记“其他货币资金——存出投资款”账户。

【例 7-1】 2015 年 1 月 20 日,青岛东方股份有限公司委托证券公司购入海尔集团股票 100 万股,并将其划分为交易性金融资产。该笔股票投资在购买日的公允价值为 1 000 万元。另支付相关交易费用金额为 2.5 万元。该公司应编制如下会计分录:

① 2015 年 1 月 20 日,购买海尔集团股票时:

借:交易性金融资产——成本　　10 000 000

　贷:其他货币资金——存出投资款　　10 000 000

② 支付相关交易费用时:

借:投资收益　　25 000

　贷:其他货币资金——存出投资款　　25 000

【例 7-2】 2014 年 1 月 8 日,青岛东方股份有限公司购入海信集团发行的公司债券,该笔债券于 2013 年 7 月 1 日发行,面值为 2 500 万元,票面利率为 4%。上年债券利息于下年年初支付。甲公司将其划分为交易性金融资产,支付价款为 2 550 万元(其中包含已到付息期尚未发放的债券利息 50 万元),另支付交易费用 30 万元。该公司应编制如下会计分录:

借：交易性金融资产——成本　　25 000 000

　　应收利息　　500 000

　　投资收益　　300 000

　贷：其他货币资金——存出投资款　　25 800 000

【例 7-3】 2014 年 1 月 1 日，青岛东方股份有限公司存入投资款，取得的原始凭证见图 7-11 和图 7-12。

中国农业银行
转账支票存根

ⅦⅢ00041191

科　　目：

对方科目：

出票日期：2014 年 01 月 01 日

收款人：本公司投资户
金　额：¥500 000.00
用　途：存出投资款

单位主管：李平　　会计：刘强

复核：　　记账：

图 7-11　转账支票存根

交通银行进账单（受理证明）

2014 年 01 月 03 日

收款人(全称)	青岛东方股份有限公司			账　号	6015829638648830439									
				开户行	交通银行证券营业部									
人民币(大写)	伍拾万元整			千	百	十	万	千	百	十	元	角	分	
					¥	5	0	0	0	0	0	0	0	
付款人	全称或账号	开户行	票据种类	金额										
				千	百	十	万	千	百	十	元	角	分	
	青岛东方股份有限公司	中国银行青岛分行市北支行	转账支票		¥	5	0	0	0	0	0	0	0	

中国银行青岛分行市北支行 2014.01.03 转讫

单位主管：王明　　会计：张征文　　记账：宋城

图 7-12　进账单

要求:编制记账凭证(见图 7-13)。

记 账 凭 证

2014 年 01 月 03 日　　　　记字 001 号

摘　要	会计科目	明细科目	借方金额										贷方金额										√
			千	百	十	万	千	百	十	元	角	分	千	百	十	万	千	百	十	元	角	分	
存出投资款	其他货币资金	存出投资款			5	0	0	0	0	0	0	0											
	银行存款														5	0	0	0	0	0	0	0	
合　计				¥	5	0	0	0	0	0	0	0		¥	5	0	0	0	0	0	0	0	

附件 1 张

会计主管:李平　　记账:宋涛　　出纳:王静　　审核:朱丽　　制单:刘强

图 7-13　记账凭证

【例 7-4】 2014 年 4 月 1 日,青岛东方股份有限公司购买股票作为交易性金融资产持有,取得的原始凭证见图 7-14 和图 7-15。

成交过户交割凭单

股东代码:	B112985442	股东姓名:	青岛东方股份有限公司
资金账号:	788621335		
合同账号:	3220517		
证券名称:	紫鑫药业	委托时间:	09:50:01
成交号码:	5478	成交时间:	10:05:12
成交股数:	10 000 股	本次余额:	10 000 股
成交价格:	28.00	成交金额:	280 000.00
手续费:	300.00	印花税:	100.00
过户费:	100.00	其他收费:	0.00
清算费:	0.00		
收付余额:	280 500.00		
上次余额:	500 000.00	买卖方向:	买
本次余额:	219 500.00		
成交日期:	**2014.04.01**		
备注信息:			

图 7-14　成交过户交割凭单

证 券 市 场 报

……

紫鑫药业发布董事会通告:公司于 2014 年 03 月 25 日通过了每股发放现金股利 0.1 元的 2013 年度股息分配方案…… 股利支付日为 2014 年 04 月 10 日。

……

图 7-15　证券市场报

要求：编制记账凭证（见图 7-16）。

记 账 凭 证

2014 年 04 月 01 日　　　　记字 002 号

摘　要	会计科目	明细科目	借方金额										贷方金额										√
			千	百	十	万	千	百	十	元	角	分	千	百	十	万	千	百	十	元	角	分	
购买股票	交易性金融资产	成本			2	7	9	0	0	0	0	0											
	应收股利	紫鑫药业					1	0	0	0	0	0											
	投资收益							5	0	0	0	0											
	其他货币资金	存出投资款													2	8	0	5	0	0	0	0	
合　计				¥	2	8	0	5	0	0	0	0		¥	2	8	0	5	0	0	0	0	

附件 2 张

会计主管：李平　　记账：宋涛　　出纳：　　审核：朱丽　　制单：刘强

图 7-16　记账凭证

考考你

某企业购入 W 上市公司股票 180 万股，并划分为交易性金融资产，共支付款项 2 830 万元，其中包括已宣告但尚未发放的现金股利 126 万元，另外支付相关交易费用 4 万元。该项交易性金融资产的入账价值为（　　）万元。

（二）交易性金融资产持有期间取得现金股利和利息的核算

企业持有交易性金融资产期间，收到购买价款中包含的应收未收股利或应收未收利息，应借记“银行存款” 等账户，贷记“应收股利”或“应收利息”账户，不通过“投资收益”账户核算。

企业持有交易性金融资产期间，对于被投资单位宣告发放的现金股利或企业在资产负债表日按分期付息、一次还本债券投资的票面利率计算的利息收入，应当确认为应收项目，记入“应收股利”或“应收利息”账户，并计入当期投资收益。

【例 7-5】 接[例 7-2]，2014 年 2 月 5 日，青岛东方股份有限公司收到该笔债券上年利息 50 万元。2015 年年初，公司收到 2014 年度债券利息 100 万元。该公司应编制如下会计分录：

① 2014 年 2 月 5 日，收到购买价款中包含的已宣告发放的债券利息时：

借：其他货币资金——存出投资款　　500 000

　贷：应收利息　　500 000

② 2014 年 12 月 31 日，确认海信集团的公司债券利息收入时：

借：应收利息　　1 000 000

　贷：投资收益　　1 000 000

③ 2015 年年初，收到持有债券利息时：

借：其他货币资金——存出投资款　　1 000 000

　贷：应收利息　　1 000 000

【例 7-6】 接[例 7-4]，假定青岛东方股份有限公司于 2014 年 4 月 11 日收到股利，取得的原始凭证见图 7-17。

成交过户交割凭单

股东代码：	B112985442	股东姓名：	青岛东方股份有限公司
资金账号：	788621335		
合同账号：	266013		
证券名称：	紫鑫药业	委托时间：	09:55:02
成交号码：	772	成交时间：	10:44:30
成交股数：	股	本次余额：	股
成交价格：		成交金额：	1 000.00
手续费：		印花税：	
过户费：		其他收费：	1 000.00 股息
清算费：			
收付余额：	1 000.00		
上次余额：	219 500.00	买卖方向：	其他
本次余额：	220 500.00		
成交日期：	2014.04.11		
备注信息：			

图 7-17 成交过户交割单

要求：编制记账凭证(见图 7-18)。

记 账 凭 证

2014 年 04 月 11 日　　记字 003 号

摘要	会计科目	明细科目	借方金额										贷方金额										√
			千	百	十	万	千	百	十	元	角	分	千	百	十	万	千	百	十	元	角	分	
收到股利	其他货币资金	存出投资款					1	0	0	0	0	0											
	应收股利	紫鑫药业															1	0	0	0	0	0	
合　计						¥	1	0	0	0	0	0				¥	1	0	0	0	0	0	

附件 1 张

会计主管：李平　记账：宋涛　出纳：　审核：朱丽　制单：刘强

图 7-18 记账凭证

(三) 交易性金融资产处置的核算

企业出售交易性金融资产时，应当将该金融资产出售时的公允价值与其账面余额之间的差额确认为投资收益，同时调整公允价值变动损益。

小思考

“交易性金融资产——公允价值变动”账户和“公允价值变动损益”账户有何区别和联系？

【例 7-7】 接[例 7-2]，假定 2015 年 2 月 15 日，青岛东方股份有限公司出售了所持有的海信集团债券，售价为 2 565 万元，公允价值变动 60 万元。青岛东方股份有限公司应编制如下会计分录：

借：其他货币资金——存出投资款　　25 650 000
　贷：交易性金融资产——成本　　25 000 000
　　　　　　　　　　——公允价值变动　　600 000
　　投资收益　　50 000

同时：

借：公允价值变动损益　　600 000
　贷：投资收益　　600 000

温馨提示

（1）企业出售交易性金融资产时，将原计入公允价值变动损益的金额转出，借记或贷记“公允价值变动损益”账户，贷记或借记“投资收益”账户。由于“公允价值变动损益”账户和“投资收益”账户均属于损益类账户，因此该笔分录对利润总额没有影响，但影响处置交易性金融资产的投资收益。

（2）由于交易性金融资产期末采用公允价值计量，不存在计提减值准备的情况。所以，交易性金融资产期末余额＝交易性金融资产的账面价值。

【例 7-8】 接[例 7-4]和[例 7-6]，青岛东方股份有限公司取得的原始凭证见图 7-19。

成交过户交割凭单

股东代码：	B112985442	股东姓名：	青岛东方股份有限公司
资金账号：	788621335		
合同账号：	112410		
证券名称：	紫鑫药业	委托时间：	14:10:10
成交号码：	772	成交时间：	17:52:30
成交股数：	5 000 股	本次余额：	5 000 股
成交价格：	35.00	成交金额：	175 000.00
手续费：	100.00	印花税：	60.00
过户费：	40.00	其他收费：	0.00
清算费：	0.00		
收付余额：	174 800.00		
上次余额：		买卖方向：	卖
本次余额：			
成交日期：	2014.09.05		
备注信息：			

图 7-19　成交过户交割凭单

要求：编制记账凭证（见图 7-20 和图 7-21）。

记　账　凭　证

2014 年 09 月 05 日　　　　记字 004 $\frac{1}{2}$ 号

摘　要	会计科目	明细科目	借方金额	贷方金额	√
收到股利	其他货币资金	存出投资款	174800.00		
	交易性金融资产	成本		139500.00	
	投资收益			35300.00	
合　计			¥174800.00	¥174800.00	

附件 1 张

会计主管：李平　记账：宋涛　出纳：　审核：朱丽　制单：刘强

图 7-20　记账凭证

记　账　凭　证

2014 年 09 月 05 日　　　　记字 004 $\frac{2}{2}$ 号

摘　要	会计科目	明细科目	借方金额	贷方金额	√
收到股利	交易性金融资产	公允价值变动	121000.00		
	公允价值变动损益			121000.00	
合　计			¥174800.00	¥174800.00	

附件 1 张

会计主管：李平　记账：宋涛　出纳：　审核：朱丽　制单：刘强

图 7-21　记账凭证

任务 7.3　核对期末交易性金融资产信息

一、任务布置

【任务 7-3】　核对期末交易性金融资产信息

青岛宏达服装有限公司 2014 年发生如下与交易性金融资产有关的经济业务：

(1) 6 月 30 日,对持有的交易性金融资产进行期末计价。有关单据见图 7-22。

提示:根据[任务 7-2]计算股票的账面价值。

交易性金融资产市价表

2014 年 06 月 30 日　　　　金额单位:元

投资项目	持有股(份)数	单位市价	账面价值	市价总额
股票投资:				
陆家嘴	5 000	20.00		100 000.00
合计				

图 7-22　交易性金融资产市价表

(2) 12 月 18 日,出售持有的股票。有关单据见图 7-23。

提示:结合[任务 7-2]和[任务 7-3]中的第(1)题。

成交过户交割凭单

股东代码:	154	股东姓名:	青岛宏达服装有限公司
资金账号:	7578478		
合同账号:	112410		
证券名称:	陆家嘴	委托时间:	14:10:10
成交号码:	772	成交时间:	17:52:30
成交股数:	5 000 股	本次余额:	
成交价格:	25.00	成交金额:	125 000.00
手续费:	100.00	印花税:	60.00
过户费:	40.00	其他收费:	0.00
清算费:	0.00		
收付余额:	124 800		
上次余额:		买卖方向:	卖
本次余额:			
成交日期:	2014.12.18		
备注信息:			

图 7-23　成交过户交割凭单

要求:根据以上原始凭证,编制记账凭证。

二、知识链接

(一) 交易性金融资产期末计量的确定

资产负债表日,交易性金融资产应当按照公允价值计量,公允价值与账面余额之间的差额计入当期损益。企业应当在资产负债表日按照交易性金融资产公允价值与其账面余额的差额,借记或贷记“交易性金融资产——公允价值变动”账户,贷记或借记“公允价值变动损益”账户。

交易性金融资产期末计量的业务核算流程见图 7-24。

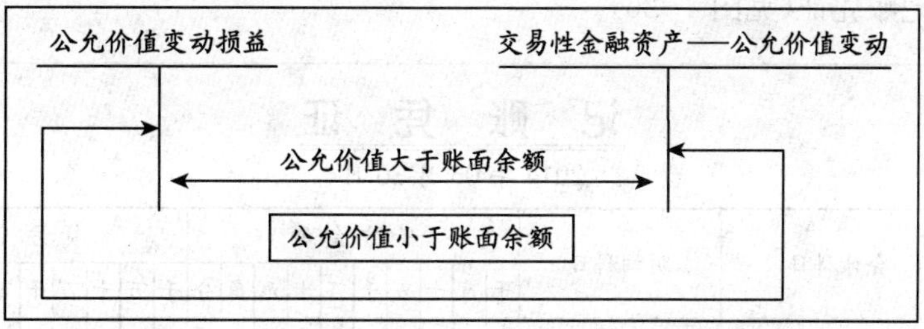

图 7-24 交易性金融资产期末计量的业务核算流程

温馨提示

购买当期的公允价值变动＝当期期末的公允价值－购入时的成本

以后期间的公允价值变动＝本期期末的公允价值－上期期末的公允价值

期末公允价值＝该交易性金融资产的账面余额＝该交易性金融资产的账面价值

交易性金融资产的账面余额＝交易性金融资产的所有明细账户之和

＝交易性金融资产(成本)＋交易性金融资产(公允价值)

(二) 交易性金融资产期末计量的账务处理

【例 7-9】 接[例 7-2]和[例 7-5],假定 2014 年 6 月 30 日,青岛东方股份有限公司购买的该笔债券的市价为 2 580 万元;2014 年 12 月 31 日,该笔债券的市价为 2 560 万元。该公司应编制如下会计分录:

① 2014 年 6 月 30 日,确认该笔债券的公允价值变动损益时:

借:交易性金融资产——公允价值变动　　800 000

　贷:公允价值变动损益　　800 000

② 2014 年 12 月 31 日,确认该笔债券的公允价值变动损益时:

借:公允价值变动损益　　200 000

　贷:交易性金融资产——公允价值变动　　200 000

在本例中,2014 年 6 月 30 日,该笔债券的公允价值为 2 580 万元,账面余额为 2 500 万元,公允价值大于账面余额 80 万元,应记入“公允价值变动损益”账户的贷方;2014 年 12 月 31 日,该笔债券的公允价值为 2 560 万元,账面余额为 2 580 万元,公允价值小于账面余额 20 万元,应记入“公允价值变动损益”账户的借方。

【例 7-10】 接[例 7-4]和[例 7-6],青岛东方股份有限公司于 2014 年 6 月 30 日取得的原始凭证见图 7-25。

交易性金融资产市价表

2014 年 06 月 30 日　　　　金额单位:元

投资项目	持有股(份)数	单位市价	账面余额	公允价值
股票投资:				
紫鑫药业	10 000	40.00	279 000.00	400 000.00
合计			279 000.00	400 000.00

图 7-25 交易性金融资产市价表

要求：编制记账凭证（见图 7-26）。

记 账 凭 证

2014 年 06 月 30 日　　　　记字 005 号

摘要	会计科目	明细科目	借方金额										贷方金额										√
			千	百	十	万	千	百	十	元	角	分	千	百	十	万	千	百	十	元	角	分	
公允价值上升	交易性金融资产	公允价值变动			1	2	1	0	0	0	0	0											
	公允价值变动损益														1	2	1	0	0	0	0	0	
合计				¥	1	2	1	0	0	0	0	0		¥	1	2	1	0	0	0	0	0	

附件 1 张

会计主管：李平　　记账：宋涛　　出纳：　　审核：朱丽　　制单：刘强

图 7-26　记账凭证

【例 7-11】 2014 年 2 月 15 日，青岛东方股份有限公司购入甲公司股份 10 000 股，并将其划分为交易性金融资产。该笔股票投资在购买日的公允价值为 500 000 元。2014 年 6 月 30 日，该股票的公允价值为 510 000 元。2014 年 12 月 31 日，该股票的公允价值为 480 000 元。该公司应编制如下会计分录：

① 2014 年 2 月 15 日，取得交易性金融资产时：

借：交易性金融资产——成本　　500 000

　贷：其他货币资金——存出投资款　　500 000

② 2014 年 6 月 30 日，确认公允价值变动损益时：

借：交易性金融资产——公允价值变动　　10 000

　贷：公允价值变动损益　　10 000

③ 2014 年 12 月 31 日，确认公允价值变动损益时：

借：公允价值变动损益　　30 000

　贷：交易性金融资产——公允价值变动　　30 000

动脑筋

根据[例 7-11]的资料，请回答以下问题：

(1) 2014 年 6 月 30 日，交易性金融资产的账面余额是多少？

(2) 2014 年 12 月 31 日，交易性金融资产的账面余额是多少？

项目 8

长期股权投资岗位

能力目标	1. 基本会办理长期股权投资岗位的各项工作。 2. 能按照规范流程和方法进行长期股权投资业务的会计处理。
知识目标	1. 熟悉《企业会计准则第 2 号——长期股权投资》的相关内容。 2. 掌握长期股权投资成本法和权益法的会计核算。
素质目标	1. 理解投资企业与被投资企业各种关系的成因以及对投资企业的影响。 2. 能与资产管理人员有效沟通，建立有效的长期股权投资管理办法。 3. 能够准确无误地识别原始凭证、分析和判断经济业务的内容，能采用手工和电算化方式独立完成建账、填制和审核会计凭证、汇总和试算平衡、登记账簿、结账、对账。

任务 8.1　建立长期股权投资档案

一、任务布置

【任务 8-1】　建立长期股权投资档案

通过去公司实地考察及阅读相关资料，了解子公司、合营企业及联营企业的主要特征。讨论并编制某一公司的子公司、合营企业及联营企业目录。

二、知识链接

(一) 长期股权投资的概念

1. 长期股权投资概述

长期股权投资是指企业通过投资取得被投资单位的股份，按所持股权享有权益并承担责任的一种长期投资。它是投资方对被投资单位实施控制、重大影响的权益性投资，以及对其合营企业的权益性投资。投资企业对被投资单位不具有共同控制或重大影响，并且在活跃市场中没有报价、公允价值不能可靠计量的长期股权投资不适用《企业会计准则第 2 号——长期股权投资》。

它包括长期股票投资和其他股权投资。长期股票投资是指以购买股票方式对其他单位进行的股权投资；其他股权投资是指直接以货币资金或实物资产、无形资产对其他单位进行的长期投资。

2. 投资企业与被投资单位的关系

根据拥有被投资单位股权份额的多少，以及对被投资单位影响的大小，长期股权投资可以分为以下四种类型：

（1）控制。控制是指投资企业有权决定被投资单位的财务和经营政策，并能据以从该企业的经营活动中获取利益。存在控制关系时，被投资单位称为子公司，投资企业称为母公司。在通常情况下，当投资企业拥有被投资单位50%以上的表决权资本，便取得了该单位的控制权。

（2）共同控制。共同控制是指按照合同约定对某项经济活动所共有的控制，仅在与该项经济活动相关的重要财务和经营决策需要分享控制权的投资方一致同意时存在。投资企业与其他方对被投资单位实施共同控制的，被投资单位为本企业的合营企业。

（3）重大影响。重大影响是指对一个企业的财务和经营政策有参与决策的权力，但并不能够控制或者与其他单位一起共同控制这些政策的制定。投资企业能够对被投资单位施加重大影响的，被投资单位为投资企业的联营企业。一般认为，拥有被投资单位20%～50%的表决权资本；或者虽然拥有被投资单位的表决权资本不足20%，但可以对被投资单位施加重大影响时，都应当属于这种投资类型。

温馨提示

不具有控制、共同控制或重大影响的投资，投资方承担的是投资资产的价格变动风险、被投资方的信用风险。因此，适应《企业会计准则第22号——金融工具的确认和计量》。

小思考

下列投资中，不应作为长期股权投资核算的是（　　）。

A. 对子公司的投资

B. 对联营企业和合营企业的投资

C. 在活跃市场中没有报价、公允价值无法可靠地计量的没有控制、共同控制或重大影响的权益性投资

D. 在活跃市场中有报价、公允价值能可靠地计量的没有控制、共同控制或重大影响的权益性投资

（二）长期股权投资的业务流程（见图8-1）

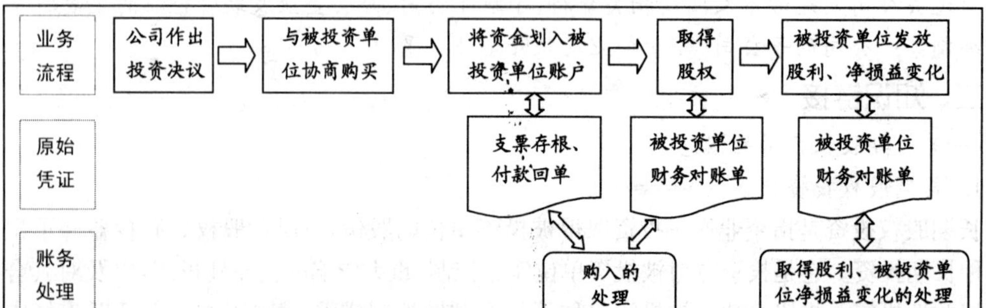

图8-1 长期股权投资的业务流程及所涉及的原始凭证

（三）账户设置（见图 8-2）

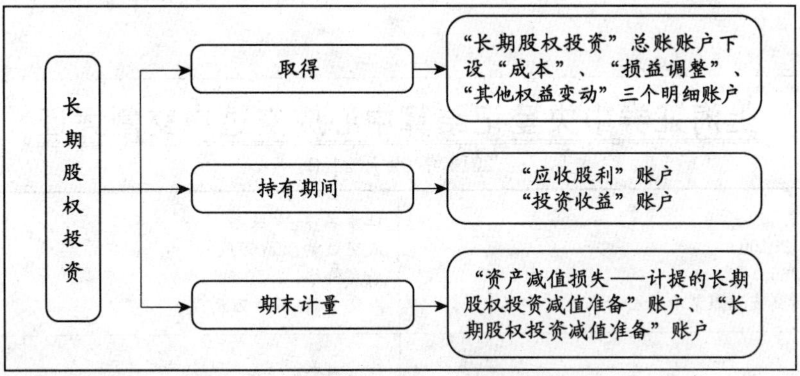

图 8-2　长期股权投资核算的主要账户

任务 8.2　成本法记录长期股权投资信息

一、任务布置

【任务 8-2】　采用成本法记录长期股权投资信息

2014 年，青岛宏达服装有限公司发生如下与长期股权投资相关的经济业务：

(1) 7 月 1 日，购买 M 股票准备长期持有并能控制被投资企业，买价为 3 040 万元，包含已经宣告尚未发放的现金股利 40 万元，另外支付投资费用 50 万元。有关单据见图 8-3。

深圳证券中央登记结算中心成交过户交割凭证

2014 年 07 月 01 日

公司代码：20500 股东账户：120100 资金账号：9665 股东名称：青岛宏达服装有限公司	证券名称：M 股票 成交数量：300 万股 成交价格：10.00 元 成交金额：3 000 万元
申请编号： 申请时间： 成交时间： 资金前余额：3 090 万元 资金余额：0 证券前余额：200 万股 本次余额：500 万股	标准用金： 过户费用： 印花税： 附加费用：50 万元 其他费用：40 万元 实际收付金额：3 090 万元
备注：(1) 取得控股权。 (2) 其他费用为已宣告未发放的股利。	

图 8-3　成交过户交割凭证

（2）9月24日，将长期持有的W股票出售，支付相关税费25万元，取得价款475万元，款项已由银行收妥。该长期股权投资账面价值为200万元，已提减值准备30万元。有关单据见图8-4。

上海证券中央登记结算中心成交过户交割凭证

2014年09月24日

公司代码：20500 股东账户：120100 资金账号：9665 股东名称：青岛宏达服装有限公司	证券名称：W股票 成交数量：200万股 成交价格：2.50元 成交金额：500万元
申请编号： 申请时间： 成交时间： 资金前余额：0.00 资金余额：0.00 证券前余额：20万股 本次余额：0	标准用金： 过户费用： 印花税：(略) 附加费用：25万元 其他费用： 实际收付金额：475万元
备注：(1) 出售。 (2) 账面价值为200万元，已提减值准备30万元。	

图8-4 成交过户交割凭证

要求：根据以上原始凭证，编制相关记账凭证。

二、知识链接

（一）成本法核算的长期股权投资的范围

长期股权投资的会计核算方法有成本法和权益法两种。两种方法的选择见图8-5。

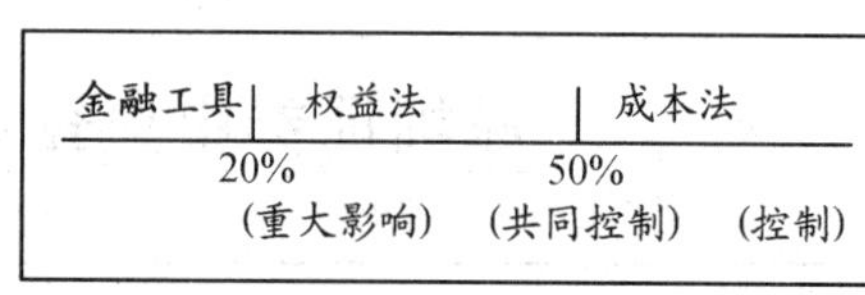

图8-5 长期股权投资成本法和权益法的选择

成本法核算的长期股权投资的范围是指企业能够对被投资单位实施控制的长期股权投资。即企业对子公司的长期股权投资。企业对子公司的长期股权投资应当采用成本法核算，编制合并财务报表时按照权益法进行调整。

温馨提示

在一般情况下，企业在被投资单位所占股份不超过20%，则视为企业对被投资单位不具有控制、共同控制或重大影响。

小思考 按照《企业会计准则第2号——长期股权投资》的规定，下列事项中，投资企业应采用成本法核算的是（ ）。

A. 投资企业能够对被投资单位实施控制的长期股权投资

B. 投资企业对被投资单位不具有控制、共同控制或重大影响，并且在活跃市场中没有报

价、公允价值不能可靠地计量的长期股权投资

C. 投资企业对被投资单位不具有控制、共同控制或重大影响，并且在活跃市场中有报价、公允价值能够可靠地计量的长期股权投资

D. 投资企业对被投资单位具有共同控制的长期股权投资

（二）取得长期股权投资的核算

1. 长期股权投资初始投资成本的确定

除企业合并形成的长期股权投资以外，以支付现金取得的长期股权投资，应当按照实际支付的购买价款作为初始投资成本。企业发生的与取得长期股权投资直接相关的费用、税金及其他必要支出应计入长期股权投资的初始投资成本。

此外，企业取得长期股权投资，如果实际支付的价款中包含已宣告但尚未发放的现金股利或利润，作为应收项目处理，不构成长期股权投资的成本。

2. 取得长期股权投资

取得长期股权投资时，应按照初始投资成本计价。除企业合并形成的长期股权投资以外，以支付现金、非现金资产等其他方式取得的长期股权投资，应按照上述规定确定的长期股权投资初始投资成本，借记"长期股权投资"账户，贷记"其他货币资金——存出投资款"等账户。如果实际支付的价款中包含有已宣告但尚未发放的现金股利或利润，借记"应收股利"账户，贷记"长期股权投资"账户。

【例 8-1】 青岛东方股份有限公司于 2014 年 3 月 10 日购买长信股份有限公司发行的股票 50 000 股，并准备长期持有，从而拥有长信股份有限公司 5%的股份，每股买入价为 6 元，另外购买该股票时发生有关税费 5 000 元，款项已支付。该公司应编制如下会计分录：

借：长期股权投资（50 000×6+5 000）　　305 000

　贷：其他货币资金——存出投资款　　305 000

【例 8-2】 青岛东方股份有限公司于 2014 年 5 月 15 日以银行存款购买诚远股份有限公司的股票 100 000 股作为长期投资，每股买入价为 10 元，每股价格中包含有 0.2 元的已宣告分派的现金股利，另支付相关税费 7 000 元，该公司应编制如下会计分录：

借：长期股权投资[100 000×(10−0.2)+7 000]　　987 000

　　应收股利（100 000×0.2）　　20 000

　贷：其他货币资金——存出投资款　　1 007 000

假定青岛东方股份有限公司于 2014 年 6 月 20 日收到诚远股份有限公司分来的购买该股票时已宣告分派的股利 20 000 元，此时，该公司应编制如下会计分录：

借：其他货币资金——存出投资款　　20 000

　贷：应收股利　　20 000

（三）长期股权投资持有期间被投资单位宣告发放现金股利或利润

长期股权投资持有期间被投资单位宣告发放现金股利或利润时，企业应按投资持股比例计算的份额，借记"应收股利"账户，贷记"投资收益"账户。

【例 8-3】 接[例 8-1]，如果青岛东方股份有限公司于 2015 年 3 月 20 日收到长信股份有限公司宣告发放现金股利的通知，应分得现金股利 5 000 元，该公司应编制如下会计分录：

借：应收股利　　5 000

　贷：投资收益　　5 000

成本法下长期股权投资取得及收到股利的账务处理见图 8-6。

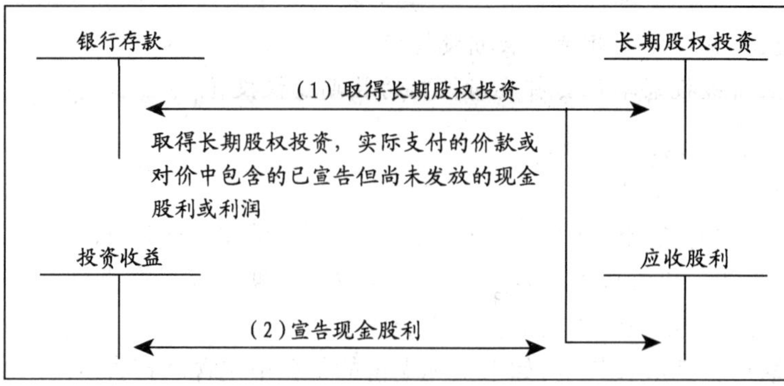

图 8-6　成本法下长期股权投资取得及收到股利的账务处理

(四) 长期股权投资的处置

处置长期股权投资时，按实际取得的价款与长期股权投资账面价值的差额确认为投资损益，并应同时结转已计提的长期股权投资减值准备。其会计处理是：企业处置长期股权投资时，应按实际收到的金额，借记“银行存款”等账户，按原已计提减值准备，借记“长期股权投资减值准备”账户，按该项长期股权投资的账面余额，贷记“长期股权投资”账户，按尚未领取的现金股利或利润，贷记“应收股利”账户，按其差额，贷记或借记“投资收益”账户。

提示

在成本法下：

长期股权投资账面价值＝长期股权投资账面余额－长期股权投资减值准备

【例 8-4】 青岛东方股份有限公司将其作为长期投资持有的远海股份有限公司 15 000 股股票，以每股 10 元的价格卖出，支付相关税费 1 000 元，取得价款 149 000 元，款项已存入投资专户。该长期股权投资账面价值为 140 000 元，假定没有计提减值准备。青岛东方股份有限公司应编制如下会计分录：

借：其他货币资金——存出投资款　　149 000

　贷：长期股权投资　　140 000

　　　投资收益　　9 000

任务 8.3　权益法记录长期股权投资信息

一、任务布置

【任务 8-3】　采用权益法记录长期股权投资信息

2014 年，青岛宏达服装有限公司发生如下与长期股权投资相关的经济业务：

(1) 5 月 3 日，收到现金股利 60 万元，存入银行。有关单据见图 8-7。

工商工商银行进账单(受理证明)

2014 年 05 月 03 日

收款人	全称	青岛宏达服装有限公司	账号	4222987586543400890
			开户行	工商银行青岛分行四方支行
人民币(大写)		陆拾万元整	千百十万千百十元角分	¥ 6 0 0 0 0 0 0
付款人	全称或账号	开户行	票据种类	金额(千百十万千百十元角分)
	新希望股份	交行营业部	转账支票	¥ 6 0 0 0 0 0 0

工商银行青岛分行四方支行 2014.05.03 转账 转讫

单位主管:王明 会计:张征文 记账:宋城

图 8-7 进账单

(2) 8 月 15 日,向北方机械制造股份有限公司投资一套设备,双方协议价为 585 万元,占被投资方 35%的股份。有关单据见图 8-8 和图 8-9。

投资协议书

接受投资方	投资方
企业名称:北方机械制造股份有限公司 单位地址:山西太原 开户银行:中行南街分行 账　　号:6753210250042125473 联系电话:0351-88954211	企业名称:青岛宏达服装有限公司 单位地址:山东青岛 开户银行:工商银行青岛分行四方支行 账　　号:4222987586543400890 联系电话:0532-68924560

今有青岛宏达服装有限公司以高精数控设备一套对北方机械制造股份有限公司投资。双方协议价格为 585 万元;占北方机械制造股份有限公司 35%的股份。北方机械制造股份有限公司应按青岛宏达服装有限公司所占股份,根据董事会决议比例予以分配红利;青岛宏达服装有限公司应按投资所占股份比例承担北方机械制造股份有限公司的亏损额。投资后,北方机械制造股份有限公司可辨认净资产的公允价值为 2 000 万元。

本协议自签字之日起生效,若一方违约,按有关法律条款处理。

北方机械制造股份有限公司 合同专用章　　青岛宏达服装有限公司 合同专用章

法定代表人:(签字)赵津　　法定代表人:(签字)章林

签字日期:2014 年 08 月 15 日　　签字日期:2014 年 08 月 15 日

图 8-8 投资协议书

资产评估报告

中青资产评估[2014]字第135号

青岛宏达服装有限公司：

我单位接受贵单位委托，依据《中华人民共和国国有资产评估办法》、《中华人民共和国注册会计师法》和《企业会计准则》等的规定，对贵公司准备对外投资的高精数控设备进行评估，该套设备账面价值为400万元，按现行市价确定评估价值为500万元。

中国注册资产评估师：万　明

中国注册资产评估师：赵建东

2014年07月28日

图8-9　资产评估报告

根据以上经济业务，编制青岛宏达服装有限责任公司的相关记账凭证。

二、知识链接

(一) 权益法核算的长期股权投资的范围

企业对被投资单位具有共同控制或者重大影响时，长期股权投资应当采用权益法核算。

(1) 企业对被投资单位具有共同控制的长期股权投资，即企业对其合营企业的长期股权投资。

(2) 企业对被投资单位具有重大影响的长期股权投资，即企业对其联营企业的长期股权投资。

(二) 取得长期股权投资的核算

取得长期股权投资，长期股权投资的初始投资成本大于投资时应享有被投资单位可辨认净资产公允价值份额的，不调整长期股权投资的初始投资成本，借记“长期股权投资——成本”账户，贷记“银行存款”等账户；长期股权投资的初始投资成本小于投资时应享有被投资单位可辨认净资产公允价值份额的，借记“长期股权投资——成本”账户，贷记“银行存款”等账户，按其差额，贷记“营业外收入”账户。

【例8-5】 青岛东方股份有限公司2014年1月20日购买南方股份有限公司发行的股票5 000 000股准备长期持有，占南方股份有限公司股份的30%。每股买入价为6元，另外，购买该股票时发生相关税费500 000元，款项已由银行存款支付。2014年12月31日，南方股份有限公司的所有者权益的账面价值(与其公允价值不存在差异)为100 000 000元。青岛东方股份有限公司应编制如下会计分录：

借：长期股权投资——成本(5 000 000×6+500 000)　　30 500 000

　贷：银行存款　　30 500 000

本例中，长期股权投资的初始投资成本30 500 000元大于投资时应享有被投资单位可辨认净资产公允价值份额30 000 000元，其差额500 000元不调整已确认的初始投资成本。但是，如果长期股权投资的初始投资成本小于投资时应享有被投资单位可辨认净资产公允价值份额，应借记“长期股权投资——成本”账户，贷记“银行存款”等账户，按其差额，贷记“营业外收入”账户。

【例 8-6】 2014 年 4 月 1 日，青岛东方股份有限公司以 1 000 万元取得恒生公司 30%的股权，取得投资时被投资单位可辨认净资产的公允价值为 3 000 万元。

要求：

(1) 如该公司能够对恒生公司施加重大影响，请编制相应的会计分录。

(2) 如该公司能够对恒生公司施加重大影响，投资时恒生公司可辨认净资产的公允价值为 3 500 万元，请编制相应的会计分录。

① 如该公司能够对恒生公司施加重大影响，则该公司应编制如下会计分录：

借：长期股权投资——成本　　10 000 000

　贷：银行存款　　10 000 000

注：商誉 100 万元(1 000－3 000×30%)体现在长期股权投资成本中，不调整长期股权投资成本。

② 如该公司能够对恒生公司施加重大影响，投资时恒生公司可辨认净资产的公允价值为 3 500 万元，则该公司应编制如下会计分录：

借：长期股权投资——成本　　10 500 000

　贷：银行存款　　10 000 000

　　营业外收入　　500 000

小思考

根据[例 8-6]，你能总结出权益法下"长期股权投资——成本"账户的入账价值如何确定吗？

(三) 持有长期股权投资期间的有关核算

1. 被投资单位实现净利润或发生净亏损

根据被投资单位实现的净利润计算应享有的份额，借记"长期股权投资——损益调整"账户，贷记"投资收益"账户。被投资单位发生净亏损编制相反的会计分录，但以"长期股权投资"账户的账面余额减记至零为限，借记"投资收益"账户，贷记"长期股权投资——损益调整"账户。

说明

"长期股权投资"账户由"成本"、"损益调整"、"其他权益变动"三个明细账户组成，账面余额为零，意味着三个明细账户合计为零。

【例 8-7】 接[例 8-5]，2015 年，南方股份有限公司实现净利润 10 000 000 元。青岛东方股份有限公司按照持股比例确认投资收益 3 000 000 元，应编制如下会计分录：

借：长期股权投资——损益调整　　3 000 000

　贷：投资收益　　3 000 000

2. 被投资单位宣告分派股利(利润)

【任务 8-3-1】 计算长期股权投资的账面余额

2014 年 1 月 1 日，甲公司以 1 600 万元购入乙公司 30%的股份，另支付相关费用 8 万元，采用权益法核算。取得投资时，乙公司所有者权益的账面价值为 5 000 万元(与可辨认净资产的公允价值相同)。乙公司 2014 年度实现净利润 300 万元。假定不考虑其他因素，试计算甲公司该长期股权投资 2014 年 12 月 31 日的账面余额。

被投资单位宣告分派股利(利润)时，投资企业按照持股比例计算应分得利润或现金股利，冲减长期股权投资账面价值，借记“应收股利”账户，贷记“长期股权投资——损益调整”账户。收到被投资单位宣告的股票股利，不进行账务处理，但应在备查簿中进行登记。

【例 8-8】 接[例 8-7]，2016 年 2 月 15 日，南方股份有限公司已宣告发放现金股利，每 10 股派 3 元，青岛东方股份有限公司可分派到 1 500 000 元。2016 年 3 月 15 日，青岛东方股份有限公司收到南方股份有限公司分派的现金股利。该公司应编制如下会计分录：

① 被投资单位宣告发放现金股利时：

借：应收股利　　1 500 000

　贷：长期股权投资——损益调整　　1 500 000

② 收到现金股利时：

借：银行存款　　1 500 000

　贷：应收股利　　1 500 000

试试看

请试着总结“长期股权投资——损益调整”账户的核算内容。

3. 被投资单位所有者权益的其他变动

【任务 8-3-2】 编制会计分录

黄海公司于 2012 年 1 月 3 日以 1 000 万元的价格，投资购买宏远公司普通股，另支付相关税费 30 万元，占宏远公司有表决权股份的 40%，并对宏远公司的财务和经营决策具有重大影响。该公司对长期股权投资采用权益法核算。投资时，宏远公司所有者权益账面价值为 2 400 万元，与公允价值不存在差异。

2012 年 12 月 31 日，宏远公司宣布实现净利润 150 万元。

2013 年 2 月 25 日，经宏远公司董事会研究决定，分派 2012 年现金股利 120 万元，并于 4 月 2 日发放现金股利。

2013 年 12 月 31 日，宏远公司宣布当年发生亏损 500 万元，不分配现金股利。

2014 年 6 月 30 日，宏远公司可供出售的金融资产的公允价值增加 8 万元。

2014 年 12 月 31 日，宏远公司宣布当年实现净利润 200 万元，不分配现金股利。

编制黄海公司长期股权投资的会计分录。完成表 8-1 并计算“长期股权投资”账户的账面余额。

表 8-1　　“长期股权投资”各明细账户余额

明细账户名称	账户余额	
	借方	贷方
成本		
损益调整		
其他权益变动		

在持股比例不变的情况下，被投资单位除净损益以外所有者权益的其他变动，企业按持股比例计算应享有的份额，借记或贷记“长期股权投资——其他权益变动”账户，贷记或借记“资

本公积——其他资本公积”账户。

【例8-9】 接[例8-5]，2014年，南方股份有限公司可供出售金融资产的公允价值增加了4 000 000元。青岛东方股份有限公司按照持股比例确认相应的其他综合收益1 200 000元，并编制如下会计分录：

借：长期股权投资——其他权益变动　　1 200 000

　贷：其他综合收益　　1 200 000

（四）长期股权投资的处置

【任务8-3-3】 编制会计分录

甲上市公司发生下列长期股权投资业务：

(1) 2013年1月3日，购入乙公司股票580万股，占乙公司有表决权股份的25%，对乙公司的财务和经营决策具有重大影响，甲公司将其作为长期股权投资核算。每股买入价为8元，每股价格中包含已宣告但尚未发放的现金股利0.25元，另外支付相关税费7万元。款项均以银行存款支付。当日，乙公司所有者权益的账面价值(与其公允价值不存在差异)为18 000万元。

(2) 2013年3月16日，收到乙公司宣告分派的现金股利。

(3) 2013年度，乙公司实现净利润3 000万元。

(4) 2014年2月16日，乙公司宣告分派2013年度股利，每股分派现金股利0.20元。

(5) 2014年3月12日，甲上市公司收到乙公司分派的2013年度的现金股利。

(6) 2015年1月4日，甲上市公司出售所持有的全部乙公司的股票，共取得价款5 200万元(不考虑长期股权投资减值及相关税费)。

编制甲上市公司长期股权投资的会计分录。

处置长期股权投资时，按实际取得的价款与长期股权投资账面价值的差额确认为投资损益，并应同时结转已计提的长期股权投资减值准备。其会计处理是：企业处置长期股权投资时，应按实际收到的金额，借记“银行存款”等账户，按原已计提减值准备，借记“长期股权投资减值准备”账户，按该长期股权投资的账面余额，贷记“长期股权投资”账户，按尚未领取的现金股利或利润，贷记“应收股利”账户，按其差额，贷记或借记“投资收益”账户。同时，还应结转原计入资本公积的相关金额，借记或贷记“资本公积——其他资本公积”账户，贷记或借记“投资收益”账户。

【例8-10】 接[例8-5]、[例8-7]和[例8-8]，2016年1月20日，青岛东方股份有限公司出售所持南方股份有限公司的股票5 000 000股，每股出售价为10元，款项已收回。该公司应编制如下会计分录：

借：银行存款　　50 000 000

　贷：长期股权投资——成本　　30 500 000

　　　　　　　　——损益调整　　1 500 000

　　　　　　　　——其他权益变动　　1 200 000

　　　投资收益　　16 800 000

同时：

借：其他综合收益　　1 200 000

　贷：投资收益　　1 200 000

任务8.4 核对期末长期股权投资信息

一、任务布置

【任务8-4】 核对期末长期股权投资信息

2014年12月31日，青岛宏达服装有限公司持有的长期股权投资其可收回金额为490万元。该公司编制的长期股权投资减值准备计算表见表8-2。

表8-2　　长期股权投资减值准备计算表

2014年12月31日　　单位：万元

长期股权投资名称	投资比例	长期股权投资成本	已提减值准备	可收回金额	本年提取金额
北方机械制造股份有限公司	35%			490	
合计					

注：本资料承[任务8-3]。

根据以上原始凭证，编制相关记账凭证。

二、知识链接

（一）长期股权投资减值金额的确定

1. 对子公司、合营企业及联营企业的长期股权投资

企业对子公司、合营企业及联营企业的长期股权投资在资产负债表日存在可能发生减值的迹象时，其可收回金额低于账面价值的，应当将该长期股权投资的账面价值减记至可收回金额，减记的金额确认为减值损失，计入当期损益，同时计提相应的资产减值准备。

2. 不具有控制、共同控制、重大影响且公允价值不能可靠地计量的长期股权投资

企业对被投资单位不具有控制、共同控制、重大影响且公允价值不能可靠地计量的长期股权投资，应当将该长期股权投资在资产负债表日的账面价值，与按照类似金融资产当时市场收益率对未来现金流量折现确定的现值之间的差额，确认为减值损失，计入当期损益。

（二）长期股权投资减值的会计处理

资产负债表日，企业计提长期股权投资减值准备时，应当设置“长期股权投资减值准备”账户核算。企业按应减记的金额，借记“资产减值损失——计提的长期股权投资减值准备”账户，贷记“长期股权投资减值准备”账户。

长期股权投资减值损失一经确认，在以后会计期间不得转回。

【例8-11】 接[任务8-3-2]，假定黄海公司购入宏远公司的股票后，2015年，宏远公司发生严重亏损，2015年6月30日，宏远公司持有的股票预计可收回金额只有880万元，之前宏远公司未计提过长期股权投资减值准备，为此宏远公司应计提减值准备45.2万元(925.2－880)，黄海公司编制如下会计分录：

借：资产减值损失——长期股权投资减值损失　　452 000

　贷：长期股权投资减值准备　　452 000

项目 9

财务成果岗位

能力目标

1. 能够正确地根据财务成果岗位的经济业务编制记账凭证。
2. 能够根据记账凭证正确地登记相应账簿并进行账证核对和账账核对。

知识目标

1. 掌握财务成果岗位的核算方法。
2. 理解财务成果岗位的岗位职责。
3. 熟悉财务成果岗位的重要性。

素质目标

1. 培养高尚的职业道德:讲诚信、遵纪守法等。
2. 积极启发学生主动地思考问题,培养学生分析问题和解决问题的能力。
3. 提升沟通技巧和团队协作精神。
4. 进一步培养学生严谨的工作态度。
5. 进一步培养学生自主学习能力。

任务9.1 记 录 收 入

一、任务布置

【任务 9-1】 记录收入

青岛宏达服装有限公司 2014 年 12 月发生如下收入业务:

(1) 5 日,赊销裤子。有关单据见图 9-1 和图 9-2。

山东省增值税专用发票

3700022862　　此联不作报销、扣税凭证使用　　№ 002772040

开票日期：2014 年 12 月 05 日

购货单位	名　　称：广州惠儿服装股份有限公司 纳税人识别号：370203167860763 地 址 、电 话：广州市中山路 23 号 020-88023318 开户银行及账号：中国银行广州分行中山支行 7602033189234567321	密码区	1 6 1 4 9 3 5 8 9/>+<1 3 7 5<－< 加密版本号：01 *+－ －5 5 2－</4 9 2<－ 2 2－1 3 3700022862 －3－ 6 3>8 7 1 7 2 6 8 2 6 7 0<7+0 002772040 9/9 2/4 4>>0 9－ >9 8>><1

货物或应税劳务名称	规格型号	单 位	数 量	单 价	金 额	税 率	税 额
裤子		条	10 000	50.00	500 000.00	17%	85 000.00
合计					¥500 000.00		¥85 000.00
价税合计(大写)	⊗伍拾捌万伍仟元整				(小写)¥585 000.00		

销售单位	名　　称：青岛宏达服装有限公司 纳税人识别号：370265473222354 地 址 、电 话：青岛市四方区瑞昌路 33 号 0532-84863333 开户银行及账号：工商银行青岛分行四方支行 4222987586543400890	备注	

收款人：　　复核：　　开票人：王方　　销货单位(盖章)：

国税函[2014]1232号青岛印刷厂

第一联 记账联 销货方记账凭证

图 9-1　增值税专用发票

产 品 出 库 单

入库部门：仓库　　2014 年 12 月 05 日　　专字　第 8 号

种类	编号	名称	规格	数量	单位	单价	运杂费	成本金额									
								千	百	十	万	千	百	十	元	角	分
A 类	501	裤子	AD-71	10 000	条	20			¥	2	0	0	0	0	0	0	0
备注：							合计		¥	2	0	0	0	0	0	0	0

仓库：　　会计：李平　　发料员：王仟　　制单：李平

图 9-2　出库单

(2) 14 日,收到押金。有关单据见图 9-3。

收 据

收到:青岛利达有限责任公司押金　　2014 年 12 月 14 日　　420513

摘要	千	百	十	万	千	百	十	元	角	分
押金				¥	3	0	0	0	0	0
合计金额人民币(大写)叁仟元整										
备注										

第三联 记账联

现金收讫

青岛宏达服装有限公司 财务专用章

收款单位(印章)　　会计:李文　　收款人:方娜　　经手人:

图 9-3 收据

(3) 18 日,收到货款。有关单据见图 9-4。

转账进账单(回单或收账通知)

2014 年 12 月 18 日　　1

签发人	全称	广州惠儿服装股份有限公司	收款人	全称	青岛宏达服装有限公司
	账号	7602033189234567321		账号	4222987586543400890
	开户银行	中国银行广州分行中山支行		开户银行	工商银行青岛分行四方支行

人民币(大写)	千	百	十	万	千	百	十	元	角	分
壹拾万元整		¥	1	0	0	0	0	0	0	0

票据种类	转账支票
票据张数	1 张

中国工商银行青岛分行四方支行 2014.12.18 转账 转讫

单位主管:王强　会计:丁平　复核:王晓　记账:赵山　　收款人开户行盖章

此联是收款人开户银行交给收款人的回单或收账通知

图 9-4 转账进账单

(4) 20 日，赊销牛仔裤。有关单据见图 9-5 和图 9-6。

银行承兑汇票　　2

签发日期(大写)贰零壹肆年壹拾贰月壹拾日

第 IC0453 号

出票人全称	上海泉海服装商贸公司		收款人	全　称	青岛宏达服装有限公司	
出票人账号	6481392515608015998			账　号	4222987586543400890	
付款行全称	中国银行上海分行浦东支行	行号 2668		开户行	工商银行青岛分行四方支行	行号 2376

汇票金额	人民币(大写) 柒拾万贰仟元整	千	百	十	万	千	百	十	元	角	分
			¥	7	0	2	0	0	0	0	0

汇票到期日	贰零壹贰年零陆月壹拾日	本汇票已经承兑，到期日由本行付款	承兑协议编号	00135
本汇票请你行承兑，到期无条件付款 出票人签章 2014 年 12 月 01 日		承兑行签章 承兑日期 2014 年 12 月 01 日 备注：	科目(借) 对方科目(贷) 转账　年　月　日 复核 王琳　记账 李涛	

此联收款人开户行随委托收款凭证寄付款行作借方凭证附件

图 9-5　银行承兑汇票

山东省增值税专用发票

3700022863　　此联不作报销、扣税凭证使用　　№ 002772041

开票日期：2014 年 12 月 20 日

购货单位	名　　称：上海泉海服装商贸公司 纳税人识别号：622854756253147 地 址 、电 话：上海市浦东路 23 号 021-87256921 开户银行及账号：中国银行上海分行浦东支行 6481392515608015998	密码区	161493589/>+<1375<−< 加密版本号：01 *+−−552−</492<−22−13 3700022863 −3−63>8717268267 0<7+0 002772041 9/92/44>>09−>98>><1

货物或应税劳务名称	规格型号	单位	数量	单价	金额	税率	税额
牛仔裤		条	1 000	600.00	600 000.00	17%	102 000.00
合计					¥600 000.00		¥102 000.00
价税合计(大写)	⊗柒拾万贰仟元整				(小写)¥702 000.00		

销售单位	名　　称：青岛宏达服装有限公司 纳税人识别号：370265473222354 地 址 、电 话：青岛市四方区瑞昌路 33 号 4863333 开户银行及账号：工商银行青岛分行四方支行 4222987586543400890	备注	

收款人：　　复核：　　开票人：王方　　销货单位(盖章)：

国税函[2014]1232 号青岛印刷厂

第一联 记账联 销货方记账凭证

图 9-6　增值税专用发票

(5) 21 日，销售羽绒服。有关单据见图 9-7 和图 9-8。

转账进账单（回单或收账通知）

2014 年 12 月 21 日　　　　**1**

签发人	全　称	成都美天服装店	收款人	全　称	青岛宏达服装有限公司
	账　号	4210341865214552336		账　号	4222987586543400890
	开户银行	中国银行成都分行沙坪支行		开户银行	工商银行青岛分行四方支行

人民币（大写）	千	百	十	万	千	百	十	元	角	分
柒仟陆佰玖拾捌元陆角整				¥	7	6	9	8	6	0

票据种类	转账支票
票据张数	1 张

中国工商银行青岛分行四方支行 2014.12.21 转账 转讫

单位主管：王强　会计：丁平　复核：王晓　记账：赵山　　收款人开户行盖章

此联是收款人开户银行交给收款人的回单或收账通知

图 9-7　转账进账单

山东省增值税专用发票

3700022864　　此联不作报销、扣税凭证使用　　№ 002772042

青岛 国家税务总局监

开票日期：2014 年 12 月 21 日

购货单位	名　称：成都美天服装店 纳税人识别号：510444256457689 地址、电话：成都市沙坪路 23 号 028-851452546 开户银行及账号：中国银行成都分行沙坪支行 4210341865214552336	密码区：161493589/>+<1375<－<　加密版本号：01 ＊+－－552－</492<－22－13　3700022864 －3－63>87172682670<7+0　002772042 9/92/44>>09－>98>><1

货物或应税劳务名称	规格型号	单位	数量	单价	金额	税率	税额
羽绒服		套	10	658.00	6 580.00	17%	1 118.60
合计					¥6 580.00		¥1 118.60
价税合计（大写）	⊗柒仟陆佰玖拾捌元陆角整					（小写）	¥7 698.60

销售单位	名　称：青岛宏达服装有限公司 纳税人识别号：370265473222354 地址、电话：青岛市四方区瑞昌路 33 号 0532-84863333 开户银行及账号：工商银行青岛分行四方支行 4222987586543400890	备注：青岛宏达服装有限公司 发票专用章

收款人：　　复核：　　开票人：王方　　销货单位（盖章）：

国税函[2014]1232号青岛印刷厂

第一联 记账联 销货方记账凭证

图 9-8　增值税专用发票

(6) 28 日，收到员工迟到罚款。有关单据见图 9-9 和图 9-10。

罚款单

2014 年 12 月 28 日

姓名	朱丹	部门	财务部	职务	会计
处罚原因		迟到			
处罚结果		罚款 ￥200.00			
被处罚人签字：朱丹		负责人：赵阳		审核：朱丽	

第一联 存根联

青岛宏达服装有限公司

图 9-9　罚款单

收　据

2014 年 12 月 28 日　　420513

收到：朱丹罚款

摘　要	千	百	十	万	千	百	十	元	角	分
罚款					￥	2	0	0	0	0
合计金额人民币(大写)贰佰元整										
备　注										

收款单位(印章)　　会计：李文　　收款人：方娜　　经手人：

第三联 记账联

青岛宏达服装有限公司 财务专用章

现金收讫

图 9-10　收据

请你根据以上原始凭证编制记账凭证，并总结确认收入的条件。

二、知识链接

【任务 9-1-1】 回答问题

(1) “主营业务收入”账户属于哪一类?

(2) 属于收入的一定通过“主营业务收入”账户和“其他业务收入”账户核算吗?

收入是指企业在日常活动中形成的、会导致所有者权益增加的、与所有者投入资本无关的经济利益的总流入。

收入按企业经营业务的主次不同，可以分为主营业务收入和其他业务收入。①主营业务收入。不同行业企业的主营业务收入所包括的内容不同。例如，制造业的主营业务收入主要包括销售产品、自制半成品、代制品、代修品等实现的收入；商业企业的主营业务收入主要包括销售商品实现的收入；服务性企业的主营业务收入主要是提供服务实现的收入。企业实现的主营业务收入通过“主营业务收入”账户核算，并通过“主营业务成本”账户核算为取得主营业务收入发生的相关成本。②其他业务收入。不同行业企业的其他业务收入所包括的内容不同。例如，制造业的其他业务收入主要包括对外销售多余材料、对外出租包装物、商品或固定资产、对外转让无形资产使用权、对外进行权益性投资(取得现金股利)或债权性投资(取得利息）等实现的收入。企业实现的原材料销售收入、包装物租金收入、固定资产租金收入、无形资产使用费收入等，通过“其他业务收入”账户核算，企业进行权益性投资或债权性投资取得的现金股利收入和利息收入，通过“投资收益”账户核算。通过“其他业务收入”账户核算的其他业务收入，需通过“其他业务成本”账户核算为取得其他业务收入发生的相关成本。

收入按企业从事日常活动的性质不同，可以分为销售商品收入、提供劳务收入、让渡资产使用权收入和政府补助收入等。

（一）销售商品收入

1. 销售商品收入的确认

销售商品收入同时满足下列条件的，才能予以确认：

（1）企业已将商品所有权上的主要风险和报酬转移给购货方。

（2）企业既没有保留通常与所有权相联系的继续管理权，也没有对已售出的商品实施有效控制。

（3）收入的金额能够可靠地计量。

（4）相关的经济利益很可能流入企业。

（5）相关的已发生或将发生的成本能够可靠地计量。

2. 销售商品业务收入的一般会计处理

【任务 9-1-2】 编制会计分录

青岛庆恒股份有限公司向恒生公司销售商品一批，开出的增值税专用发票上注明售价为80 000元，增值税额为13 600元；该批商品已经发出，青岛庆恒股份有限公司以银行存款代垫运杂费320元；该批商品成本为32 000元。请编制青岛庆恒有限公司的相关会计分录。如果青岛庆恒股份有限公司收到恒生公司开出的不带息银行承兑汇票一张，票面金额为93 600元，期限为2个月，其他条件不变，青岛庆恒股份有限公司的会计分录有何变化？

【例 9-1】 青岛东方股份有限公司采用托收承付结算方式销售一批自产产品，开出的增值税专用发票上注明售价为500 000元，增值税额为85 000元；商品已经发出，并已向银行办妥托收手续；该批商品的成本为350 000元。青岛东方股份有限公司应编制如下会计分录：

① 确认收入时：

借：应收账款　　585 000
　贷：主营业务收入　　500 000
　　　应交税费——应交增值税（销项税额）　　85 000

② 结转成本时：

借：主营业务成本　　350 000
　贷：库存商品　　350 000

温馨提示

销售商品采用托收承付方式的，在办妥托收手续时确认收入。

【例 9-2】 青岛东方股份有限公司向青岛艾玛公司销售一批商品，开出的增值税专用发票上注明售价为125 000元，增值税额为21 250元。该公司已收到青岛艾玛公司开出的转账支票，金额为146 250元，并将提货单送交青岛艾玛公司；该批商品成本为76 000元。该公司应编制如下会计分录：

① 确认收入时：

借：银行存款　　146 250

　贷：主营业务收入　　125 000

　　　应交税费——应交增值税（销项税额）　　21 250

② 结转成本时：

借：主营业务成本　　76 000

　贷：库存商品　　76 000

温馨提示

交款提货销售商品的，在开出发票账单收到货款时确认收入。

3. 已经发出但不符合销售商品收入确认条件的商品的处理

如果企业售出商品不符合销售商品收入确认的5个条件中的任何一条，均不应确认收入。为了单独反映已经发出但尚未确认销售收入的商品成本，企业应增设“发出商品”等账户。“发出商品”账户核算在一般销售方式下已经发出但尚未确认销售收入的商品成本。

【例9-3】 青岛东方股份有限公司于2014年3月3日采用托收承付结算方式向上海虹桥公司销售一批商品，开出的增值税专用发票上注明的售价为160 000元，增值税额为27 200元；该批商品成本为73 200元。该公司在销售该批商品时已得知上海虹桥公司资金流转发生暂时困难，但为了减少存货积压，同时也为了维持与上海虹桥公司长期以来建立的商业关系，该公司仍将商品发出，并办妥托收手续。假定青岛东方股份有限公司销售该批商品的纳税义务已经发生。

本例中，由于上海虹桥公司现金流转存在暂时困难，青岛东方股份有限公司不是很可能收回销售货款。根据销售商品收入的确认条件，青岛东方股份有限公司在发出商品时不能确认收入。为此，青岛东方股份有限公司应将已发出的商品成本通过“发出商品”账户反映；同时，因青岛东方股份有限公司销售该批商品的纳税义务已经发生，还应确认应交的增值税销项税额。青岛东方股份有限公司应编制如下会计分录：

① 发出商品时：

借：发出商品　　73 200

　贷：库存商品　　73 200

② 确认应交增值税销项税额时：

借：应收账款　　27 200

　贷：应交税费——应交增值税（销项税额）　　27 200

③ 对方经营情况好转并承诺付款时（假定2014年9月青岛东方股份有限公司得知上海虹桥公司经营情况逐渐好转，且承诺近期付款，青岛东方股份有限公司应在上海虹桥公司承诺付款时确认收入并结转成本）：

借：应收账款　　160 000

　贷：主营业务收入　　160 000

借：主营业务成本　　73 200

　贷：发出商品　　73 200

④ 收到货款时（假定青岛东方股份有限公司于2014年12月6日收到上海虹桥公司支付的货款）：

借：银行存款　　187 200

　贷：应收账款　　187 200

【例 9-4】 接[例 9-3]，假定青岛东方股份有限公司销售该批商品的纳税义务没有发生，则该公司应编制如下会计分录：

① 发出商品时：

借：发出商品　　73 200

　贷：库存商品　　73 200

② 对方经营情况逐渐好转时：

借：应收账款　　187 200

　贷：主营业务收入　　160 000

　　应交税费——应交增值税(销项税额)　　27 200

借：主营业务成本　　73 200

　贷：发出商品　　73 200

③ 收到货款时：

借：银行存款　　187 200

　贷：应收账款　　187 200

比较 请比较[例 9-3]和[例 9-4]的异同。

练一练 甲公司为推广自产产品，特将200件样品提供给乙公司试用，为期1个月，合同规定，期满后如果签订合同，此200件样品将作为标的产品的一部分；否则，乙公司需全部退还此200件样品。甲公司已经将200件样品发出，成本每件150元。

(1) 如果期满后，乙公司将样品全部退回。

(2) 如果期满后，双方签订了购销协议，甲公司销售此种商品500件给乙公司，已开出增值税专用发票，售价为每件280元，增值税税率为17%，款未收，商品已发出(500件商品中包含200件样品)。

要求：请分辨上述两种情况是否可以确认收入，并给出理由。

特别提醒 通过此种业务，说明企业确认收入必须符合收入确认的条件。

4. 销售折让和销售退回的会计处理

【任务 9-1-3】 编制会计分录

重庆山城公司在2014年4月2日向恒生公司销售一批商品，开出的增值税专用发票上注明的售价为150 000元，增值税额为25 500元。该批商品成本为67 000元。恒生公司在2014年4月15日支付货款。如果2014年7月5日，该批商品因质量问题，双方协商重庆山城公司给予5%的折让，开具了增值税专用发票(红字)；如果2014年7月5日，该批商品因质量问题被恒生公司全部退回，重庆山城公司当日支付有关退货款。

试编制重庆山城公司的相关会计分录。

1) 销售折让

销售折让是指企业因售出商品的质量不合格等原因而在售价上给予的减让。如果企业已经确认销售商品收入又发生销售折让时，且不属于资产负债表日后事项的，按应冲减的销售商品收入金额，借记“主营业务收入”账户，按增值税专用发票上注明的应冲减的增值税销项税额，借记“应交税费——应交增值税(销项税额)”账户，按实际支付或应退还的价款，贷记“银行存款”、“应收账款”等账户。如果发生销售折让时，企业尚未确认销售商品收入的，则应在确认销售商品收入时直接按扣除销售折让后的金额确认。

【例 9-5】 青岛东方股份有限公司销售一批商品给烟台徐记公司，开出的增值税专用发票上注明的售价为 120 000 元，增值税额为 20 400 元。该批商品的成本为 78 600 元。货到后，烟台徐记公司发现商品质量不符合合同的要求，要求在价格上给予 5%的折让。烟台徐记公司提出的销售折让要求符合原合同的约定，青岛东方股份有限公司同意并办妥了相关手续，开具了增值税专用发票(红字)。假定此前青岛东方股份有限公司已确认该批商品的销售收入，销售款项尚未收到，发生的销售折让允许扣减当期增值税销项税额。青岛东方股份有限公司应编制如下会计分录：

① 销售实现时：

借：应收账款 140 400

　贷：主营业务收入 120 000

　　　应交税费——应交增值税(销项税额) 20 400

借：主营业务成本 78 600

　贷：库存商品 78 600

② 发生销售折让时：

借：主营业务收入(120 000×5%) 6 000

　　应交税费——应交增值税(销项税额) 1 020

　贷：应收账款 7 020

③ 实际收到款项时：

借：银行存款 133 380

　贷：应收账款 133 380

【例 9-6】 接[例 9-5]，如果青岛东方股份有限公司发生销售折让前未确认该批商品的销售收入，纳税义务也未发生；发生销售折让后 2 个月，烟台徐记公司承诺付款。则青岛东方股份有限公司应编制如下会计分录：

① 发出商品时：

借：发出商品 78 600

　贷：库存商品 78 600

② 对方承诺付款，确认销售收入时：

借：应收账款 133 380

　贷：主营业务收入 114 000

　　　应交税费——应交增值税(销项税额) 19 380

借：主营业务成本 78 600

　贷：发出商品 78 600

③ 实际收到款项时：

借：银行存款 133 380

　贷：应收账款 133 380

2) 销售退回的处理

(1) 对于未确认收入的售出商品发生的销售退回,应借记“库存商品”账户,贷记“发出商品”账户。若原发出商品时增值税纳税义务已发生,则应借记“应交税费——应交增值税(销项税额)”账户,贷记“应收账款”账户。

【例 9-7】 青岛东方股份有限公司 2014 年 9 月 15 日收到卓越公司因质量问题而退回的商品 10 件,每件商品成本为 210 元。该批商品系青岛东方股份有限公司 2014 年 6 月 12 日出售给卓越公司,每件商品售价为 300 元,适用的增值税税率为 17%,货款尚未收到,青岛东方股份有限公司尚未确认销售商品收入,纳税义务尚未发生。青岛东方股份有限公司应在验收退货入库时编制如下会计分录:

借:库存商品　　2 100
　贷:发出商品　　2 100

(2) 对于已确认收入的售出商品发生的销售退回,企业已经确认销售商品收入的售出商品发生销售退回的,应当在退回时冲减退回当期销售商品收入、销售成本等。

【例 9-8】 青岛东方股份有限公司 2014 年 7 月 20 日销售自产产品一批,增值税专用发票上注明的售价为 257 000 元,增值税额为 43 690 元。该批商品的成本为 113 000 元。商品于 2014 年 7 月 23 日发出,购货方尚未付款。青岛东方股份有限公司对该项销售确认了销售收入。2014 年 10 月 18 日,该商品一半出现了严重质量问题,购货方将问题商品退回给青岛东方股份有限公司,青岛东方股份有限公司同意退货,并按规定向购货方开具了增值税专用发票(红字)。青岛东方股份有限公司应编制如下会计分录:

① 销售实现时:

借:应收账款　　300 690
　贷:主营业务收入　　257 000
　　　应交税费——应交增值税(销项税额)　　43 690
借:主营业务成本　　113 000
　贷:库存商品　　113 000

② 销售退回时:

借:主营业务收入　　128 500
　　应交税费——应交增值税(销项税额)　　21 845
　贷:应收账款　　150 345
借:库存商品　　56 500
　贷:主营业务成本　　56 500

知识回忆

还记得现金折扣和商业折扣的产生原因及账务处理吗?

若[例 9-4]后“练一练”的第(2)种情况中,甲公司为及早收回货款,和乙公司约定的现金折扣条件为“2/10,1/20,n/30。”乙公司在 15 日后支付货款,其他条件不变,假定计算现金折扣时不考虑增值税。甲公司的账务处理有何变化?

5. 采用支付手续费方式委托代销商品的会计处理

【例 9-9】 青岛东方股份有限公司委托恒信公司销售商品 200 件,商品已经发出,每件成本为160元。合同约定恒信公司应按每件240元对外销售，青岛东方股份有限公司按售价的8%向恒信公司支付手续费。恒信公司对外实际销售150件，开出的增值税专用发票上注明的销售价格为36 000元，增值税额为6 120元，款项已经收到。青岛东方股份有限公司收到恒信公司开具的代销清单时，向恒信公司开具一张相同金额的增值税专用发票。假定青岛东方股份有限公司发出商品时纳税义务尚未发生；青岛东方股份有限公司采用实际成本核算，恒信公司采用进价核算代销商品。

青岛东方股份有限公司应编制如下会计分录：

① 发出商品时：

借：委托代销商品　　32 000

　贷：库存商品　　32 000

② 收到代销清单时：

借：应收账款　　42 120

　贷：主营业务收入　　36 000

　　　应交税费——应交增值税(销项税额)　　6 120

借：主营业务成本　　24 000

　贷：委托代销商品　　24 000

借：销售费用　　2 880

　贷：应收账款　　2 880

③ 收到货款时：

借：银行存款　　39 240

　贷：应收账款　　39 240

恒信公司应编制如下会计分录：

① 收到商品时：

借：受托代销商品　　48 000

　贷：受托代销商品款　　48 000

② 对外销售时：

借：银行存款　　42 120

　贷：受托代销商品　　36 000

　　　应交税费——应交增值税(销项税额)　　6 120

③ 收到增值税专用发票时：

借：应交税费——应交增值税(进项税额)　　6 120

　　受托代销商品款　　36 000

　贷：应付账款　　42 120

④ 支付货款并计算代销手续费时：

借：应付账款　　42 120

　贷：银行存款　　39 240

　　　其他业务收入　　2 880

温馨提示

委托代销方式销售商品的，委托方在收到代销清单时确认收入。

特别提醒

采用支付手续费方式委托代销商品时涉及的账户如下：

(1)“委托代销商品”账户：属资产类账户，借方核算委托代销的商品成本，收到代销清单时或收回商品时记入该账户的贷方，期末余额在借方，表明委托代销商品的成本。

(2)“受托代销商品”账户：属资产类账户，借方核算受托代销的商品售价，销售受托代销商品时按售价记入该账户的贷方，期末余额在借方，表明受托代销商品的售价。

(3)“受托代销商品款”账户：属负债类账户，贷方核算受托代销商品的售价，收到委托方开具的专用发票时记入该账户的借方，期末余额在贷方，表明受托代销商品的售价。

6. 销售材料等存货的会计处理

企业销售原材料等确认其他业务收入时，按售价和应收取的增值税，借记“银行存款”、“应收账款”等账户，按实现的收入，贷记“其他业务收入”账户，按增值税专用发票上注明的增值税额，贷记“应交税费——应交增值税(销项税额)”账户。结转出售原材料等的实际成本时，借记“其他业务成本”账户，贷记“原材料”等账户。

【例 9-10】 青岛东方股份有限公司销售一批原材料，开出的增值税专用发票上注明的售价为 4 000 元，增值税额为 680 元，款项已收取并存入银行。该批原材料的实际成本为 2 800 元。该公司应编制如下会计分录：

① 取得原材料销售收入时：

借：银行存款	4 680	
贷：其他业务收入		4 000
应交税费——应交增值税(销项税额)		680

② 结转已销原材料的实际成本时：

借：其他业务成本	2 800	
贷：原材料		2 800

(二) 提供劳务收入

1. 在同一会计期间内开始并完成的劳务

(1) 一次性完成的劳务于劳务完成时确认劳务收入并同时结转劳务成本。

【例 9-11】 青岛东方股份有限公司于 2014 年 5 月 13 日接受一项设备安装任务，该安装任务可一次完成，合同总价款为 3 500 元，实际发生安装成本 1 200 元，款项未收。假定安装业务属于该公司的主营业务，不考虑相关税费。青岛东方有限责任公司应在安装完成时编制如下会计分录：

借：应收账款	3 500	
贷：主营业务收入		3 500
借：主营业务成本	1 200	
贷：银行存款等		1 200

(2) 对于持续一段时间但在同一会计期间内开始并完成的劳务，企业应在为提供劳务发

生相关支出时，借记“劳务成本”账户，贷记“银行存款”、“应付职工薪酬”、“原材料”等账户。劳务完成确认劳务收入时，按确定的收入金额，借记“应收账款”、“银行存款”等账户，贷记“主营业务收入”等账户；同时，结转相关劳务成本，借记“主营业务成本”等账户，贷记“劳务成本”账户。

【例 9-12】 接[例 9-11]，如果安装任务于 2014 年 5 月 25 日完成，其中，5 月 13 日发生劳务支出 800 元，5 月 20 日发生劳务支出 400 元，支出全部以银行存款支付，其他条件不变。青岛东方股份有限公司应编制如下会计分录：

① 5 月 13 日，发生劳务支出时：

借：劳务成本　　800

　贷：银行存款　　800

② 5 月 20 日，发生劳务支出时：

借：劳务成本　　400

　贷：银行存款　　400

③ 5 月 25 日，劳务完成时：

借：银行存款　　3 500

　贷：主营业务收入　　3 500

借：主营业务成本　　1 200

　贷：劳务成本　　1 200

2. 劳务的开始和完成分属不同的会计期间

【任务 9-1-4】 编制会计分录

2014 年 3 月 18 日，重庆山城公司接受恒生公司委托为其提供会计培训服务，培训期为 6 个月，培训费为 30 000 元，于合同到期时一次性支付。培训期间共发生培训成本 18 000 元，全部以现金支付，到期时预计只能收回 15 000 元。

试编制重庆山城公司的相关会计分录。

(1) 提供劳务交易结果能够可靠估计。如劳务的开始和完成分属不同的会计期间，且企业在资产负债表日提供劳务交易的结果能够可靠估计的，应采用完工百分比法确认提供劳务收入。同时满足下列条件的，提供劳务交易的结果能够可靠估计：①收入的金额能够可靠地计量 。②相关的经济利益很可能流入企业。③交易的完工进度能够可靠地确定。④交易中已发生和将发生的成本能够可靠地计量。

温馨提示

企业可以根据提供劳务的特点，选用下列方法确定提供劳务交易的完工进度：

(1) 已完工作的测量，这是一种比较专业的测量方法，由专业测量师对已经提供的劳务进行测量，并按一定方法计算确定提供劳务交易的完工程度。

(2) 已经提供的劳务占应提供劳务总量的比例，这种方法主要以劳务量为标准确定提供劳务交易的完工程度。

(3) 已经发生的成本占估计总成本的比例，这种方法主要以成本为标准确定提供劳务交易的完工程度。只有反映已提供劳务的成本才能包括在已经发生的成本中，只有反映已提供或将提供劳务的成本才能包括在估计总成本中。

本期确认的费用的计算公式如下：

本期确认的费用＝劳务总成本×本期期末止劳务的完工进度－以前期间已确认的费用

【例 9-13】 青岛东方股份有限公司 2014 年 8 月承接一项设备安装劳务，劳务合同总收入为 400 万元，预计合同总成本为 280 万元，合同价款在签订合同时已收取，采用完工百分比法确认劳务收入。该公司 2014 年已发生劳务成本 56 万元，截至 2015 年 12 月 31 日，累计发生劳务成本 168 万元。假定劳务成本均以银行存款支付。青岛东方有限责任公司应编制如下会计分录：

① 收取价款时：

借：银行存款　　4 000 000

　贷：预收账款　　4 000 000

② 确认 2014 年的劳务收入并结转劳务成本时：

2014 年的完工进度＝56÷280×100％＝20％

2014 年应确认的劳务收入＝4 000 000×20％＝800 000(元)

借：预收账款　　800 000

　贷：主营业务收入　　800 000

借：主营业务成本　　560 000

　贷：银行存款　　560 000

③ 确认 2015 年的劳务收入并结转成本时：

截至 2015 年 12 月 31 日的完工进度＝168÷280×100％＝60％

2015 年应确认的收入＝4 000 000×60％－800 000＝1 600 000(元)

2015 年应确认的成本＝1 680 000－560 000＝1 120 000(元)

借：预收账款　　1 600 000

　贷：主营业务收入　　1 680 000

借：主营业务成本　　1 120 000

　贷：银行存款　　1 120 000

(2) 提供劳务交易结果不能可靠估计。如劳务的开始和完成分属不同的会计期间，且企业在资产负债表日提供劳务交易结果不能可靠估计的，即不能同时满足上述 4 个条件的，不能采用完工百分比法确认提供劳务收入。此时，企业应当按已收或预计能够收回的金额确认提供劳务收入，并结转已经发生的劳务成本。

特别提醒

如果所提供的劳务收入预计不能收回，则不能确认收入，但仍要结转已经发生的劳务成本。

【例 9-14】 青岛东方股份有限公司于 2014 年 2 月 25 日接受名士公司委托为其提供法律咨询服务，为期 12 个月，服务从 2014 年 3 月 1 日正式开始。协议约定，名士公司应向青岛东方股份有限公司支付的咨询费总额为 100 000 元，开始时预付 20 000 元，9 月 30 日支付 20 000元，12 月 31 日支付 40 000 元，其余 20 000 元在合同到期时支付。截至 2014 年 9 月 30 日，青岛东方股份有限公司发生咨询成本 38 000 元(假定均为培训人员薪酬)。青岛东方股份有限公司得知名士公司经营发生困难,第二次咨询费能否收回难以确定。假定不考虑相关税费,青岛东方股份有限公司应编制如下会计分录:

① 2014 年 3 月 1 日,收到对方预付的咨询费时:

借:银行存款　　20 000

　贷:预收账款　　20 000

② 2014 年 9 月 30 日,实际发生培训成本时:

借:劳务成本　　38 000

　贷:应付职工薪酬　　38 000

(3) 2014 年 9 月 30 日,确认提供劳务收入并结转劳务成本时:

借:预收账款　　20 000

　贷:主营业务收入　　20 000

借:主营业务成本　　38 000

　贷:劳务成本　　38 000

【例 9-15】 接[例 9-14],如果至 2014 年 9 月 30 日,预计第二次咨询费还能收回 20 000 元,其他条件不变。则青岛东方股份有限公司应编制如下会计分录:

① 2014 年 3 月 1 日,收到对方预付的咨询费时:

借:银行存款　　20 000

　贷:预收账款　　20 000

② 2014 年 9 月 30 日,实际发生培训成本时:

借:劳务成本　　38 000

　贷:应付职工薪酬　　38 000

③ 2014 年 9 月 30 日,确认提供劳务收入并结转劳务成本时:

借:应收账款　　20 000

　　预收账款　　20 000

　贷:主营业务收入　　40 000

借:主营业务成本　　38 000

　贷:劳务成本　　38 000

【例 9-16】 接[例 9-14],如果合同中约定,咨询费于 9 月 30 日支付 40 000 元,其余于合同到期时全额支付,至 9 月 30 日发生劳务费 38 000 元,但因为对方财务困难预计不能收回。则青岛东方股份有限公司应编制如下会计分录:

① 2014 年 9 月 30 日,发生咨询成本时:

借:劳务成本　　38 000

　贷:应付职工薪酬　　38 000

② 2014 年 9 月 30 日,结转劳务成本时:

借:主营业务成本　　38 000

　贷:劳务成本　　38 000

(三) 让渡资产使用权收入

让渡资产使用权收入主要是指让渡无形资产等资产的使用权形成的使用费收入,出租固定资产取得的租金、进行债权投资收取的利息和股权投资取得的现金股利等也构成让渡资产使用权的使用费收入。这里主要涉及让渡无形资产的使用权形成的使用费收入、出租固定资产取得的租金收入的核算。

1. 让渡资产使用权收入的确认和计量

让渡资产使用权的使用费收入同时满足下列条件的，才能予以确认：

(1) 相关的经济利益很可能流入企业。

(2) 收入的金额能够可靠地计量。

2. 让渡资产使用权收入的账务处理

企业确认让渡资产使用权的使用费收入时，按确定的收入金额，借记“银行存款”、“应收账款”等账户，贷记“其他业务收入”或“主营业务收入”账户。企业对所让渡资产计提的摊销额以及所发生的与让渡资产有关的支出等，借记“其他业务成本”或“主营业务成本”账户，贷记“累计摊销”等账户。

如果合同或协议规定一次性收取使用费，且不提供后续服务的，应当视同销售该项资产一次性确认收入；提供后续服务的，应在合同或协议规定的有效期内分期确认收入。如果合同或协议规定分期收取使用费的，通常应按合同或协议规定的收款时间和金额或规定的收费方法计算确定的金额分期确认收入。

【例 9-17】 青岛东方股份有限公司向乙公司转让其软件的使用权，一次性收取使用费15 000元，不提供后续服务，款项已经收回。假定不考虑相关税费，青岛东方股份有限公司确认使用费收入时应编制如下会计分录：

借：银行存款　　15 000
　贷：其他业务收入　　15 000

【例 9-18】 青岛东方股份有限公司于 2014 年 1 月 1 日向盛大公司转让某专利权的使用权，协议约定转让期为 5 年，每年年末收取使用费 175 000 元。2014 年该专利权计提的摊销额为 96 000 元。假定不考虑其他因素和相关税费。青岛东方股份有限公司应编制如下会计分录：

① 2014 年年末，确认使用费收入时：

借：应收账款(或银行存款)　　175 000
　贷：其他业务收入　　175 000

② 2014 年，每月计提专利权摊销额时：

借：其他业务成本　　8 000
　贷：累计摊销　　8 000

【例 9-19】 青岛东方股份有限公司向红利公司转让商标使用权，约定红利公司每年年末按年销售收入的 10%支付使用费，使用期为 8 年。第一年，红利公司实现销售收入 1 200 000 元；第二年，红利公司实现销售收入 1 800 000 元。假定青岛东方股份有限公司均于每年年末收到使用费。不考虑相关税费，青岛东方股份有限公司确认使用费收入时应编制如下会计分录：

① 第一年年末确认使用费收入时：

借：银行存款　　120 000
　贷：其他业务收入(1 200 000×10%)　　120 000

② 第二年年末确认使用费收入时：

借：银行存款 180 000

　贷：其他业务收入（1 800 000×10%） 180 000

（四）政府补助收入

1. 政府补助的概念和特征

政府补助是指企业从政府无偿取得货币性资产或非货币性资产，但不包括政府作为企业所有者投入的资本。其中，“政府”包括各级政府及其所属机构，如财政、卫生、税务、环保部门等；联合国、世界银行等国际类似组织也视同为政府。

政府补助分为与资产相关的政府补助和与收益相关的政府补助。其中，与资产相关的政府补助，是指企业取得的、用于购建或以其他方式形成长期资产的政府补助；与收益相关的政府补助，是指除与资产相关的政府补助之外的政府补助。

政府补助的特征如下：

（1）政府补助是无偿的。政府向企业提供补助属于非互惠交易，具有无偿性的特点。

（2）政府补助通常附有一定的条件包括：①政策条件。企业只有符合政府补助政策的规定，才有资格申请政府补助。符合政策规定不一定都能够取得政府补助；不符合政策规定、不具备申请政府补助资格的，不能取得政府补助。②使用条件。企业已获批准取得政府补助的，应当按照政府相关文件等规定的用途使用政府补助。

（3）政府补助不包括政府的资本性投入。

2. 政府补助的主要形式

【任务 9-1-5】 明确政府补助的形式

判断以下内容是否属于政府补助

（1）收到的财政贴息。

（2）收到先征后返的增值税。

（3）财政拨款。

（4）收到政府为支持企业技术创新无偿拨付的款项。

（5）增值税出口退税。

政府补助表现为政府向企业转移资产，包括货币性资产或非货币性资产，通常为货币性资产，但也存在非货币性资产的情况。

（1）财政拨款。财政拨款是政府为了支持企业而无偿拨付的款项，通常在拨款时就明确了资金的用途。

（2）财政贴息。财政贴息是政府为支持特定领域或区域发展，根据国家宏观经济形势和政策目标，对贷款企业的银行贷款利息给予的补贴。

（3）税收返还。税收返还是政府按照先征后返（退）、即征即退等办法向企业返还的税款，属于以税收优惠形式给予的一种政府补助。增值税出口退税不属于政府补助。

除税收返还外，税收优惠还包括直接减征、免征、增加计税抵扣额、抵免部分税额等形式。这类税收优惠体现了政策导向，政府并未直接向企业无偿提供资产，不作为《企业会计准则》规范的政府补助处理。

3. 与资产相关的政府补助的处理

与资产相关的政府补助，应当确认为递延收益，并在相关资产使用寿命内平均分配，计入当期损益（营业外收入）。相关资产在使用寿命结束前被处置（出售、转让、报废等），应将尚未分配的递延收益余额一次性转入资产处置当期的损益(营业外收入)。

按照名义金额(即1元人民币)计量的政府补助,直接计入当期损益(营业外收入)。

【例9-20】 2014年1月1日,政府拨付给青岛东方股份有限公司300万元财政拨款(同日到账),要求其用于购买大型科研设备一台;并规定若有结余,留归企业自行支配。2014年2月1日,青岛东方股份有限公司购入一台大型科研设备(假定不需安装),实际成本为288万元,使用寿命为10年。2015年2月1日,青岛东方股份有限公司出售了这台设备。假定该设备预计净残值为零,采用直线法计提折旧,青岛东方股份有限公司应编制如下会计分录:

① 2014年1月1日,实际收到财政拨款,确认政府补助时:

借:银行存款　　3 000 000

　贷:递延收益　　3 000 000

② 2014年2月1日,购入设备时:

借:固定资产　　2 880 000

　贷:银行存款　　2 880 000

③ 在该项固定资产的使用期间每个月计提折旧并分配递延收益时:

借:研发支出　　24 000

　贷:累计折旧　　24 000

借:递延收益　　25 000

　贷:营业外收入　　25 000

考考你

你能说出[例9-20]会计分录中营业外收入25 000元的来源吗?

④ 2015年2月1日,出售设备时:

借:固定资产清理　　2 592 000

　累计折旧　　288 000

　贷:固定资产　　2 880 000

借:递延收益　　270 000

　贷:营业外收入　　270 000

【例9-21】 2014年1月1日,青岛东方股份有限公司为建造一项环保工程向银行贷款450万元,期限为3年,年利率为6%。当年12月31日,青岛东方股份有限公司向当地政府提出财政贴息申请。经审核,当地政府批准按照实际贷款额450万元给予青岛东方股份有限公司年利率4%的财政贴息,共计54万元,分两次支付。2015年1月15日,第一笔财政贴息资金30万元到账。2015年7月1日,工程完工,第二笔财政贴息资金24万元到账,该工程预计使用寿命10年。青岛东方股份有限公司应编制如下会计分录:

① 2015年1月15日,实际收到财政贴息并确认政府补助时:

借:银行存款　　300 000

　贷:递延收益　　300 000

② 2015年7月1日,实际收到财政贴息并确认政府补助时:

借:银行存款　　240 000

　贷:递延收益　　240 000

③ 2015 年 7 月 1 日，工程完工，每个月的资产负债表日分配递延收益时：

借：递延收益　　4 500

　贷：营业外收入　　4 500

4. 与收益相关的政府补助的处理

【任务 9-1-6】 编制会计分录

甲企业为一家粮食储备企业，2014 年实际粮食储备量 1 亿千克。根据国家有关规定，财政部门按照企业的实际储备量给予每千克 0.03 元/季的粮食保管费补贴，于每个季度初支付。

试编制甲企业的相关会计分录。

与收益相关的政府补助，应当分别按照下列情况处理：

(1) 用于补偿企业以后期间的相关费用或损失的，确认为递延收益，并在确认相关费用的期间，计入当期损益(营业外收入)。

(2) 用于补偿企业已发生的相关费用或损失的，取得时直接计入当期损益(营业外收入)。

【例 9-22】 青岛东方股份有限公司生产一种先进的模具产品，按照国家相关规定，该公司的这种产品适用增值税先征后返的政策，即先按规定征收增值税，然后按实际交纳增值税额返还 70%。2014 年 8 月，该公司实际交纳增值税额 87.5 万元。2015 年 2 月，青岛东方股份有限公司实际收到返还的增值税额 61.25 万元。青岛东方股份有限公司实际收到返还的增值税额时应编制如下会计分录：

借：银行存款　　612 500

　贷：营业外收入　　612 500

【例 9-23】 按照相关规定，粮食储备企业需要根据有关主管部门每季度下达的轮换计划出售陈粮，同时购入新粮。为弥补粮食储备企业发生的轮换费用，财政部门按照轮换计划中规定的轮换量支付给企业 0.03 元/千克的轮换费补贴。假设按照轮换计划，丙企业需要在 2014 年第一季度轮换储备粮 1 亿千克，款项尚未收到。丙企业应编制如下会计分录：

① 2014 年 1 月，按照轮换量 1 亿千克和国家规定的补贴定额 0.03 元/千克，计算和确认其他应收款 300 万元时：

借：其他应收款　　3 000 000

　贷：递延收益　　3 000 000

② 2014 年 1 月，将补偿 1 月份轮换费补贴计入当期收益时：

借：递延收益　　1 000 000

　贷：营业外收入　　1 000 000

(2014 年 2 月和 3 月的会计分录同上)

5. 与资产和收益均相关的政府补助的处理

企业取得这类政府补助时，需要将其分解为与资产相关的部分和与收益相关的部分，分别进行会计处理。如不能区分，企业可以将整项政府补助归类为与收益相关的政府补助。

【例 9-24】 天欣公司 2012 年 12 月申请某国家级研发补贴。申报书中的有关内容如下："本公司于 2012 年 1 月启动数字印刷技术开发项目，预计总投资 360 万元、为期 3 年，已投入资金 120 万元。项目还需新增投资 240 万元(其中，购置固定资产 80 万元、场地租赁费 40 万元、人员费 100 万元、市场营销费 20 万元)，计划自筹资金 120 万元、申请财政拨款 120 万元。"

2015 年 1 月 1 日，主管部门批准了天欣公司的申报，签订的补贴协议规定：批准天欣公司补贴申请，共补贴款项 120 万元，分两次拨付。合同签订日拨付 60 万元，结算验收时支付 60 万元（如果不能通过验收，则不支付第二笔款项）。天欣公司应编制如下会计分录：

① 2015 年 1 月 1 日，实际收到第一笔拨款时：

借：银行存款　　600 000

　贷：递延收益　　600 000

② 自 2015 年 1 月 1 日至 2017 年 1 月 1 日，每个资产负债表日分配递延收益（假设按年分配）时：

借：递延收益　　300 000

　贷：营业外收入　　300 000

③ 2015 年，项目完工且通过验收，于 5 月 1 日实际收到第二笔拨款时：

借：银行存款　　600 000

　贷：营业外收入　　600 000

任务 9.2 记 录 费 用

一、任务布置

【任务 9-2】 记录费用

青岛宏达服装有限公司 2014 年 12 月发生如下费用业务：

(1) 9 日，支付汽车修理费。有关单据见图 9-11 和图 9-12。

汽车修理行业维修业务发票

客户名称：青岛宏达服装有限公司　　2014 年 12 月 09 日　　№ 6798632

车型	20	车牌号	EW0870	合同号			X6789463467				备注
维修项目	单位	数量	单价	万	千	百	十	元	角	分	
材料费					1	2	3	0	0	0	
工时费						3	0	0	0	0	
辅助材料费											
外加工费						2	2	0	0	0	
合计				¥	1	7	5	0	0	0	
人民币（大写）	壹仟柒佰伍拾元整			¥1 750.00							
企业名称	青岛大通修车行	地址	电话	开户银行			账号				结算方式
				市农行			48—54				转支

负责人（章）：　　开票人（章）：李东　　收款人（章）：张艳

图 9-11 汽车修理行业维修业务发票

中国工商银行
转账支票存根

Ⅶ Ⅲ 00041569

科　　目：

对方科目：管理费用

出票日期：2014 年 12 月 09 日

收款人：青岛大通修车行
金　额：￥1 750.00
用　途：支付修理费

单位主管：李平　　　　会计：刘强

复核：　　　　　　　　记账：

图 9-12　转账支票存根

（2）9 日，支付广告费。有关单据见图 9-13 和图 9-14。

地方税务局其他经营发票（地）

客户名称：青岛宏达服装有限公司　　　2014 年 12 月 09 日　　　№ 6798632

项目名称	单位	数量	单价	金额								
				百	十	万	千	百	十	元	角	分
广告费	次	10	540.00				5	4	0	0	0	0
人民币（大写）伍仟肆佰元整				￥5 400.00								
开户银行		结算方法	支票	备注								
账号												

开票单位：青岛有线电视台　　　　开票人：　　　　收款人：

图 9-13　其他经营发票

中国工商银行
转账支票存根

Ⅶ Ⅲ 00041569

科　　目：

对方科目：销售费用

出票日期：2014 年 12 月 09 日

收款人：青岛有限电视台
金　额：￥5 400.00
用　途：支付广告费

单位主管：李平　　　　会计：刘强

复核：　　　　　　　　记账：

图 9-14　转账支票存根

(3) 10 日,办公室领用乙甘醇。有关单据见图 9-15。

领　料　单

2014 年 12 月 10 日

凭证编号:1245

领料单位:厂办公室　　　　发料仓库:1 号仓库

材料编号	材料名称	材料用途	数量(千克)		材料成本	
			请领	实发	单位成本	金额
1101	乙甘醇	一般耗用	600	600	8.00	4 800.00

仓库管理员:李平　　　　领料人:王励

第三联:记账联

图 9-15　领料单

(4) 12 日,销售防护服。有关单据见图 9-16 和图 9-17。

产品出库单

发货仓库:成品库　　　　第 3 号

提货单位:青岛建筑公司　　　　2014 年 12 月 12 日

类别	编号	名称规格	数量(套)		单位成本(元)		总成本	
			应发	实发	实际	计划	实际	计划
建筑材料	227	防护服	3 000	3 000	26.00	30.00	78 000.00	90 000.00
备注								

保管员:王健　　　　业务员:李飞

第三联:记账联

图 9-16　产品出库单

山东省增值税专用发票

3700022865　　　　此联不作报销、扣税凭证使用　　　　№ 002772043

开票日期:2014 年 12 月 12 日

购货单位	名　　称:青岛建筑公司 纳税人识别号:370203167860329 地 址 、电 话:青岛市市南区香港路 23 号 0532-80233180 开户银行及账号:招商银行青岛分行市南支行 4321576876020331892	密码区	1 6 1 4 9 3 5 8 9/>+<1 3 7 5<− < 加密版本号:01 *+− − 5 5 2− </4 9 2<− 2 2− 1 3　3700022865 − 3− 6 3>8 7 1 7 2 6 8 2 6 7 0<7+0　002772043 9/9 2/4 4>>0 9− >9 8>><1

货物或应税劳务名称	规格型号	单　位	数　量	单　价	金　额	税　率	税　额
套装	227	套	3 000	30.00	90 000.00	17%	15 300.00
合计					¥90 000.00		¥15 300.00
价税合计(大写)	⊗壹拾万伍仟叁佰元整				(小写)¥105 300.00		

销售单位	名　　称:青岛宏达服装有限公司 纳税人识别号:370265473222354 地 址 、电 话:青岛市四方区瑞昌路 33 号 0532-84863333 开户银行账号:工商银行青岛分行四方支行 4222987586543400890	备注	

收款人:　　　　复核:　　　　开票人:王方　　　　销货单位(盖章):

国税函[2014]1232号青岛印刷厂

第一联　记账联　销货方记账凭证

图 9-17　增值税专用发票

(5) 12 日，支付业务招待费。有关单据见图 9-18。

青岛市服务业通用发票

客户名称：青岛宏达服装有限公司　　2014 年 12 月 12 日　　№ 138804

服务项目	单价	数量	金额							备注
			万	千	百	十	元	角	分	
餐费				1	0	0	0	0	0	
合计			¥	1	0	0	0	0	0	
会计人民币(大写)	壹仟元整		¥1 000.00							

现金收讫　青岛王朝大酒店 发票专用章

图 9-18　服务业通发票

(6) 18 日，报销差旅费。有关单据见图 9-19 和图 9-20。

差旅费报销单

附件：20 张　　2014 年 12 月 18 日

出差人	王玉林	共 1 人	职务	专业技术	部门	采购部	审批人	李伟
出差事由	联系购货				自	2014 年 12 月 02 日		
到达地点	北京				至	2014 年 12 月 18 日　共 16 天		

项目金额	交通工具					旅馆费	1 680.00				
	火车	汽车	轮船	飞机		住宿情况	在途	2	天	住宿	14	天
	500	300									

总计人民币(大写)贰仟肆佰捌拾元整		¥2 480.00
原借款金额	报销金额	交结余或超支金额¥520.00
3 000.00	2 480.00	人民币(大写)伍佰贰拾元整

图 9-19　差旅费报销单

收　据

2014 年 12 月 18 日　　№126

收到：王玉林		金额								
		百	十	万	千	百	十	元	角	分
摘要	差旅费			¥	3	0	0	0	0	0
合计金额人民币(大写)	叁仟元整									
备　注										

第二联　付款单位记账凭证

青岛宏达服装有限公司 财务专用章　现金收讫

图 9-20　收　据

(7) 30日,支付培训费700元。有关单据见图9-21。

劳务报酬发放表

2014年12月30日

姓名	劳务种类	劳务费金额(元)	领取人签名
钱玉	培训费	700.00	钱玉

现金付讫

填制人:张洁　　审批:张扬

图9-21 劳务报酬发放表

(8) 31日,计提本月工资及福利费。有关单据见图9-22。

工资及福利费计提计算表

2014年12月31日　　金额单位:元

职工类别		工资总额	计提比例	应提福利费	工资及福利费合计
生产车间	生产工人	90 000	10%	9 000	99 000
	管理人员	5 000	10%	500	5 500
	小计	95 000	10%	9 500	104 500
行政管理部门		36 000	10%	3 600	39 600
专设销售机构		19 000	10%	1 900	20 900
合　计		150 000	10%	15 000	165 000

图9-22 工资及福利费计提计算表

(9) 31日,计提本月短期借款利息。有关单据见图9-23。

短期借款利息计算表

2014年12月31日　　单位:元

本　金	月　利　率	计息期限	利息
20 000.00	4‰	1个月	800.00

会计主管:李平　　制单:刘强

图9-23 短期借款利息计算表

根据以上原始凭证编制记账凭证。总结确认费用的条件。

二、知识链接

费用是指企业在日常活动中引起的，能使所有者权益减少，与向所有者分配利润无关的经济利益的总流出。费用包括主营业务成本、其他业务成本、营业税金及附加、期间费用等。

（一）主营业务成本

主营业务成本是指企业销售商品、提供劳务等日常活动所发生的成本。企业一般在确认销售商品、提供劳务等主营业务收入时、或在月末将已销售商品、已提供劳务的成本结转如主营业务成本。

企业应通过“主营业务成本”账户核算主营业务成本的确认和结转情况。企业结转主营业务成本时，借记本账户，贷记“库存商品”、“劳务成本”等账户。期末应将该账户余额结转至“本年利润”账户，借记“本年利润”账户，贷记该账户。结转后，该账户无余额。

【例 9-25】 2015 年 1 月 20 日，青岛东方股份有限公司向万达公司销售一批产品，开出的增值税专用发票上注明售价为 100 000 元，增值税额为 17 000 元。青岛东方股份有限公司已收到万达公司支付的货款 117 000 元，并将提货单交给了万达公司。该批产品成本为 60 000 元。青岛东方股份有限公司应编制如下会计分录：

① 销售实现时：

借：银行存款　　117 000

　贷：主营业务收入　　100 000

　　　应交税费——应交增值税（销项税额）　　17 000

② 结转成本时：

借：主营业务成本　　60 000

　贷：库存商品　　60 000

【例 9-26】 2015 年 2 月 20 日，青岛东方股份有限公司销售塑钢制品，开出的增值税专用发票上注明售价为 200 000 元，增值税额为 34 000 元，货款尚未收到。该批产品成本为160 000元。月末，因产品质量问题遭对方退货。青岛东方股份有限公司应编制如下会计分录：

① 销售实现时：

借：应收账款　　234 000

　贷：主营业务收入　　200 000

　　　应交税费——应交增值税（销项税额）　　34 000

借：主营业务成本　　160 000

　贷：库存商品　　160 000

② 销售退回时：

借：主营业务收入　　200 000

　　应交税费——应交增值税（销项税额）　　34 000

　贷：应收账款　　234 000

借：库存商品　　160 000

　贷：主营业务成本　　160 000

【例9-27】 2015年3月10日，青岛东方股份有限公司向万达公司销售一批产品，开出的增值税专用发票上注明售价为50 000元，增值税额为8 500元，款项未收，并将提货单交给了万达公司。该批产品成本为30 000元。3月18日，万达公司确认该批商品存在一定的质量问题，经双方协商，青岛东方股份有限公司给予对方20%的折让并开出红字增值税专用发票。青岛东方股份有限公司应编制如下会计分录：

① 销售实现时：

借：应收账款　58 500

　贷：主营业务收入　50 000

　　　应交税费——应交增值税(销项税额)　8 500

借：主营业务成本　30 000

　贷：库存商品　30 000

② 发生销售折让时：

借：主营业务收入　10 000

　　应交税费——应交增值税(销项税额)　1 700

　贷：应收账款　11 700

(二) 其他业务成本

其他业务成本是指企业确认的除主营业务活动以外的其他经营活动所发生的成本。它包括销售多余材料、出租固定资产的折旧额、出租无形资产的摊销额等。

企业应通过“其他业务成本”账户核算其他业务成本的确认和结转情况。企业发生或结转的其他业务成本，借记该账户，贷记“原材料”、“累计折旧”、“累计摊销”等账户。期末，应将该账户的发生额合计结转入“本年利润”账户，借记“本年利润”账户，贷记该账户。结转后，该账户无余额。

【例9-28】 2015年3月2日，青岛东方股份有限公司销售一批多余生产用材料，开出的增值税专用发票注明售价为10 000元，增值税额为1 700元，款项已收。该批产品成本为8 000元。青岛东方股份有限公司应编制如下会计分录：

借：银行存款　11 700

　贷：其他业务收入　10 000

　　　应交税费——应交增值税(销项税额)　1 700

借：其他业务成本　8 000

　贷：原材料　8 000

【例9-29】 2015年1月2日，青岛东方股份有限公司将自己的一项专利技术出租给万达公司，租赁期为1年，每月使用费为30 000元，该专利的实际成本为120 000元，预计使用期为10年，采用直线法摊销。青岛东方股份有限公司应编制如下会计分录：

① 每月收取租金时：

借：银行存款　30 000

　贷：其他业务收入　30 000

② 每月摊销时：

借：其他业务成本　　1 000
　贷：累计摊销　　1 000

【例 9-30】 2015 年 1 月 22 日，青岛东方股份有限公司销售商品领用单独计价的包装物，开出的增值税专用发票上注明售价为 100 000 元，增值税额为 17 000 元，款项已收。该批包装物成本为 40 000 元。青岛东方股份有限公司应编制如下会计分录：

① 出售包装物时：

借：银行存款　　117 000
　贷：其他业务收入　　100 000
　　　应交税费——应交增值税(销项税额)　　17 000

② 结转成本时：

借：其他业务成本　　40 000
　贷：周转材料——包装物　　40 000

（三）营业税金及附加

营业税金及附加是指企业因经营活动应负担的相关税费。它包括营业税、消费税、城市维护建设税和教育费附加等。

温馨提示

并不是所有的税都记入“营业税金及附加”账户，比如增值税。记入“营业税金及附加”账户的具体税费有：营业税、消费税、城市维护建设税、资源税、出口关税、土地增值税和教育费附加。

企业应通过“营业税金及附加”账户核算企业因经营活动而发生的相关税费及结转情况。企业按规定计算的营业税、消费税、城市维护建设税等，借记“营业税金及附加”账户，贷记“应交税费”账户。期末，应将“营业税金及附加”账户的借方发生额合计结转至“本年利润”账户，借记“本年利润”账户，贷记“营业税金及附加”账户。结转后，“营业税金及附加”账户无余额。

【例 9-31】 2015 年 1 月，青岛东方股份有限公司应交纳消费税 30 000 元。青岛东方股份有限公司应编制如下会计分录：

① 计算消费税时：

借：营业税金及附加　　30 000
　贷：应交税费——应交消费税　　30 000

② 交纳消费税时：

借：应交税费——应交消费税　　30 000
　贷：银行存款　　30 000

【例 9-32】 2015 年 2 月，青岛东方股份有限公司对外提供餐饮住宿劳务获取收入 100 000元，营业税税率为 5%。青岛东方股份有限公司应编制如下会计分录：

① 月末计算时：

借：营业税金及附加　　5 000
　贷：应交税费——应交营业税　　5 000

② 交纳营业税时：

借：应交税费——应交营业税 5 000

贷：银行存款 5 000

【例 9-33】 2015 年 1 月，青岛东方股份有限公司当月实际应交增值税为 750 000 元，应交消费税为 150 000 元，应交营业税为 100 000 元，城市维护建设税和教育费附加的税率分别为 7%和 3%。青岛东方股份有限公司应编制如下会计分录：

① 月末计算时：

借：营业税金及附加 100 000

贷：应交税费——应交城市维护建设税[(750 000+150 000+100 000)×7%] 70 000

——应交教育费附加[(750 000+150 000+100 000)×3%] 30 000

② 实际交纳时：

借：应交税费——应交城市维护建设税 70 000

——应交教育费附加 30 000

贷：银行存款 100 000

（四）期间费用

期间费用是指企业日常活动发生的不能计入特定核算对象的成本，只能计入发生当期损益的费用。期间费用包括销售费用、管理费用和财务费用。

1. 销售费用

销售费用是指企业因销售商品、提供劳务过程中发生的费用。它包括销售商品和材料、提供劳务的过程中发生的各种费用，如保险费、包装费、展览费和广告费、商品维修费、预计产品质量保证损失、运输费、装卸费等以及为销售本企业商品而专设销售机构(含销售网点、售后服务网点等)的职工薪酬、业务费、折旧费等经营费用。企业发生的与专设销售机构相关的固定资产修理费用等后续支出也属于销售费用。

销售费用是与企业销售商品活动有关的费用，但不包括销售商品本身的成本和劳务成本。销售产品的成本属于主营业务成本，提供劳务所发生的成本属于劳务成本。

企业应通过“销售费用”账户核算销售费用的发生和结转情况。该账户借方登记企业所发生的各项销售费用，贷方登记期末结转入本年利润的销售费用。期末结转后该账户无余额。该账户应按销售费用的费用项目进行明细核算。

企业在销售商品过程中发生的包装费、保险费、展览费和广告费、运输费、装卸费等费用，借记“销售费用”账户，贷记“库存现金”、“银行存款”等账户；企业发生的为销售本企业商品而专设的销售机构的职工薪酬、业务费等经营费用，借记“销售费用”账户，贷记“应付职工薪酬”、“银行存款”、“累计折旧”等账户。期末，应将“销售费用”账户余额转入“本年利润”账户，借记“本年利润”账户，贷记“销售费用”账户。结转后，该账户无余额。

【例 9-34】 2015 年 3 月 1 日，青岛东方股份有限公司发生广告费 100 000 元，开出转账支票支付。该公司应编制如下会计分录：

借：销售费用——广告费 100 000

贷：银行存款 100 000

【例 9-35】 青岛东方股份有限公司专设的销售机构 2015 年 2 月共发生费用 150 000 元，其中办公设备折旧费 50 000 元，业务费 100 000 元(用银行存款支付)。该公司应编制如下会计分录：

借：销售费用——折旧费　　50 000
　　　　　　——业务费　　100 000
　贷：累计折旧　　50 000
　　　银行存款　　100 000

【例 9-36】 青岛东方股份有限公司 2015 年 3 月销售产品共发生运杂费 15 000 元(未取得货物运输业增值税专用发票)，款项已用银行存款支付。该公司应编制如下会计分录：

借：销售费用——运杂费　　15 000
　贷：银行存款　　15 000

【例 9-37】 青岛东方股份有限公司 2015 年 3 月计提专设的销售机构的人员工资共计 236 000 元。该公司应编如下会计分录：

借：销售费用——工资　　236 000
　贷：应付职工薪酬　　236 000

2. 管理费用

管理费用是指企业为组织和管理企业生产经营所发生的费用。它包括企业在筹建期间内发生的开办费，董事会和行政管理部门在企业的经营管理中发生的或者应由企业统一负担的公司经费(如行政管理部门职工薪酬、物料消耗、低值易耗品摊销、办公费和差旅费、经营租赁费、折旧费等)、工会经费、董事会费(如董事会成员津贴、会议费和差旅费等)、聘请中介机构费、咨询费(含顾问费)、诉讼费、业务招待费、房产税、土地使用税、车船税、印花税、技术转让费、无形资产摊销、矿产资源补偿费、研究费用、排污费、存货盘亏或盘盈、融资租赁发生的履约成本、经营租赁发生的初始直接费用、长期待摊费用的摊销、高危行业安全生产费等。

企业应通过“管理费用”账户核算管理费用的发生和结转情况。该账户借方登记企业所发生的各项管理费用，贷方登记期末结转入本年利润的管理费用。期末结转后该账户无余额。该账户应按管理费用的费用项目进行明细核算。

发生管理费用时，借记“管理费用”账户，贷记“库存现金”、“银行存款”、“应付职工薪酬”、“累计折旧”、“应交税费”等账户。期末，应将“管理费用”账户余额转入“本年利润”账户，借记“本年利润”账户，贷记“管理费用”账户。

【例 9-38】 2015 年 1 月 22 日，青岛东方股份有限公司为增进与建立大客户关系而发生的业务招待费 100 000 元，用银行存款支付。该公司应编制如下会计分录：

借：管理费用——业务招待费　　100 000
　贷：银行存款　　100 000

【例 9-39】 2015 年 2 月 5 日，青岛东方股份有限公司就一项目方案的法律问题向有关专家进行咨询，以现金支付咨询费 20 000 元。该公司应编制如下会计分录：

借：管理费用——咨询费　　20 000
　贷：库存现金　　20 000

【例 9-40】 青岛东方股份有限公司行政部门 2015 年 1 月份共发生费用 230 000 元，其中:行政人员工资150 000元,行政部专用办公设备折旧费50 000元,报销行政人员差旅费21 000元(假定当初出差人员已预借差旅费20 000元),其他办公费9 000元(以银行存款支付)。该公司应编制如下会计分录:

借:管理费用——工资 150 000
　　　　——设备折旧 50 000
　　　　——差旅费 21 000
　　　　——其他 9 000
　贷:应付职工薪酬 150 000
　　累计折旧 50 000
　　其他应收款 20 000
　　银行存款 9 000
　　库存现金 1 000

3. 财务费用

财务费用是指企业为筹集生产经营所需资金等而发生的筹资费用,包括利息支出(减去利息收入)、汇兑差额以及相关的手续费、企业发生或收到的现金折扣等。

企业应通过"账务费用"账户核算财务费用的发生和结转情况。该账户借方登记企业所发生的各项财务费用,贷方登记期末结转入本年利润的财务费用。期末结转后该账户无余额。该账户应按财务费用的费用项目进行明细核算。

企业发生的各项财务费用,借记"财务费用"账户,贷记"库存现金"、"银行存款"、"应付职工薪酬"、"累计折旧"、"应收账款"等账户。期末,应将"财务费用"账户余额转入"本年利润"账户,借记"本年利润"账户,贷记"财务费用"账户。

【例9-41】 2015年1月31日,青岛东方股份有限公司计提本月应负担的短期借款利息20 000元。该公司应编制如下会计分录:

借:财务费用——利息支出 20 000
　贷:应付利息 20 000

【例9-42】 2015年2月2日,青岛东方股份有限公司用银行存款支付银行结算手续费500元。该公司应编制如下会计分录:

借:财务费用——手续费 500
　贷:银行存款 500

【例9-43】 2015年2月7日,青岛东方股份有限公司归还万达公司欠款200 000元,根据对方规定的现金折扣条件提前付款,获得对方给予的现金折扣5 000元。该公司应编制如下会计分录:

借:应付账款 200 000
　贷:财务费用 5 000
　　银行存款 195 000

考考你

财务部门的相关支出应计入哪项期间费用?

任务9.3 计算利润

一、任务布置

【任务9-3】 计算利润

青岛宏达服装有限公司2014年年终结账前有关损益类科目的年末余额见表9-1。

表9-1 损益类科目年末余额 单位:元

收入科目	年末余额	费用科目	年末余额
主营业务收入	950 000	主营业务成本	650 000
其他业务收入	200 000	其他业务成本	15 000
投资收益	15 000	营业税金及附加	36 000
营业外收入	40 000	销售费用	400 000
		管理费用	120 000
		财务费用	25 000
		营业外支出	70 000

公司于2013年年末购入一台机器设备,成本为1 500 000元,预计使用年限为5年,预计净残值为零,会计上按直线法计提折旧,因该设备符合税法规定的税收优惠条件,计税时可采用年数总和法计提折旧。假定税法规定的使用年限及预计净残值均与会计相同,该公司各会计期间均未对固定资产计提减值准备并且不存在其他税法和会计差异。

要求:

(1) 计算该公司本年度会计利润(利润总额及净利润)。

(2) 编制相关记账凭证。

二、知识链接

利润是企业一定会计期间的经营成果。利润包括营业利润、利润总额和净利润。

(一) 与利润计算相关的公式

1. 营业利润

营业利润=营业收入-营业成本-营业税金及附加-销售费用-管理费用-财务费用-资产减值损失+公允价值变动收益(-公允价值变动损失)+投资收益(-投资损失)

其中:营业收入是指企业日常经营业务所确认的收入总额,包括主营业务收入和其他业务收入;营业成本是指企业日常经营业务所发生的实际成本总额,包括主营业务成本和其他业务成本;资产减值损失是指企业计提各项资产减值准备所形成的损失;公允价值变动收益(或损失)是指企业交易性金融资产等公允价值变动形成的应计入当期损益的利得(或损失);投资收益(或损失)是指企业以各种方式对外投资所取得的收益(或发生的损失)。

2. 利润总额

利润总额=营业利润+营业外收入-营业外支出

其中:营业外收入是指企业发生的与其日常活动无直接关系的各项利得;营业外支出是指企业发生的与其日常活动无直接关系的各项损失。

3. 净利润

净利润=利润总额-所得税费用

其中:所得税费用是指企业确认的应从当期利润总额中扣除的所得税费用。

【任务 9-3-1】 明确营业外收支的使用范围及账务处理方法

重庆山城有限公司 2014 年 5 月发生的经济业务如下:

(1) 8 日,因职工违反规定罚款 200 元现金,已收到。

(2) 12 日,清理一台 2009 年 1 月 1 日购入的设备,该设备原值为 385 000 元,已提折旧 336 000元,已提减值准备 12 000 元,以现金支付清理费用 2 000 元,处置收入 46 800 元存入银行。

(3) 20 日,出售一项专利权,该专利权原值为 188 000 元,已摊销 162 000 元,无减值准备,处置收入为 10 000 元,营业税税率为 5%。

(4) 22 日,以上月收到的财政拨款 600 万元用于购买设备,该设备预计使用 10 年,预计净残值为 0,该设备不需安装。

(5) 25 日,收到捐赠的原材料,取得增值税专用发票,注明价款为 20 000 元,增值税税率为 17%。

(6) 27 日,清查因泥石流原因砸坏的一座仓库,经查,共损失库存商品 12 000 元,经协商保险公司赔付 5 000 元,其余损失企业自负。

(7) 28 日,通过当地民政部门向希望工程捐赠现金 10 000 元。

(8) 30 日,以现金上缴滞纳金 500 元。

(9) 31 日,盘盈库存现金 100 元,经批准转入营业外收入;盘亏库存商品 100 件,单位成本为 52 元,确实无法找到原因,经批准处理。

根据以上经济业务编制相关会计分录,并总结营业外收入和营业外支出的核算范围及账务处理方法。

(二) 营业外收支

1. 营业外收入

营业外收入是指企业发生的与其日常活动无直接关系的各项利得。营业外收入不是企业经营资金耗费所产生的,是经济利益的净流入,不需要与有关的费用进行配比。营业外收入主要包括非流动资产处置利得、政府补助、盘盈利得、捐赠利得等。其中:非流动资产处置利得包括固定资产处置利得和无形资产处置利得;政府补助是指从政府无偿取得货币性资产或非货币性资产形成的利得,不包括政府作为所有者对企业的资本收入;盘盈利得是指企业对现金等资产清查盘点时发生盘盈,报经批准后计入营业外收入的金额;捐赠利得是指企业接受捐赠产生的利得。

2. 营业外支出

营业外支出是指企业发生的与其日常活动无直接关系的各项损失。它主要包括非流动资产处置损失、公益性捐赠支出、盘亏损失、罚款支出等。其中:非流动资产处置损失包括固定资产处置净损失和无形资产处置净损失。固定资产处置损失是指企业出售固定资产所取得价款,或报废固定资产的材料价值和变价收入等,抵补处置固定资产的账面价值、清理费用、处置相关税费后的净损失;无形资产处置损失是指企业出售无形资产所取得价款,抵补出售无形资产的账面价值、出售相关税费后的净损失。公益性捐赠支出是指企业对外进行公益性捐赠发生的支出。盘亏损失是指企业对于因客观因素(如自然灾害等)造成的损失,扣除保险公司赔偿后应计入营业外支出的净损失。罚款支出是指企业支付的行政罚款、税务罚款,以及其他违反法律法规、合同协议等而支付的罚款、违约金、赔偿金等支出。

(三) 所得税费用

企业所得税的计算过程也就是寻找税法和会计之间的差异,并通过调整差异计算应纳税所得额的过程。而所得税会计就是在应交所得税基础上如何确定会计核算中的所得税费用。从 2007 年开始,我国所得税会计采用了资产负债表债务法,要求企业从资产负债表出发,通过比较资产负债表上列示的资产、负债,按照《企业会计准则》规定确定的账面价值与按照税法规定确定计税的基础,对于两种之间的差异分别为应纳税暂时性差异与可抵扣暂时性差异,从而确认相关的递延所得税负债和递延所得税资产,并在此基础上确定每一会计期间利润表中的所得税费用。

1. 所得税会计核算的一般程序

(1) 按照相关《企业会计准则》规定,确定资产负债表中除递延所得税资产和递延所得税负债以外的其他资产和负债项目的账面价值。

(2) 按照《企业会计准则》中对于资产和负债计税基础的确定方法,以适用的税收法规为基础,取得资产负债表中有关资产、负债项目的计税基础。

(3) 比较资产、负债的账面价值与其计税基础,对于两者之间的差额形成的暂时性差异,按照其不同种类,分为应纳税暂时性差异与可抵扣暂时性差异。应纳税暂时性差异是应该纳税而未纳税,形成企业的一项负债,成为递延所得税负债;可抵扣暂时性差异是可抵扣企业的所得税费用,形成企业的一项资产,成为递延所得税资产。

(4) 已求出递延所得税负债与递延所得税资产和当期的所得税的数额(税法规定的应纳税所得额与使用的所得税税率相乘计算出的结果),然后用当期的所得税数额与递延所得税负债、递延所得税资产加减计算,就能得出利润表中的所得税费用。

2. 所得税会计的相关概念

(1) 资产的计税基础。资产的计税基础是指企业收回资产账面价值的过程中,计算应纳税所得时按照税法可以自应税经济利益中抵扣的金额,即该项资产在未来使用或最终处置时,允许作为成本或费用于税前列支的金额。其计算公式如下:

资产的计税基础=未来课税前列支的金额

某一资产负债表日资产的计税基础=成本-以前期间已税前列支的金额

【例 9-44】 青岛东方股份有限公司某项机器设备的原价为 150 万元,预计使用年限为 5 年,会计处理是按照直线法计提折旧,税收处理允许加速折旧,该公司在计税时对该项资产按年数总和法计提折旧，预计净残值为零。请问计提了2年的折旧后，该项资产的账面价值计税基础分别是多少？

账面价值＝150－60＝90(万元)
计税基础＝150－50－40＝60(万元)

(2) 负债的计税基础。负债的计税基础是指负债的账面价值减去未来期间计算应纳税所得时按照税法规定准予抵扣的金额。其计算公式如下：

负债的计税基础＝账面价值－未来可税前列支的金额

一般负债的确认和清偿不影响所得税的计算，差异主要是自费用中提取的负债。

【例9-45】 青岛东方股份有限公司2014年因销售商品提供售后服务等原因于当期确认了400万元的预计负债。税法规定，有关产品售后服务等于取得经营收入直接相关的费用于实际发生时允许税前列支。假定该公司在确认预计负债的当期发生售后服务费用，请问预计负债的账面价值和计税基础分别是多少？

账面价值＝400(万元)
计税基础＝400(账面价值)－400(可从未来经济利益中扣除的金额)＝0

3. 暂时性差异

暂时性差异是指资产或负债的账面价值与其计税基础之间的差额。按照暂时性差异对未来期间应税金额的影响，分为应纳税暂时性差异和可抵扣暂时性差异。

应纳税暂时性差异是指在确定未来收回资产或清偿负债期间的应纳税所得额时，将导致产生应税金额的暂时性差异。应纳税暂时性差异产生递延所得税负债，包括：①资产的账面价值大于其计税基础。②负债的账面价值小于其计税基础。

可抵扣暂时性差异是指在确定未来收回资产或清偿负债期间的应纳税所得额时，将导致产生可抵扣金额的暂时性差异。可抵扣暂时性差异确认递延所得税资产，包括：①资产的账面价值小于其计税基础。②负债的账面价值大于其计税基础。

例如，某项固定资产的账面价值大于计税基础，说明未来课税前扣除的数额少，也就意味着未来交的所得税多，所以是应纳税暂时性差异。

4. 递延所得税资产及递延所得税负债的确认和计量

(1) 递延所得税资产的确认和计量。资产、负债的账面价值与其计税基础不同产生可抵扣暂时性差异的，在估计未来期间能够取得足够的应纳税所得额用于利用该可抵扣暂时性差异时，应当以很可能取得用来抵扣可抵扣暂时性差异的应纳税所得额为限，确认相关的递延所得税资产。

(2) 递延所得税负债的确认和计量。除《企业会计准则》中明确规定可不确认递延所得税负债的情况以外，企业对于所有的应纳税暂时性差异均应确认相关的递延所得税负债。在确认递延所得税负债的同时，应增加利润表中的所得税费用。

【例9-46】 青岛东方股份有限公司于2014年12月31日购入一台机器设备，成本为150万元，预计使用5年，预计净残值为零。会计上采用直线法计提折旧，按税法规定采用年数总和法计提折旧。该公司适用的所得税税率为25%。假定税法规定的预计使用年限和预计净残值均与会计一致，且该项固定资产使用期间未计提减值准备。

则该公司每年因固定资产账面价值与计税基础不同应予确认的递延所得税情况见表 9-2。

表 9-2　　递延所得税情况　　单位：万元

项　　目	第 1 年	第 2 年	第 3 年	第 4 年	第 5 年
实际成本	150	150	150	150	150
累计会计折旧	30	60	90	120	150
账面价值	120	90	60	30	0
累计计税折旧	50	90	120	140	150
计税基础	100	60	30	10	0
暂时性差异	20	30	30	20	0
适用税率	25%	25%	25%	25%	25%
递延所得税负债余额	5	7.5	7.5	5	0

第 1 年资产负债表日：

该项固定资产的账面价值＝实际成本－累计会计折旧＝150－30＝120(万元)

该项固定资产的计税基础＝实际成本－累计计税折旧＝150－50＝100(万元)

因账面价值大于其计税基础，两者之间产生的 20 万元差异会增加未来期间的应纳税所得额和应交所得税，产生应纳税暂时性差异，应确认与其相关的递延所得税负债 5 万元(20×25%)。

借：所得税费用　　50 000

　贷：递延所得税负债　　50 000

第 2 年资产负债表日：

该项固定资产的账面价值＝实际成本－累计会计折旧＝150－30×2＝90(万元)

该项固定资产的计税基础＝实际成本－累计计税折旧＝150－50－40＝60(万元)

因账面价值大于其计税基础 30 万元，产生应纳税暂时性差异，应确认与其相关的递延所得税负债 7.5 万元(30×25%)。

借：所得税费用　　75 000

　贷：递延所得税负债　　75 000

第 3 年资产负债表日：

该项固定资产的账面价值＝实际成本－累计会计折旧＝150－30×3＝60(万元)

该项固定资产的计税基础＝实际成本－累计计税折旧＝150－50－40－30＝30(万元)

因账面价值大于其计税基础 30 万元，产生应纳税暂时性差异，应确认与其相关的递延所得税负债 7.5 万元，但递延所得税负债有期初余额为 7.5 万元，故当期不应再确认。

第 4 年资产负债表日：

该项固定资产的账面价值＝实际成本－累计会计折旧＝150－30×4＝30(万元)

该项固定资产的计税基础＝实际成本－累计计税折旧＝150－50－40－30－20＝10(万元)

因账面价值大于其计税基础20万元，产生应纳税暂时性差异，应确认与其相关的递延所得税负债5万元，但递延所得税负债有期初余额7.5万元，故当期应转回原已确认的递延所得税负债2.5万元。

借：递延所得税负债　　25 000

　贷：所得税费用　　25 000

第5年资产负债表日：

该项固定资产的账面价值＝实际成本－累计会计折旧＝150－30×5＝0

该项固定资产的计税基础＝实际成本－累计计税折旧＝150－50－40－30－20－10＝0

因账面价值与其计税基础均为0，两者之间不存在暂时性差异，原已确认与其相关的递延所得税负债应全部转回。

借：递延所得税负债　　50 000

　贷：所得税费用　　50 000

试试看

某公司于2014年12月31日购入一台机器设备，成本为100万元，预计使用年限为5年，预计净残值为零。该机器设备在会计上采用直线法计提折旧，按税法规定采用双倍余额递减法计提折旧。该公司适用的所得税税率为25%。假定税法规定的预计使用年限和预计净残值均与会计一致，且该项固定资产使用期间未计提减值准备。

要求：

(1) 计算每年资产负债表日的该项资产的账面价值与计税基础，确定是应纳税暂时性差异还是可抵扣暂时性差异，并作出相关账务处理。

(2) 如果该机器设备在会计上采用双倍余额递减法，在税法上采用直线法，其他条件不变，又应该如何处理？

5. 所得税费用的确认和计量

所得税包括当期应交所得税和递延所得税两个部分，其中：当期应交所得税是根据税法和会计差异得出的应纳税所得额乘以所得税税率计算的结果；递延所得税就是当期递延所得税负债的增加(或减少)与当期递延所得税资产的增加(或减少)之和。对计入利润表的所得税费用的会计处理，首先确定本期递延所得税资产、递延所得税负债和应交所得税的发生额，其次再确定本期所得税费用的发生额。其计算公式如下：

本期所得税费用＝本期应交所得税＋本期递延所得税资产、递延所得税负债贷方发生额－本期递延所得税资产、递延所得税负债借方发生额

(四) 本年利润的核算(见图9-24)

【例9-47】 青岛东方股份有限公司2014年年末结账前有关损益类科目的年末余额见表9-3。

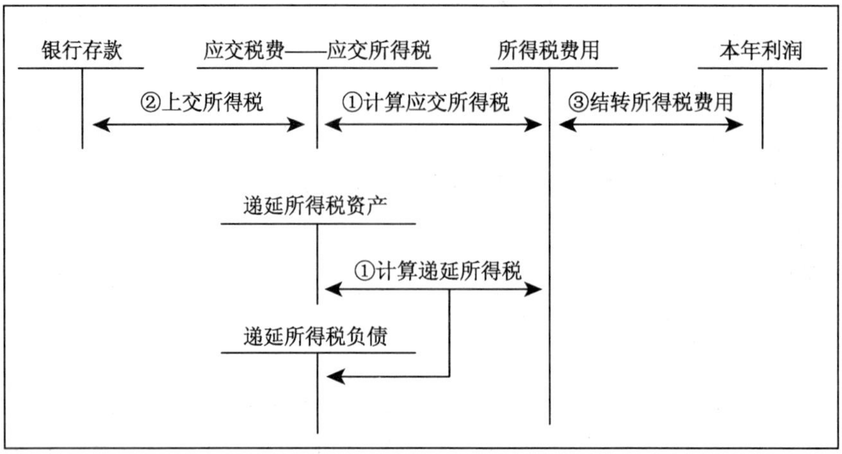

图 9-24　本年利润的核算

表 9-3　损益类科目的年末余额　单位：元

收入科目	年末余额	费用科目	年末余额
主营业务收入	950 000	主营业务成本	650 000
其他业务收入	200 000	其他业务成本	150 000
投资收益	15 000	营业税金及附加	36 000
营业外收入	40 000	销售费用	40 000
		管理费用	120 000
		财务费用	25 000
		营业外支出	70 000

12 月 31 日，该公司又发生下列业务：

(1) 在现金清查中，发现库存现金比账面余额多 1 500 元，无法查明原因，经批准转销。

(2) 营业外支出中有 3 500 元为非公益性捐赠。

(3) 本年国债利息收入 4 000 元已入账。

要求：

(1) 根据上述业务编制第(1)笔经济业务的会计分录。

(2) 将损益类账户结转“本年利润”账户。

(3) 计算公司当年应交所得税并编制相关会计分录(所得税税率为 25%，除上述事项外，不考虑其他纳税调整因素)。

(4) 计算当年公司净利润。

青岛东方股份有限公司的会计处理如下：

① 会计分录如下：

借：库存现金　1 500

　贷：待处理财产损溢　1 500

借：待处理财产损溢　1 500

　贷：营业外收入　1 500

② 结转损益类账户：

借：主营业务收入	950 000
其他业务收入	200 000
投资收益	15 000
营业外收入	41 500
贷：本年利润	1 206 500
借：本年利润	1 091 000
贷：主营业务成本	650 000
其他业务成本	150 000
营业税金及附加	36 000
销售费用	40 000
管理费用	120 000
财务费用	25 000
营业外支出	70 000

③ 当年应纳所得税的计算及相关会计分录如下：

应纳税所得额＝会计利润＋非公益性捐赠—国债利息收入

＝1 206 500—1 091 000＋3 500—4 000

＝115 000(元)

应纳所得税＝115 000×25%＝28 750(元)

借：所得税费用	28 750
贷：应交税费——应交所得税	28 750

结转所得税费用：

借：本年利润	28 750
贷：所得税费用	28 750

思考

"所得税费用"账户属于哪一类账户？为什么该账户不能与其他同类账户一起结转至"本年利润"账户呢？

④ 经过上述结转后，"本年利润"账户年末余额为 86 750 元(1 206 500－1 091 000－28 750)，即为本年净利润。

（五）利润的分配

利润分配是指企业根据国家有关规定和企业章程、投资者协议等，对企业当年可供分配的利润所进行的分配。其计算公式如下：

可供分配的利润＝当年实现的净利润(或净亏损)＋年初未分配利润(或年初未弥补亏损)＋其他转入

利润分配的次序为：①提取法定盈余公积。②提取任意盈余公积。③向投资者分配利润。

知识链接

盈余公积是指企业按照公司法有关规定从净利润(减去弥补以前年度亏损，不包括年初未分配利润)中提取的积累资金。公司制企业的盈余公积包括法定盈余公积和任意盈余公积。法定盈余公积是指企业按照规定10%的比例从净利润中提取的盈余公积。非公司制企业法定盈余公积的提取比例可以超过10%。法定盈余公积累计额达到注册资本的50%时可以不再提取。任意盈余公积是指企业按照股东会或股东大会决议提取的盈余公积。企业提取的盈余公积可用于弥补亏损、转增资本或发放现金股利或利润等。

?小思考

请说明法定盈余公积和任意盈余公积的相同点和不同点。

【例 9-48】 接[例 9-47],假定青岛东方股份有限公司2014年年初未分配利润为37 000元,全年实现的净利润为86 750元,法定盈余公积和任意盈余公积提取比例均为10%,宣告发放现金股利40 000元,假定不考虑其他因素,该公司应编制如下会计分录:

① 将本年净利润从“本年利润”账户转入“利润分配——未分配利润”账户时:

借:本年利润	86 750	
贷:利润分配——未分配利润		86 750

② 提取盈余公积和发放现金股利时:

借:利润分配——提取法定盈余公积	8 675	
——提取任意盈余公积	8 675	
——发放现金股利	40 000	
贷:盈余公积——法定盈余公积		8 675
——任意盈余公积		8 675
应付股利		40 000

③ 将已经分配的利润结转至“利润分配——未分配利润”账户时:

借:利润分配——未分配利润	57 350	
贷:利润分配——提取法定盈余公积		8 675
——提取任意盈余公积		8 675
——发放现金股利		40 000

结转后“利润分配——未分配利润”账户的余额在贷方,表示累计未分配的利润。

?思考

法定盈余公积和任意盈余公积应如何计算?为什么提取盈余公积时不包括年初未分配利润,而应该减除以前年度亏损?

项目 10

财务报表岗位

能力目标

1. 能够认识各种财务报表。
2. 能够正确编制财务报表。

知识目标

1. 掌握财务报表的编制方法。
2. 理解财务报表岗位的岗位职责。
3. 熟悉财务报表岗位的重要性。

素质目标

1. 培养高尚的职业道德:讲诚信、遵纪守法等。
2. 积极启发学生主动地思考问题,培养学生分析问题和解决问题的能力。
3. 提升沟通技巧和团队协作精神。
4. 进一步培养学生严谨的工作态度。
5. 进一步培养学生自主学习能力。

任务 10.1　认识财务报表

一、任务布置

【任务 10-1】　认识财务报表

1. 将下列会计科目填入相应的财务报表中

青岛宏达服装有限公司 2014 年涉及的会计科目有:

库存现金、银行存款、营业外收入、营业外支出、应收账款、应付账款、其他应收款、其他应付款、预收账款、预付账款、交易性金融资产、长期股权投资、短期借款、长期借款、财务费用、盈余公积、利润分配、主营业务收入、其他业务收入、主营业务成本、其他业务成本、应收票据、应付票据、管理费用、销售费用、资产减值损失、公允价值变动损益、无形资产、固定资产、在建工程、实收资本、营业税金及附加、资本公积、应付职工薪酬、应交税费、投资收益、所得税费用。

资产负债表项目有:

利润表项目有：

2. 给表10-1～表10-3分别填上表名

表 10-1　　　　　　　　　　　　______表

会企01表

编制单位：　　　　　　　　______年____月____日　　　　　　　　单位：元

资　　产	期末余额	年初余额	负债和所有者权益（或股东权益）	期末余额	年初余额
流动资产：			流动负债：		
货币资金			短期借款		
交易性金融资产			交易性金融负债		
应收票据			应付票据		
应收账款			应付账款		
预付款项			预收款项		
应收利息			应付职工薪酬		
应收股利			应交税费		
其他应收款			应付利息		
存货			应付股利		
一年内到期的非流动资产			其他应付款		
其他流动资产			一年内到期的非流动负债		
流动资产合计			其他流动负债		
非流动资产：			流动负债合计		
可供出售金融资产			非流动负债：		
持有至到期投资			长期借款		
长期应收款			应付债券		
长期股权投资			长期应付款		
投资性房地产			专项应付款		
固定资产			预计负债		

（续表）

资　　产	期末余额	年初余额	负债和所有者权益（或股东权益）	期末余额	年初余额
在建工程			递延所得税负债		
工程物资			其他非流动负债		
固定资产清理			非流动负债合计		
生产性生物资产			负债合计		
油气资产			所有者权益（或股东权益）：		
无形资产			实收资本（或股本）		
开发支出			资本公积		
商誉			减：库存股		
长期待摊费用			盈余公积		
递延所得税资产			未分配利润		
其他非流动资产			所有者权益（或股东权益）合计		
非流动资产合计					
资产总计			负债和所有者权益（或股东权益）总计		

表 10-2　　＿＿＿＿＿＿表

会企 02 表

编制单位：　　＿＿＿年度　　单位：元

项　　目	本期金额	上期金额
一、营业收入		
减：营业成本		
营业税金及附加		
销售费用		
管理费用		
财务费用		
资产减值损失		
加：公允价值变动收益（损失以“—”号列示）		
投资收益		
二、营业利润		
加：营业外收入		
减：营业外支出		
三、利润总额		
减：所得税费用		
四、净利润		

表 10-3　　　　＿＿＿＿＿＿表

会企 03 表

编制单位：　　　　＿＿＿＿年度　　　　单位：元

项　　目	本期金额	上期金额
一、经营活动产生的现金流量：		
销售商品、提供劳务收到的现金		
收到的税费返还		
收到其他与经营活动有关的现金		
经营活动现金流入小计		
购买商品、接受劳务支付的现金		
支付给职工以及为职工支付的现金		
支付的各项税费		
支付其他与经营活动有关的现金		
经营活动现金流出小计		
经营活动产生的现金流量净额		
二、投资活动产生的现金流量：		
收回投资收到的现金		
取得投资收益收到的现金		
处置固定资产、无形资产和其他长期资产收回的现金净额		
处置子公司及其他营业单位收到的现金净额		
收到其他与投资活动有关的现金		
投资活动现金流入小计		
购建固定资产、无形资产和其他长期资产支付的现金		
投资支付的现金		
取得子公司及其他营业单位支付的现金净额		
支付其他与投资活动有关的现金		
投资活动现金流出小计		
投资活动产生的现金流量净额		
三、筹资活动产生的现金流量：		
吸收投资收到的现金		
取得借款收到的现金		
收到其他与筹资活动有关的现金		
筹资活动现金流入小计		
偿还债务支付的现金		
分配股利、利润或偿付利息支付的现金		
支付其他与筹资活动有关的现金		
筹资活动现金流出小计		
筹资活动产生的现金流量净额		
四、汇率变动对现金及现金等价物的影响		
五、现金及现金等价物净增加额		
加：期初现金及现金等价物余额		
六、期末现金及现金等价物余额		

二、知识链接

（一）财务报告概述

财务报告是指企业对外提供的反映企业某一特定日期的财务状况和某一会计期间的经营成果、现金流量等会计信息的文件。财务报告包括财务报表和其他应当在财务报告中披露的相关信息和资料。编制财务报告的目标是向财务报告使用者提供与企业财务状况、经营成果和现金流量等有关的会计信息，反映企业管理层受托责任履行情况，有助于财务报告使用者作出经济决策。

（二）财务报表的组成及其结构

财务报表是对企业财务状况、经营成果和现金流量的结构性表述。一套完整的财务报表至少应当包括资产负债表、利润表、现金流量表、所有者权益（或股东权益）变动表以及附注。其中，资产负债表、利润表和现金流量表分别从不同角度反映企业的财务状况、经营成果和现金流量；所有者权益变动表反映构成所有者权益的各组成部分当期的增减变动情况；附注是财务报表不可或缺的组成部分，是对在资产负债表、利润表、现金流量表和所有者权益变动表等报表中列示项目的文字描述或明细资料，以及对未能在这些报表中列示项目的说明等。

1. 资产负债表内容及其结构

资产负债表是反映企业在某一特定日期的财务状况的报表。该报表主要反映资产、负债和所有者权益三方面的内容，并满足“资产＝负债＋所有者权益”的平衡式。

我国企业的资产负债表采用账户式结构。账户式资产负债表分左右两方，左方为资产项目，大体按资产的流动性大小排列，流动性大的资产（如“货币资金”、“交易性金融资产”）等排在前面，流动性小的资产（如“长期股权投资”、“固定资产”等）排在后面。右方为负债和所有者权益项目，一般按要求清偿时间的先后顺序排列：“短期借款”、“应付票据”、“应付账款”等需要在 1 年以内或者长于 1 年的一个正常营业周期内偿还的流动负债排在前面，“长期借款”等在 1 年以上才需偿还的非流动负债排在中间，在企业清算之前不需要偿还的所有者权益项目排在后面（资产负债表的具体结构见表 10-1）。

通过账户式资产负债表，可以反映资产、负债、所有者权益之间的内在关系，即“资产＝负债＋所有者权益”。

考考你

（1）什么是资产、负债、所有者权益？资产和负债如何分类？所有者权益包括哪些内容？

（2）说出几个流动资产和非流动资产的名称。

（3）说出几个流动负债和非流动负债的名称。

2. 利润表内容及其结构

利润表是指反映企业在一定会计期间的经营成果的报表。通过利润表，可以反映企业在一定会计期间收入、费用、利润（或亏损）的数额和构成情况，帮助财务报表使用者全面了解企业的经营成果，分析企业的获利能力及盈利增长趋势，从而为其作出经济决策提供依据。

我国企业的利润表采用多步式格式（具体结构见表 10-2）。

3. 现金流量表内容及其结构

现金流量表是反映企业在一定会计期间现金和现金等价物流入和流出的报表。现金是指企业库存现金以及可以随时用于支付的存款，包括库存现金、银行存款和其他货币资金等。不能随时用于支付的存款不属于现金。现金等价物是指企业持有的期限短、流动性强、易于转换为已知金额现金、价值变动风险很小的投资。期限短一般是指从购买日起 3 个月内到期。现金等价物通常包括 3 个月内到期的债券投资等。权益性投资变现的金额通常不确定，因而不属于现金等价物。企业应当根据具体情况确定现金等价物的范围，一经确定不得随意变更。

现金流量是指一定会计期间内企业现金和现金等价物的流入和流出。企业从银行提取现金、用现金购买短期到期的国库券等现金和现金等价物之间的转换不属于现金流量。

我国企业现金流量表采用报告式结构，分类反映经营活动产生的现金流量、投资活动产生的现金流量和筹资活动产生的现金流量，最后汇总反映企业某一期间现金及现金等价物的净增加额(具体结构见表 10-3)。

动脑筋

(1) 下列各项中，属于现金流量表“现金及现金等价物”的有(　　)。

A. 库存现金　　B. 银行本票

C. 银行承兑汇票　　D. 持有 2 个月内到期的国债

(2) 下列各项中，属于现金流量表中现金及现金等价物的有(　　)。

A. 库存现金　　B. 其他货币资金

C. 3 个月内到期的债券投资　　D. 随时用于支付的银行存款

(3) 下列项目中，属于资产负债表中流动资产项目的有(　　)。

A. “预付款项”　　B. “无形资产”

C. “交易性金融资产”　　D. “存货”

(4) 下列项目中，属于资产负债表中流动负债项目的有(　　)。

A. “预收款项”　　B. “应付债券”

C. “长期应付款”　　D. “一年内到期的长期借款”

任务 10.2　编制资产负债表

一、任务布置

【任务 10-2】　编制资产负债表

青岛宏达服装有限公司 2014 年 4 月的余额试算平衡表见表 10-4。

表 10-4　　余额试算平衡表

2014 年 04 月 30 日　　单位：元

会计科目	期末余额	
	借方	贷方
库存现金	740	
银行存款	168 300	

（续表）

会计科目	期末余额	
	借方	贷方
应收账款	85 460	
坏账准备		6 500
原材料	66 500	
库存商品	101 200	
存货跌价准备		1 200
固定资产	468 900	
累计折旧		3 350
固定资产清理		5 600
长期待摊费用	14 500	
应付账款		93 000
预收账款		10 000
长期借款		250 000
实收资本		500 000
盈余公积		4 500
利润分配		19 300
本年利润		12 150
合计	905 600	905 600

补充资料：

(1)“应收账款”账户有关明细账期末余额情况为：

“应收账款——长城公司”账户借方余额98 000元

“应收账款——海天公司”账户贷方余额12 540元

(2)“长期待摊费用”账户中含将于1年内摊销的金额8 000元。

(3)“应付账款”账户有关明细账期末余额情况为：

“应付账款——白云公司”账户借方余额5 000元

“应付账款——文创公司”账户贷方余额98 000元

(4)“预收账款”账户有关明细账期末余额情况为：

“预收账款——方正公司”账户借方余额2 000元

“预收账款——华裕公司”账户贷方余额12 000元

(5)“长期借款”账户期末余额中将于1年内到期归还的长期借款数为100 000元。

请代青岛宏达服装有限公司完成资产负债表的编制(见表10-5)。

表10-5　　　　资产负债表

会企01表

制表单位：青岛宏达服装有限公司　　　　2014年04月30日　　　　单位：元

资　　产	期末余额	年初余额	负债和所有者权益(或股东权益)	期末余额	年初余额
流动资产：		（略）	流动负债：		（略）
货币资金	(1)		短期借款		
交易性金融资产			交易性金融负债		

(续表)

资产	期末余额	年初余额	负债和所有者权益(或股东权益)	期末余额	年初余额
应收票据			应付票据		
应收账款	(2)		应付账款	(9)	
预付款项	(3)		预收款项	(10)	
应收利息			应付职工薪酬		
应收股利			应交税费		
其他应收款			应付利息		
存货	(4)		应付股利		
一年内到期的非流动资产	8 000		其他应付款		
其他流动资产			一年内到期的非流动负债	(11)	
流动资产合计	(5)		其他流动负债		
非流动资产:			流动负债合计		
可供出售金融资产			非流动负债:		
持有至到期投资			长期借款	(12)	
长期应收款			应付债券		
长期股权投资			长期应付款		
投资性房地产			专项应付款		
固定资产	(6)		预计负债		
在建工程			递延所得税负债		
工程物资			其他非流动负债		
固定资产清理	−5 600		非流动负债合计	150 000	
生产性生物资产			负债合计	(13)	
油气资产			所有者权益(或股东权益):		
无形资产			实收资本(或股本)	500 000	
开发支出			资本公积		
商誉			减:库存股		
长期待摊费用	(7)		盈余公积	4 500	
递延所得税资产			未分配利润	(14)	
其他非流动资产			所有者权益(或股东权益)合计	(15)	
非流动资产合计	466 450				
资产总计	(8)		负债和所有者权益(或股东权益)总计	908 490	

二、知识链接

(一)资产负债表项目的填列方法

资产负债表的各项目均需填列“年初余额”和“期末余额”两栏。

资产负债表“年初余额”栏内各项数字,应根据上年年末资产负债表的“期末余额”栏内所列数字填列。

资产负债表的“期末余额”栏内各项数字,其填列方法如下。

1. 根据总账科目的余额填列

(1) 直接根据有关总账科目的余额填列：如“交易性金融资产”、“短期借款”、“应付票据”、“应付职工薪酬”等项目。

(2) 根据几个总账科目的期末余额计算填列：如“货币资金”项目，需根据“库存现金”、“银行存款”、“其他货币资金”三个总账科目期末余额合计填列。

2. 根据有关明细科目的余额计算填列

资产负债表中的有些项目，需要根据明细科目余额计算填列，如“应付账款”项目，需要分别根据“应付账款”和“预付账款”两科目所属明细科目的期末贷方余额计算填列。

3. 根据总账科目和明细科目的余额分析计算填列

资产负债表的有些项目，需要依据总账科目和明细科目两者的余额分析填列，如“长期借款”项目，应根据“长期借款”总账科目余额扣除“长期借款”科目所属的明细科目中将在资产负债表日起 1 年内到期、且企业不能自主地将清偿义务展期的长期借款后的金额填列。

4. 根据有关科目余额减去其备抵科目余额后的净额填列

如资产负债表中的“长期股权投资”项目，应根据“长期股权投资”科目的期末余额减去“长期股权投资减值准备”科目余额后的净额填列；“固定资产”项目，应根据“固定资产”科目期末余额减去“累计折旧”、“固定资产减值准备”科目余额后的净额填列；“无形资产”项目，应根据“无形资产”科目期末余额减去“累计摊销”、“无形资产减值准备”科目余额后的净额填列。

试试看

某企业 2014 年 12 月 31 日“固定资产”科目余额为 1 000 万元，“累计折旧”科目余额为 300 万元，“固定资产减值准备”科目余额为 50 万元。该企业 2014 年 12 月 31 日资产负债表“固定资产”的项目金额为(　　)万元。

A. 650　　B. 700　　C. 950　　D. 1 000

5. 综合运用上述填列方法分析填列

如资产负债表中的“存货”项目，需根据“原材料”、“库存商品”、“委托加工物资”、“周转材料”、“材料采购”、“在途物资”、“发出商品”、“材料成本差异”等总账科目期末余额的分析汇总数，再减去“存货跌价准备”备抵科目余额后的净额填列。“应收账款”项目，需根据“应收账款”明细账的借方余额”加上“预收账款”明细账的借方余额合计减去“坏账准备”科目中有关应收账款计提的坏账准备期末余额后的金额填列。

(二) 资产负债表项目的具体填列说明

【任务 10-2-1】 计算资产负债表往来项目的余额

甲公司 2014 年 12 月 31 日结账后有关科目余额见表 10-6。

表 10-6　　结账后有关科目余额　　单位：万元

科目名称	借方余额	贷方余额
应收账款	500	
坏账准备——应收账款		50
预收账款	100	200
应付账款		300
预付账款	200	60

计算资产负债表中以下各项目的金额：①应收账款。②预付款项。③应付账款。④预收款项。

资产负债表中资产、负债和所有者权益主要项目的填列说明如下。

1. 资产项目的填列说明

（1）“货币资金”项目，反映企业库存现金、银行结算户存款、外埠存款、银行汇票存款、银行本票存款、信用卡存款、信用证保证金存款等的合计数。本项目应根据“库存现金”、“银行存款”、“其他货币资金”科目期末余额的合计数填列。

（2）“交易性金融资产”项目，反映企业持有的以公允价值计量且其变动计入当期损益的为交易目的所持有的债券投资、股票投资、基金投资、权证投资等金融资产。本项目应当根据“交易性金融资产”科目的期末余额填列。

（3）“应收票据”项目，反映企业因销售商品、提供劳务等而收到的商业汇票，包括银行承兑汇票和商业承兑汇票。本项目应根据“应收票据”科目的期末余额，减去“坏账准备”科目中有关应收票据计提的坏账准备期末余额后的金额填列。

（4）“应收账款”项目，反映企业因销售商品、提供劳务等经营活动应收取的款项。本项目应根据“应收账款”科目和“预收账款”科目所属各明细科目的期末借方余额合计减去“坏账准备”科目中有关应收账款计提的坏账准备期末余额后的金额填列。如“应收账款”科目所属明细科目期末有贷方余额的，应在资产负债表“预收款项”项目内填列。

（5）“预付款项”项目，反映企业按照购货合同规定预付给供应单位的款项等。本项目应根据“预付账款”和“应付账款”科目所属各明细科目的期末借方余额合计数，减去“坏账准备”科目中有关预付款项计提的坏账准备期末余额后的金额填列。如“预付账款”科目所属各明细科目期末有贷方余额的，应在资产负债表“应付账款”项目内填列。

（6）“应收利息”项目，反映企业应收取的债券投资等的利息。本项目应根据“应收利息”科目的期末余额，减去“坏账准备”科目中有关应收利息计提的坏账准备期末余额后的金额填列。

（7）“应收股利”项目，反映企业应收取的现金股利和应收取其他单位分配的利润。本项目应根据“应收股利”科目的期末余额，减去“坏账准备”科目中有关应收股利计提的坏账准备期末余额后的金额填列。

（8）“其他应收款”项目，反映企业除应收票据、应收账款、预付款项、应收股利、应收利息等经营活动以外的其他各种应收、暂付的款项。本项目应根据“其他应收款”科目的期末余额，减去“坏账准备”科目中有关其他应收款计提的坏账准备期末余额后的金额填列。

（9）“存货”项目，反映企业期末在库、在途和在加工中的各种存货的可变现净值。本项目应根据“材料采购”、“原材料”、“低值易耗品”、“库存商品”、“周转材料”、“委托加工物资”、“委托代销商品”、“生产成本”等科目的期末余额合计，减去“代销商品款”、“存货跌价准备”科目期末余额后的金额填列。材料采用计划成本核算，以及库存商品采用计划成本核算或售价核算的企业，还应按加或减材料成本差异、商品进销差价后的金额填列。

（10）“一年内到期的非流动资产”项目，反映企业将于1年内到期的非流动资产项目金额。本项目应根据有关科目的期末余额填列。

（11）“长期股权投资”项目，反映企业持有的对子公司、联营企业和合营企业的长期股权投资。本项目应根据“长期股权投资”科目的期末余额，减去“长期股权投资减值准备”科目的期末余额后的金额填列。

(12)“固定资产”项目，反映企业各种固定资产原价减去累计折旧和累计减值准备后的净额。本项目应根据“固定资产”科目的期末余额，减去“累计折旧”科目和“固定资产减值准备”科目期末余额后的金额填列。

(13)“在建工程”项目，反映企业期末各项未完工程的实际支出，包括交付安装的设备价值、未完建筑安装工程已经耗用的材料、工资和费用支出、预付出包工程的价款等的可收回金额。本项目应根据“在建工程”科目的期末余额，减去“在建工程减值准备”科目期末余额后的金额填列。

(14)“工程物资”项目，反映企业尚未使用的各项工程物资的实际成本。本项目应根据“工程物资”科目的期末余额填列。

(15)“固定资产清理”项目，反映企业因出售、毁损、报废等原因转入清理但尚未清理完毕的固定资产的净值，以及固定资产清理过程中所发生的清理费用和变价收入等各项金额的差额。本项目应根据“固定资产清理”科目的期末借方余额填列，如“固定资产清理”科目期末为贷方余额，以“－”号填列。

(16)“无形资产”项目，反映企业持有的无形资产，包括专利权、非专利技术、商标权、著作权、土地使用权等。本项目应根据“无形资产”科目的期末余额，减去“累计摊销”科目和“无形资产减值准备”科目期末余额后的金额填列。

(17)“开发支出”项目，反映企业开发无形资产过程中能够资本化形成无形资产成本的支出部分。本项目应当根据“研发支出”科目中所属的“资本化支出”明细科目期末余额填列。

(18)“长期待摊费用”项目，反映企业已经发生但应由本期和以后各期负担的分摊期限在1年以上的各项费用。长期待摊费用中在1年内(含1年)摊销的部分，在资产负债表“一年内到期的非流动资产”项目填列。本项目应根据“长期待摊费用”科目的期末余额减去将于1年内(含1年)摊销的数额后的金额填列。

(19)“其他非流动资产”项目，反映企业除长期股权投资、固定资产、在建工程、工程物资、无形资产等以外的其他非流动资产。本项目应根据有关科目的期末余额填列。

2. 负债项目的填列说明

(1)“短期借款”项目，反映企业向银行或其他金融机构等借入的期限在1年以下(含1年)的各种借款。本项目应根据“短期借款”科目的期末余额填列。

(2)“应付票据”项目，反映企业购买材料、商品和接受劳务供应等而开出、承兑的商业汇票，包括银行承兑汇票和商业承兑汇票。本项目应根据“应付票据”科目的期末余额填列。

(3)“应付账款”项目，反映企业因购买材料、商品和接受劳务供应等经营活动应支付的款项。本项目应根据“应付账款”科目和“预付账款”科目所属各明细科目的期末贷方余额合计数填列。如“应付账款”科目所属明细科目期末有借方余额的，应在资产负债表“预付款项”项目内填列。

(4)“预收款项”项目，反映企业按照销货合同规定预收客户的款项。本项目应根据“预收账款”科目和“应收账款”科目所属各明细科目的期末贷方余额合计数填列。如“预收账款”科目所属各明细科目期末有借方余额，应在资产负债表“应收账款”项目内填列。

(5)“应付职工薪酬”项目，反映企业根据有关规定应付给职工的工资、职工福利、社会保险费、住房公积金、工会经费、职工教育经费、非货币性福利、辞退福利等各种薪酬。外商投资企业按规定从净利润中提取的职工奖励及福利基金，也在本项目列示。

(6)“应交税费”项目，反映企业按照税法规定计算应交纳的各种税费，包括增值税、消费税、营业税、所得税、资源税、土地增值税、城市维护建设税、房产税、土地使用税、车船税、教育费附加、矿产资源补偿费等。企业代扣代缴的个人所得税，也通过本项目列示。企业所交纳的税金不需要预计应交数的，如印花税、耕地占用税等，不在本项目列示。本项目应根据“应交税费”科目的期末贷方余额填列；如“应交税费”科目期末为借方余额，应以“－”号填列。

(7) “应付利息”项目，反映企业按照规定应当支付的利息，包括分期付息到期还本的长期借款应支付的利息、企业发行的企业债券应支付的利息等。本项目应当根据“应付利息”科目的期末余额填列。

(8) “应付股利”项目，反映企业分配的现金股利或利润，企业分配的股票股利，不通过本项目列示。本项目应根据“应付股利”科目的期末余额填列。

(9) “其他应付款”项目，反映企业除应付票据、应付账款、预收款项、应付职工薪酬、应付股利、应付利息、应交税费等经营活动以外的其他各项应付、暂收的款项。本项目应根据“其他应付款”科目的期末余额填列。

(10) “一年内到期的非流动负债”项目，反映企业非流动负债中将于资产负债表日后1年内到期部分的金额，如将于1年内偿还的长期借款。本项目应根据有关科目的期末余额填列。

(11) “长期借款”项目，反映企业向银行或其他金融机构借入的期限在1年以上(不含1年)的各项借款。本项目应根据“长期借款”科目的期末余额填列。

(12) “应付债券”项目，反映企业为筹集长期资金而发行的债券本金和利息。本项目应根据“应付债券”科目的期末余额填列。

(13) “其他非流动负债”项目，反映企业除长期借款、应付债券等项目以外的其他非流动负债。本项目应根据有关科目的期末余额填列。其他非流动负债项目应根据有关科目期末余额减去将于1年内(含1年)到期偿还数后的余额填列。非流动负债各项目中将于1年内(含1年)到期的非流动负债，应在“一年内到期的非流动负债”项目内单独反映。

3. 所有者权益项目的填列说明

(1) “实收资本(或股本)”项目，反映企业各投资者实际投入的资本(或股本)总额。本项目应根据“实收资本”(或“股本”)科目的期末余额填列。

(2) “资本公积”项目，反映企业资本公积的期末余额。本项目应根据“资本公积”科目的期末余额填列。

(3) “盈余公积”项目，反映企业盈余公积的期末余额。本项目应根据“盈余公积”科目的期末余额填列。

(4) “未分配利润”项目，反映企业尚未分配的利润。本项目应根据“本年利润”科目和“利润分配”科目的余额计算填列。未弥补的亏损在本项目内以“－”号填列。

任务10.3 编制利润表

一、任务布置

【任务10-3】 编制利润表

青岛宏达服装有限公司2014年度损益类科目12月份发生额和1～11月份累计发生额见表10-7。

表 10-7　　　　　　　　损益类科目发生额表　　　　　　　　单位:元

损益类科目	12 月份发生额	1～11 月累计发生额
主营业务收入	600 000	9002 055
主营业务成本	300 000	5 574 000
营业税金及附加	30 000	945 000
其他业务收入	60 000	600 000
其他业务成本	45 000	450 000
管理费用	6 000	933 000
财务费用	3 000	600 000
销售费用	3 690	405 000
投资收益	16 800	1 500 000
营业外收入	13 500	0
营业外支出	9 900	150 000
所得税费用	25%	25%

根据以上资料代青岛宏达服装有限公司编制 2014 年度利润表(见表 10-8)。

表 10-8　　　　　　　　利　润　表

会企 02 表

编制单位:　　　　　　　　＿＿年度　　　　　　　　单位:元

项　　目	本期金额	上期金额
一、营业收入		(略)
减:营业成本		
营业税金及附加		
销售费用		
管理费用		
财务费用		
资产减值损失		
加:公允价值变动收益(损失以“—”号列示)		
投资收益		
二、营业利润		
加:营业外收入		
减:营业外支出		
三、利润总额		
减:所得税费用		
四、净利润		

二、知识链接

利润表项目的填列方法如下:

(1)“营业收入”项目,反映企业经营主要业务和其他业务所确认的收入总额。本项目应根据“主营业务收入”科目和“其他业务收入”科目的发生额分析填列。

(2)“营业成本”项目,反映企业经营主要业务和其他业务所发生的成本总额。本项目应根据“主营业务成本”科目和“其他业务成本”科目的发生额分析填列。

(3)“营业税金及附加”项目，反映企业经营业务应负担的消费税、营业税、城市维护建设税、资源税、土地增值税和教育费附加等。本项目应根据“营业税金及附加”科目的发生额分析填列。

(4)“销售费用”项目，反映企业在销售商品过程中发生的包装费、广告费等费用和为销售本企业商品而专设的销售机构的职工薪酬、业务费等经营费用。本项目应根据“销售费用”科目的发生额分析填列。

(5)“管理费用”项目，反映企业为组织和管理生产经营发生的管理费用。本项目应根据“管理费用”科目的发生额分析填列。

(6)“财务费用”项目，反映企业筹集生产经营所需资金等而发生的筹资费用。本项目应根据“财务费用”科目的发生额分析填列。

(7)“资产减值损失”项目，反映企业各项资产发生的减值损失。本项目应根据“资产减值损失”科目发生额分析填列。

(8)“公允价值变动收益”项目，反映企业应当计入当期损益的资产或负债公允价值变动收益。本项目应根据“公允价值变动损益”科目的发生额分析填列。如为净损失，本项目以“—”号填列。

(9)“投资收益”项目，反映企业以各种方式对外投资所取得的收益。本项目应根据“投资收益”科目的发生额分析填列。如为投资损失，本项目用“—”号填列。

(10)“营业利润”项目，反映企业实现的营业利润。如为亏损，本项目以“—”号填列。

(11)“营业外收入”项目，反映企业发生的与经营业务无直接关系的各项收入。本项目应根据“营业外收入”科目的发生额分析填列。

(12)“营业外支出”项目，反映企业发生的与经营业务无直接关系的各项支出。本项目应根据“营业外支出”科目的发生额分析填列。

(13)“利润总额”项目，反映企业实现的利润。如为亏损，本项目以“—”号填列。

(14)“所得税费用”项目，反映企业应从当期利润总额中扣除的所得税费用。本项目应根据“所得税费用”科目的发生额分析填列。

(15)“净利润”项目，反映企业实现的净利润。如为亏损，本项目以“—”号填列。

试试看

下列各项中，影响企业营业利润的有(　　)。

A. 处置固定资产净收益　　B. 出租包装物取得的收入

C. 接受公益性捐赠利得　　D. 经营租出固定资产的折旧费

任务 10.4　编制现金流量表

一、任务布置

【任务 10-4】　编制现金流量表

青岛宏达服装有限公司 2014 年 12 月 31 日的资产负债表和 2014 年度利润表见表 10-9

和表 10-10。

表 10-9 资产负债表

会企 01 表

编制单位：青岛宏达服装有限公司 2014 年 12 月 31 日 单位：万元

资　　产	期末余额	年初余额	负债和所有者权益（或股东权益）	期末余额	年初余额
流动资产：		（略）	流动负债：		（略）
货币资金	49 000		短期借款		
交易性金融资产			交易性金融负债		
应收票据			应付票据		
应收账款	36 000		应付账款	5 000	
预付款项			预收款项		
应收利息			应付职工薪酬		
应收股利			应交税费		
其他应收款			应付利息		
存货			应付股利		
一年内到期的非流动资产			其他应付款		
其他流动资产			一年内到期的非流动负债		
流动资产合计	85 000		其他流动负债		
非流动资产：			流动负债合计	5 000	
可供出售金融资产			非流动负债：		
持有至到期投资			长期借款		
长期应收款			应付债券		
长期股权投资			长期应付款		
投资性房地产			专项应付款		
固定资产			预计负债		
在建工程			递延所得税负债		
工程物资			其他非流动负债		
固定资产清理			非流动负债合计		
生产性生物资产			负债合计	5 000	
油气资产			所有者权益（或股东权益）：		
无形资产			实收资本（或股本）	60 000	
开发支出			资本公积		
商誉			减：库存股		
长期待摊费用			盈余公积	3 400	
递延所得税资产			未分配利润	16 600	
其他非流动资产			所有者权益（或股东权益）合计	80 000	
非流动资产合计					
资产总计	85 000		负债和所有者权益（或股东权益）总计	85 000	

表 10-10　　　　利　润　表

会企 02 表

编制单位：青岛宏达服装有限公司　　　　2014 年度　　　　单位：万元

项　　目	本期金额	上期金额
一、营业收入	125 000	（略）
减：营业成本	65 000	
营业税金及附加		
销售费用		
管理费用	20 000	
财务费用		
资产减值损失		
加：公允价值变动收益（损失以"—"号列示）		
投资收益		
二、营业利润		
加：营业外收入		
减：营业外支出		
三、利润总额	40 000	
减：所得税费用	6 000	
四、净利润	34 000	

该公司的其他资料如下：

（1）本年度支付了 14 000 元的现金股利。

（2）营业成本的组成项目：①接受其他单位提供的劳务 30 000 元。②以现金支付给职工的工资 35 000 元。

（3）以现金支付其他管理费用 20 000 元。

（4）按净利润的 10%提取法定盈余公积。

根据以上资料，编制调整分录，用工作底稿法编制现金流量表。

二、知识链接

（一）编制现金流量表的意义

现金流量表是反映企业一定会计期间现金和现金等价物的流入和流出的报表。它表明企业获得现金和现金等价物的能力。编制现金流量表有如下意义：

（1）现金流量表能够说明企业一定期间内现金流入和流出的原因。

（2）现金流量表能够说明企业的现金偿债能力和支付股利的能力。

（3）现金流量表可用来分析企业未来获取现金的能力。

（4）现金流量表可用来分析企业投资活动和理财活动对经营成果和财务状况的影响。

（5）现金流量表能够提供不涉及现金的投资和筹资活动的信息。

（二）现金流量的分类

1. 经营活动产生的现金流量

经营活动是指企业投资活动和筹资活动以外的所有交易或事项。经营活动产生的现金流量主要包括销售商品、提供劳务、购买商品、接受劳务、支付工资和交纳税款等流入和流出的现金和现金等价物。

2. 投资活动产生的现金流量

投资活动是指企业长期资产的购建和不包括在现金等价物范围内的投资及其处置活动。投资活动产生的现金流量包括对内投资和对外投资，主要包括购建固定资产、处置子公司及其他营业单位等流入和流出的现金和现金等价物。

3. 筹资活动产生的现金流量

筹资活动是指导致企业资本及债务规模和构成发生变化的活动。筹资活动产生的现金流量主要包括吸收投资、发行股票、分配利润、发行债券、偿还债务等流入和流出的现金和现金等价物。偿付应付账款、应付票据等商业应付款等属于经营活动，不属于筹资活动。

（三）现金流量表的编制

1. 现金流量表的编制方法

企业应当采用直接法列示经营活动产生的现金流量。直接法是指通过现金收入和现金支出的主要类别列示经营活动的现金流量。采用直接法编制经营活动的现金流量时，一般以利润表中的营业收入为起算点，调整与经营活动有关的项目的增减变动，然后计算出经营活动的现金流量。采用直接法具体编制现金流量表时，可以采用工作底稿法或T形账户法，也可以根据有关科目记录分析填列。

2. 现金流量表主要项目说明

1）经营活动产生的现金流量

(1)“销售商品、提供劳务收到的现金”项目，反映企业本年销售商品、提供劳务实际收到的现金，以及前期销售商品、提供劳务本期收到的现金(包括应向购买者收取的增值税销项税额)和本期预收的款项，减去本期销售本期退回的商品和前期销售本期退回的商品支付的现金。企业销售材料和代购代销业务收到的现金，也在本项目反映。

(2)“收到的税费返还”项目，反映企业收到返还的各种税费，如收到的增值税、营业税、所得税、消费税、关税和教育费附加等各种税费的返还款。

(3)“收到其他与经营活动有关的现金”项目，反映企业经营租赁收到的租金等其他与经营活动有关的现金，金额较大的应当单独列示。

(4)“购买商品、接受劳务支付的现金”项目，反映企业购买商品、接受劳务实际支付的现金(包括增值税进项税额)，以及本期支付前期购买商品、接受劳务的未付款项和本期预付款项，减去本期发生的购货退回收到的现金。企业购买材料和代购代销业务支付的现金，也在本项目反映。例如，某企业2014年度发生以下业务：以银行存款购买将于2个月后到期的国债500万元，偿还应付账款200万元，支付生产人员工资150万元，购买固定资产300万元。假定不考虑其他因素，该企业2014年度现金流量表中“购买商品、接受劳务支付的现金”项目的金额为200万元。

(5)“支付给职工以及为职工支付的现金”项目，反映企业实际支付给职工的现金以及为职工支付的现金，包括企业为获得职工提供的服务，本期实际给予各种形式的报酬以及其他相关支出(包括代扣代缴的职工个人所得税)，如支付给职工的工资、奖金、各种津贴和补贴等，以及为职工支付的其他费用。

(6)“支付的各项税费”项目，反映企业按规定支付的各项税费，包括本期发生并支付的税费，以及本期支付以前各期发生的税费和预交的税金，如支付的所得税、增值税、营业税、消费税、印花税、房产税、土地增值税、车船税、教育费附加等。

(7)"支付其他与经营活动有关的现金"项目，反映企业除上述各项目外，支付的其他与经营活动有关的现金，如罚款支出、支付的差旅费、业务招待费、保险费、经营租赁支付的现金等。其他与经营活动有关的现金，如果金额较大的，应单列项目反映。

2) 投资活动产生的现金流量

(1)"收回投资收到的现金"项目，反映企业出售、转让或到期收回除现金等价物以外对其他企业长期股权投资等而收到的现金，但处置子公司及其他营业单位收到的现金净额除外。

(2)"取得投资收益收到的现金"项目，反映企业除现金等价物以外的对其他企业的长期股权投资等分回的现金股利和利息等。

(3)"处置固定资产、无形资产和其他长期资产收回的现金净额"项目，反映企业出售、报废固定资产、无形资产和其他长期资产所取得的现金(包括因资产毁损而收到的保险赔偿收入)，减去为处置这些资产而支付的有关费用后的净额。

(4)"处置子公司及其他营业单位收到的现金净额"项目，反映企业处置子公司及其他营业单位所取得的现金，减去子公司或其他营业单位持有的现金和现金等价物以及相关处置费用后的净额。

(5)"购建固定资产、无形资产和其他长期资产支付的现金"项目，反映企业购买、建造固定资产、取得无形资产和其他长期资产支付的现金(含增值税款等)，包括购买机器设备所支付的现金、建造工程支付的现金、支付在建工程人员的工资等现金支出。

(6)"投资支付的现金"项目，反映企业取得除现金等价物以外的对其他企业的长期股权投资等所支付的现金以及支付的佣金、手续费等附加费用，但取得子公司及其他营业单位支付的现金金额除外。

(7)"取得子公司及其他营业单位支付的现金净额"项目，反映企业取得子公司及其他营业单位购买出价中以现金支付的部分，减去子公司或其他营业单位持有的现金和现金等价物后的净额。

(8)"收到其他与投资活动有关的现金"、"支付其他与投资活动有关的现金"项目，反映企业除上述(1)～(7)项外收到或支付的其他与投资活动有关的现金，金额较大的应当单独列示。

3) 筹资活动产生的现金流量

(1)"吸收投资收到的现金"项目，反映企业以发行股票等方式筹集资金实际收到的款项(发行收入减去支付的佣金等发行费用后的净额)。

(2)"取得借款收到的现金"项目，反映企业举借各种短期、长期借款而收到的现金，以及发行债券实际收到的款项净额(发行收入减去直接支付的佣金等发行费用后的净额)。

(3)"偿还债务支付的现金"项目，反映企业以现金偿还债务的本金，包括：归还金融企业的借款本金、偿付企业到期的债券本金等。

(4)"分配股利、利润或偿付利息支付的现金"项目，反映企业实际支付的现金股利、支付给其他投资单位的利润或用现金支付的借款利息、债券利息。

(5)"收到其他与筹资活动有关的现金"、"支付其他与筹资活动有关的现金"项目，反映企业除上述(1)～(4)项外收到或支付的其他与筹资活动有关的现金，金额较大的应单独列示。

【例 10-1】 青岛东方股份有限公司 2014 年 12 月 31 日的资产负债表和 2014 年度的利润

表见表10-11和表10-12。

表10-11 资产负债表

会企01表

编制单位:青岛东方股份有限公司 2014年12月31日 单位:元

资　　产	期末余额	年初余额	负债和所有者权益(或股东权益)	期末余额	年初余额
流动资产:			流动负债:		
货币资金	54 000	37 000	短期借款		
交易性金融资产			交易性金融负债		
应收票据			应付票据		
应收账款	68 000	26 000	应付账款	33 000	40 000
预付款项			预收款项		
应收利息			应付职工薪酬		
应收股利			应交税费		
其他应收款			应付利息		
存货	54 000		应付股利		
一年内到期的非流动资产			其他应付款		
其他流动资产			一年内到期的非流动负债		
流动资产合计	176 000	63 000	其他流动负债		
非流动资产:			流动负债合计	33 000	40 000
可供出售金融资产			非流动负债:		
持有至到期投资			长期借款		
长期应收款			应付债券	110 000	150 000
长期股权投资			长期应付款		
投资性房地产			专项应付款		
固定资产	389 000	317 000	预计负债		
在建工程			递延所得税负债		
工程物资			其他非流动负债		
固定资产清理			非流动负债合计	110 000	150 000
生产性生物资产			负债合计	143 000	190 000
油气资产			所有者权益(或股东权益):		
无形资产			实收资本(或股本)	220 000	60 000
开发支出			资本公积		
商誉			减:库存股		
长期待摊费用	4 000	6 000	盈余公积	18 500	6 000
递延所得税资产			未分配利润	187 500	130 000
其他非流动资产			所有者权益(或股东权益)合计	426 000	196 000
非流动资产合计	393 000	323 000			
资产总计	569 000	386 000	负债和所有者权益(或股东权益)总计	569 000	386 000

表 10-12 利 润 表

会企 02 表

编制单位：青岛东方股份有限公司 2014 年度 单位：元

项 目	本期金额	上期金额
一、营业收入	890 000	（略）
减：营业成本	465 000	
营业税金及附加		
销售费用		
管理费用	221 000	
财务费用	12 000	
资产减值损失		
加：公允价值变动收益（损失以“—”号列示）		
投资收益		
二、营业利润	192 000	
加：营业外收入		
减：营业外支出	2 000	
三、利润总额	190 000	
减：所得税费用	65 000	
四、净利润	125 000	

该公司的其他资料如下：

(1) 本年度支付 55 000 元的现金股利。

(2) 营业成本(不包括折旧、工资等间接费用)465 000 元。

(3) 管理费用的组成：①以现金支付给职工的工资 160 000 元。②折旧费用 33 000 元。③长期待摊费用摊销 2 000 元。④以现金支付其他管理费用 26 000 元。

(4) 以现金支付利息费用 12 000 元。

(5) 以现金购买固定资产 166 000 元。

(6) 出售固定资产一台，账面原值为 66 000 元，已提折旧 5 000 元，取得银行存款 59 000 元。

(7) 以账面价值赎回应付债券 40 000 元，以银行存款支付。

(8) 平价增发股票 160 000 元。

(9) 按净利润的 10%提取法定盈余公积。

(10) “累计折旧”账户期初余额为 21 000 元，期末余额为 49 000 元。

(11) 交纳所得税 65 000 元。

该公司应编制如下调整分录：

(1) 借：经营活动现金流量——销售商品收到的现金 848 000

应收账款 42 000

贷：营业收入 890 000

(2) 借：营业成本　465 000
　　应付账款　7 000
　　存货　54 000
　贷：经营活动现金流量——购买商品支付的现金　526 000
(3) 借：管理费用　221 000
　贷：经营活动现金流量——支付给职工的现金　160 000
　　　累计折旧　33 000
　　　长期待摊费用　2 000
　　　经营活动现金流量——支付其他与经营活动有关的现金　26 000
(4) 借：财务费用　12 000
　贷：筹资活动现金流量——分配股利、利润或偿还利息支付的现金　12 000
(5) 借：营业外支出　2 000
　　累计折旧　5 000
　　投资活动现金流量——处置固定资产收回的现金净额　59 000
　贷：固定资产　66 000
(6) 借：所得税费用　65 000
　贷：经营活动现金流量——支付的各项税费　65 000
(7) 借：固定资产　166 000
　贷：投资活动现金流量——购建固定资产支付的现金　166 000
(8) 借：应付债券　40 000
　贷：筹资活动现金流量——偿还债务支付的现金　40 000
(9) 借：筹资活动现金流量——吸收投资收到的现金　160 000
　贷：股本　160 000
(10) 借：利润分配——未分配利润　12 500
　　贷：盈余公积　12 500
(11) 借：利润分配——未分配利润　55 000
　　贷：筹资活动现金流量——分配股利支付的现金　55 000
(12) 借：净利润　125 000
　　贷：利润分配——未分配利润　125 000
(13) 借：货币资金　17 000
　　贷：现金净增加额　17 000

根据上述调整分录，该公司编制现金流量表工作底稿(见表 10-13)和现金流量表(见表 10-14)。

表 10-13　　**现金流量表工作底稿**　　单位：元

项　目	期初金额	调整分录		期末金额
		借方	贷方	
一、利润表项目				
营业收入			(1)890 000	890 000
营业成本		(2)465 000		465 000

（续表）

项　　目	期初金额	调整分录		期末金额
		借方	贷方	
管理费用		(3)221 000		221 000
财务费用		(4)12 000		12 000
营业外支出		(5)2 000		2 000
所得税费用		(6)65 000		65 000
净利润		(12)125 000		125 000
二、资产负债表项目				
货币资金	37 000	(13)17 000		54 000
应收账款	26 000	(1)42 000		68 000
存货		(2)54 000		54 000
固定资产	317 000	(5)5 000 (7)166 000	(3)33 000 (5)66 000	389 000
长期待摊费用	6 000		(3)2 000	4 000
应付账款	40 000	(2)7 000		33 000
应付债券	150 000	(8)40 000		110 000
股本	60 000		(9)160 000	220 000
盈余公积	6 000		(10)12 500	18 500
未分配利润	130 000	(10)12 500 (11)55 000	(12)125 000	187 500
三、现金流量表项目				
（一）经营活动产生的现金流量：				
销售商品、提供劳务收到的现金		(1)848 000		
购买商品、接受劳务支付的现金			(2)526 000	
支付给职工以及为职工支付的现金			(3)160 000	
支付的各项税费			(6)65 000	
支付其他与经营活动有关的现金			(3)26 000	
（二）投资活动产生的现金流量：				
处置固定资产、无形资产和其他长期资产收回的现金净额		(5)59 000		
购建固定资产、无形资产和其他长期资产支付的现金			(7)166 000	
（三）筹资活动产生的现金流量：				
吸收投资收到的现金		(9)160 000		
偿还债务支付的现金			(8)40 000	
分配股利、利润或偿付利息支付的现金			(4)12 000 (11)55 000	
合计		1 067 000	1 050 000	+17 000
五、现金及现金等价物净增加额			(13)17 000	

表 10-14

现金流量表

会企 03 表

编制单位:青岛东方股份有限公司　　2014 年度　　单位:元

项　　　目	本期金额	上期金额(略)
一、经营活动产生的现金流量:		
销售商品、提供劳务收到的现金	848 000	
收到的税费返还		
收到其他与经营活动有关的现金		
经营活动现金流入小计	848 000	
购买商品、接受劳务支付的现金	526 000	
支付给职工以及为职工支付的现金	160 000	
支付的各项税费	65 000	
支付其他与经营活动有关的现金	26 000	
经营活动现金流出小计	777 000	
经营活动产生的现金流量净额	71 000	
二、投资活动产生的现金流量:		
收回投资收到的现金		
取得投资收益收到的现金		
处置固定资产、无形资产和其他长期资产收回的现金净额	59 000	
处置子公司及其他营业单位收到的现金净额		
收到其他与投资活动有关的现金		
投资活动现金流入小计	59 000	
购建固定资产、无形资产和其他长期资产支付的现金	166 000	
投资所支付的现金		
取得子公司及其他营业单位支付的现金净额		
支付其他与投资活动有关的现金		
投资活动现金流出小计	166 000	
投资活动产生的现金流量净额	−107 000	
三、筹资活动产生的现金流量:		
吸收投资收到的现金	160 000	
取得借款收到的现金		
收到其他与筹资活动有关的现金		
筹资活动现金流入小计	160 000	
偿还债务支付的现金	40 000	
分配股利、利润或偿付利息支付的现金	67 000	
支付其他与筹资活动有关的现金		
筹资活动现金流出小计	107 000	
筹资活动产生的现金流量净额	53 000	
四、汇率变动对现金及现金等价物的影响		
五、现金及现金等价物净增加额	17 000	
加:期初现金及现金等价物余额		
六、期末现金及现金等价物余额	17 000	

分项目练习题

项目1 往 来 岗 位

一、单项选择题

1. 某企业销售商品一批，增值税专用发票上注明的价款为60万元，适用的增值税税率为17%，为购买方代垫运杂费为2万元，款项尚未收回。该企业确认的应收账款为(　　)万元。

A. 60　　B. 62　　C. 70.2　　D. 72.2

2. 2014年10月8日，某企业销售商品100件，增值税专用发票上注明的价款为10 000元，增值税额为1 700元。企业为了及早收回货款，而在合同中规定的现金折扣条件为“2/10，1/20，n/30”。假定计算现金折扣时不考虑增值税。如买方在2014年10月24日付清货款，该企业实际收款金额应为(　　)元。

A. 11 466　　B. 11 500　　C. 11 583　　D. 11 600

3. 某企业持有一张2014年2月28日签发、期限为3个月的商业汇票。该商业汇票的到期日为(　　)。

A. 5月28日　　B. 5月29日　　C. 5月30日　　D. 5月31日

4. 某企业“坏账准备”账户的年初余额为4 000元，“应收账款”账户和“其他应收款”账户的年初借方余额分别为30 000元和10 000元。当年，不能收回的应收账款2 000元确认为坏账损失。“应收账款”账户和“其他应收款”账户的年末余额分别为50 000元和20 000元，假定该企业年末应收款项的预计未来现金流量的现值为65 000元。该企业年末应提取的坏账准备为(　　)元。

A. 1 000　　B. 3 000　　C. 5 000　　D. 7 000

5. 2014年12月1日，某企业“坏账准备”账户借方余额为3万元，2014年12月31日，“应收账款”账户借方余额为70万元，“应收票据”账户借方余额为20万元，“其他应收款”账户借方余额为10万元，该企业2014年年末应收款项的预计未来现金流量的现值为995 000元，则该企业年末应补提的坏账准备为(　　)万元。

A. 1　　B. 3.5　　C. 7　　D. 8

6. 下列项目中，属于应收账款范围的是(　　)。

A. 应向接受劳务单位收取的款项　　B. 应收外单位的赔偿款

C. 应收存出保证金　　D. 应向职工收取的各种垫付款项

7. 企业某项应收账款为 58 500 元，主营业务收入为 50 000 元，现金折扣条件为“2/10，1/20，n/30”，客户在第 20 天付款，现金折扣不考虑增值税，则应给予客户的现金折扣为(　　)元。

A. 1 000　　B. 750　　C. 500　　D. 0

8. 企业某项应收账款为 117 000 元，主营业务收入为 100 000 元，现金折扣条件为“2/10，1/20，n/30”，客户在 10 天内付款，该企业实际收到的款项金额为(　　)元。

A. 98 000　　B. 98 500　　C. 115 000　　D. 100 000

9. 未贴现的商业承兑汇票到期，如果付款人无力支付票款，银行将应收票据退回时，收款企业应将其转入(　　)账户。

A. “应收账款”　　B. “其他应收款”　　C. “预收账款”　　D. “预付账款”

10. 企业年末应收款项余额为 400 000 元，预计未来现金流量的现值为 380 000 元，坏账准备为借方余额 1 500 元，则应提的坏账准备数额为(　　)元。

A. 20 000　　B. 1 500　　C. 21 500　　D. 18 500

11. 某企业坏账准备采用备抵法核算，年末“应收账款”账户借方余额 1 000 000 元，“坏账准备”账户贷方余额 3 000 元，预计未来现金流量的现值为 996 000 元，年末应提取坏账准备为(　　)。

A. 补提 1 000 元　　B. 补提 2 000 元　　C. 转出 1 000 元　　D. 转出 2 000 元

12. 某企业 2014 年 5 月 10 日销售产品一批，销售收入为 40 000 元，规定的现金折扣条件为“2/10，1/20，n/30”，适用的增值税税率为 17%，现金折扣不考虑增值税。企业于 5 月 26 日收到该笔款项时，应给予客户的现金折扣为(　　)元。

A. 0　　B. 400　　C. 936　　D. 468

13. 销售产品一批，价目表标明售价(不含税)为 20 000 元，商业折扣条件为 10%，现金折扣条件为“5/10，3/20，n/30”。客户于第 15 天付款。增值税税率为 17%。应收账款的入账金额为(　　)元。

A. 21 060　　B. 23 400　　C. 20 428. 2　　D. 18 000

14. 甲公司向乙公司销售商品，于 3 月 11 日收到乙公司交来的 7 月 9 日到期、面值为 117 000元的不带息商业承兑汇票。4 月 10 日，甲公司持票向银行贴现，贴现利率为 8%，则贴现净额应为(　　)元。

A. 118 544. 40　　B. 117 642. 60　　C. 117 012. 80　　D. 114 660

15. 设置“预付账款”账户的企业，在补付货款时，应编制的会计分录为(　　)。

A. 借：预付账款
　　贷：银行存款

B. 借：预付账款
　　　　原材料
　　贷：银行存款

C. 借：原材料
　　贷：预付账款

D. 借：原材料
　　贷：预付账款
　　　　银行存款

16. 商业承兑汇票到期无力偿付时，企业应将应付票据(　　)。

A. 转入应付账款　　B. 转入短期借款

C. 不进行处理　　D. 转入其他应付款

17. 下列项目中，不通过“应付账款”账户核算的是(　　)。

A. 存入保证金　　B. 应付货物的增值税

C. 应付销货企业代垫运费　　D. 应付货物价款

18. 某公司“应付账款——王建”明细账贷方余额为 6 000 元，已入账 3 年，经查，王建已意外身亡，且无继承人及代理人。该笔贷款确实已无法支付，则该公司应进行的会计处理为(　　)。

A. 借记“应付账款——王建”账户 6 000 元，贷记“资本公积”账户 6 000 元

B. 借记“应付账款——王建”账户 6 000 元，贷记“坏账准备”账户 6 000 元

C. 借记“应付账款——王建”账户 6 000 元，贷记“营业外收入”账户 6 000 元

D. 借记“应付账款——王建”账户 6 000 元，贷记“其他应付款”账户 6 000 元

19. 企业发生赊购商品业务，下列各项中，不影响应付账款入账金额的是(　　)。

A. 商品价款　　B. 增值税进项税额

C. 现金折扣　　D. 销货方代垫运杂费

20. 某企业对基本生产车间所需备用金采用定额备用金制度，当基本生产车间报销日常管理支出而补足其备用金定额时，应借记的会计账户是(　　)。

A. “其他应收款”　　B. “其他应付款”　　C. “制造费用”　　D. “生产成本”

21. 下列应收、暂付款项中，不通过“其他应收款”账户核算的是(　　)。

A. 应收保险公司的赔款　　B. 应收出租包装物的租金

C. 应向职工收取的各种垫付款项　　D. 应向购货方收取的代垫运杂费

22. 下列各项中，不应包括在资产负债表“其他应付款”项目中的是(　　)。

A. 预收购货单位的货款　　B. 收到出租包装物的押金

C. 应付租入包装物的租金　　D. 职工未按期领取的工资

23. 下列各项中，列入“其他应付款”账户核算的是(　　)。

A. 差旅费　　B. 为职工垫付的房租

C. 存入保证金　　D. 购入其他单位的货物

二、多项选择题

1. 下列各项中，会引起应收账款账面价值发生变化的有(　　)。

A. 结转到期不能收回的应收票据　　B. 计提应收账款坏账准备

C. 收回应收账款　　D. 收回已转销的坏账

2. 企业因销售商品发生的应收账款，其入账价值应当包括(　　)。

A. 销售商品的价款　　B. 增值税销项税额

C. 代购货方垫付的包装费　　D. 代购货方垫付的运杂费

3. 下列各项中，应计提坏账准备的有(　　)。

A. 应收账款　　B. 应收票据　　C. 预付账款　　D. 其他应收款

4. 下列关于现金折扣会计处理的表述中，正确的有(　　)。

A. 销售企业在确认销售收入时将现金折扣抵减收入

B. 销售企业在取得价款时将实际发生的现金折扣计入财务费用

C. 购买企业在购入商品时将现金折扣直接抵减应确认的应付账款

D. 购买企业在偿付应付账款时将实际发生的现金折扣冲减财务费用

5. 下列各项中,应列入资产负债表“应收账款”项目的有(　　)。

A. 预付职工差旅费　　B. 代购货单位垫付的运杂费

C. 销售产品应收取的款项　　D. 对外提供劳务应收取的款项

6. 下列各项中,应通过“其他应收款”账户核算的有(　　)。

A. 代购货单位垫付的运杂费　　B. 收到的包装物押金

C. 应收的各种赔款　　D. 应向职工收取的各种垫付款

7. 下列各项中,应列入资产负债表“其他应付款”项目的是(　　)。

A. 应付租入包装物租金　　B. 应付的滞纳金

C. 结转到期无力支付的应付票据　　D. 应付由企业负担的职工社会保险费

三、判断题

1. 无法收回的应收款项按规定程序报批后作坏账处理,直接列入管理费用。(　　)

2. “应收账款”账户期末余额一定在借方,表示企业因销售商品或提供劳务等业务活动应收的款项。(　　)

3. 商业折扣对应收账款入账金额的确认无实质性影响。(　　)

4. “应收账款”、“其他应收款”和“应收票据”三个账户都属于债权性质的账户。(　　)

5. 不带息票据的到期值等于应收票据的面值。(　　)

6. 贴现时,应将其贴现息直接计入当期的财务费用。(　　)

7. “预收账款”账户的期末余额可能出现在借方,因而属于资产类账户。(　　)

8. 企业确实无法支付的应付账款,可视为接受了债权人的捐赠,转入“资本公积”账户核算。(　　)

9. 企业如果不能偿付到期的应付票据,则应将应付票据的账面价值转入“应付账款”账户核算。(　　)

10. 应付账款时间的确定,应以所购买物资的所有权转移或接受劳务已发生为标志。(　　)

11. 如果货物已到而发票账单未到,由于无法确定应付账款的金额,所以不应作为负债反映。(　　)

12. 企业的预付账款,如因供货单位破产而无望再收到所购货物的,应将该预付账款转入其他应收款,并计提坏账准备。(　　)

13. “预付账款”账户和“应付账款”账户在结构上是相同的。(　　)

14. 存入保证金应该通过“其他应付款”账户核算,存出保证金应该通过“其他应收款”账户核算。(　　)

四、实务题

1. 甲公司于2014年3月5日向乙公司销售一批产品,增值税税率为17%,按价目表标明的价格计算,金额为30 000元,由于是成批销售,甲公司给乙公司10%的商业折扣。

要求:编制确认销售收入和收到货款时的会计分录。

2. 甲公司于2015年2月7日向宏达公司销售一批产品,开出增值税专用发票,价款为10万元,增值税税率为17%,款项未收。现金折扣条件为“3/15, 1/30, n/60”,宏达公司于2015年2月25日付清全部款项。

要求:编制确认销售收入和收到货款时的会计分录。

3. 长江公司于2014年3月10日销售自产产品，价款50万元，因数量较大，给予对方10%的商业折扣，并开出增值税专用发票，增值税税率为17%，现金折扣条件为“3/15，1/30，n/60”，假如长江公司分别于3月20日、4月7日、5月3日收到全部货款。

要求：编制确认销售收入和收到货款时的会计分录。

4. 甲股份有限公司(以下简称甲公司)为增值税一般纳税人，适用的增值税税率为17%；商品销售均为正常的商品交易，销售价格均为公允价格，且不含增值税；于每年6月30日和12月31日计提坏账准备。2014年5月31日，“应收账款”账户借方余额为500万元，全部为向戊公司赊销商品应收的账款，“坏账准备”账户贷方余额为5万元；“应收票据”账户和“其他应收款”账户无余额。

甲公司2014年6月有关业务资料如下：

(1) 1日，向乙公司赊销一批商品，开出的增值税专用发票上注明的销售价格为1 000万元，增值税额为170万元，合同规定的收款日期为2014年12月1日。该商品销售符合收入确认条件。

(2) 10日，向丙公司赊销一批商品，开出的增值税专用发票上注明的销售价格为200万元，增值税额为34万元，合同规定的收款日期为2014年10月10日。该商品销售符合收入确认条件。

(3) 20日，向丁公司赊销一批商品，开出的增值税专用发票上注明的销售价格为500万元，增值税额为85万元；收到丁公司开具的不带息商业承兑汇票，到期日为2014年12月20日。该商品销售符合收入确认条件。

(4) 25日，收到应收戊公司账款400万元，款项已存入银行。

(5) 30日，甲公司对各项应收款项计提坏账准备。应收款项的预计未来现金流量的现值为2 080万元。

假定6月份除上述业务外，甲公司没有发生其他有关应收款项的业务。

要求：根据上述资料，编制甲公司上述公司业务相关的会计分录。

5. A公司和B公司均为增值税一般纳税人，A公司于2014年3月31日向B公司销售一批商品，增值税专用发票上注明的商品价款为200 000元，增值税额为34 000元。当日收到B公司签发的不带息商业承兑汇票一张，该票据的期限为6个月。

2014年6月2日，A公司因资金需要，持B公司签发的商业汇票到银行贴现，银行的年贴现率为9%，贴现收入存入银行。

2014年9月30日，A公司已贴现的商业承兑汇票到期，因B公司的银行账户无款支付，贴现银行将已贴现的票据退回A公司，同时从A公司的账户中将票据款划回。

要求：编制A公司收到票据、票据贴现和银行退回已贴现票据的会计分录。

项目2 存货岗位

一、单项选择题

1. 某企业为增值税一般纳税人，购入材料一批，增值税专用发票上注明的价款为25万元，增值税额为4.25万元，另支付材料的运输费4万元(不含增值税)。该批材料的采购成本为(　　)万元。

A. 27　　B. 29　　C. 29.25　　D. 31.25

2. 下列税金中,不应计入存货成本的是(　　)。

A. 一般纳税企业进口原材料支付的关税

B. 一般纳税企业购进原材料支付的增值税

C. 小规模纳税企业购进原材料支付的增值税

D. 一般纳税企业进口应税消费品支付的消费税

3. 某企业为增值税一般纳税人,本月购入甲材料 2 060 千克,每千克单价(不含增值税)为 50 元,另外支付运输费 3 500 元(不含增值税),运输途中发生合理损耗 60 千克,入库前发生挑选整理费用 620 元。该批材料入库的实际单位成本为每千克(　　)元。

A. 50　　B. 51.81　　C. 52　　D. 53.56

4. 某企业为增值税小规模纳税人。2014 年 10 月 9 日,该企业购进材料一批,取得的增值税专用发票上注明的价款为 21 200 元,增值税额为 3 604 元,该企业适用的增值税征收率为 6%,材料入库前发生挑选整理费用 200 元。材料已验收入库。则该企业取得材料的入账价值为(　)元。

A. 20 200　　B. 21 400　　C. 23 804　　D. 25 004

5. 某企业采用先进先出法计算发出材料的成本。2014 年 3 月 1 日,该企业结存 A 材料 200 吨,每吨实际成本为 200 元;3 月 4 日和 3 月 17 日分别购进 A 材料 300 吨和 400 吨,每吨实际成本分别为 180 元和 220 元;3 月 10 日和 3 月 27 分别发出 A 材料 400 吨和 350 吨。A 材料月末账面余额为(　　)元。

A. 30 000　　B. 30 333　　C. 32 040　　D. 33 000

6. 某企业采用月末一次加权平均计算发出原材料的成本。2015 年 2 月 1 日,甲材料结存 200 千克,每千克实际成本为 100 元;2 月 10 日,购入甲材料 300 千克,每千克实际成本为 110 元;2 月 25 日,发出甲材料 400 千克。2 月末,甲材料的库存余额为(　　)元。

A. 10 000　　B. 10 500　　C. 10 600　　D. 11 000

7. 某企业采用先进先出法计算发出原材料的成本。2014 年 9 月 1 日,甲材料结存 200 千克,每千克实际成本为 300 元;9 月 7 日,购入甲材料 350 千克,每千克实际成本为 310 元;9 月 21 日,购入甲材料 400 千克,每千克实际成本为 290 元;9 月 28 日,发出甲材料 500 千克。9 月份甲材料发出成本为(　　)元。

A. 145 000　　B. 150 000

C. 153 000　　D. 155 000

8. 某企业为增值税一般纳税人。该企业购入甲材料 600 千克,每千克不含税单价为 50 元,发生运杂费 2 000 元,运输途中发生合理损耗 10 千克,入库前发生挑选整理费用 200 元。该批甲材料的入账价值为(　　)元。

A. 30 000　　B. 32 000　　C. 32 200　　D. 32 700

9. 下列各种存货发出的计价方法中,不利于存货成本日常管理与控制的方法是(　　)。

A. 先进先出法　　B. 个别计价法

C. 月末一次加权平均法　　D. 移动加权平均法

10. 甲工业企业为增值税一般纳税人,适用的增值税税率为 17%。本期购入原材料 100

千克，价款为 57 000 元(不含增值税额)。验收入库时发现短缺 5%，经查属于运输途中合理损耗。该批原材料入库前的挑选整理费用为 380 元。该批原材料的实际单位成本为每千克(　　)元。

A. 545.3　　B. 573.8　　C. 604　　D. 70 612

10. 某企业月初结存材料的计划成本为 250 万元，材料成本差异为超支 45 万元；当月入库材料的计划成本为 550 万元，材料成本差异为节约 85 万元；当月生产车间领用材料的计划成本为 600 万元。当月生产车间领用材料的实际成本为(　　)万元。

A. 502.5　　B. 570　　C. 630　　D. 697.5

11. 某企业采用计划成本进行材料的日常核算。月初结存材料的计划成本为 80 万元，材料成本差异为超支 20 万元；当月购入材料一批，实际成本为 110 万元，计划成本为 120 万元。当月领用材料的计划成本为 100 万元。当月领用材料应负担的材料成本差异为(　　)。

A. 超支 5 万元　　B. 节约 5 万元　　C. 超支 15 万元　　D. 节约 15 万元

12. 某企业对材料采用计划成本核算。2014 年 12 月 1 日，结存材料的计划成本为 400 万元，“材料成本差异”账户贷方余额为 6 万元；本月入库材料的计划成本为 2 000 万元，“材料成本差异”账户借方发生额为 12 万元；本月发出材料的计划成本为 1 600 万元。该企业 2014 年 12 月 31 日结存材料的实际成本为(　　)万元。

A. 798　　B. 800　　C. 802　　D. 1 604

13. 某企业材料采用计划成本核算。月初结存材料计划成本为 130 万元，材料成本差异为节约 20 万元。当月购入材料一批，实际成本为 110 万元，计划成本为 120 万元，领用材料的计划成本为 100 万元。该企业当月领用材料的实际成本为(　　)万元。

A. 88　　B. 96　　C. 100　　D. 112

14. 某企业月初结存材料的计划成本为 100 000 元，材料成本差异为节约 1 000 元；本月入库材料的计划成本为 100 000 元，材料成本差异为超支 400 元；当月生产车间领用材料的计划成本为 150 000 元。则当月生产车间领用材料应负担的材料成本差异为(　　)元。

A. 450　　B. －450　　C. 1 050　　D. －1 050

15. 某企业采用计划成本进行材料的日常核算。2014 年 12 月，月初结存材料计划成本为 300 万元，本月收入材料计划成本为 700 万元；月初结存材料成本差异为超支 2 万元，本月收入材料成本差异为节约 10 万元；本月发出材料计划成本为 800 万元。本月结存材料的实际成本为(　　)万元。

A. 197.6　　B. 202.4　　C. 201.6　　D. 198.4

16. 企业对随同商品出售而不单独计价的包装物进行会计处理时，该包装物的实际成本应结转到(　　)账户。

A. “制造费用”　　B. “销售费用”

C. “管理费用”　　D. “其他业务成本”

17. 甲公司为增值税一般纳税人，委托外单位加工一批商品，以银行存款支付加工费 200 万元、增值税额 34 万元，该加工商品收回后将直接用于销售。甲公司支付上述相关款项时，应编制的会计分录为(　　)。

A. 借：委托加工物资　　2 340 000

　　贷：银行存款　　2 340 000

B. 借：委托加工物资　2 000 000
　　贷：银行存款　2 000 000
C. 借：委托加工物资　2 000 000
　　　　应交税费　340 000
　　贷：银行存款　2 340 000
D. 借：委托加工物资　2 340 000
　　贷：银行存款　2 000 000
　　　　应交税费　340 000

18. 甲、乙公司均为增值税一般纳税人，甲公司委托乙公司加工一批半成品，收回后用于连续生产应税消费品。甲公司发出原材料的实际成本为210万元，以银行存款支付加工费6万元、增值税额1.02万元。假定不考虑其他相关税费，甲公司收回该半成品的入账价值为(　　)万元。

A. 216　B. 217.02　C. 240　D. 241.02

19. 甲公司为小规模纳税人，乙公司为增值税一般纳税人，甲公司委托乙公司加工一批应交消费税的半成品，收回后用于连续生产应税消费品。甲公司发出原材料的实际成本为210万元，以银行存款支付加工费6万元、增值税额1.02万元、消费税额24万元。假定不考虑其他相关税费，甲公司收回该半成品的入账价值为(　　)万元。

A. 216　B. 217.02　C. 240　D. 241.02

20. 增值税一般纳税人委托其他单位加工材料收回后直接对外销售的，其发生的下列支出中，不应计入委托加工材料成本的是(　　)。

A. 发出材料的实际成本　B. 支付给受托方的加工费
C. 支付给受托方的增值税　D. 受托方代收代缴的消费税

21. 在出借包装物采用一次摊销的情况下，出借包装物报废时收回的残料价值应冲减的是(　　)。

A. 待摊费用　B. 其他业务成本　C. 包装物成本　D. 销售费用

22. 某增值税一般纳税人因暴雨毁损库存原材料一批，其成本为200万元，经确认应转出的增值税额为34万元；收回残料价值8万元，收到保险公司赔偿款112万元。假定不考虑其他因素，经批准企业确定该材料毁损净损失的会计分录为(　　)。

A. 借：营业外支出　1 140 000
　　贷：待处理财产损溢　1 140 000
B. 借：管理费用　1 140 000
　　贷：待处理财产损溢　1 140 000
C. 借：营业外支出　800 000
　　贷：待处理财产损溢　800 000
D. 借：管理费用　800 000
　　贷：待处理财产损溢　800 000

23. 企业对于已记入“待处理财产损溢”账户的存货盘亏及毁损事项进行会计处理时，应计入管理费用的是(　　)。

A. 管理不善造成的存货净损失　B. 自然灾害造成的存货净损失

C. 应由保险公司赔偿的存货净损失　　D. 应由过失人赔偿的存货损失

24. 某增值税一般纳税人，因自然灾害毁损一批材料，其成本为 16 000 元，收到保险公司赔款 1 500 元，残料收入 200 元，批准后计入营业外支出的金额为(　　)元。

A. 17 020　　B. 18 620　　C. 14 300　　D. 14 400

25. 某增值税一般纳税人，因管理不善火灾毁损一批材料，其成本为 16 000 元，增值税进项税额为 2 720 元，收到保险公司赔款 1 500 元，残料收入 200 元，批准后计入管理费用的金额为(　　)元。

A. 17 020　　B. 18 620　　C. 14 300　　D. 14 400

26. 2014 年 3 月 31 日，某企业乙存货的实际成本为 100 万元，加工该存货至完工产成品估计还将发生成本为 20 万元，估计销售费用和相关税费为 2 万元，估计用该存货生产的产成品售价为 110 万元。假定乙存货月初“存货跌价准备”账户余额为 0，2014 年 3 月 31 日应计提的存货跌价准备为(　　)。

A. −10 万元　　B. 0　　C. 10 万元　　D. 12 万元

二、多项选择题

1. 下列各项中，构成工业企业外购存货入账价值的有(　　)。

A. 买价　　B. 运杂费

C. 运输途中的合理损耗　　D. 入库前的挑选整理费用

2. 下列项目中，应计入成本的有(　　)。

A. 存货采购过程中发生的运输费

B. 非正常损耗的直接材料、直接人工和制造费用

C. 在生产过程中为达到下一个生产阶段所必需的费用

D. 存货的加工成本

3. 下列各项中，增值税一般纳税人应计入成本的有(　　)。

A. 购入存货支付的关税

B. 商品流通企业采购过程中发生的保险费

C. 委托加工材料发生的增值税

D. 自制存货生产过程中发生的直接费用

4. “材料成本差异”账户贷方可以用来登记(　　)。

A. 购进材料实际成本小于计划成本的差额

B. 发出材料应负担的超支差异

C. 发出材料应负担的节约差异

D. 购进材料实际成本大于计划成本的差额

5. 下列各项中，构成企业委托加工物资成本的有(　　)。

A. 加工中实际耗用物资的成本

B. 支付的加工费用和保险费

C. 收回后直接销售物资的代收代缴消费税

D. 收回后继续加工物资的代收代缴消费税

6. 下列各项中，不应计入其他业务成本的有(　　)。

A. 领用的用于出借的新包装物成本

B. 领用的用于出租的新包装物成本
C. 随同商品出售单独计价的包装物成本
D. 随同商品出售不单独计价的包装物成本
7. 下列各项中，应计入销售费用的有（　　）。
A. 随同商品出售不单独计价的包装物成本
B. 随同商品出售单独计价的包装物成本
C. 摊销的出租包装物成本
D. 摊销的出借包装物成本
8. 下列各项中，应计入其他业务成本的有（　　）。
A. 随同商品出售不单独计价的包装物成本
B. 随同商品出售单独计价的包装物成本
C. 领用的用于出借的新包装物成本
D. 对外销售的原材料成本
9. 下列各项中，增值税一般纳税人应计入收回委托加工物资成本的有（　　）。
A. 支付的加工费
B. 随同加工费支付的增值税
C. 支付的收回后继续加工的委托加工物资的消费税
D. 支付的收回后直接销售的委托加工物资的消费税
10. 下列关于企业存货的表述中，正确的有（　　）。
A. 存货应按照成本进行初始计量
B. 存货成本包括采购成本、加工成本和其他成本
C. 存货期末计价应按照成本与可变现净值孰低计量
D. 存货采用计划成本核算的，期末应将计划成本调整为实际成本
11. 下列与存货相关会计处理的表述中，正确的有（　　）。
A. 应收保险公司存货损失赔偿款计入其他应收款
B. 资产负债表日存货应按成本与可变现净值孰低计量
C. 按管理权限报经批准的盘盈存货价值冲减管理费用
D. 结转商品销售成本的同时转销其已计提的存货跌价准备

三、判断题

1. 企业采用先进出法计量发出存货的成本，如果本期发出存货的数量超过本期第一次购进存货的数量（假定本期期初无库存），超过部分仍应按本期第一次购进存货的单位成本计算出货的成本。（　　）

2. 企业采用加权平均法计量发出存货的成本，在物价上涨时，当月发出存货的单位成本小于月末结存存货的单位成本。（　　）

3. 企业采用计划成本核算原材料，平时收到原材料时，应按实际成本借记“原材料”账户，领用或发出原材料时，应按计划成本贷记“原材料”账户，期末再将发出材料和期末材料调整为实际成本。（　　）

4. 企业采用计划成本对材料进行日常核算，应按月分摊发出材料应负担的成本差异，不应在季末或年末一次计算分摊。（　　）

四、实务题

1. 甲公司按实际成本法计算材料的发出成本。2014 年 3 月 1 日，甲公司结存 A 材料 100 千克，每千克实际成本 100 元。本月发生如下有关业务：

(1) 3 日，购入 A 材料 50 千克，每千克实际成本为 105 元，材料已验收入库。

(2) 5 日，发出材料 80 千克。

(3) 7 日，购入 A 材料 70 千克，每千克实际成本为 98 元，材料已验收入库。

(4) 12 日，发出 A 材料 130 千克。

(5) 20 日，购入 A 材料 80 千克，每千克实际成本为 110 元，材料已验收入库。

(6) 25 日，发出 A 材料 30 千克。

要求：根据上述资料，分别采用先进先出法、月末一次加权平均法、移动加权平均法计算 A 材料的下列金额：

(1) 5 日，发出的成本。

(2) 12 日，发出的成本。

(3) 25 日，发出的成本。

(4) 期末结存的成本。

2. 甲公司 2014 年 12 月份 A 商品有关收、发、存情况如下：

(1) 1 日，结存 3 000 件，单位成本为 20 万元。

(2) 8 日，购入 2 000 件，单位成本为 22 万元。

(3) 10 日，发出 4 000 件。

(4) 20 日，购入 3 000 件，单位成本为 23 万元。

(5) 28 日，发出 2 000 件。

(6) 31 日，购入 2 000 件，单位成本为 25 万元。

要求：根据上述资料，分别采用先进先出法、月末一次加权平均法、移动加权平均法计算 A 商品的发出成本及期末库存成本。

3. 甲企业为增值税一般纳税人，增值税税率为 17%。原材料采用实际成本核算，原材料发出采用月末一次加权平均法计价。运输费不考虑增值税。

2014 年 4 月，与 A 材料相关的资料如下：

(1) 1 日，“原材料——A 材料”账户余额为 20 000 元(共 2 000 千克，其中含 3 月月末验收入库但因发票账单未到而以 2 000 元暂估入账的 A 材料 200 千克)。

(2) 5 日，收到 3 月月末以暂估价入库 A 材料的发票账单，货款为 1 800 元，增值税额为 306 元，对方代垫运输费 400 元，全部款项已用转账支票付讫。

(3) 8 日，以汇兑结算方式购入 A 材料 3 000 千克，发票账单已收到，货款为 36 000 元，增值税额为 6 120 元，运输费用为 1 000 元。材料尚未到达，款项已由银行存款支付。

(4) 11 日，收到 8 日采购的 A 材料，验收时发现只有 2 950 千克。经检查，短缺的 50 千克确定为运输途中的合理损耗，A 材料验收入库。

(5) 18 日，持银行汇票 80 000 元购入 A 材料 5 000 千克，增值税专用发票上注明的货款为 49 500 元，增值税额为 8 415 元，另支付运输费用 2 000 元，材料已验收入库，剩余票款退回并存入银行。

(6) 21 日，基本生产车间自制 A 材料 50 千克验收入库，总成本为 600 元。

(7) 30 日，根据“发料凭证汇总表”的记录，4 月份基本生产车间为生产产品领用 A 材料 6 000千克，车间管理部门领用 A 材料 1 000 千克，企业管理部门领用 A 材料 1 000 千克。

要求：

(1) 计算甲企业 4 月份发出 A 材料的单位成本。

(2) 根据上述资料，编制甲企业 4 月份与 A 材料有关的会计分录(“应交税费”账户要求写出明细账户和专栏名称)。

4. 甲公司原材料日常收、发、存采用计划成本核算。月初结存材料的计划成本为 600 000 元，实际成本为 605 000 元；本月入库材料的计划成本为 1 400 000 元，实际成本为 1 355 000 元。当月发出材料(计划成本)情况如下：

(1) 基本生产车间领用材料 800 000 元。

(2) 在建工程领用材料 200 000 元(不考虑增值税进项税额转出)。

(3) 车间管理部门领用材料 15 000 元。

(4) 企业行政管理部门领用材料 15 000 元。

要求：

(1) 计算当月材料成本差异率。

(2) 编制发出材料的会计分录。

(3) 编制月末结转本期发出材料成本差异的会计分录。

5. 甲公司系增值税一般纳税人，原材料按实际成本计价核算，采用先进先出法计算发出材料和月末结存材料的成本。材料数量盘点采用永续盘存制。该公司 2014 年 4 月 1 日库存 A 材料 600 千克，每千克实际成本为 50 元。4 月份 A 材料收入、发出的有关资料如下：

(1) 4 月 5 日，购入 A 材料 1 000 千克，支付买价 53 000 元，运杂费 900 元(增值税略)。当日实际验收入库 980 千克，经查明，短缺的 20 千克系运输途中合理损耗。

(2) 4 月 8 日，发出 A 材料 1 200 千克。

(3) 4 月 10 日，购 A 材料 1 500 千克，支付买价 89 000 元，运杂费 1 000 元(增值税略)，当日已如数验收入库。

(4) 4 月 20 日，发出 A 材料 1 400 千克。

要求：

(1) 分别计算 4 月 5 日和 4 月 10 日购入 A 材料的实际单位成本。

(2) 计算本月发出 A 材料的实际成本。

(3) 计算月末结存 A 材料的实际成本(要求列出计算过程)。

6. 某企业月初结存材料的计划成本为 30 000 元，材料成本差异为超支 200 元；本月库存材料的计划成本为 70 000 元，材料成本差异为节约 700 元。当月生产车间领用材料的计划成本为 60 000 元。

要求：计算当月生产车间领用材料应负担的材料成本差异。

8. 东风机械厂 2014 年 3 月有关低值易耗品业务如下：

(1) 加工车间从仓库领用工具一批，计划成本为 8 000 元，摊销其价值的 50%。

(2) 报废一批工具计划成本 2 000 元，残料收入 60 元，已验收入库，摊销其价值的 50%。

要求：根据上述资料编制有关会计分录。

9. 某公司仓库发出未用包装物木箱一批，出租给购货单位，实际成本为 234 万元，采用五五摊销法计算。收取押金 23 400 元，同时收取租金 2 000 元，存入银行。到期后包装木箱一半由承租单位退回，收回的包装木箱不能继续使用，经有关部门批准报废，残料作价 500 元；另外一半包装木箱承租单位未退回，公司没收逾期未退回包装物押金为 11 700 元(含税)；增值税税率为 17%。

要求：编制相应的会计分录。

10. 2013 年 12 月 31 日，甲公司 A 材料的账面价值为 100 000 元，由于市场价格下跌，预计可变现净值为 80 000 元，由此应计提的存货跌价准备为 20 000 元。2014 年 6 月 30 日，由于市场价格上升，A 材料的预计可变现净值为 95 000 元。

要求：编制甲公司有关存货期末计价的会计分录。

11. 2014 年 12 月，甲公司库存 B 机器 5 台，每台成本为 5 000 元，已经计提的存货跌价准备为 6 000 元。2015 年 1 月，甲公司将库存的 5 台机器全部以每台 6 000 元的价格出售，适用的增值税税率为 17%，货款未收到。

要求：编制甲公司上述会计分录。

12. 某股份有限公司采用成本与可变现净值孰低法核算存货跌价损失。假设 2011 年年末，甲种存货的实际成本为 60 000 元，可变现净值为 57 000 元；2012 年年末，该存货的预计可变现净值为 53 000 元；2013 年年末，该存货的预计可变现净值为 58 500 元；2014 年年末，该存货的预计可变现净值 61 500 元。

要求：编制该公司每年年末进行期末计价的会计分录。

13. 甲公司为增值税一般纳税人，增值税税率为 17%。生产中所需 W 材料按实际成本核算，采用月末一次加权平均法计算和结转发出材料成本。2014 年 6 月 1 日，W 材料结存 1 400 千克，账面余额为 385 万元，未计提存货跌价准备。甲公司 2014 年 6 月发生的有关 W 材料业务如下：

(1) 3 日，持银行汇票 300 万元购入 W 材料 800 千克，增值税专用发票上注明的货款为 216 万元，增值税额为 36.72 万元，对方代垫包装费 1.8 万元，材料已验收入库，剩余票款退回并存入银行。

(2) 6 日，签发一张商业承兑汇票购入 W 材料 590 千克，增值税专用发票上注明的货款为 163 万元，增值税额为 27.71 万元，对方代垫保险费 0.4 万元。材料已验收入库。

(3) 10 日，收到乙公司作为资本投入的 W 材料 5 000 千克，并验收入库。投资合同约定该批原材料价值(不含可抵扣的增值税进项税额)为 1 415 万元，增值税进项税额为 240.55 万元，乙公司开具增值税专用发票。假定合同约定的价值与公允价值相等，未发生资本溢价。

(4) 20 日，销售 W 材料一批，开出增值税专用发票上注明的售价为 171 万元，增值税额为 29.07 万元，款项已由银行收妥。

(5) 30 日，因自然灾害毁损 W 材料 50 千克，该批材料购入时支付的增值税额为 2.38 万元。经保险公司核定应赔偿 10 万元，款项尚未收到，其余损失已经有关部门批准处理。

(6) 6 月份发出材料情况如下：①生产车间领用 W 材料 2 000 千克，用于生产 A 产品 20 件、B 产品 10 件。A 产品每件消耗定额为 24 千克，B 产品每件消耗定额为 52 千克，材料成本在 A、B 产品之间按照定额消耗量比例进行分配；车间管理部门领用 700 千克；企业行政管理部门领用 450 千克。②委托加工一批零部件，发出 W 材料 100 千克。③30 日，对外销售发出

W 材料 600 千克。

(7) 30 日，W 材料的预计可变现净值为 1 000 万元。

假定除上述资料外，不考虑其他因素。

要求：

(1) 编制甲公司第(1)～(4)项业务的会计分录。

(2) 计算甲公司 6 月份 W 材料的加权平均单位成本。

(3) 编制甲公司第(5)项业务的会计分录。

(4) 计算甲公司 A 产品、B 产品应分配的 W 材料成本。

(5) 编制甲公司第(6)项业务结转发出材料成本的会计分录。

(6) 计算甲公司 6 月 30 日 W 材料的账面余额。

(7) 计算甲公司 6 月 30 日 W 材料计提的存货跌价准备并编制会计分录。

(8) 计算甲公司 6 月 30 日 W 材料应记入资产负债表“存货”项目的金额。

项目 3　固定资产岗位

一、单项选择题

1. 某增值税一般纳税人自建仓库一幢，购入工程物资 200 万元，增值税额为 34 万元，已全部用于建造仓库；耗用库存材料 50 万元，应负担的增值税额为 8.5 万元；支付建筑工人工资 36 万元。该仓库建造完成并达到预定可使用状态，其入账价值为(　　)万元。

A. 250　　B. 292.5　　C. 286　　D. 328.5

2. 某企业将自产的一批产品用于在建工程(厂房)。该批产品成本为 750 万元，计税价格为 1 250 万元，适用的增值税税率为 17%。该企业应计入在建工程成本的金额为(　　)万元。

A. 750　　B. 962.5　　C. 1 462.5　　D. 877.5

3. 某企业转让一台旧设备，取得价款 56 万元，发生清理费用 2 万元。该设备原值为 60 万元，已提折旧 10 万元。假定不考虑其他税费，出售该设备影响当期损益的金额为(　　)万元。

A. 4　　B. 6　　C. 54　　D. 56

4. 某企业出售一幢办公楼，该办公楼账面原价为 370 万元，累计折旧为 115 万元，未计提减值准备。出售取得价款 360 万元，发生清理费用 10 万元，支付营业税 18 万元。假定不考虑其他相关税费。企业出售该办公楼确认的净收益为(　　)万元。

A. 10　　B. 77　　C. 95　　D. 105

5. 某企业出售一台生产用设备，原值为 160 000 元，已提折旧 45 000 元。出售设备时发生各种清理费用 3 000 元，出售设备所得价款 113 000 元。假定不考虑其他相关税费。企业出售该设备时应确认的净收益为(　　)元。

A. −2 000　　B. 2 000　　C. 5 000　　D. −5 000

6. 企业出售不动产应交的营业税，应借记的会计账户是(　　)。

A. “营业税金及附加”　　B. “固定资产清理”

C. “营业外支出”　　D. “其他业务成本”

7. 下列各项中,不应计入固定资产入账价值的是(　　)。
A. 固定资产购入过程中发生的运杂费支出
B. 固定资产达到预定可使用状态前发生的借款利息(符合资本化条件)
C. 固定资产达到预定可使用状态后至竣工决算前发生的借款利息
D. 外购固定资产的安装费和专业人员服务费

8. 甲公司为增值税一般纳税人,2014 年 12 月 31 日,该公司购入不需安装的生产设备一台,当日投入使用。该设备价款为 360 万元,增值税额为 61.2 万元,该设备预计使用年限为 5 年,预计净残值为零,采用年数总和法计提折旧。该设备 2015 年应计提的折旧为(　　)万元。
A. 72　　B. 120　　C. 140.4　　D. 168.48

9. 某企业于 2014 年 12 月 31 日购入一台设备,其原价为 200 万元,预计使用年限为 5 年,预计净残值为 0.8 万元,按双倍余额递减法计算折旧。2015 年度该项固定资产应计提的年折旧额为(　　)万元。
A. 39.84　　B. 66.4　　C. 79.68　　D. 80

10. 某企业于 2014 年 12 月 31 日购入一台设备,入账价值 90 万元,预计使用年限为 5 年,预计净残值为 6 万元,按年数总和法计算折旧。该设备 2015 年计提的折旧额为(　　)万元。
A. 16.8　　B. 21.6　　C. 22.4　　D. 28

11. 下列各项中,应记入"其他业务成本"账户的有(　　)。
A. 库存商品盘亏净损失　　B. 经营租出固定资产的折旧额
C. 向灾区捐赠的商品成本　　D. 火灾导致原材料毁损净损失

12. 企业的固定资产在盘盈时,应该通过(　　)账户进行核算。
A. "待处理财产损溢"　　B. "以前年度损益调整"
C. "资本公积"　　D. "营业外收入"

13. 某企业 2013 年 12 月 31 日购入一台设备,入账价值为 200 万元,预计使用年限为 10 年,预计净残值为 20 万元,按年限平均法计算折旧。2014 年 12 月 31 日,该设备存在减值迹象,经测试预计可收回金额为 120 万元。2014 年 12 月 31 日,该设备账面价值应为(　　)万元。
A. 120　　B. 160　　C. 180　　D. 182

14. 下列固定资产中,应计提折旧的是(　　)。
A. 当月新增加的固定资产
B. 已提足折旧仍继续使用的固定资产
C. 单独计价入账的土地
D. 当月新减少的固定资产

15. 某设备的账面原价为 50 000 元,预计使用年限为 4 年,预计净残值率为 4%,采用双倍余额递减法计提折旧,该设备在第 3 年应计提的折旧额为(　　)元。
A. 6 000　　B. 5 250　　C. 6 250　　D. 9 600

16. 某设备的账面原价为 80 000 元,预计使用年限为 5 年,预计净残值为 5 000 元,按年数总和法计提折旧。该设备在第 3 年应计提的折旧额为(　　)元。
A. 15 000　　B. 30 000　　C. 10 000　　D. 5 000

17. 和年限平均法相比,采用年数总和法对固定资产计提折旧将使(　　)。

A. 计提折旧的初期，企业利润减少，固定资产原值减少

B. 计提折旧的初期，企业利润减少，固定资产净值减少

C. 计提折旧的后期，企业利润减少，固定资产原值减少

D. 计提折旧的后期，企业利润减少，固定资产净值减少

18. 某设备的账面原值为 15 500 元，预计使用年限为 5 年，预计净残值为 500 元，按双倍余额递减法计提折旧。则第 3 年年末该设备的账面价值为( )元。

A. 5 580　　B. 6 320　　C. 3 348　　D. 6 500

19. A 企业 2011 年 12 月购入一项固定资产，原价为 600 万元，采用年限平均法计提折旧，使用寿命为 10 年，预计净残值为零；2014 年 12 月，该企业对该项固定资产的某一主要部件进行更换，发生支出合计 400 万元，符合固定资产确认条件，被更换的部件的原价为 300 万元。则对该项固定资产进行更换后的原价为( )万元。

A. 210　　B. 1 000　　C. 820　　D. 610

20. 甲公司为增值税一般纳税人，2014 年采用自营方式建造一条生产线，实际领用工程物资 351 万元(含增值税)。另外领用本公司所生产的产品一批，账面价值为 360 万元，该产品适用的增值税税率为 17%，计税价格为 390 万元；发生的在建工程人员应付职工薪酬为 222.3 万元，假定该生产线已达到预定可使用状态；不考虑除增值税以外的其他相关税费。该生产线的入账价值为( )万元。

A. 882.3　　B. 972.3　　C. 933.3　　D. 999.6

21. 甲公司的注册资本为 150 万元。2014 年 6 月 25 日，甲公司接受乙公司以一台设备进行投资。该台设备的原价为 84 万元，已计提折旧 24.93 万元，投资各方经协商确认的价值为 45 万元，公允价值为 40 万元。占甲公司注册资本的 30%。假定不考虑其他相关税费。甲公司的固定资产入账价值为( )万元。

A. 40　　B. 84　　C. 49.07　　D. 45

22. AS 公司的一台机器设备采用工作量法计提折旧。原价为 153 万元，预计生产产品产量为 450 万件，预计净残值率为 3%，本月生产产品 7.65 万件。则该台机器设备的本月折旧额为( )万元。

A. 2.679 03　　B. 2.629 59　　C. 2.522 97　　D. 2.522 83

23. 某企业 2014 年 6 月期初固定资产原值为 10 500 万元。6 月增加了一项固定资产入账价值为 750 万元；同时 6 月减少了固定资产原值 150 万元；则 6 月份该企业应提折旧的固定资产原值为( )万元。

A. 11 100　　B. 10 650　　C. 10 500　　D. 10 350

24. 某企业 2013 年购入一台需安装的设备，买价为 600 000 元，增值税额为 102 000 元，运输费为 18 000 元，上述款项用银行存款支付，安装过程中领用生产用材料 50 000 元，应付工程人员的工资 30 000 元，设备于 12 月交付使用，则该设备的入账价值为( )元。

A. 800 000　　B. 780 000　　C. 820 000　　D. 698 000

25. 甲公司购入一台需要安装的设备，取得的增值税专用发票上注明的设备买价为 50 000元，增值税额为 8 500 元，支付运输费 1 500 元和增值税额 165 元，设备安装时领用生产用的材料价值为 1 000 元，设备安装时支付的人员工资为 2 000 元，则固定资产的成本为( )元。

A. 63 170　　B. 54 500　　C. 63 000　　D. 61 170

26. 某企业对一座建筑物进行改建，该建筑物的原价为100万元，已提折旧为60万元，改建过程中发生支出为30万元，取得变价收入为5万元，该建筑物改建后的入账价值为（　　）万元。

A. 65　　B. 70　　C. 125　　D. 130

27. 下列固定资产后续支出中，不能资本化的是（　　）。

A. 资产生产的产品质量提高

B. 资产的生产能力增大

C. 资产的估计使用年限延长

D. 恢复或保持资产的原有性能标准，以确保未来经济效益的实现

28. 下列固定资产中，应计提折旧的固定资产有（　　）。

A. 经营租赁方式租入的固定资产　　B. 季节性停用的固定资产

C. 正在改扩建的固定资产　　D. 融资租出的固定资产

二、多项选择题

1. 下列税费中，应计入企业固定资产价值的有（　　）。

A. 房产税　　B. 车船税

C. 车辆购置税　　D. 购入固定资产交纳的契税

2. 下列各项中，影响固定资产清理净损益的有（　　）。

A. 清理固定资产发生的税费　　B. 清理固定资产的变价收入

C. 清理固定资产的账面价值　　D. 清理固定资产耗用的材料成本

3. 企业结转固定资产清理净损益时，可能涉及的账户有（　　）。

A. "管理费用"　　B. "营业外收入"

C. "营业外支出"　　D. "长期待摊费用"

4. 下列各项中，应通过"固定资产清理"账户核算的有（　　）。

A. 盘亏的固定资产　　B. 出售的固定资产

C. 报废的固定资产　　D. 毁损的固定资产

5. 下列各项中，企业需要暂估入账的有（　　）。

A. 月末已验收入库但发票账单未到的原材料

B. 已发出商品但货款很可能无法收回的商品销售

C. 已达到预定可使用状态但尚未办理竣工决算的办公楼

D. 董事会议通过但股东大会尚未批准的拟分配现金股利

6. 下列各项中，需要计入"在建工程"账户的有（　　）。

A. 购入不需安装的固定资产　　B. 购入需要安装的固定资产

C. 固定资产的改扩建　　D. 固定资产的大修理

7. 下列各项中，应计提固定资产折旧的有（　　）。

A. 经营租入的设备

B. 融资租入的办公楼

C. 已投入使用但未办理竣工决算的厂房

D. 已达到预定可使用状态但未投产的生产线

8. 下列关于固定资产计提折旧的表述中，正确的有（　　）。

A. 提前报废的固定资产不再补提折旧

B. 固定资产折旧方法一经确定不得改变

C. 已提足折旧但仍继续使用的固定资产不再计提折旧

D. 自行建造的固定资产应自办理竣工决算时开始计提折旧

9. 下列各项中，影响固定资产折旧的因素有（　　）。

A. 预计净残值　　B. 原值

C. 已计提的减值准备　　D. 使用寿命

10. 下列固定资产中，应当计提折旧的有（　　）。

A. 闲置的固定资产

B. 单独计价入账的土地

C. 经营租出的固定资产

D. 已提足折旧但仍继续使用的固定资产

11. 企业计提固定资产折旧时，下列会计分录中，正确的有（　　）。

A. 计提行政管理部门固定资产折旧：借记“管理费用”账户，贷记“累计折旧”账户

B. 计提生产车间固定资产折旧：借记“制造费用”账户，贷记“累计折旧”账户

C. 计提专设销售机构固定资产折旧：借记“销售费用”账户，贷记“累计折旧”账户

D. 计提自建工程使用的固定资产折旧：借记“在建工程”账户，贷记“累计折旧”账户

12. 下列各项中，应通过“固定资产清理”账户核算的有（　　）。

A. 盘亏的固定资产　　B. 出售的固定资产

C. 报废的固定资产　　D. 毁损的固定资产

13. 关于固定资产的成本，下列说法中，正确的有（　　）。

A. 以一笔款项购入多项没有单独标价的固定资产，应当按照各项固定资产公允价值比例对总成本进行分配，分别确定各项固定资产的成本

B. 购买固定资产的相关税费分情况计入固定资产的成本

C. 自行建造固定资产的成本，由建造该项资产达到预定可使用状态前所发生的必要支出构成

D. 外购固定资产的成本，包括购买价款、应计入成本的相关税费、使固定资产达到预定可使用状态前所发生的可归属于该项资产的运输费、装卸费、安装费和专业人员服务费等

14. 关于固定资产的折旧，下列说法中，正确的有（　　）。

A. 当月增加的固定资产，当月不计提折旧，从下月起计提折旧

B. 固定资产提足折旧后，不论能否继续使用，均不再计提折旧

C. 提前报废的固定资产，也不再补提折旧

D. 应计折旧额是指应当计提折旧的固定资产的原价扣除其预计净残值后的金额

15. 关于固定资产的使用寿命、预计净残值和折旧方法，下列说法中，正确的有（　　）。

A. 企业至少应当于每年年度终了对固定资产的使用寿命、预计净残值和折旧方法进行复核

B. 使用寿命预计数与原先估计数有差异的，应当调整固定资产使用寿命

C. 预计净残值预计数与原先估计数有差异的，应当调整预计净残值

D. 固定资产使用寿命、预计净残值和折旧方法的改变应当作为会计政策变更

16. 下列各项中，会引起固定资产账面价值发生变化的有（　　）。

A. 计提固定资产减值准备　　B. 计提固定资产折旧

C. 固定资产改扩建　　D. 固定资产大修理

17. 双倍余额递减法和年数总和法是两种计算折旧的方法，其共同点包括（　　）。

A. 都属于加速折旧的方法　　B. 每期折旧率是固定的

C. 前期的折旧高，后期的折旧低　　D. 都不考虑残值

三、判断题

1. 对于已达到预定可使用状态的固定资产，在尚未办理竣工决算前，不需要核算固定资产成本。（　　）

2. 企业以一笔款项购入多项没有单独标价的固定资产时，应当按照各项固定资产公允价值的比例对总成本进行分配，分别确定各项固定资产的成本。（　　）

3. 固定资产的各组成部分具有不同的使用寿命或者以不同的方式为企业提供经济利益、适用不同折旧率或者折旧方法计提折旧的，应将各组成部分确认为单项固定资产。（　　）

4. 在建工程项目达到预定可使用状态前，试运转所发生的净支出，应当计入营业外支出。（　　）

5. 企业对固定资产进行更新改造时，应当将固定资产账面价值转入在建工程，并在此基础上核算更新改造后的固定资产原价。（　　）

6. 企业生产车间（部门）和行政管理部门等发生的修理费用应计入固定资产成本。（　　）

7. 对于已达到预定可使用状态但尚未办理竣工决算的固定资产，待办理竣工决算后，若实际成本与原暂估价值存在差异的，应调整已计提的折旧。（　　）

8. 因进行大修理而停用的固定资产，应当照提折旧，计提的折旧应计入相关成本费用。（　　）

9. 固定资产应当按月计提折旧，并根据用途计入相关资产的成本或者当期损益。（　　）

10. 固定资产减值损失一经确认，在以后会计期间可以转回。（　　）

11. 按双倍余额递减法计提的折旧额在任何时候都大于按平均年限法计算的折旧额。（　　）

12. 企业购置的环保设备和安全设备等资产，由于它们的使用不能直接为企业带来经济利益，所以企业不应将其确认为固定资产。（　　）

13. 在不考虑计提固定资产减值准备的情况下，某项固定资产期满报废时，无论采用年限平均法，还是采用加速折旧法，其累计折旧额一定等于该项固定资产应计提折旧总额。（　　）

14. 固定资产发生的更新改造支出、房屋装修费用等，符合固定资产确认条件的，应当计入固定资产成本，同时将被替换部分的账面价值扣除。（　　）

15. 固定资产折旧方法的选择不但影响资产负债表中的资产总额，也影响利润表中的净利润。（　　）

四、实务题

1. 某企业于2013年9月5日对一厂房进行改扩建，改扩建前该厂房的原价为900万元，

已提折旧200万元,已提减值准备50万元。在改扩建过程中领用工程物资300万元(含税),领用生产用原材料58.5万元(含税)。发生改扩建人员工资80万元,用银行存款支付其他费用61.5万元。该厂房于2014年12月20日达到预定可使用状态。该企业对改扩建后的固定资产采用年限平均法计提折旧,预计尚可使用年限为20年,预计净残值为40万元。2015年12月31日该厂房的可收回金额为940万元。假定固定资产按年计提折旧,固定资产计提减值准备不影响固定资产的预计使用年限和预计净残值。

要求:

(1) 编制上述与固定资产改扩建有关业务的会计分录。计算改扩建后固定资产的入账价值。

(2) 计算改扩建后的厂房2014年和2015年每年应计提的折旧额。

(3) 计算2015年12月31日该生产线是否应计提减值准备,若计提减值准备,编制相关会计分录。

(4) 计算该厂房2016年和2017年每年应计提的折旧额。

2. 丙股份有限公司(以下简称丙公司)为注册地在北京市的一家上市公司,其2010～2014年与固定资产有关的业务资料如下:

(1) 2010年12月12日,丙公司购进一台不需要安装的设备,取得的增值税专用发票上注明的设备价款为350万元,增值税额为59.5万元,另发生运输费1.5万元,款项以银行存款支付;没有发生其他相关税费。该设备于当日投入使用,预计使用年限为10年,预计净残值为15万元,采用直线法计提折旧。

(2) 2011年12月31日,丙公司在对该设备进行检查时发现其已经发生减值,预计可收回金额为312万元;计提固定资产减值准备后,该设备原预计使用年限、预计净残值、折旧方法保持不变。

(3) 2012年12月31日,丙公司因生产经营方向调整,决定采用出包方式对该设备进行改良,改良工程验收合格后支付工程价款。该设备于当日停止使用,开始进行改良。

(4) 2013年3月12日,改良工程完工并验收合格,丙公司以银行存款支付工程总价款25万元。当日,改良后的设备投入使用,预计尚可使用年限为8年,采用直线法计提折旧,预计净残值为16万元。

(5) 2014年12月31日,该设备因遭受自然灾害发生严重毁损,丙公司决定进行处置,取得残料变价收入10万元、保险公司赔偿款30万元,发生清理费用3万元;款项均以银行存款收付。

要求:

(1) 编制2010年12月12日取得该设备的会计分录。

(2) 计算2011年度该设备计提的折旧额。

(3) 计算2011年12月31日该设备计提的固定资产减值准备,并编制相应的会计分录。

(4) 计算2012年度该设备计提的折旧额。

(5) 编制2012年12月31日该设备转入改良时的会计分录。

(6) 编制2013年3月12日支付该设备改良价款、结转改良后设备成本的会计分录。

(7) 计算2014年度该设备计提的折旧额。

(8) 计算2014年12月31日处置该设备实现的净损益。

(9) 编制 2015 年 12 月 31 日处置该设备的会计分录。

3. 甲企业为增值税一般纳税人，适用的增值税税率为 17%。2011～2014 年度发生的有关固定资产的经济业务如下：

(1) 2011 年 6 月 1 日，自行建造一条生产线，建造过程中领用工程物资 100 万元(不含税)；领用生产用原材料 100 万元，其增值税进项税额为 17 万元；分配工程人员工资 40 万元；用银行存款支付其他相关费用 30 万元。该生产线全部符合资本化条件。

(2) 2011 年 6 月 30 日，该生产线达到预定可使用状态，采用线法计提折旧，预计使用年限为 10 年，预计净残值为 10 万元。

(3) 2012 年 12 月 5 日，对该生产线进行更新改造，发生符合资本化条件的支出 150 万元，包括原材料 100 万元，工程人员工资 50 万元；发生其他费用化支出 10 万元。2012 年 12 月 31 日，该生产线达到预定可使用状态。

(4) 2013 年 1 月 1 日，将该生产线对外经营出租，根据租赁协议约定，租期为 1 年，每月租金为 5 万元。

(5) 2014 年 12 月 31 日，因调整产品结构，甲企业将该生产线出售。出售时，该生产线已计提折旧 90 万元，其账面价值为 376 万元。甲企业取得处置收入 410 万元并存入银行，支付清理费用 5 万元(假定不考虑相关税费的影响)。

要求：

(1) 根据上述资料，编制相关会计分录。

(2) 根据资料(1)和(2)，下列关于甲企业计提折旧的表述中，正确的是(　　)。

A. 2011 年应计提的折旧额为 18 万元　　B. 自 2011 年 6 月开始计提折旧

C. 自 2011 年 7 月开始计提折旧　　D. 应计提折旧总额为 360 万元

4. 北方股份有限公司(以下简称北方公司)为注册地在北京市的一家上市公司，其 2010～2014 年与固定资产有关的业务资料如下：

(1) 2010 年 10 月 10 日，购进一台需要安装的设备，取得的增值税专用发票上注明的设备价款为 585 万元(含税)，另发生运输费 2.22 万元(含税)，款项以银行存款支付；没有发生其他相关税费。安装设备时，领用原材料一批，价值为 11.7 万元(含税)；支付安装工人的工资为 11.3 万元。该设备于 2010 年 12 月 10 日达到预定可使用状态并投入行政管理部门使用，预计使用年限为 10 年，预计净残值为 10 万元，采用年限平均法计提折旧。

(2) 2012 年 9 月 30 日，北方公司因生产经营方向调整，决定采用出包方式对该设备进行改良，改良工程验收合格后支付工程价款。该设备于当日停止使用，开始进行改良。

(3) 2013 年 3 月 15 日，改良工程完工并验收合格，北方公司以银行存款支付工程总价款 62.5 万元。当日，改良后的设备投入使用，预计尚可使用年限 8 年，采用直线法计提折旧，预计净残值为 5 万元。2013 年 12 月 31 日，该设备预计可收回金额为 460 万元。

(4) 2014 年 10 月 10 日，该设备因遭受自然灾害发生严重毁损，北方公司决定进行处置，取得残料变价收入 10 万元、保险公司赔偿款 30 万元，发生清理费用 5 万元；款项均以银行存款收付，不考虑其他相关税费。

要求：

(1) 编制 2010 年 10 月 10 日取得该设备的会计分录。

(2) 编制设备安装及设备达到预定可使用状态的会计分录。

(3) 计算 2011 年度该设备计提的折旧额,并编制相应的会计分录。

(4) 计算 2012 年度该设备计提的折旧额,并编制相应会计分录。

(5) 编制 2012 年 9 月 30 日该设备转入改良时的会计分录。

(6) 编制 2013 年 3 月 15 日支付该设备改良价款、结转改良后设备成本的会计分录。

(7) 计算 2013 年 12 月 31 日该设备计提的固定资产减值准备,并编制相应的会计分录。

(8) 计算 2014 年度该设备计提的折旧额。

(9) 计算 2014 年 10 月 10 日处置该设备实现的净损益。

(10) 编制 2014 年 10 月 10 日处置该设备的会计分录。

项目4　无形资产岗位

一、单项选择题

1. 企业购入一项专利权,支付的买价为 70 万元,相关税费 20 万元,为使该项专利权达到预定用途,另支付其他相关支出 8 万元,则该专利入账价值为(　　)万元。

A. 98　　B. 90　　C. 70　　D. 8

2. 某企业试开发一项新技术,发生研究开发费用共计 200 万元,其中,满足资本化条件的开发支出为 120 万元。开发成功后申请专利权时,发生律师费及注册费等 10 万元,另发生广告宣传费 5 万元。该项技术的入账价值为(　　)万元。

A. 200　　B. 120　　C. 130　　D. 135

3. 2015 年 1 月 1 日,中唐公司接受甲公司以一项账面价值为 210 万元的专利权投资,投资合同约定价值为 165 万元(价值公允)。中唐公司预计该专利权尚可使用年限为 10 年,采用直线法进行摊销。则 2015 年中唐公司对该项无形资产的摊销额为(　　)万元。

A. 25　　B. 33　　C. 13　　D. 16.5

4. 2014 年 8 月 1 日,某企业开始研究开发一项新技术,当月共发生研发支出 800 万元,其中,费用化的金额 650 万元,符合资本化条件的金额 150 万元。8 月末,研发活动尚未完成。该企业 2014 年 8 月应计入当期利润总额的研发支出为(　　)。

A. 0　　B. 150 万元　　C. 650 万元　　D. 800 万元

5. 甲公司为增值税一般纳税人,2014 年 1 月 5 日,该公司以 2 700 万元购入一项专利权,另支付相关税费 120 万元。为推广由该专利权生产的产品,甲公司发生广告宣传费 60 万元。该专利权预计使用 5 年,预计净残值为零,采用直线法摊销。假设不考虑其他因素,2014 年 12 月 31 日该专利权的账面价值为(　　)万元。

A. 2 160　　B. 2 256　　C. 2 304　　D. 2 700

6. 关于无形资产的计量,下列说法中,正确的是(　　)。

A. 使用寿命不确定的无形资产应该按系统合理的方法摊销

B. 使用寿命不确定的无形资产,其摊销金额应按 10 年摊销

C. 企业无形资产摊销方法,应当反映与该项无形资产有关的经济利益的预期实现方式

D. 无形资产的摊销方法只有直线法

7. 甲公司 2013 年年初开始进行新产品研究开发,2013 年度投入研究费用 300 万元(不符

合资本化条件)，2014年度投入开发费用600万元(符合资本化条件)，至2015年年初获得成功，并向国家专利局提出专利权申请且获得专利权，实际发生包括注册登记费等90万元。该项专利权法律保护年限为10年，预计使用年限12年。则甲公司对该项专利权2015年度应摊销的金额为(　　)万元。

A. 55　　B. 69　　C. 80　　D. 96

8. 某企业于2013年1月1日以80 000元购入一项专利权，摊销年限为8年，采用直线法进行摊销。2015年1月1日，企业将该专利权以68 000元对外出售。出售无形资产适用的营业税税率为5%。出售该专利权实现的营业外收入为(　　)元。

A. 600　　B. 4 100　　C. 4 600　　D. 8 100

9. 下列各项中，不会引起无形资产账面价值发生增减变动的是(　　)。

A. 对无形资产计提减值准备　　B. 发生无形资产后续支出

C. 摊销无形资产　　D. 转让无形资产所有权

二、多项选择题

1. 下列各项中，属于企业无形资产的有(　　)。

A. 专利权　　B. 商标权　　C. 著作权　　D. 商誉

2. 下列支出中，应计入无形资产成本的有(　　)。

A. 购入专利权发生的支出

B. 购入商标权发生的支出

C. 取得土地使用权发生的支出

D. 研发新技术在研究阶段发生的支出

3. 企业对使用寿命有限的无形资产进行摊销时，其摊销额应根据不同情况分别计入(　　)。

A. 管理费用　　B. 制造费用

C. 财务费用　　D. 其他业务成本

4. 下列关于无形资产会计处理的表述中，正确的有(　　)。

A. 无形资产均应确定预计使用年限并分期摊销

B. 有偿取得的自用土地使用权应确认为无形资产

C. 内部研发项目开发阶段支出应全部确认为无形资产

D. 无形资产减值损失一经确认在以后会计期间不得转回

5. 下列资产减值准备中，在符合相关条件时可以转回的有(　　)。

A. 坏账准备　　B. 存货跌价准备

C. 无形资产减值准备　　D. 固定资产减值准备

三、判断题

1. 无形资产是指企业拥有或控制的没有实物形态的非货币性资产，包括可辨认非货币性无形资产和不可辨认无形资产。(　　)

2. 企业无法可靠区分研究阶段和开发阶段支出的，应将其所发生的研发支出全部资本化计入无形资产成本。(　　)

3. 研究开发支出中的开发支出应资本化，计入无形资产成本。(　　)

4. 对于企业取得的所有无形资产，均应当按期摊销。(　　)

5. 企业取得的使用寿命有限的无形资产均应按直线法摊销。 ( )

6. 专门用于生产某产品的无形资产,其所包含的经济利益通过所生产的产品实现的,该无形资产的摊销额应计入产品成本。 ( )

四、实务题

1. 企业自行研制开发一项技术,经申请获得专利权。有关资料如下:

(1) 2013 年5 月,以银行存款支付研发支出 20 000 元,其中符合资本化条件的是16 500元。

(2) 2013 年 12 月 1 日,无形资产研发成功并申请专利,以银行存款支付律师费 1 000 元,注册费 500 元。

(3) 企业按规定在 5 年内平均分摊,并于每月月末摊销。

(4) 2014 年 12 月 1 日,企业以 49 500 元将此专利出售给 A 公司,款项已存入银行。

要求:

(1) 计算该专利权的入账价值,并编制研制过程与注册业务的相关付款业务分录。

(2) 计算每月月末的摊销额,并编制摊销分录。

(3) 计算该专利权的出售损益,并编制相应分录。

("研发支出"、"应交税费"账户请写出明细账户。)

2. 甲上市公司自行研究开发一项专利技术,与该项专利技术有关的资料如下:

(1) 2014 年 1 月,该项研发活动进入开发阶段,以银行存款支付开发费用 280 万元,其中满足资本化条件的为 150 万元。2014 年 7 月 1 日,开发活动结束,并按法律程序申请取得专利权,供企业行政管理部门使用。

(2) 该项专利权法律规定有效期为 5 年,采用直线法摊销。

(3) 2014 年 12 月 1 日,将该项专利权转让,实际取得价款 160 万元,款项已存入银行。

要求:

(1) 编制甲上市公司发生开发支出的会计分录。

(2) 编制甲上市公司转销费用化开发支出的会计分录。

(3) 编制甲上市公司形成专利权的会计分录。

(4) 计算甲上市公司 2014 年 7 月专利权摊销金额并编制会计分录。

(5) 编制甲上市公司转让专利权的会计分录。

(会计分录涉及的账户要求写出明细账户)

项目5 负债筹资岗位

一、单项选择题

1. 2014 年 9 月 1 日,甲企业向银行借款 200 000 元用于生产经营周转,期限为 2 个月,到期一次还本付息,年利率为 6%。借款利息不采用预提方式,于实际支付时确认。11 月 1 日,企业以银行存款偿还借款本息应编制的会计分录为( )。

A. 借:短期借款 200 000

　　　应付利息 2 000

贷：银行存款 202 000

B. 借：短期借款 200 000

应付利息 1 000

财务费用 1 000

贷：银行存款 202 000

C. 借：短期借款 200 000

财务费用 2 000

贷：银行存款 202 000

D. 借：短期借款 202 000

贷：银行存款 202 000

2. 如果企业的长期借款属于筹建期间，则其利息费用应记入的账户是（　　）。

A. “在建工程” B. “应计利息”

C. “财务费用” D. “管理费用”

3. 2013 年 7 月 1 日，甲企业按面值发行 5 年期、到期一次还本付息、年利率为 6%（不计复利）、面值总额为 5 000 万元的债券。2014 年 12 月 31 日，甲企业“应付债券”账户的账面价值为（　　）万元。

A. 5 150 B. 5 600 C. 5 000 D. 5 450

4. 甲公司于 2014 年 1 月 1 日发行面值总额为 1 000 万元，期限为 5 年的债券，该债券票面利率为 6%，每年年初付息、到期一次还本，发行价格总额为 1 043.27 万元，利息调整采用实际利率法摊销，实际利率为 5%。2014 年 12 月 31 日，该应付债券的账面余额为（　　）万元。

A. 1 000 B. 1 060 C. 1 035.43 D. 1 095.43

5. 企业以溢价方式发行债券时，每期实际负担的利息费用是（　　）。

A. 按实际利率计算的利息费用

B. 按票面利率计算的应计利息减去应摊销的溢价

C. 按实际利率计算的应计利息加上应摊销的溢价

D. 按票面利率计算的应计利息加上应摊销的溢价

6. 就发行债券的企业而言，所获债券溢价收入实质是（　　）。

A. 为以后少付利息而付出的代价 B. 为以后多付利息而得到的补偿

C. 本期利息收入 D. 以后期间的利息收入

二、多项选择题

1. 企业发生的下列各项利息支出中，可能计入财务费用的有（　　）。

A. 应付债券的利息 B. 短期借款的利息

C. 带息应付票据的利息 D. 筹建期间的长期借款利息

2. 下列对长期借款利息费用的会计处理中，正确的有（　　）。

A. 筹建期间的借款利息计入管理费用

B. 筹建期间的借款利息计入长期待摊费用

C. 日常生产经营活动的借款利息计入财务费用

D. 符合资本化条件的借款利息计入相关资产成本

3. 债券发行价格的高低一般取决于（　　）。

A. 票面金额　　B. 票面利率
C. 发行时的市场利率　　D. 债券期限的长短

4. 企业发行公司债券的方式有(　　)。
A. 折价发行　　B. 溢价发行
C. 面值发行　　D. 在我国不能折价发行

5. 企业发行的应付债券产生的利息调整,每期摊销时可能记入的账户有(　　)。
A. "在建工程"　　B. "长期待摊费用"
C. "财务费用"　　D. "待摊费用"
E. "应收利息"

6. 长期借款所发生的利息支出、汇兑损失等借款费用,可能记入的账户有(　　)。
A. "长期待摊费用"　　B. "财务费用"
C. "管理费用"　　D. "在建工程"

三、判断题

1. 负债是指企业过去的交易或事项形成的、会导致经济利益流出企业的义务。(　　)

2. 企业与中国银行达成了5个月后借入100万元的借款意向书,形成了该企业的一项负债。(　　)

3. 企业的短期借款利息应在实际支付时计入当期财务费用。(　　)

4. 短期借款利息属于筹资费用,应当与发生时直接计入当期财务费用。(　　)

5. 实际支付短期借款利息时,根据已经计提的利息,借记"应付利息"账户,根据当期应计利息,借记"管理费用"账户,根据应付利息总额,贷记"银行存款"账户。(　　)

6. "长期借款"账户的期末余额反映企业尚未偿还的各种长期借款的本金。(　　)

7. 债券溢价或折价不是债券发行企业的收益或损失,而是发行企业在债券存续期内对利息费用的一种调整。(　　)

8. 企业发行的一般公司债券,应区别是面值发行,还是溢价或折价发行,分别记入"应付债券——一般公司债券(面值)、(溢价)或(折价)"账户。(　　)

四、实务题

1. 宏远公司于2014年1月1日向银行借入一笔9个月到期的生产经营用资金,共计120 000元,年利率为4%。按季支付利息,到期还本。

要求:

(1) 编制1月1日借入短期借款的会计分录。

(2) 编制1月、2月末计提短期借款利息的会计分录。

(3) 编制3月末支付借款利息的会计分录。

(4) 编制第二、第三季度及偿还本金的相关会计分录。

(5) 如果上述借款期限是8个月,编制9月1日偿还借款的相关会计分录。

2. 宏远公司于2014年11月30日从银行借入3 000 000元资金,3年期,年借款利率为7%,到期一次还本付息,单利,所借款项存入银行。公司于当日购买不需安装的生产设备一台,价款为2 200 000元,增值税额为374 000元,另支付保险费等40 000元,设备已于当日交付使用。

要求:

(1) 编制2014年11月30日借入款项的会计分录。

(2) 编制生产设备购买及交付使用的会计分录。

(3) 编制2014年12月31日计提借款利息的会计分录。

(4) 编制2017年11月30日偿还借款本息的会计分录。

3. 宏远公司2014年6月30日从银行借入资金1 000 000元，用于购置大型设备。借款期限为2年，年利率为10%，到期一次还本付息，款项已存入银行。2014年7月1日，宏远公司收到购入的设备，并用银行存款支付设备价款840 000元(含增值税)。该设备安装调试期间发生安装调试为160 000元，于2014年12月31日投入使用。该设备预计使用年限为5年，预计净残值率为5%，采用双倍余额递减法计提折旧。2016年6月30日，宏远公司以银行存款归还借款本息1 200 000元。2017年1月1日。宏远公司因转产，将该设备出售，收到价款450 000元并将其存入银行。另外，宏远公司用银行存款支付清理费用2 000元(不考虑借款存入银行产生的利息收入)。

要求：

(1) 计算该设备的入账价值。

(2) 计算该设备2015年度、2016年度应计提的折旧费用。

(3) 编制2014年年末应计借款利息的会计分录。

(4) 编制归还借款本息时的会计分录。

(5) 编制出售该设备时的会计分录。

4. 宏远公司2014年7月1日发行3年期、到期一次还本付息、年利率为9%(不计复利)、总面值为30 000 000元的债券，发行时票面利率等于市场利率。该公司发行债券所筹资金用于建造固定资产，工程于2016年12月完工。

要求：

(1) 编制债券发行时的会计分录。

(2) 编制2014年12月31日计提债券利息的会计分录。

(3) 编制2017年7月1日偿还债券本息的会计分录。

5. 宏远公司2015年1月1日发行5年期面值为100 000元的长期债券，票面利率为10%，到期一次还本付息，市场利率为8%。2019年1月1日，宏远公司按108 111元的价格出售。该债券每年年末计息、摊销溢价。

要求：编制债券发行、计息、溢价摊销和还本付息的会计分录。

6. 宏远公司2015年1月1日发行5年期面值为100 000元的长期债券，票面利率为10%，到期一次还本付息，市场利率为12%。2019年7月1日，宏远公司按92 640元的价格出售。该债券每年年末计息、摊销折价。

要求：编制债券发行、计息、折价摊销和还本付息的会计分录。

项目6　权益筹资岗位

一、单项选择题

1. 2015年1月1日，某企业所有者权益情况如下：实收资本200万元，资本公积17万元，盈余公积 38 万元，未分配利润 32 万元。则该企业 2015 年 1 月 1 日留存收益为(　　)万元。

A. 32　　B. 38　　C. 70　　D. 87

2. 甲股份有限公司委托 A 证券公司发行普通股 1 000 万股，每股面值为 1 元，每股发行价格为 4 元。根据约定，股票发行成功后，甲股份有限公司应按发行收入的 2%向 A 证券公司支付发行费。如果不考虑其他因素，股票发行成功后，甲股份有限公司记入“资本公积”账户的金额应为(　　)万元。

A. 20　　B. 80　　C. 2 920　　D. 3 000

3. 某企业 2014 年年初“利润分配——未分配利润”账户的贷方余额为 200 万元，本年度实现的净利润为 100 万元，按 10%提取法定盈余公积。假定不考虑其他因素，该企业 2014 年年末“利润分配——未分配利润”账户的贷方余额应为(　　)万元。

A. 205　　B. 255　　C. 270　　D. 290

4. 下列各项中，能够引起所有者权益总额变化的是(　　)。

A. 以资本公积转增资本　　B. 增发新股

C. 向股东支付已宣告分派的现金股利　　D. 以盈余公积弥补亏损

5. 企业接受的现金捐赠，应计入(　　)。

A. 资本公积　B. 营业外收入　C. 待转资产价值　D. 未分配利润

6. 某企业年初“盈余公积”账户贷方余额为 500 万元，本年提取法定盈余公积 200 万元，用盈余公积转增资本 200 万元，该企业“盈余公积”账户的年末贷方余额为(　　)万元。

A. 450　　B. 500　　C. 550　　D. 600

7. 某企业委托券商代理发行股票 5 000 万股，每股面值为 1 元，每股发行价格 6 元。该企业按发行价格的 1%向券商支付发行费用，发行股票期间冻结的利息收入为 50 万元，该企业在收到股款时，应记入“资本公积”账户的金额为(　　)万元。

A. 24 650　　B. 24 700　　C. 24 750　　D. 25 000

8. 某上市公司发行普通股 1 000 万股，每股面值为 1 元，每股发行价格为 5 元，支付手续费 20 万元，支付咨询费 60 万元。该上市公司发行普通股计入股本的金额为(　　)万元。

A. 1 000　　B. 4 920　　C. 4 980　　D. 5 000

9. 企业增资扩股时，投资者实际出资额大于按约定比例计算的其在注册资本中所占份额的部分，应作为(　　)。

A. 资本公积　B. 实收资本　C. 盈余公积　D. 营业外收入

二、多项选择题

1. 企业吸收投资者出资时，下列会计账户中，其余额可能发生变化的有(　　)。

A. “盈余公积”　B. “资本公积”　C. “实收资本”　D. “利润分配”

2. 下列各项中，属于企业留存收益的有(　　)。

A. 法定盈余公积　　B. 任意盈余公积

C. 资本公积　　D. 股本溢价

3. 下列各项中，构成企业留存收益的有(　　)。

A. 资本溢价　　B. 未分配利润

C. 任意盈余公积　　D. 法定盈余公积

4. 下列各项中，不会引起所有者权益总额发生增减变动的有(　　)。

A. 宣告发放股票股利　　B. 资本公积转增资本

C. 盈余公积转增资本　　D. 接受投资者追加投资

5. 企业减少实收资本应该按照法定程序报经批准，一般发生在企业(　　)而需要减资的情况下。

A. 资本过剩　B. 发生重大亏损　C. 投资者要求　D. 盈利

6. 下列各项中，应通过“资本公积”账户核算的有(　　)。

A. 资本(或股本)溢价　　B. 直接计入所有者权益的损失

C. 接受捐赠非现金资产　　D. 按净利润一定比例提取的盈余公积

7. 在持股比例不变的情况下，采用权益法核算时，下列各项中，不会引起投资企业“资本公积——其他资本公积”账户余额发生变化的有(　　)。

A. 被投资企业以盈余公积弥补亏损

B. 被投资企业其他资本公积发生增减变动

C. 被投资企业以税后利润补亏

D. 被投资企业以资本公积转增资本

三、判断题

1. 企业以盈余公积向投资者分配现金股利，不会引起留存收益总额的变动。(　　)

2. 接受非现金资产投资时，可抵扣的增值税额应该记入“应交税费——应交增值税(进项税额)”账户。(　　)

3. 企业接受投资者作价投入的材料物资，应按投资合同或协议约定价值确定材料物资价值(投资合同或协议约定价值不公允的除外)。(　　)

4. 经过董事会决议之后，可以使用资本公积转增资本。(　　)

5. “利润分配——未分配利润”账户的年末余额等于企业当年实现的税后利润加未分配利润年初数。(　　)

6. 资本公积经批准后可用于派发现金股利。(　　)

7. 除了资本溢价(股本溢价)以外形成的资本公积都是其他资本公积。(　　)

四、实务题

1. 甲公司属于工业企业，为增值税一般纳税人，由A、B、C三位股东于2012年12月31日共同出资成立，出资比例分别为40%、35%和25%。该公司的有关资料如下：

(1) 2012年12月31日，三位股东的出资方式及出资额见表1(各位股东的出资已全部到位，并经中国注册会计师验证，有关法律手续已经办妥)。

表1　　股东出资情况表

单位：万元

出资者	货币资金	实物资产	无形资产	合计
A	270		50(专利权)	320
B	130	150(设备)		280
C	170	30(轿车)		200
合计	570	180	50	800

(2) 2013年，甲公司实现净利润400万元，决定分配现金股利100万元，计划在2014年2

月 10 日支付。

(3) 2014 年12 月 31 日，吸收D股东加入本公司，将甲公司注册资本由原 800 万元增到 1 000万元。D股东以银行存款 100 万元、原材料 58.5 万元(增值税专用发票中注明材料计税价格为 50 万元，增值税额为 8.5 万元)出资，占增资后注册资本 10%的股份；其余的 100 万元增资由 A、B、C 三位股东按原持股比例以银行存款出资。2014 年 12 月 31 日，四位股东的出资已全部到位，并取得D股东开出的增值税专用发票，有关的法律手续已经办妥。

要求：

(1) 编制甲公司 2012 年 12 月 31 日收到投资者投入资本的会计分录(“实收资本”账户要求写出明细账户)。

(2) 编制甲公司 2013 年决定分配现金股利的会计分录(“应付股利”账户要求写出明细账户)。

(3) 计算甲公司 2014 年 12 月 31 日吸收D股东出资时产生的资本公积。

(4) 编制甲公司 2014 年 12 月 31 日增收到 A、B、C 股东追加投资和D股东出资的会计分录。

(5) 计算甲公司 2014 年 12 月 31 日增资扩股后各股东的持股比例。

2. 甲公司原由投资者 A 和投资者 B 共同出资成立，每人出资 200 000 元，各占 50%的股份。公司经营 2 年后，投资者 A 和投资者 B 决定增加公司资本，此时有一新投资者 C 要求加入甲公司。经有关部门批准后，甲公司实施增资。将实收资本增加到 900 000 元。经三方协商，一致同意，完成下述投入后，三方投资者各拥有甲公司 300 000 元实收资本，并各占甲公司 1/3 的股份，各投资者的出资情况如下：

(1) 投资者 A 以一台设备投入甲公司作为增资，该设备原价为 180 000 元，已提折旧 95 000元，评估确认原价为 180 000 元，评估确认净值为 126 000 元。

(2) 投资者 B 以一批原材料投入甲公司作为增资，该批材料账面价值为 105 000 元，评估确认价值为 110 000 元，税务部门认为应交增值税额为 18 700 元。投资者 B 已开具了增值税专用发票。

(3) 投资者 C 以银行存款投入甲公司 390 000 元。

要求：根据以上资料，分别编制甲公司接受投资者 A、投资者 B 增资时以及投资者 C 初次出资时的会计分录(“应交税费”账户要求写出明细账户和专栏名称)。

3. 甲有限责任公司(以下简称甲公司)2014 年年初“利润分配——未分配利润”账户借方余额为 600 万元，“盈余公积”账户贷方余额为 600 万元。甲公司本年实现税后净利润为 2 600 万元，法定盈余公积和任意盈余公积的计提比例均为 10%；股东大会宣告分配现金股利 600 万元。因扩大经营规模的需要，经批准，甲公司决定将资本公积 500 万元和法定盈余公积 300 万元转增资本。

要求：

(1) 编制计提法定盈余公积和任意盈余公积的会计分录。

(2) 编制以资本公积和法定盈余公积转增资本的会计分录。

(3) 计算 2014 年年末留存收益金额。

项目7　交易性金融资产岗位

一、单项选择题

1. 2014年1月20日，甲公司委托某证券公司从上海证券交易所购入A上市公司股票100万股，并将其划分为交易性金融资产。该笔股票投资在购买日的公允价值为1 000万元。另支付相关交易费用金额为2.5万元。该项交易性金融资产的入账价值为(　　)万元。

A. 1 000　　B. 1 002.5　　C. 997.5　　D. 1 100

2. 某企业购入W上市公司股票180万股，并划分为交易性金融资产，共支付款项2 830万元，其中包括已宣告但尚未发放的现金股利126万元。另外，支付相关交易费用4万元。该项交易性金融资产的入账价值为(　　)万元。

A. 2 700　　B. 2 704　　C. 2 830　　D. 2 834

3. A公司于2014年11月5日从证券市场上购入B公司发行在外的股票200万股作为交易性金融资产，每股支付价款5元，另支付相关费用20万元，2014年12月31日，这部分股票的公允价值为1 050万元，A公司2014年12月31日应确认的公允价值变动损益为(　　)万元。

A. 损失50　　B. 收益50　　C. 收益30　　D. 损失30

4. 甲公司将其持有的交易性金融资产全部出售，售价为3 000万元；出售前该金融资产的账面价值为2 800万元(其中成本2 500万元，公允价值变动300万元)。假定不考虑其他因素，甲公司对该交易应确认的投资收益为(　　)万元。

A. 200　　B. －200　　C. 500　　D. －500

5. 甲公司2014年7月1日购入乙公司2014年1月1日发行的债券，支付价款为2 100万元(含已到付息期但尚未领取的债券利息40万元)，另支付交易费用15万元。该债券面值为2 000万元，票面年利率为4%(票面利率等于实际利率)，每半年付息一次，甲公司将其划分为交易性金融资产。甲公司2014年度该项交易性金融资产应确认的投资收益为(　　)万元。

A. 25　　B. 40　　C. 65　　D. 80

6. 甲公司2013年1月1日购入面值为200万元，年利率为4%的A债券；取得时支付价款208万元(含已到付息期但尚未发放的利息8万元)，另支付交易费用1万元，甲公司将该项金融资产划分为交易性金融资产。2013年1月5日，甲公司收到购买时价款中所含的利息8万元；2013年12月31日，A债券的公允价值为212万元；2014年1月5日，收到A债券2013年度的利息8万元；2014年4月20日，甲公司出售A债券，售价为215万元。甲公司出售A债券时应确认投资收益的金额为(　　)万元。

A. 15　　B. 11　　C. 16　　D. 3

7. 下列各项中，应反映在交易性金融资产的初始计量金额中的是(　　)。

A. 债券的买入价　　B. 支付的手续费

C. 支付的印花税　　D. 已到付息期但尚未领取的利息

二、多项选择题

1. 下列有关无形资产会计处理的表述中，正确的有(　　)。

A. 自用的土地使用权应确认为无形资产

B. 使用寿命不确定的无形资产应每年进行减值测试

C. 无形资产均应确定预计使用年限并分期摊销

D. 内部研发项目研究阶段发生的支出不应确认为无形资产

2. 无形资产计提摊销的时间规定为(　　)。

A. 当月增加的无形资产当月开始摊销　B. 当月增加的无形资产下月开始摊销

C. 当月减少的无形资产当月仍然摊销　D. 当月减少的无形资产当月不再摊销

3. 无形资产的内容包括(　　)。

A. 专利技术　B. 土地使用权

C. 单独估价入账的土地　D. 商标权

4. 自行研发无形资产所发生的研发费用可能记入的账户有(　　)。

A. "管理费用"　B. "研发支出——费用化支出"

C. "营业外支出"　D. "研发支出——资本化支出"

三、判断题

1. 企业为取得交易性金融资产发生的交易费用应计入交易性金融资产初始确认金额。(　　)

2. 企业购入的股票作为交易性金融资产,发生的初始费用,应计入初始投资成本。(　　)

四、实务题

1. 2014 年 1 月 8 日,甲公司购入丙公司发行的公司债券,该笔债券于 2013 年 7 月 1 日发行,面值为 2 500 万元,票面利率为 4%。上年债券利息于下年年初支付。甲公司将其划分为交易性金融资产,支付价款为 2 600 万元(其中包含已宣告发放的债券利息 50 万元),另支付交易费用 30 万元。2014 年 2 月 5 日,甲公司收到该笔债券利息 50 万元。2014 年 6 月 30 日,甲公司购买的该笔债券的市价为 2 580 万元;2014 年 12 月 31 日,甲公司购买的该笔债券的市价为 2 560 万元。2015 年 2 月 5 日,甲公司收到债券利息 100 万元.2015 年 2 月 15 日,甲公司出售了所持有的丙公司债券,售价 2 565 万元,

要求:编制甲公司相关会计分录。

2. 2014 年 3 月至 5 月,甲上市公司发生的交易性金融资产业务如下:

(1) 3 月 1 日,向 D 证券公司划出投资款 1 000 万元,款项已通过开户行转入 D 证券公司银行账户。

(2) 3 月 2 日,委托 D 证券公司购入 A 上市公司股票 100 万股,每股 8 元,另发生相关交易费用 2 万元,并将该股票划分为交易性金融资产。

(3) 3 月 31 日,该股票在证券交易所的收盘价格为每股 7.70 元。

(4) 4 月 30 日,该股票在证券交易所的收盘价格为每股 8.10 元。

(5) 5 月 10 日,将所持有的该股票全部出售,取得价款 825 万元,已存入银行。假定不考虑相关税费。

要求:逐笔编制甲上市公司上述业务的会计分录(会计账户要求写出明细账户)。

3. 某公司从证券市场上购入债券作为交易性金融资产,有关情况如下:

(1) 2014 年 1 月 1 日,购入某公司债券,共支付价款 1 025 万元(含债券应该发放的 2011 年下半年的利息),另支付交易费用 4 万元。该债券面值为 1 000 万元,于 2013 年 1 月 1 日发

行，4 年期，票面利率为 5%，每年 1 月 2 日和 7 月 2 日付息，到期时归还本金和最后一次利息。

(2) 2014 年 1 月 2 日，收到该债券 2013 年下半年的利息。

(3) 2014 年 6 月 30 日，该债券的公允价值为 990 万元(不含利息)。

(4) 2014 年 7 月 2 日，收到 2014 年上半年的利息。

(5) 2014 年 12 月 31 日，该债券的公允价值为 980 万元(不含利息)。

(6) 2015 年 1 月 2 日，收到该债券 2014 年下半年利息。

(7) 2015 年 3 月 31 日，该公司将该债券以 1 015 万元价格售出，扣除手续费 5 万元后，将收款净额 1 010 万元存入银行。

要求：编制该公司与上述经济业务有关的会计分录。

4. 2014 年 4 月 1 日，黄海公司以银行存款购入 A 公司股票，市场价值为 1 500 万元，黄海公司将其划分为交易性金融资产，支付价款 1 550 元，其中，包含 A 公司已宣告但尚未发放的现金股利 50 万元，另支付交易费用 10 万元。4 月 15 日，黄海公司收到该现金股利 50 万元。4 月 30 日，该股票的市价为 1 520 万元。5 月 20 日，黄海公司出售了所持有的 A 公司股票，售价为 1 600 万元。

要求：根据上述资料编制相关的会计分录。

项目 8　长期股权投资岗位

一、单项选择题

1. 下列投资中，不应作为长期股权投资核算的是(　　)。

A. 对子公司的投资

B. 对联营企业和合营企业的投资

C. 在活跃市场中没有报价、公允价值无法可靠计量的没有控制、共同控制或重大影响的权益性投资

D. 在活跃市场中有报价、公允价值能可靠计量的没有控制、共同控制或重大影响的权益性投资

2. 甲公司长期持有乙公司 10%的股权，采用成本法核算。2014 年 1 月 1 日，该项投资账面价值为 1 300 万元。2014 年度，乙公司实现净利润 2 000 万元，宣告发放现金股利 1 200 万元。假设不考虑其他因素，2014 年 12 月 31 日该项投资账面价值为(　　)万元。

A. 1 300　　B. 1 380　　C. 1 500　　D. 1 620

3. 甲公司于 2015 年 1 月 5 日支付价款 2 000 万元购入乙公司 30%的股份，准备长期持有，另支付相关税费 20 万元，购入时乙公司可辨认净资产公允价值为 12 000 万元。甲公司取得投资后对乙公司具有重大影响。假定不考虑其他因素，甲公司因确认投资而影响利润的金额为(　　)。

A. −20 万元　　B. 0　　C. 1 580 万元　　D. 1 600 万元

4. 2014 年 1 月 1 日，甲公司以 1 600 万元购入乙公司 30%的股份，另支付相关费用 8 万元，采用权益法核算。取得投资时，乙公司所有者权益的账面价值为 5 000 万元(与可辨认净资产的公允价值相同)。乙公司 2014 年度实现净利润 300 万元。假定不考虑其他因素，甲公

司该长期股权投资 2014 年 12 月 31 日的账面余额为(　　)万元。

A. 1 590　　B. 1 598　　C. 1 608　　D. 1 698

5. 下列各项中,应当确认为投资损益的是(　　)。

A. 长期股权投资减值损失

B. 长期股权投资处置净损益

C. 期末交易性金融资产公允价值变动的金额

D. 支付与取得长期股权投资直接相关的费用

二、多项选择题

1. 按《企业会计准则第 2 号——长期股权投资》的规定,下列事项中,投资企业应采用成本法核算的有(　　)。

A. 投资企业能够对被投资单位实施控制的长期股权投资

B. 投资企业对被投资单位不具有控制、共同控制或重大影响,并且在活跃市场中没有报价、公允价值不能可靠地计量的长期股权投资

C. 投资企业对被投资单位不具有控制、共同控制或重大影响,并且在活跃市场中有报价、公允价值能够可靠地计量的长期股权投资

D. 投资企业对被投资单位具有共同控制的长期股权投资

2. 甲公司采用成本法核算对乙公司的长期股权投资,甲公司对乙公司投资的账面余额只有在发生(　　)的情况下,才应作相应的调整。

A. 追加投资

B. 收回投资

C. 被投资企业接受非现金资产捐赠

D. 对该股权投资计提减值准备

3. 下列各项中,能引起权益法核算的长期股权投资账面价值发生变动的有(　　)。

A. 被投资单位实现净利润

B. 被投资单位宣告发放股票股利

C. 被投资单位宣告发放现金股利

D. 被投资单位除净损益外的其他所有者权益变动

4. 下列各项中,权益法下会导致长期股权投资账面价值发生增减变动的有(　　)。

A. 确认长期股权投资减值损失

B. 投资持有期间被投资单位实现净利润

C. 投资持有期间被投资单位提取盈余公积

D. 投资持有期间被投资单位宣告发放现金股利

5. 下列关于长期股权投资会计处理的表述中,正确的有(　　)。

A. 对子公司长期股权投资应采用成本法核算

B. 处置长期股权投资时应结转其已计提的减值准备

C. 成本法下,按被投资方实现净利润应享有的份额确认投资收益

D. 成本法下,按被投资方宣告发放现金股利应享有的份额确认投资收益

三、判断题

1. 采用权益法核算的长期股权投资,其初始投资成本大于投资时应享有被投资单位可辨

认净资产公允价值份额的，应调整已确认的初始投资成本。（　　）

2. 企业对长期股权投资计提的减值准备，在该长期股权投资价值回升期间应当转回，但转回的金额不应超过原计提的减值准备。（　　）

3. 企业持有的长期股权投资发生减值的，减值损失一经确认，即使以后期间价值得以回升，也不得转回。（　　）

4. 企业持有的长期股权投资发生减值的，应将其减值损失计入营业外支出。（　　）

四、实务题

1. 甲公司 2015 年 1 月 20 日购买东方股份有限公司发行的股票 5 000 000 股并准备长期持有，占东方股份有限公司股份的 30%。每股买入价为 6 元，另外，购买该股票时发生相关税费 500 000 元，款项已由银行存款支付。2014 年 12 月 31 日，东方股份有限公司的所有者权益的账面价值（与其公允价值不存在差异）为 100 000 000 元。

要求：编制甲公司的会计分录。

2. A 公司以 800 万元取得 B 公司 25%的股权，取得投资时被投资单位可辨认净资产的公允价值为 3 000 万元。

要求：

(1) 如 A 公司能够对 B 公司施加重大影响，要求编制相应的会计分录。

(2) 如A 公司能够对 B 公司施加重大影响，投资时 B 公司可辨认净资产的公允价值为 3 500万元，要求编制相应的会计分录。

3. 甲公司为一家上市公司，2014 年对外投资的有关资料如下：

(1) 1 月 20 日，甲公司以银行存款购买 A 公司发行的股票 200 万股准备长期持有，实际支付价款 10 000 万元，另支付相关税费 120 万元，占 A 公司有表决权股份的 40%，能够对 A 公司施加重大影响，投资时，A 公司可辨认净资产公允价值为 30 000 万元（各项可辨认资产、负债的公允价值与账面价值相同）。

(2) 4 月 17 日，甲公司委托证券公司从二级市场购入 B 公司股票，并将其划分为交易性金融资产。甲公司支付价款 1 600 万元（其中包含宣告但尚未发放的现金股利 40 万元），另支付相关交易费用 4 万元。

(3) 5 月 5 日，甲公司收到 B 公司发放的现金股利 40 万元并存入银行。

(4) 6 月 30 日，甲公司持有 B 公司股票的公允价值下跌为 1 480 万元。

(5) 7 月 15 日，甲公司持有的 B 公司股票全部出售，售价为 1 640 万元，款项存入银行，不考虑相关税费。

(6) A 公司 2014 年实现净利润 5 000 万元。

(7) A 公司 2014 年年末因可供出售金融资产公允价值变动增加资本公积 700 万元。

假定除上述资料外，不考虑其他相关因素。

要求：根据上述资料，逐笔编制甲公司相关会计分录。

4. 甲上市公司发生下列长期股权投资业务：

(1) 2013 年 1 月 3 日，购入乙公司股票 580 万股，占乙公司有表决权股份的 25%，对乙公司的财务和经营决策具有重大影响，甲公司将其作为长期股权投资核算。每股买入价为 8 元，每股价格中包含已宣告但尚未发放的现金股利 0.25 元，另外支付相关税费 7 万元。款项均以银行存款支付。当日，乙公司所有者权益的账面价值（与其公允价值不存在差异）为 18 000

万元。

(2) 2013 年 3 月 16 日，收到乙公司宣告分派的现金股利。

(3) 2013 年度，乙公司实现净利润 3 000 万元。

(4) 2014 年 2 月 16 日，乙公司宣告分派 2013 年度股利，每股分派现金股利 0.20 元。

(5) 2014 年 3 月 12 日，甲上市公司收到乙公司分派的 2013 年度的现金股利。

(6) 2015 年 1 月 4 日，甲上市公司出售所持有的全部乙公司的股票，共取得价款 5 200 万元(不考虑长期股权投资减值及相关税费)。

要求：根据上述资料，编制甲上市公司长期股权投资的会计分录("长期股权投资"账户要求写出明细账户)。

项目 9　财务成果岗位

一、单项选择题

1. 下列各项中，符合收入会计要素定义，可以确认为收入的是(　　)。

A. 出售无形资产收取的价款　　B. 出售固定资产收取的价款

C. 出售多余材料收到的价款　　D. 确认的政府补助利得

2. 企业对于已经发出但不符合收入确认条件的商品，其成本应借记的账户是(　　)。

A. "在途物资"　　B. "发出商品"

C. "库存商品"　　D. "主营业务成本"

3. 企业销售商品确认收入后，对于客户实际享受的现金折扣，应当(　　)。

A. 确认当期财务费用　　B. 冲减当期主营业务收入

C. 确认当期管理费用　　D. 确认当期主营业务成本

4. 某企业 2014 年 8 月 1 日赊销一批商品，售价为 120 000 元(不含增值税)，适用的增值税税率为 17%。规定的现金折扣条件为"2/10，1/20，n/30"，计算现金折扣时考虑增值税。客户于 2014 年 8 月 15 日付清货款，该企业收款金额为(　　)元。

A. 118 800　　B. 137 592　　C. 138 996　　D. 140 400

5. 某企业某月销售商品 100 件，每件售价为 2.5 万元，当月发生现金折扣 15 万元、销售折让 25 万元。该企业上述业务计入当月主营业务收入的金额为(　　)万元。

A. 225　　B. 250　　C. 210　　D. 235

6. 某工业企业销售产品每件售价为 110 元，若客户购买 200 件(含 200 件)以上，每件可得到 10 元的商业折扣。某客户 2014 年 12 月 10 日购买该企业产品 200 件，按规定现金折扣条件为"2/10，1/20，n/30"，适用的增值税税率为 17%。该企业于 12 月 26 日收到该笔款项时，应给予客户的现金折扣为(　　)(假定计算现金折扣时不考虑增值税)。

A. 0　　B. 200 元　　C. 234 元　　D. 220 元

7. 下列关于收入确认的表述中，正确的是(　　)。

A. 采用预收货款方式销售商品，应在收到货款时确认收入

B. 采用分期收款方式销售商品，应在货款全部收回时确认收入

C. 采用交款提货方式销售商品，应在开出发票收到货款时确认收入

D. 采用支付手续费委托代销方式销售商品，应在发出商品时确认收入

8. 企业采用支付手续费方式委托代销商品，委托方确认商品销售收入的时间是（　　）。

A. 签订代销协议时　　B. 发出商品时

C. 收到代销清单时　　D. 收到代销款时

9. 某企业2013年10月承接一项设备安装劳务，劳务合同总收入为200万元，预计合同总成本为140万元，合同价款在签订合同时已收取，采用完工百分比法确认劳务收入。2013年已确认劳务收入80万元，截至2014年12月31日，该劳务的累计完工进度为60%。2014年该企业应确认的劳务收入为（　　）万元。

A. 36　　B. 40　　C. 72　　D. 120

10. 下列各项中，不属于政府补助的是（　　）。

A. 收到的财政贴息

B. 收到先征后返的增值税

C. 收到政府作为资本性投入的财政拨款

D. 收到政府为支持企业技术创新无偿拨付的款项

11. 下列关于与资产相关的政府补助确认的说法中，正确的是（　　）。

A. 企业取得与资产相关的政府补助，应当确认为递延收益

B. 企业取得与资产相关的政府补助，应当直接确认为当期损益

C. 企业取得与资产相关的政府补助，应当确认为资本公积

D. 企业取得与资产相关的政府补助，应当确认为补贴收入

12. 某企业收到用于补偿已发生费用的政府补助，应在取得时计入（　　）。

A. 递延收益　　B. 营业外收入

C. 资本公积　　D. 其他业务收入

13. 企业取得与收益相关的政府补助，用于补偿已发生相关费用的，直接计入补偿当期的（　　）。

A. 资本公积　　B. 营业外收入

C. 其他业务收入　　D. 主营业务收入

14. 下列各项中，不应计入销售费用的是（　　）。

A. 已售商品预计保修费用

B. 为推广新产品而发生的广告费用

C. 随同商品出售且单独计价的包装物成本

D. 随同商品出售而不单独计价的包装物成本

15. 下列各项中，应计入管理费用的是（　　）。

A. 预计产品质量保证损失　　B. 聘请中介机构年报审计费

C. 专设售后服务网点的职工薪酬　　D. 企业负担的生产职工养老保险费

16. 下列各项中，应列入利润表"管理费用"项目的是（　　）。

A. 计提的坏账准备　　B. 出租无形资产的摊销额

C. 支付中介机构的咨询费　　D. 处置固定资产的净损失

17. 下列各项中，应计入管理费用的是（　　）。

A. 筹建期间的开办费　　B. 预计产品质量保证损失

C. 生产车间管理人员工资　　D. 专设销售机构的固定资产修理费

18. 某企业某月销售商品发生商业折扣 20 万元、现金折扣 15 万元、销售折让 25 万元。该企业上述业务计入当月财务费用的金额为(　　)万元。

A. 15　　B. 20　　C. 35　　D. 45

19. 某企业 2015 年 2 月主营业务收入为 100 万元，主营业务成本为 80 万元，管理费用为 5 万元，资产减值损失为 2 万元，投资收益为 10 万元。假定不考虑其他因素，该企业当月的营业利润为(　　)万元。

A. 13　　B. 15　　C. 18　　D. 23

20. 下列各项中，不应计入营业外收入的是(　　)。

A. 债务重组利得　　B. 处置固定资产净收益

C. 收发差错造成存货盘盈　　D. 确实无法支付的应付账款

21. 某企业转让一台旧设备，取得价款 56 万元，发生清理费用 2 万元。该设备原值为 60 万元，已提折旧 10 万元。假定不考虑其他因素，出售该设备影响当期损益的金额为(　　)万元。

A. 4　　B. 6　　C. 54　　D. 56

22. 下列交易或事项中，不应确认为营业外支出的是(　　)。

A. 公益性捐赠支出　　B. 无形资产出售损失

C. 固定资产盘亏损失　　D. 固定资产减值损失

二、多项选择题

1. 下列各项中，工业企业应确认为其他业务收入的有(　　)。

A. 对外销售材料收入　　B. 出售专利所有权收益

C. 处置营业用房净收益　　D. 转让商标使用权收入

2. 下列各项中，可用于确定所提供劳务完工进度的方法有(　　)。

A. 根据测量的已完工作量加以确定

B. 按已经发生的成本占估计总成本的比例计算确定

C. 按已经收到的金额占合同总金额的比例计算确定

D. 按已经提供的劳务占应提供劳务总量的比例计算确定

3. 下列项目中，属于政府补助的有(　　)。

A. 财政拨款　　B. 财政贴息

C. 先征后返的所得税　　D. 增值税出口退税

4. 下列各项中，应计入销售费用的有(　　)。

A. 销售商品发生的商业折扣

B. 采用一次摊销法结转首次出借新包装物成本

C. 结转出租包装物因不能使用而报废的残料价值

D. 结转随同商品出售但不单独计价的包装物成本

5. 下列各项中，不应计入管理费用的有(　　)。

A. 总部办公楼折旧　　B. 生产设备改良支出

C. 经营租出专用设备的修理费　　D. 专设销售机构房屋的修理费

6. 下列费用中，应通过“管理费用”账户核算的有(　　)。

A. 诉讼费
B. 研究费用
C. 业务招待费
D. 日常经营活动聘请中介机构费

7. 下列关于现金折扣会计处理的表述中，正确的有（　　）。
A. 销售企业在确认销售收入时将现金折扣抵减收入
B. 销售企业在取得价款时将实际发生的现金折扣计入财务费用
C. 购买企业在购入商品时将现金折扣直接抵减应确认的应付账款
D. 购买企业在偿付应付账款时将实际发生的现金折扣冲减财务费用

8. 下列各项中，应计入财务费用的有（　　）。
A. 银行承兑汇票手续费
B. 购买交易性金融资产手续费
C. 外币应收账款汇兑损失
D. 商业汇票贴现发生的贴现息

9. 下列各项中，不应确认为财务费用的有（　　）。
A. 企业筹建期间的借款费用
B. 资本化的借款利息支出
C. 销售商品发生的商业折扣
D. 支付的银行承兑汇票手续费

10. 下列各项中，应计入期间费用的有（　　）。
A. 销售商品发生的销售折让
B. 销售商品发生的售后服务费
C. 销售商品发生的商业折扣
D. 委托代销商品支付的手续费

11. 下列各项中，影响企业当期营业利润的有（　　）。
A. 所得税费用
B. 固定资产减值损失
C. 销售商品收入
D. 投资性房地产公允价值变动收益

12. 下列各项中，影响当期利润表中利润总额的有（　　）。
A. 固定资产盘盈
B. 确认所得税费用
C. 对外捐赠固定资产
D. 无形资产出售利得

13. 下列各项中，不应确认为营业外收入的有（　　）。
A. 存货盘盈
B. 固定资产出租收入
C. 固定资产盘盈
D. 无法查明原因的现金溢余

14. 下列各项中，应计入营业外支出的有（　　）。
A. 无形资产处置损失
B. 存货自然灾害损失
C. 固定资产清理损失
D. 长期股权投资处置损失

三、判断题

1. 已完成销售手续、但购买方在当月尚未提取的产品，销售方仍应作为本企业库存商品核算。（　　）

2. 企业已确认销售收入的售出商品发生销售折让，且不属于资产负债表日后事项的，应在发生时冲减销售收入。（　　）

3. 企业在确认商品销售收入后发生的销售折让，应在实际发生时计入财务费用。（　　）

4. 现金折扣和销售折让，均应在实际发生时计入当期财务费用。（　　）

5. 企业劳务的开始和完成分属不同的会计期间，且在资产负债表日提供劳务交易的结果能够可靠估计的，应采用完工百分比法确认劳务收入。（　　）

6. 企业资产负债表日提供劳务交易结果不能可靠估计，且已发生的劳务成本预计全部不能得到补偿的，应按已发生的劳务成本金额确认收入。（　　）

7. 企业让渡资产使用权，如果合同或协议规定一次性收取使用费，且不提供后续服务的，应当视同销售该资产一次性确认收入。 （ ）

8. 企业取得与资产相关的政府补助，应当确认为递延收益，并在该项资产使用寿命内分期计入当期损益。 （ ）

9. 与收益相关的政府补助，应在其补偿的相关费用或损失发生的期间计入损益。（ ）

10. 制造费用和管理费用都是本期发生的生产费用，因此，均应计入当期损益。 （ ）

11. 企业发生毁损的固定资产净损失，应计入营业外支出。 （ ）

四、实务题

1. 甲公司为增值税一般纳税人，适用的增值税税率为17%。2014 年 3 月 1 日，向乙公司销售某商品 1 000 件，每件标价为 2 200 元，实际售价为 2 000 元(售价中不含增值税额)，已开出增值税专用发票，商品已交付给乙公司。为了及早收回货款，甲公司在合同中规定的现金折扣条件为“2/10，1/20，n/30”。假定计算现金折扣时不考虑增值税。

要求：

(1) 编制甲公司销售商品时的会计分录(“应交税费”账户要求写出明细账户和专栏名称)。

(2) 根据以下假定，分别编制甲公司收到款项时的会计分录：①乙公司在 3 月 8 日按合同规定付款，甲公司收到款项并存入银行。②乙公司在 3 月 19 日按合同规定付款，甲公司收到款项并存入银行。③乙公司在 3 月 29 日按合同规定付款，甲公司收到款项并存入银行。

2. 甲上市公司为增值税一般纳税人，库存商品采用实际成本核算，商品售价不含增值税，商品销售成本随销售同时结转。2014 年 3 月 1 日，W 商品账面余额为 230 万元。2014 年 3 月，甲上市公司发生的有关采购与销售业务如下：

(1) 3 日，从 A 公司采购 W 商品一批，收到的增值税专用发票上注明的货款为 80 万元，增值税额为 13.6 万元。W 商品已验收入库，款项尚未支付。

(2) 8 日，向 B 公司销售 W 商品一批，开出的增值税专用发票上注明的售价为 150 万元，增值税额为 25.5 万元，该批 W 商品实际成本为 120 万元，款项尚未收到。

(3) 销售给 B 公司的部分 W 商品由于存在质量问题，3 月 20 日，B 公司要求退回 3 月 8 日所购 W 商品的 50%。经过协商，甲上市公司同意了 B 公司的退货要求，并按规定向 B 公司开具了增值税专用发票(红字)，发生的销售退回允许扣减当期增值税销项税额，该批退回的 W 商品已验收入库。

(4) 31 日，经过减值测试，W 商品的可变现净值为 230 万元。

要求：

(1) 编制甲上市公司上述(1)、(2)、(3)项业务的会计分录。

(2) 计算甲上市公司 2014 年 3 月 31 日 W 商品的账面余额。

(3) 计算甲上市公司 2014 年 3 月 31 日 W 商品应确认的存货跌价准备并编制会计分录。(“应交税费”账户要求写出明细账户和专栏名称)

3. 甲、乙两公司签订了一份 800 万元的劳务合同，甲公司为乙公司开发一套系统软件(以下简称项目)。2013 年 3 月 2 日，项目开发工作开始，预计 2015 年 2 月 26 日项目完工，预计开发完成该项目的总成本为 720 万元。其他有关资料如下：

(1) 2013 年 3 月 30 日，甲公司预收乙公司支付的项目款 350 万元存入银行。

(2) 2013 年，甲公司为该项目实际发生劳务成本 252 万元。

(3) 截至2014年12月31日，甲公司为该项目累计实际发生劳务成本630万元。

(4) 甲公司在2013年、2014年年末均能对该项目的结果予以可靠估计。

假定甲公司按已经发生成本占估计总成本的比例确定完工程度。

要求：

(1) 计算甲公司2013年、2014年该项目的完成程度。

(2) 计算甲公司2013年、2014年该项目确认的收入和费用。

(3) 编制甲公司2013年收到项目款、确认收入和费用的会计分录。

4. 甲公司为增值税一般纳税人，适用的增值税税率为17%，商品销售价格不含增值税；确认销售收入时逐笔结转销售成本。2014年12月，甲公司发生如下经济业务：

(1) 2日，向乙公司销售A产品，销售价格为600万元，实际成本为540万元。产品已发出，款项存入银行。销售前，该产品已计提跌价准备5万元。

(2) 8日，收到丙公司退回B产品并验收入库，当日支付退货款并收到经税务机关出具的《开具红字增值税专用发票通知单》。该批产品系当年8月份售出并已确认销售收入，销售价格为200万元，实际成本为120万元。

(3) 10日，与丁公司签订为期6个月的劳务合同，合同总价款为400万元，待完工时收取。至12月31日，实际发生劳务成本50万元(均为职工薪酬)，估计为完成该合同还将发生劳务成本150万元。假定该项劳务交易的结果能够可靠估计，甲公司按实际发生的成本占估计总成本的比例确定劳务的完工进度；该劳务不属于增值税应税劳务。

(4) 31日，将本公司生产的C产品作为福利发放给生产工人，市场销售价格为80万元，实际成本为50万元。

假定除上述资料外，不考虑其他相关因素。

要求：根据上述资料，逐项编制甲公司相关经济业务的会计分录。

5. 甲有限责任公司(以下简称甲公司)为一家从事机械制造的增值税一般纳税人。2014年1月1日，甲公司所有者权益总额为5 400万元，其中实收资本4 000万元，资本公积400万元，盈余公积800万元，未分配利润200万元。2014年度，甲公司发生如下经济业务：

(1) 经批准，甲公司接受乙公司投入不需要安装的设备一台并交付使用，合同约定的设备价值为3 500万元(与公允价值相符)，增值税额为595万元；同时甲公司增加实收资本2 000万元，相关法律手续已办妥。

(2) 销售一项专利技术，售价为25万元，款项已存入银行，不考虑相关税费。该项专利技术的实际成本为50万元，累计摊销额为38万元，未计提减值准备。

(3) 被投资企业丙公司可供金融资产的公允价值净增加300万元，甲公司采用权益法按30%的持股比例确认应享有的份额。

(4) 结转固定资产清理净收益50万元。

(5) 摊销递延收益31万元(该递延收益是以前年度确认的与资产相关的政府补助)。

(6) 年末某研发项目完成并形成无形资产，该项目研发支出资本化金额为200万元。

(7) 除上述经济业务外，甲公司当年实现营业收入10 500万元，发生营业成本4 200万元、营业税金及附加600万元、销售费用200万元、管理费用300万元、财务费用200万元，经计算确定营业利润为5 000万元。

按税法规定当年准予税前扣除的职工福利费为120万元，实际发生并计入当年利润总额的职工福利费为150万元。除此之外，甲公司不存在其他纳税调整项目，也未发生递延所得税。公司适用的所得税税率为25%。

(8) 确认并结转全年所得税费用。

(9) 年末将“本年利润”账户贷方余额3 813万元结转至“利润分配——未分配利润”账户。

(10) 年末提取法定盈余公积381.3万元，提取任意盈余公积360万元。

(11) 年末将“利润分配——提取法定盈余公积”、“利润分配——提取任意盈余公积”明细账户余额结转至“利润分配——未分配利润”账户。

假定除上述资料外，不考虑其他相关因素。

要求：

(1) 根据资料(1)～(6)，逐项编制甲公司相关经济业务的会计分录。

(2) 根据资料(2)～(7)，计算甲公司2014年度利润总额和全年应交所得税。

(3) 根据资料(8)～(11)，逐项编制甲公司相关经济业务的会计分录。

(4) 计算甲公司2014年12月31日资产负债表中“实收资本”、“资本公积”、“盈余公积”、“未分配利润”项目的期末余额。

项目10 财务报表岗位

一、单项选择题

1. 某企业2012年4月1日从银行借入期限为3年的长期借款1 000万元，编制2014年12月31日资产负债表时，此项借款应填入的报表项目是(　　)。

A. “短期借款”　　B. “长期借款”

C. “其他长期负债”　　D. “一年内到期的非流动负债”

2. 甲公司为房地产开发企业，现有存货商品房一栋，实际开发成本为9 000万元，2014年3月31日，甲公司将该商品房以经营租赁方式提供给乙公司使用，租赁期为10年。甲公司对该商品房采用成本模式进行后续计量并按年限平均法计提折旧，预计使用寿命为50年，预计净残值为零。假定不考虑其他因素，下列关于甲公司2014年12月31日资产负债表项目列报的说法中，正确的是(　　)。

A. “存货”项目为9 000万元

B. “固定资产”项目8 865万元

C. “投资性房地产”项目为8 820万元

D. “投资性房地产”项目为8 865万元

3. 某企业2014年12月31日“固定资产”账户余额为1 000万元，“累计折旧”账户余额为300万元，“固定资产减值准备”账户余额为50万元。该企业2014年12月31日资产负债表“固定资产”项目的金额为(　　)万元。

A. 650　　B. 700　　C. 950　　D. 1 000

4. 下列账户的期末余额中，不应在资产负债表“存货”项目列示的是(　　)。

A. “库存商品”　　B. “生产成本”

C. “工程物资”　　D. “委托加工物资”

5. 下列各项中,应列入资产负债表“其他应付款”项目的是(　　)。

A. 应付租入包装物租金　　B. 应付融资租入固定资产租金

C. 结转到期无力支付的应付票据　　D. 应付由企业负担的职工社会保险费

6. 下列各项中,不应在利润表“营业收入”项目列示的是(　　)。

A. 政府补助收入　　B. 设备安装劳务收入

C. 代修品销售收入　　D. 固定资产出租收入

7. 某企业 2014 年度发生以下业务:以银行存款购买将于 2 个月后到期的国债 500 万元,偿还应付账款 200 万元,支付生产人员工资 150 万元,购买固定资产 300 万元。假定不考虑其他因素,该企业 2014 年度现金流量表中“购买商品、接受劳务支付的现金”项目的金额为(　　)万元。

A. 200　　B. 350　　C. 650　　D. 1 150

8. 下列各项中,属于工业企业现金流量表“经营活动产生的现金流量”的是(　　)。

A. 收到的现金股利　　B. 支付的银行借款利息

C. 收到的设备处置价款　　D. 支付的经营租赁租金

9. 下列各项中,不属于现金流量表“筹资活动产生的现金流量”的是(　　)。

A. 取得借款收到的现金　　B. 吸收投资收到的现金

C. 处置固定资产收回的现金净额　　D. 分配股利、利润或偿付利息支付的现金

10. 下列税金中,应在利润表中的“营业税金及附加”项目反映的是(　　)。

A. 车船税　　B. 城市维护建设税

C. 印花税　　D. 房产税

二、多项选择题

1. 下列项目中,属于资产负债表中流动资产项目的有(　　)。

A. “预付款项”　　B. “开发支出”

C. “交易性金融资产”　　D. “存货”

2. 下列项目中,属于资产负债表中流动负债项目的有(　　)。

A. 预收款项　　B. 应付债券

C. 长期应付款　　D. 一年内到期的长期借款

3. 下列各项中,应在资产负债表“应收账款”项目列示的有(　　)。

A. “预付账款”账户所属明细账户的借方余额

B. “应收账款”账户所属明细账户的借方余额

C. “应收账款”账户所属明细账户的贷方余额

D. “预收账款”账户所属明细账户的借方余额

4. 下列资产负债表项目中,应根据有关科目余额减去备抵科目余额后的净额填列的有(　　)。

A. “存货”　　B. “无形资产”

C. “应收账款”　　D. “长期股权投资”

5. 下列会计科目中,其期末余额应列入资产负债表“存货”项目的有(　　)。

A. “库存商品”　　B. “材料成本差异”

C. “生产成本”　　D. “委托加工物资”

6. 下列各项中,应列入资产负债表“应收账款”项目的有(　　)。

A. 预付职工差旅费　　B. 代购货单位垫付的运杂费

C. 销售产品应收取的款项　　D. 对外提供劳务应收取的款项

7. 下列各项中,应列入资产负债表“应付利息”项目的有(　　)。

A. 计提的短期借款利息

B. 计提的一次还本付息的债券利息

C. 计提的分期付息到期还本的债券利息

D. 计提的分期付息到期还本的长期借款利息

8. 下列各项中,应列入利润表“资产减值损失”项目的有(　　)。

A. 原材料盘亏损失　　B. 固定资产减值损失

C. 应收账款减值损失　　D. 无形资产处置净损失

9. 下列各项中,影响企业营业利润的有(　　)。

A. 出售原材料损失　　B. 计提无形资产减值准备

C. 公益性捐赠支出　　D. 出售交易性金融资产损失

10. 下列各项中,应列入利润表“营业成本”项目的有(　　)。

A. 销售材料成本　　B. 无形资产处置净损失

C. 固定资产盘亏净损失　　D. 经营出租固定资产折旧费

11. 下列各项中,影响企业营业利润的有(　　)。

A. 处置固定资产净收益　　B. 出租包装物取得的收入

C. 接受公益性捐赠利得　　D. 经营租出固定资产的折旧费

12. 下列各项中,属于现金流量表“现金及现金等价物”的有(　　)。

A. 库存现金　　B. 银行本票

C. 银行承兑汇票　　D. 持有 2 个月内到期的国债

13. 下列各项中,属于现金流量表“现金及现金等价物”的有(　　)。

A. 库存现金　　B. 其他货币资金

C. 3 个月内到期的债券投资　　D. 随时用于支付的银行存款

14. 下列各项中,属于工业企业现金流量表“筹资活动产生的现金流量”的有(　　)。

A. 吸收投资收到的现金　　B. 分配利润支付的现金

C. 取得借款收到的现金　　D. 投资收到的现金股利

15. 下列各项中,属于现金流量表“经营活动产生的现金流量”的有(　　)。

A. 收到的税费返还　　B. 偿还债务支付的现金

C. 销售商品、提供劳务收到的现金　　D. 支付给职工以及为职工支付的现金

16. 下列交易或事项中,会引起现金流量表“投资活动产生的现金流量净额”发生变化的有(　　)。

A. 购买股票支付的现金　　B. 向投资者派发的现金股利

C. 购建固定资产支付的现金　　D. 收到被投资单位分配的现金股利

17. 下列各项中,属于筹资活动现金流量的有(　　)。

A. 分配股利支付的现金　　B. 清偿应付账款支付的现金

C. 偿还债券利息支付的现金　　D. 清偿长期借款支付的现金

18. 下列各项中,应作为现金流量表中经营活动产生的现金流量的有(　　)。
A. 销售商品收到的现金　　B. 取得短期借款收到的现金
C. 采购原材料支付的增值税　　D. 取得长期股权投资支付的手续费
19. 下列现金流出中,属于企业现金流量表中筹资活动产生的现金流量的有(　　)。
A. 偿还应付账款　　B. 偿还短期借款
C. 发放现金股利　　D. 支付借款利息

三、判断题

1. 资产负债表中的"长期借款"项目应根据"长期借款"总账科目余额填列。　　(　　)
2. 企业出售固定资产应交的营业税,应列入利润表的"营业税金及附加"项目。　　(　　)
3. 现金流量表中"销售商品、提供劳务收到的现金"项目,反映本企业自营销售商品或提供劳务收到的现金,不包括委托代销商品收到的现金。　　(　　)

四、实务题

1. 甲公司2011年12月31日结账后有关科目余额见表1。

表1　　结账后有关科目余额　　单位:万元

科目名称	借方余额	贷方余额
应收账款	500	
坏账准备——应收账款		50
预收账款	100	200
应付账款		300
预付账款	200	60

要求:根据上述资料,计算资产负债表中下列项目的金额:
(1) 应收账款。
(2) 预付款项。
(3) 应付账款。
(4) 预收款项。

2. 甲有限责任公司(以下简称甲公司)为一家从事机械制造的增值税一般纳税人。2014年1月1日,该公司所有者权益总额为5 400万元,其中实收资本4 000万元,资本公积400万元,盈余公积800万元,未分配利润200万元。2014年度,甲公司发生如下经济业务:

(1) 经批准,甲公司接受乙公司投入不需要安装的设备一台并交付使用,合同约定的价值为3 500万元(与公允价值相符),增值税额为595万元;同时甲公司增加实收资本2 000万元,相关法律手续已办妥。

(2) 一项专利技术,售价为25万元,款项存入银行,不考虑相关税费。该项专利技术实际成本为50万元,累计摊销额为38万元,未计提减值准备。

(3) 被投资企业丙公司可供出售金融资产的公允价值净增加300万元,甲公司采用权益法按30%持股比例确认应享有的份额。

(4) 结转固定资产清理净收益50万元。

(5) 摊销递延收益31万元(该递延收益是以前年度确认的与资产相关的政府补助)。

(6) 年末,某研发项目完成并形成无形资产,该项目研发支出资本化金额为200万元。

(7) 除上述经济业务外，甲公司当年实现营业收入 10 500 万元，发生营业成本 4 200 万元、营业税金及附加 600 万元、销售费用 200 万元、管理费用 300 万元、财务费用 200 万元，经计算确定营业利润为 5 000 万元。按税法规定当年准予税前扣除的职工福利费 120 万元，实际发生并计入当年利润总额的职工福利费 150 万元。除此之外，不存在其他纳税调整项目，也未发生递延所得税。所得税税率为 25%。

(8) 确认并结转全年所得税费用。

(9) 年末将“本年利润”账户贷方余额 3 813 万元结转至“利润分配——未分配利润”账户。

(10) 年末提取法定盈余公积 381.3 万元，提取任意盈余公积 360 万元。

(11) 年末将“利润分配——提取法定盈余公积”、“利润分配——提取任意盈余公积”明细账户余额结转至“利润分配——未分配利润”账户。

假定除上述资料外，不考虑其他相关因素。

要求：

(1) 根据资料(1)～(6)，逐项编制甲公司相关经济业务的会计分录。

(2) 根据资料(2)～(7)，计算甲公司 2014 年度利润总额和全年应交所得税。

(3) 根据资料(8)～(11)，逐项编制甲公司相关经济业务的会计分录。

(4) 计算甲公司 2014 年 12 月 31 日资产负债表中“实收资本”、“资本公积”、“盈余公积”、“未分配利润”项目的期末余额。

3. W 股份有限公司 2014 年有关资料如下：

(1) 1 月 1 日，部分总账及其所属明细账余额见表 2。

表 2　部分总账及其所属明细账余额　单位：万元

总　账	明细账	借或贷	余额
应收账款	A 公司	借	600
坏账准备		贷	30
长期股权投资	B 公司	借	2 500
固定资产	厂房	借	3 000
累计折旧		贷	900
固定资产减值准备		贷	200
应付账款	C 公司	借	150
	D 公司	贷	1 050
长期借款	甲银行	贷	300

注：①该公司未单独设置“预付账款”账户。②表中“长期借款”为 2013 年 10 月 1 日从银行借入，借款期限为 2 年，年利率为 5%，每年付息一次。

(2) 3 月 10 日，收回 2013 年已作为坏账转销的应收 A 公司账款 70 万元并存入银行。

(3) 4 月 15 日，收到 C 公司发来的材料一批并验收入库，增值税专用发票上注明的货款为 100 万元，增值税额为 17 万元，其款项 2013 年已预付。

(4) 4 月 20 日，对厂房进行更新改造，发生后续支出总计 500 万元，所替换的旧设施账面价值为 300 万元(该设施原价为 500 万元，已提折旧为 167 万元，已提减值准备为 33 万元)。

该厂房于12月30日达到预定可使用状态，其后续支出符合资本化条件。

(5) 1～4月，该厂房已计提折旧100万元。

(6) 6月30日，从乙银行借款200万元，期限为3年，年利率为6%，每半年付息一次。

(7) 10月，以票据结算的经济业务有(不考虑增值税)：持银行汇票购进材料500万元；持银行本票购进库存商品300万元；签发6个月的商业汇票购进物资800万元。

(8) 12月31日，经计算本月应付职工工资200万元，应计提社会保险费50万元。同日，以银行存款预付下月住房租金2万元，该住房供公司高级管理人员免费居住。

(9) 12月31日，经减值测试，应收A公司账款预计未来现金流量现值为400万元。

(10) 对B公司的长期股权投资采用权益法核算，其投资占B公司的表决权股份的30%。2014年，B公司实现净利润9 000万元。长期股权投资在资产负债表日不存在减值迹象。

除上述资料外，不考虑其他因素。

要求：计算W股份有限公司2014年12月31日资产负债表下列项目的年末余额：

(1)“应收账款”。

(2)“预付款项”。

(3)“长期股权投资”。

(4)“固定资产”。

(5)“应付票据”。

(6)“应付账款”。

(7)“应付职工薪酬”。

(8)“长期借款”。

4. 甲有限责任公司(简称甲公司)为增值税一般纳税人，适用的增值税税率为17%。原材料等存货按实际成本进行日常核算。2014年1月1日，该公司有关账户余额见表3。

表3 **有关账户余额** 单位：万元

账户名称	借方余额	贷方余额
银行存款	450	
应收票据	32	
应收账款	300	
原材料	350	
库存商品	300	
低值易耗品	100	
生产成本——A产品	110	
长期股权投资——丁公司	550	
坏账准备		30
存货跌价准备		76
长期股权投资减值准备		0

2014年,甲公司发生如下交易或事项:

(1) 收到已作为坏账核销的应收乙公司账款50万元并存入银行。

(2) 收到丙公司作为资本投入的原材料并验收入库。投资合同约定该批原材料价值为840万元(不含允许抵扣的增值税进项税额142.8万元),丙公司已开具增值税专用发票。假设合同约定的价值与公允价值相等,未发生资本溢价。

(3) 行政管理部门领用低值易耗品一批,实际成本为2万元,采用一次转销法进行摊销。

(4) 因某公司破产,应收该公司账款80万元不能收回,经批准确认为坏账并予以核销。

(5) 因自然灾害毁损原材料一批,其实际成本为100万元,应负担的增值税进项税额为17万元。该毁损材料未计提存货跌价准备,尚未经有关部门批准处理。

(6) 采用权益法核算对丁公司的长期股权投资,其投资占丁公司有表决权股份的20%。丁公司宣告分派2013年度现金股利1 000万元。

(7) 收到丁公司发放的2013年度现金股利并存入银行。

(8) 丁公司2014年度实现净利润1 500万元,甲公司确认实现的投资收益。

(9) 将持有的面值为32万元的未到期、不带息银行承兑汇票背书转让,取得一批材料并验收入库,增值税专用发票上注明的价款为30万元,增值税进项税额为5.1万元。其余款项以银行存款支付。

(10) 年末,甲公司经减值测试,确认对丁公司的长期股权投资可收回金额为560万元;存货的可变现净值为1 800万元;决定按年末应收账款余额的10%计提坏账准备。

假定除上述资料外,不考虑其他因素。

要求:

(1) 编制甲公司上述(1)~(9)项交易或事项的会计分录。

(2) 计提甲公司长期股权投资减值准备并编制会计分录。

(3) 计算甲公司存货应计提或转回的存货跌价准备并编制会计分录。

(4) 计算甲公司应收账款应计提或转回的坏账准备并编制会计分录。

(5) 计算甲公司2014年年末资产负债表中下列项目的期末数:①“货币资金”。②“存货”。③“应收账款”。④“长期股权投资”。

(“应交税费”账户要求写出明细账户及专栏名称)

5. 甲公司为增值税一般纳税人,适用的增值税税率为17%,商品、原材料售价中不含增值税。假定销售商品、原材料和提供劳务均符合收入确认条件,其成本在确认收入时逐笔结转,不考虑其他因素。2014年4月,甲公司发生如下交易或事项:

(1) 销售商品一批,按商品标价计算的金额为200万元,由于是成批销售,甲公司给予客户10%的商业折扣并开具了增值税专用发票,款项尚未收回。该批商品实际成本为150万元。

(2) 向本公司行政管理人员发放自产产品作为福利,该批产品的实际成本为8万元,市场售价为10万元。

(3) 向乙公司转让一项软件的使用权,一次性收取使用费20万元并存入银行,且不再提供后续服务。

(4) 销售一批原材料,增值税专用发票上注明的售价为80万元,款项收到并存入银行。该批材料的实际成本为59万元。

(5) 将以前会计期间确认的与资产相关的政府补助在本月分配计入当月收益300万元。

(6) 确认本月设备安装劳务收入。该设备安装劳务合同总收入为100万元，预计合同总成本为70万元，合同价款在前期签订合同时已收取。采用完工百分比法确认劳务收入。截至本月末，该劳务的累计完工进度为60%，前期已累计确认劳务收入50万元、劳务成本35万元。

(7) 以银行存款支付管理费用20万元、财务费用10万元和营业外支出5万元。

要求：

(1) 逐笔编制甲公司上述交易或事项的会计分录(“应交税费”账户要写出明细账户和专栏名称)。

(2) 计算甲公司4月的营业收入、营业成本、营业利润、利润总额。

下篇　实训篇

导视图

- 综合实训
  - 模拟企业的基本资料
  - 期初账户余额
  - 经济业务的原始凭证
  - 实训要求

项目 11

综合实训

能力目标

1. 能填写部分原始凭证。
2. 能根据原始凭证填制记账凭证。
3. 能完成试算平衡表。
4. 能编制资产负债表、利润表和现金流量表。

知识目标

1. 掌握不同会计岗位的核算方法。
2. 了解不同的账务处理程序。

素质目标

1. 培养高尚的职业道德。
2. 培养学生积极、主动、灵活地完成工作的能力。
3. 进一步培养学生严谨的工作态度和自主学习的能力。
4. 进一步培养学生的综合能力。

一、模拟企业的基本资料

模拟企业的基本资料如下：

企业名称：青岛天奇食品有限公司

成立时间：2011 年 8 月

主要产品：猪肉水饺和羊肉水饺(销往市内各超市)

注册地址：青岛市黄岛区环岛路 41 号

纳税人识别号：370205167860763

注册资金：50 万元

主营产品：猪肉馅水饺、羊肉馅水饺(主要供应青岛开发区各大超市)

开户银行：青岛银行黄岛支行

银行账号：8702044189243217623

二、期初账户余额

2014 年 12 月 1 日，模拟企业的各账户期初余额和生产成本明细账期初余额分别见表 11-1 和表 11-2。

表 11-1 期初各账户余额

2014 年 12 月 01 日 单位:元

总　账	明细账	借方余额	贷方余额
库存现金		2 600.00	
银行存款		198 680.00	
	青岛银行黄岛支行	198 680.00	
其他货币资金		100 000.00	
	存出投资款	100 000.00	
应收账款			
	青岛盛马特超市	160 000.00	
预付账款		248.00	
	青岛日报社	48.00	
	平安保险公司	200.00	
原材料		36 860.00	
	猪肉(数量 500 千克)	11 500.00	
	羊肉(数量 300 千克)	17 100.00	
	饺子粉(数量 800 千克)	4 400.00	
	花生油(数量 50 千克)	1 700.00	
	蔬菜(数量 800 千克)	960.00	
	添加剂(数量 80 千克)	1 200.00	
周转材料		2 450.00	
	修理工具(数量 15 套)	750.00	
	工作服(数量 20 套)	1 200.00	
	包装袋	500.00	
生产成本		16 855.00	
	猪肉水饺	12 995.00	
	羊肉水饺	3 860.00	
库存商品		33 600.00	
	猪肉水饺(数量 500 千克)	18 000.00	
	羊肉水饺(数量 300 千克)	15 600.00	
固定资产		1 020 800.00	
	厂房	560 000.00	
	生产设备	120 950.00	
	办公设备	155 580.00	
	冷库	184 270.00	
累计折旧			120 210.00
短期借款			100 000.00
应付账款			98 000.00
	河南六和饲料有限公司		98 000.00
应付职工薪酬			205 658.00
	工资		137 900.00
	职工福利		
	社会保险费		41 370.00

（续表）

总 账	明细账	借方余额	贷方余额
	住房公积金		16 388.00
	工会经费		10 000.00
	职工教育经费		
应交税费			141 978.00
	未交增值税		40 500.00
	应交城市维护建设税		2 780.00
	应交教育费附加		1 220.00
	应交地方教育费附加		823.00
	应交地方水利建设基金		405.00
	应交企业所得税		96 250.00
	应交个人所得税		
应付利息			7 500.00
	借款利息		7 500.00
其他应付款			
	应付职工住房公积金		
	应付职工社会保险		
实收资本			300 000.00
	山东工贸公司		200 000.00
	青岛市黄岛贸易公司		200 000.00
盈余公积			86 000.00
	法定盈余公积		86 000.00
	任意盈余公积		
本年利润			450 000.00
利润分配			62 747.00
	提取法定盈余公积		
	提取任意盈余公积		
	应付现金股利		
	未分配利润		62 747.00
合计		1 572 093.00	1 572 093.00

表 11-2　　生产成本明细账期初余额

2014 年 12 月 01 日　　单位：元

项目	直接材料	直接人工	燃料及动力	制造费用	合计
猪肉水饺	7 325	3 900	720	1 050	12 995
羊肉水饺	2 750	750	160	200	3 860

三、经济业务的原始凭证

模拟企业 2014 年 12 月发生的经济业务如下：

(1) 1 日，提取现金 2 000 元以备用。有关单据见图 11-1。

青岛银行

现金支票存根

PIV 0165187

科　　目：

对方科目：银行存款

出票日期：2014 年 12 月 01 日

收款人：	青岛天奇食品有限公司
金　额：	￥2 000.00
用　途：	备用金

单位主管：　　　　会计：

复核：　　　　记账：

图 11-1　现金支票存根

(2) 2 日，销售猪肉馅水饺 50 000 元，羊肉馅水饺 72 000 元，增值税额共计 20 740 元，款项已收存银行，产品已发出。有关单据见图 11-2～图 11-4（本题学生应自行填写出库单）。

山东省增值税专用发票

31120256211　　此联不作报销、扣税凭证使用　　№ 23215959

开票日期：2014 年 12 月 02 日

购货单位	名　　称：青岛惠民超市 纳税人识别号：370203167864521 地 址 、电 话：青岛市香港路 23 号 0532-80238180 开户行及账号：农业银行青岛分行市南支行 4222176876020331802	密码区	454－＋>4521<<54100　加密版本：12 <458－265>＋5451104　31120256211 44140256210　23215959 50－＋>400<<558000－< <4151240－>＋＋545<>＋

货物或应税劳务名称	规格型号	单位	数量	单价	金额	税率	税额
猪肉馅水饺		千克	1 000	50.00	50 000.00	17%	8 500.00
羊肉馅水饺		千克	800	90.00	72 000.00	17%	12 240.00
合计					￥122 000.00		￥20 740.00
价税合计（大写）	⊗壹拾肆万贰仟柒佰肆拾元整				（小写）￥142 740.00		

销货单位	名　　称：青岛天奇食品有限公司 纳税人识别号：370205167860763 地 址 、电 话：青岛市黄岛区环岛路 41 号 0532-89620318 开户行及账号：青岛银行黄岛支行 8702044189243217623	备注	青岛天奇食品有限公司 发票专用章

收款人：　　复核：　　开票人：林敏　　销货单位：（章）

国税函[2014]1232号青岛印刷厂

第一联 记账联 销货方记账凭证

图 11-2　增值税专用发票

出 库 单

提货部门:销售部　　2014年12月02日　　结算方式:

品名	规格	单位	应发	实发	金额(元)
合计					

主管:　　会计:　　收货:　　采购:　　制单:

图11-3　出库单

青岛银行进账单(收款通知)③

2014年12月02日

出票人	全称	青岛惠民超市	收款人	全称	青岛天奇食品有限公司
	账号	4222176876020331802		账号	8702044189243217623
	开户银行	农业银行青岛分行市南支行		开户银行	青岛银行黄岛支行

金额	人民币(大写)壹拾肆万贰仟柒佰肆拾元整	千	百	十	万	千	百	十	元	角	分
			¥	1	4	2	7	4	0	0	0

票据种类	转账支票
票据张数	1张

青岛银行黄岛支行 2014.12.02 转讫

单位主管:　　会计:
复核:　　记账:

收款人开户行盖章

审核:　　复核:　　经办:(单位预留印鉴)

此联是收款人开户银行交给收款人的收账通知

图11-4　进账单

(3) 2日,购买机器2台,价款共计30 000元,增值税额为5100元,机器已投入使用,款项已付。有关单据见图11-5～图11-7(本题学生应自行填写固定资产入账通知书)。

山东省增值税专用发票

发票联（国家税务总局监制）

31120256212　　　　No 23215963

开票日期：2014 年 12 月 02 日

购货单位	名　　称：青岛天奇食品有限公司 纳税人识别号：370205167860763 地 址 、电 话：青岛市黄岛区环岛路 41 号 0532-89620318 开户行及账号：青岛银行黄岛支行 8702044189243217623	密码区	S454－＋>4521<<54100 <458－265>＋5451104 50－＋>400<<558000－< <4151240－>＋＋545<>＋	加密版本：12 31120256212 23215963

货物及应税劳务名称	规格型号	单　位	数　量	单　价	金　额	税　率	税　额
和面机		台	2	15 000.00	30 000.00	17%	5 100.00
合计					¥30 000.00		¥5 100.00
价税合计(大写)	⊗叁万伍仟壹佰元整				（小写）¥35 100.00		

销货单位	名　　称：济南市方诺贸易公司 纳税人识别号：3701124135908426 地 址 、电 话：济南市经纬路路 35 号 0531-83979999 开户行及账号：招商银行济南支行 6698896671287691231	备注	（印章：济南市方诺贸易公司 发票专用章）

收款人：　　复核：　　开票人：肖迪　　销货单位：（章）

国税函[2014]1232号青岛印制厂

第三联 发票联 购货方记账凭证

图 11-5　增值税专用发票

固定资产入账通知书

2014 年 12 月 02 日

固定资产名称	数量	单位	原值	预计使用年限	折旧率	入账原因
				10 年	10%	
合计						

使用部门负责人：张良　　　　验收人：王丹

图 11-6　固定资产入账通知书

青岛银行电汇凭证

☑普通 □加急　　委托日期 2014 年 12 月 02 日　　0978656789

汇款人	全称	青岛天奇食品有限公司	收款人	全称	济南市方诺贸易公司
	账号	8702044189243217623		账号	6698896671287691231
汇出行名称		青岛银行黄岛支行	汇入行名称		招商银行济南支行

金额	人民币（大写）叁万伍仟壹佰元整	亿	千	百	十	万	千	百	十	元	角	分
					¥	3	5	1	0	0	0	0

汇出行签章	支付密码
	附加信息及用途：支付购买面粉款 复核　　记账

青岛银行黄岛支行 2014.12.02 业务办讫章

图 11-7　电汇凭证

(4) 2 日，向银行借入短期借款 100 000 元。有关单据见图 11-8。

青岛银行贷款转存凭证（进账通知）　　0056789

2014 年 12 月 02 日　　贷款种类：短期

借款人	全称	青岛银行黄岛支行	收款人	全称	青岛天奇食品有限公司
	账号	4326527849415212178		账号	8702044189243217623
	开户银行	青岛银行黄岛支行		开户银行	青岛银行黄岛支行

金额	（币种）人民币壹拾万元整	亿	千	百	十	万	千	百	十	元	角	分
				¥	1	0	0	0	0	0	0	0

委托你行将上述款项金额转存/支付 青岛银行黄岛支行存款户。 借款人（盖章）：	业务主管：赵明 经办人：张宏 （信贷部盖章）：	合同号：87897678

青岛银行黄岛支行 2014.12.06 业务办讫章

图 11-8　贷款转存凭证

(5) 4 日，购买饺子粉，价款为 8 250 元，增值税额为 1 402.5 元，款项未付，材料未收。有关单据见图 11-9。

山东省增值税专用发票

发票联 青岛 国家税务总局监制

3513076903　　　　№ 62501236

开票日期：2014 年 12 月 04 日

购货单位	名　　称：青岛天奇食品有限公司 纳税人识别号：370205167860763 地 址 、电 话：青岛市黄岛区环岛路 41 号 0532-89620318 开户行及账号：青岛银行黄岛支行 8702044189243217623				密码区	S454－＋>4521<<54100 加密版本：06 <458－265>＋5451104　3513076903 50－＋>400<<558000－<　62501236 <4151240－>＋＋545<>＋	
货物或应税劳务名称	规格型号	单位	数量	单价	金额	税率	税额
饺子粉		千克	1 500	5.50	8 250.00	17%	1 402.50
合计					￥8 250.00		￥1 402.50
价税合计（大写）	⊗玖仟陆佰伍拾贰元伍角整					（小写）￥9 652.50	
销货单位	名　　称：临沂粮油公司 纳税人识别号：371311857623412 地 址 、电 话：临沂市罗庄区长治路 25 号 0539-58626345 开户行及账号：工商银行临沂支行罗庄分理处 4562367717863287328				备注	临沂粮油公司 发票专用章	

收款人：　　复核：　　开票人：马莉　　销货单位：（章）

国税函[2014]1232号青岛印刷厂

第三联 发票联 购货方记账凭证

图 11-9　增值税专用发票

(6) 4 日，以现金预支差旅费 2 000 元。有关单据见图 11-10。

借　款　单

借款理由：出差联系销售事宜			
金额合计（大写）贰仟元整			￥2 000.00
借款人（签章）：孙浩　现金付讫		日期：2014 年 12 月 04 日	
单位领导批示：同意。张胜	部门领导意见：同意。李红	财务负责人意见：同意。王华	备注：

图 11-10　借款单

(7) 4 日，购买包装袋，价款为 2 000 元，增值税额为 340 元，款项已付。有关单据见图 11-11 ～图 11-13。

青岛银行
转账支票存根
PIV 0165187

科　　目：
对方科目：周转材料、应交税费
出票日期：2014 年 12 月 04 日

收款人：青岛恒大包装有限公司
金　额：¥2 340.00
用　途：购包装袋

单位主管：　　　　会计：
复核：　　　　　　记账：

图 11-11　转账支票存根

山东省增值税专用发票

发票联　青岛　国家税务总局监制

3513076903　　　　　　　　　　№ 62501236

开票日期：2014 年 12 月 04 日

购货单位	名　　称：青岛天奇食品有限公司 纳税人识别号：370205167860763 地 址 、电 话：青岛市黄岛区环岛路 41 号 0532-89620318 开户行及账号：青岛银行黄岛支行 8702044189243217623	密码区	S454－＋>4521<<54100 加密版本：06 <458－265>＋5451104　3513076903 50－＋>400<<558000－<　62501236 <4151240－>＋＋545<>＋

货物或应税劳务名称	规格型号	单位	数量	单价	金额	税率	税额
包装袋		捆	100	20.00	2 000.00	17%	340.00
合计					¥2 000.00		¥340.00
价税合计（大写）	⊗贰仟叁佰肆拾元整						（小写）¥2340.00

销货单位	名　　称：青岛恒大包装有限公司 纳税人识别号：371311857623412 地 址 、电 话：青岛市城阳区青年路 25 号 0532-88626345 开户行及账号：工商银行青岛分行城阳分理处 6222604562367717871	备注	青岛恒大包装有限公司 发票专用章

收款人：　　　　复核：　　　　开票人：马莉　　　　销货单位：（盖章）

国税函[2014]1232号青岛印刷厂

第三联　发票联　购货方记账凭证

图 11-12　增值税专用发票

材料入库单

供应单位：青岛恒大包装有限公司　　2014 年 12 月 04 日

发票号：111069　　字第　号

材料名称	规格材质	计量单位	应收数量	实收数量	单价	金额 千	百	十	万	千	百	十	元	角	分
包装袋		包	200	200	10.00					2	0	0	0	0	0
运杂费															
合计										2	0	0	0	0	0
备注															

第二联 记账联

仓库：　　会计：　　收料员：王仟　　制单：

图 11-13　材料入库单

(8) 6 日，4 日购买的饺子粉验收入库，同时承担运费 200 元，增值税额为 22 元，所有款项已付。有关单据见图 11-14～图 11-16(本题学生应自行填写原材料入库单)。

货物运输业增值税专用发票

4502197666　　（实训专用 发票联 国家税务总局监制）　　№ 62310185

开票日期：2014 年 12 月 06 日

承运人及纳税人识别号	临沂运输公司 371311377092562	密码区	030－817－<782>4521<<54100 >12544744＋<458－265>＋5451104 4414025621050－＋>400<<558000－< 212500180<4151240－>＋＋545<>＋
收货人及纳税人识别号	青岛天奇食品有限公司 370205167860763	发货人及纳税人识别号	临沂粮油公司 371311857623412
起运地、经由、到达地			
费用项目及金额	费用项目金额 运输费 200.00	运输货物信息	饺子粉 1 500 千克
合计金额	200.00　税率　11%	税额	22.00　机器编号　459211225
价税合计（大写）	⊗贰佰贰拾贰元整　　（小写）￥222.00		
车种车号	车船吨位	备注	
主管税务机关及代码	临沂地方税务局 371311903321389		

第三联 发票联 受票方记账凭证

（临沂运输公司 发票专用章）

收款人：张强　　复核人：王红　　开票人：赵青

图 11-14　货物运输业增值税专用发票

材料入库单

供应单位：　　　　　　　　　　年　　月　　日　　　　　　　　　结算方式：

材料名称	单位	数量		实际成本			
		应收	实收	买价	采购费用	其他	总成本
合计							

主管：　　　　会计：　　　　收货：　　　　采购：　　　　制单：

图 11-15　原材料入库单

青岛银行电汇凭证(回单)

□普通　□加急　　　委托日期　2014 年 12 月 06 日　　　　0978656789

汇款人	全称	青岛天奇食品有限公司		收款人	全称	临沂粮油公司	
	账号	8702044189243217623			账号	4562367717836543721	
	汇出地点	青岛	汇出行名称：青岛银行黄岛支行		汇入地点	临沂	汇入行名称：中国银行临沂支行

金额	人民币（大写） 玖仟捌佰柒拾肆元伍角整	亿	千	百	十	万	千	百	十	元	角	分
						¥	9	8	7	4	5	0

汇款用途：货款	支付密码　2589544322
	附加信息： 汇出行盖章 复核记账

图 11-16　电汇凭证

(9) 7 日，交纳增值税 40 500 元。有关单据见图 11-17。

电子缴税付款凭证

2014 年 12 月 07 日　　　　凭证字号：137026140901941657

纳税人全称及纳税人识别号： 青岛天奇食品有限公司　370205167860763		
付款人账号：8702044189243217623		征税机关名称：青岛市黄岛国家税务局
付款人开户银行：青岛银行黄岛支行		收款国库名称：黄岛区支库
小写(金额)合计：40 500.00		缴款书流水号：137026140901941657
大写(金额)合计：肆万零伍佰元整		税票号码：137026140901941657
税(费)种名称	所属时期	实际金额
增值税	2014.11.01—2014.11.30	40 500.00

图 11-17　电子缴税付款凭证

(10) 7 日，交纳城市维护建设税 2 780 元，教育费附加 1 220 元，地方教育费附加 823 元，地方水利建设基金 405 元。有关单据见图 11-18。

电子缴税付款凭证

2014 年 12 月 07 日　　　凭证字号：137026140901941657

纳税人全称及纳税人识别号： 青岛天奇食品有限公司　370205167860763		
付款人账号：8702044189243217623		征税机关名称：青岛市地方税务局黄岛分局
付款人开户银行：青岛银行黄岛支行		收款国库名称：黄岛区支库
小写(金额)合计：5 228.00		缴款书流水号：227026140901941657
大写(金额)合计：伍仟贰佰贰拾捌元整		税票号码：227026140901941657
税(费)种名称	所属时期	实际金额
城市维护建设税	2014.11.01—2014.11.30	2 780.00
教育费附加	2014.11.01—2014.11.30	1 220.00
地方教育费附加	2014.11.01—2014.11.30	823.00
地方水利建设基金	2014.11.01—2014.11.30	405.00

图 11-18　电子缴税付款凭证

(11) 8 日，购买猪肉，价款为 44 000 元，增值税额为 7 480 元，承担运费 1 000 元，增值税额为 110 元，猪肉已验收入库，款项未付。有关单据见图 11-19～图 11-21(本题学生应自行填写原材料入库单)。

河南省增值税专用发票

发票联

4153086502　　　　　№ 53210978

开票日期：2014 年 12 月 08 日

购货单位	名　　称：青岛天奇食品有限公司 纳税人识别号：370205167860763 地 址 、电 话：青岛市黄岛区环岛路 41 号 0532-89620318 开户行及账号：青岛银行黄岛支行 870244189243217623					密码区	S454－＋＞4521＜＜54100 加密版本：11 ＜458－265＞＋5451104　4153086502 50－＋＞400＜＜558000－＜　53210978 ＜4151240－＞＋＋545＜＞＋	
货物或应税劳务名称	规格型号	单位	数量	单价	金额		税率	税额
猪肉		千克	2 000	22.00	44 000.00		17%	7 480.00
合计					￥44 000.00			￥7 480.00
价税合计(大写)	⊗伍万壹仟肆佰捌拾元整						(小写)￥51 480.00	
销货单位	名　　称：河南六和饲料有限公司 纳税人识别号：411405357223908 地 址 、电 话：河南省商丘市北站路 32 号 0370-82866345 开户行及账号：工商银行商丘支行 3366236771781235780					备注		

收款人：　　　复核：　　　开票人：张含　　　销货单位：(章)

国税函[2014]1841号郑州印刷厂

第三联 发票联 购货方记账凭证

图 11-19　增值税专用发票

货物运输业增值税专用发票

4502197666　　　　　　　　　　　　　　　　　　　　№ 62310185

开票日期:2014 年 12 月 07 日

承运人及纳税人识别号	商丘顺达运输公司 411405137709256			密码区	030－817－＜782＞4521＜＜54100 ＞12544744＋＜458－265＞＋5451104 4414025621050－＋＞400＜＜558000－＜ 212500180＜4151240－＞＋＋545＜＞＋		
收货人及纳税人识别号	青岛天奇食品有限公司 370205167860763			发货人及纳税人识别号	河南六和饲料有限公司 411405357223908		
起运地、经由、到达地							
费用项目及金额	费用项目金额 运输费用 1 000.00			运输货物信息	猪肉 2 000 千克		
合计金额	1 000.00	税率	11%	税额	110.00	机器编号	659211225
价税合计（大写）	⊗壹仟壹佰壹拾元整				（小写）¥1 110.00		
车种车号		车船吨位		备注			
主管税务机关及代码	商丘地方税务局 411405903321389						

第三联 发票联 受票方记账凭证

收款人:张强　　　　复核人:王红　　　　开票人:赵青

图 11-20　货物运输业增值税专用发票

原材料入库单

供应单位:　　　　年　月　日　　　　结算方式:

材料名称	单位	数量		实际成本			
		应收	实收	买价	采购费用	其他	总成本
合计							

主管:　　会计:　　收货:　　采购:　　制单:

图 11-21　原材料入库单

(12) 8 日,以现金购买办公用品,其中:打印纸 750 元,墨盒 420 元,签字笔 50 元。有关单据见图 11-22。

山东省青岛市商业零售统一发票

发票联

发票代码:261001024013

发票号码:00063983

购货单位:青岛天奇食品有限公司　　2014 年 12 月 08 日填制

摘要	单位	数量	单价	金额 十	万	千	百	十	元	角	分
打印纸	箱	5	150.00				7	5	0	0	0
墨盒	盒	2	210.00				4	2	0	0	0
签字笔	支	50	1.00					5	0	0	0
合计人民币(大写)	壹仟贰佰贰拾元整				¥	1	2	2	0	0	0
备注	行政部直接领用										

现金收讫

发票联

收款单位(财务公章)　　会计:　　收款人:刘荣　　经手人:刘融

图 11-22　商业零售统一发票

(13) 9 日,发放上月工资。有关单据见图 11-23 和图 11-24。

工资结算汇总表

2014 年 12 月 09 日　　单位:元

职工类别 \ 项目		应付工资 计时工资	计件工资	奖金	缺勤扣款	合计	代扣款项 社会保险	个人所得税	住房公积金	合计	实发工资
基本生产车间	生产工人		78 000	10 000	400	87 600	9 636	66	10 512	20 214	67 386
	管理人员	8 000		500		8 500	935		1 020	1 955	6 545
	小计	8 000	78 000	10 500	400	96 100	10 571	66	11 532	22 169	73 931
行政管理部门		1 2000		4 000		16 000	1 920		1 760	3 680	12 320
专设销售机构		20 000		6 000	200	25 800	2 838	110	3 096	6 044	19 756
合计		40 000	78 000	20 500	600	137 900	15 329	176	16 388	31 893	106 007

图 11-23　工资结算汇总表

青岛银行
转账支票存根

PIV 0165187

科　　目：

对方科目：应付职工薪酬

出票日期：2014 年 12 月 09 日

收款人：
金　额：¥106 007.00
用　途：工资

单位主管：　　　　会计：

复核：　　　　记账：

图 11-24　转账支票存根

(14) 10 日，转账预付羊肉款 80 000 元，同时支付银行手续费 50 元。有关单据见图 11-25 和图 11-26。

青岛银行电汇凭证(回单)

□普通　□加急　　　委托日期　2014 年 12 月 10 日　　　　0978656789

汇款人	全　称	青岛天奇食品有限公司			收款人	全　称	包头市肉联厂								
	账　号	8702044189243217623				账　号	2342367717834594236								
	汇出地点	青岛	汇出行名称	青岛银行黄岛支行		汇入地点	包头市	汇入行名称	中国农业银行包头市支行						
金额	人民币（大写）捌万元整						亿	千	百	十	万	千	百	十	元	角	分
										¥	8	0	0	0	0	0	0
汇款用途：预付购羊肉款					支付密码	2589544322									
					附加信息： 汇出行盖章 复核记账										

青岛银行黄岛支行　2014.12.10　业务办讫章

图 11-25　电汇凭证

青岛银行业务收费凭证

币别：人民币　　2014 年 12 月 10 日　　流水号：0098782

付款人	柳州市青年创业公司		账号	2526901492545102768	
项目名称	工本费	手续费	电子汇划费	邮电费	金额
汇款		50.00			50.00
					￥50.00
金额(大写)	人民币伍拾元整				
付款方式	银行转账				

青岛银行黄岛支行 2014.12.10 业务办讫章

图 11-26　业务收费凭证

(15) 11 日，销售水饺，价款为 233 000 元，增值税额为 39 610 元，商品已发出，款项未收，同时以现金支付运杂费 500 元。有关单据见图 11-27～图 11-29(本题学生应自行填写出库单)。

山东省增值税专用发票

31120256213　　此联不作报销、扣税凭证使用　　№ 23215960

开票日期：2014 年 12 月 11 日

购货单位	名称：青岛盛马特超市 纳税人识别号：370202347896354 地址、电话：青岛市井冈山路 5 号 0532-80238180 开户行及账号：招商银行青岛分行开发区支行 4702033180234675281				密码区	454－＋>4521<<54100 加密版本：12 <458－265>＋5451104 31120256213 50－＋>400<<558000－< 23215960 <4151240－>＋＋545<>＋		
货物及应税劳务名称	规格型号	单位	数量	单价	金额	税率	税额	
猪肉馅水饺		千克	2 500	50.00	125 000.00	17%	21 250.00	
羊肉馅水饺		千克	1 200	90.00	108 000.00	17%	18 360.00	
合计					￥233 000.00		￥39 610.00	
价税合计(大写)	⊗贰拾柒万贰仟陆佰壹拾元整				(小写)￥272 610.00			
销货单位	名称：青岛天奇食品有限公司 纳税人识别号：370205167860763 地址、电话：青岛市黄岛区环岛路 41 号 0532-89620318 开户行及账号：青岛银行黄岛支行 8702044189243217623				备注			

收款人：　　复核：　　开票人：林敏　　销货单位：(盖章)

国税函[2014]1232号青岛印刷厂

第一联 记账联 销货方记账凭证

青岛天奇食品有限公司 发票专用章

图 11-27　增值税专用发票

出库单

提货部门：　　　　年　月　日　　　　结算方式：

品名	规格	单位	应发	实发	金额(元)
合计					

主管：　会计：　收货：　采购：　制单：

图 11-28　出库单

收款收据

2014 年 12 月 11 日　　№ 3902487

交款单位青岛天奇食品有限公司　　收款方式现金

人民币(大写)伍佰元整　　¥500.00

收款事由支付市内运杂费

现金收讫

青岛昌盛货运公司 财务专用章

经办人：　出纳：赵红　审核：　记账：　财会主管：　单位盖章：

图 11-29　收款收据

(16) 13 日，报销差旅费 1 850 元，收回余款 150 元。有关单据见图 11-30 和图 11-31。

差旅费报销单

报账日期:2014年12月13日

姓名:	孙浩		部门	办公室	出差事由:	办事	出差日期:2014年12月06日至12月13日							
日期		地点		车船费			住宿费		伙食补贴	工杂补贴	未购卧铺补贴	会务费	其他	合计
起	讫	起	讫	车次或船名	时间	金额	天数	金额						
06	07	青岛	包头	火车			7	1 365	320	165				1 850
12	13	包头	青岛	火车										
以上单据共:4张				金额合计(大写):⊗万壹仟捌佰伍拾零元零角零分								¥1 850.00		
预借差旅费:¥2 000.00				缴回现款:¥150.00				补付金额:				备注:		
总经理				部门负责人:			张琪			财务负责人:		马芳		

图 11-30 差旅费报销单

收 款 收 据

2014年12月13日 No 3906649

交款单位孙浩 收款方式现金

人民币(大写)壹佰伍拾元整 ¥150.00

收款事由退回借支多余款

现金收讫

青岛天奇食品有限公司 财务专用章

经办人: 出纳:廖莉 审核: 记账: 财会主管: 单位盖章:

图 11-31 收款收据

(17) 13日,购买山羊肉,价款为110 000元,增值税额为18 700元,同时承担运费1 200元,增值税额为132元,货已入库,款项已于10日预付。有关单据见图11-32～图11-34(本题学生应自行填写原材料入库单)。

山东省增值税专用发票

发票联（青岛 国家税务总局监制）

45120256214 　　　　No 23215901

开票日期：2014年12月13日

购货单位	名称：青岛天奇食品有限公司 纳税人识别号：370205167860763 地址、电话：青岛市黄岛区环岛路41号 0532-89620318 开户行及账号：青岛银行黄岛支行 8702044189243217623	密码区	S454－＋>4521<<54100 加密版本：01 <458－265>＋5451104 45120256214 50－＋>400<<558000－< 23215901 <4151240－>＋＋545<>＋

货物及应税劳务名称	规格型号	单位	数量	单价	金额	税率	税额
山羊肉		千克	2 000	55.00	110 000.00	17%	18 700.00
合计					￥110 000.00		￥18 700.00
价税合计（大写）	⊗壹拾贰万捌仟柒佰元整					（小写）￥128 700.00	

销货单位	名称：包头市肉联厂 纳税人识别号：047901223908156 地址、电话：包头市北站路10号 0472-82866345 开户行及账号：农业银行包头分行北站路支行 3362367717823157542	备注	（包头市肉联厂 发票专用章）

收款人： 　复核： 　开票人：张含 　销货单位：（盖章）

国税函[2014]1232号青岛印刷厂

第三联 发票联 购货方记账凭证

图 11-32　增值税专用发票

原材料入库单

供应单位： 　　年　月　日 　　结算方式：

材料名称	单位	数量		实际成本			
		应收	实收	买价	采购费用	其他	总成本
合计							

主管： 　会计： 　收货： 　采购： 　制单：

图 11-33　原材料入库单

货物运输业增值税专用发票

（青岛 发票联 国家税务总局监制）

4502197666　　　　　　　　　　　　№ 62310185

开票日期:2014 年 12 月 13 日

承运人及纳税人识别号	内蒙古运达运输公司 047901770925662			密码区	030－817－＜782＞4521＜＜54100 ＞12544744＋＜458－265＞＋5451104 4414025621050－＋＞400＜＜558000－＜ 212500180＜4151240－＞＋＋545＜＞＋		
实际受票方及纳税人识别号	青岛天奇食品有限公司 370205167860763						
收货人及纳税人识别号	青岛天奇食品有限公司 370205167860763			发货人及纳税人识别号	包头市肉联厂 047901223908156		
起运地、经由、到达地							
费用项目及金额	费用项目金额 运输费用 1 200.00			运输货物信息	山羊肉		
合计金额	1 200.00	税率	11%	税额	132.00	机器编号	459211225
价税合计（大写）	⊗壹仟叁佰叁拾贰元整					（小写）¥1 332.00	
车种车号		车船吨位		备注	（内蒙古运达运输公司 发票专用章）		
主管税务机关及代码	内蒙古地方税务局 223189033213889						

收款人:王山　　　复核人:张玉　　　开票人:王新

第三联 发票联 受票方记账凭证

图 11-34　货物运输业增值税专用发票

(18) 13 日,签发转账支票,补付货款 50 032 元。有关单据见图 11-35。

青岛银行
转账支票存根

PIV 0165187

科　　目:

对方科目:预付账款

出票日期:2014 年 12 月 13 日

收款人:	包头市肉联厂
金　额:	¥50 032.00
用　途:	补付货款

单位主管:　　　　会计:

复核:　　　　　　记账:

图 11-35　转账支票存根

(19) 13 日,购买蔬菜,价款为 7 200 元,增值税额为 1 224 元,款项已付,货已入库。有关单据见图 11-36～图 11-38(本题学生应自行填写原材料入库单)。

原材料入库单

供应单位: 年 月 日 结算方式:

材料名称	单位	数量		实际成本			
		应收	实收	买价	采购费用	其他	总成本
合计							

主管: 会计: 收货: 采购: 制单:

图 11-36 原材料入库单

山东省增值税专用发票

青岛 发票联 国家税务总局监制

3162197613 № 62310185

开票日期:2014 年 12 月 13 日

购货单位	名 称:青岛天奇食品有限公司 纳税人识别号:310108001567123 地 址 、电 话:青岛市黄岛区环岛路 41 号 0532-89620318 开户行及账号:青岛银行黄岛支行 8702044189243217623	密码区	S454−+>4521<<54100 加密版本:08 <458−265>+5451104 3162197613 50−+>400<<558000−< 62310185 <4151240−>++545<>+

货物及应税劳务名称	规格型号	单 位	数 量	单 价	金 额	税 率	税 额
蔬菜		千克	6 000	1.20	7 200.00	17%	1 224.00
合计					¥7 200.00		¥1 224.00
价税合计(大写)	⊗捌仟肆佰贰拾肆元整				(小写)¥8 424.00		

销货单位	名 称:青岛广贸食品公司 纳税人识别号:370202903365771 地 址 、电 话:青岛市抚顺路 66 号 0532-48555676 开户行及账号:工商银行市北支行 2661678806623465781	备注	青岛广贸食品公司 发票专用章

收款人: 复核: 开票人:张倩 销货单位:(盖章)

国税函[2014]1232号青岛印刷厂

第三联 发票联 购货方记账凭证

图 11-37 增值税专用发票

青岛银行

转账支票存根

PIV 0165187

科　　目：

对方科目：原材料、应交税费

出票日期：2014 年 12 月 13 日

收款人：青岛广贸食品公司
金　额：¥8 424.00
用　途：支付货款

单位主管：　　　　会计：

复核：　　　　　　记账：

图 11-38　转账支票存根

(20) 15 日，支付“五险一金”共计 89 475 元。有关单据见图 11-39～图11-41。

住房公积金汇(补)缴书

2014 年 12 月 15 日

收款单位	全　称	青岛市住房公积金管理中心	缴款单位	全　称	青岛天奇食品有限公司
	公积金账号	4502145215885113741		账　号	8702044189243217623
	开户银行	建设银行龙城路支行		开户银行	青岛银行黄岛支行

单位公积金账号	年度	月份	百	十	万	千	百	十	元	角	分	备注：
8012546	2014	12		¥	3	2	7	7	6	0	0	青岛银行黄岛支行 2014.12.15 业务办讫章
金额人民币(大写)	叁万贰仟柒佰柒拾陆元整											

上月汇缴		本月增加汇缴		本月减少汇缴		本月汇缴	
人数	金额	人数	金额	人数	金额	人数	金额

第一联 银行盖章后退缴款单位记账

图 11-39　住房公积金汇(补)缴书

山东省社会保险费委托收款凭证（付款通知）

日期：2014 年 12 月 15 日

付款人	全　　称	青岛天奇食品有限公司	收款人	全　　称	青岛市社会保险管理中心
	账　　号	8702044189243217623		账　　号	4265487952125416783
	开 户 行	青岛银行黄岛支行		开 户 行	工商银行城中分行

金额	人民币（大写）伍万陆千陆佰玖拾玖元整	千	百	十	万	千	百	十	元	角	分
				¥	5	6	6	9	9	0	0

款项内容	单位缴纳	个人缴纳	补缴	滞纳金	合　计
基本养老保险	27 580.00	11 132.00			38 712.00
综合医疗保险	10 342.50	2 818.00			13 160.50
失业保险	1 379.00	1 379.00			2 758.00
工伤保险	689.50				689.50
生育保险	1 379.00				1 379.00
备注　单据类型：正常缴费					

付款人注意：
1. 上列款项已全部划给收款人。
2. 该款项不得拒付，如需拒付，应按照相关规定，由付款人与收款人自行联系解决。

青岛银行黄岛支行
2014.12.15
业务办讫章

图 11-40　社会保险费委托收款凭证

青岛市社会保险基金专用收款收据

桂 O(12)

山东
财政部监制

2014 年 12 月 15 日

№ 0001253352

今收到(20421258)天奇食品有限公司交来社会保险基金

人民币(大写)伍万陆仟陆佰玖拾玖元整(￥56 699.00)此据

其中：养老保险：38 712.00　综合医疗保险：13 160.50　工伤保险：689.50

生育保险：1 379.00　失业保险：2 758.00

备注：	收款方式	

说明：本收款收据适用于社会保险机构征缴社会保险基金的款项，包括单位缴纳的养老保险、医疗保险、失业保险、工伤保险、生育保险等社会保险基金的款项。

青岛市社会保险结算中心
收费专用章

青岛银行黄岛支行
2014.12.15
业务办讫章

第一联　收据

收款单位(公章)：　　财务主管(章)：　　收款人(章)：

图 11-41　社会保险基金专用收款收据

(21) 15 日，收到货款 200 000 元。有关单据见图 11-42。

青岛银行进账单（收款通知）③

2014 年 12 月 15 日

出票人	全　称	青岛盛马特超市	收款人	全　称	青岛天奇食品有限公司
	账　号	4702033180234675281		账　号	8702044189243217623
	开户行	招商银行青岛分行开发区支行		开户行	青岛银行黄岛支行

金额人民币（大写）	贰拾万元整	千	百	十	万	千	百	十	元	角	分
			¥	2	0	0	0	0	0	0	0

票据种类	转账支票	青岛银行黄岛支行 2014.12.15 转讫
票据张数	1 张	
单位主管：　会计： 复核：　记账：		收款人开户行盖章

审核：　　复核：　　经办：（单位预留印鉴）

此联是收款人开户银行交给收款人的收款通知

图 11-42　进账单

（22）16 日，以现金报销业务招待费 570 元。有关单据见图 11-43。

费用报销单

报销日期：2014 年 12 月 16 日　　附件 3 张（略）

费用项目	类别	金额	部门负责人（签章）	王亮
公司经费	业务招待费	570.00		
			审查意见	同意报销。张红
			报销人	赵胜
报销金额合计		¥570.00		
核实金额（大写）：人民币伍佰柒拾元整		现金付讫		
借款数	应退数	应补金额：¥570.00		

审核 段霞　　　出纳 王娜

图 11-43　费用报销单

(23) 17 日,偿还前欠的货款 100 000 元。有关单据见图 11-44。

青岛银行
转账支票存根
PIV 0165187

科　　目：

对方科目：应付账款

出票日期：2014 年 12 月 17 日

收款人：河南六和饲料有限公司
金　额：￥98 000.00
用　途：偿还货款

单位主管：　　　　会计：

复核：　　　　记账：

图 11-44　转账支票存根

(24) 17 日,通过民政部门向福利院捐款 5 000 元。有关单据见图 11-45 和图 11-46。

青岛银行
转账支票存根
WQV 00960221

科　　目：

对方科目：营业外支出

出票日期：2014 年 12 月 17 日

收款人：青岛市福利院
金　额：￥5 000.00
用　途：捐款

单位主管：　　　　会计：

复核：　　　　记账：

图 11-45　转账支票存根

青岛市福利院接收捐赠物品专用收据

2014 年 12 月 17 日　　　　№ 3906612

交款单位青岛天奇食品有限公司　　　　收款方式银行转账

人民币(大写)伍仟元整　　　　(小写)￥5 000.00

收款事由捐赠

（印章：青岛市福利院 财务专用章）

经办人：　出纳：王向红　审核：　记账：　财会主管：　单位盖章：

图 11-46　接收捐赠物品专用收据

(25) 17 日，购买股票作为交易性金融资产持有，成本为 75 000 元，交易费用为 200 元。有关单据见图 11-47。

成交过户交割凭单

股东代码：	7852	股东姓名：	青岛天奇食品有限公司
资金账号：	7578478		
合同账号：	87478		
证券名称：	东盛科技	委托时间：	09:50:01
成交号码：	5478	成交时间：	10:05:12
成交股数：	5 000 股	本次余额：	10 000 股
成交价格：	15.00	成交金额：	75 000.00
手续费：	100.00	印花税：	50.00
过户费：	50.00	其他收费：	0.00
清算费：	0.00		
收付余额：	75 200.00		
上次余额：	100 000.00	买卖方向：	买
本次余额：	24 800.00		
成交日期：	2014.12.17		
备注信息：	确认为交易性金融资产		

图 11-47　成交过户交割凭单

(26) 18 日,分配并支付职工福利费 5 800 元。有关单据见图 11-48 和图 11-49。

职工福利分配表

编报单位: 2014 年 12 月 18 日 单位:元

部门人员		人数	分配标准	分配金额
部门	人员			
车间	猪肉水饺生产工人	9		1 800
	羊肉水饺生产工人	9		1 800
	车间管理人员	2		400
	小计	20		4 000
行政管理部门		4		800
专设销售机构		5		1 000
合计		29	200	5 800

图 11-48 职工福利分配表

青岛银行
现金支票存根
PIV 0165188

科　　目:

对方科目:应付职工薪酬

出票日期:2014 年 12 月 18 日

收款人:青岛天奇食品有限公司
金　额:¥5 800.00
用　途:支付职工福利

单位主管:　　　　会计:

复核:　　　　记账:

图 11-49 现金支票存根

(27) 18 日，报废 2 台设备，原值为 2 400 元，已提折旧为 2 300 元，处置残料 50 元。有关单据见图 11-50 和图 11-51。

固定资产报废单

固定资产编号：096　　　　2014 年 12 月 18 日　　　　固定资产卡账号：11

固定资产名称	规格型号	单位	数量	预计使用年限	原值	已提折旧	备注
和面机		台	2	5	2 400.00	2 300.00	清理报废
使用部门：生产车间							
固定资产状况及报废原因	正常报废						
处理意见	使用部门		技术鉴定小组		固定资产管理部门		主管部门审批
	申请报废。胤东		符合报废条件。郑益		同意申请报废。辛红		同意报废。尚天

图 11-50　固定资产报废单

山东省商业零售统一发票

发票联（山东 国家税务总局监制）

发票代码：261002152014

2014 年 12 月 18 日　　　　发票号码：00040627

购货单位：青岛市新天地废旧物资回收公司

摘要	单位	数量	单价	十	万	千	百	十	元	角	分
废旧设备款								5	0	0	0
		现金收讫									
合计人民币（大写）	伍拾元整						¥	5	0	0	0
备注											

收款单位（财务公章）　　会计：刘亭亭　　收款人：文静　　经手人：刘红

记账联

图 11-51　商业零售业统一发票

(28) 19 日，支付设备修理费 5 000 元，增值税额为 850 元。有关单据见图 11-52 和图 11-53。

青岛银行

转账支票存根

WQV 00960223

科　　目：

对方科目：管理费用、应交税费

出票日期：2014 年 12 月 19 日

收款人：青岛市山大机械设备公司
金　额：￥5 850.00
用　途：车间设备修理费

单位主管：　　　　会计：

复核：　　　　记账：

图 11-52　转账支票存根

山东省增值税普通发票

发票联

31120256215　　　　No 23315431

开票日期：2014 年 12 月 19 日

购货单位	名　　称：青岛天奇食品有限公司 纳税人识别号：370205167860763 地 址 、电 话：青岛市黄岛区换到路 41 号 0532-89620318 开户行及账号：青岛银行黄岛支行 8702044189243217623				密码区	S454-+>4521<<54100 加密版本：12 <458-265>+5451104　31120256215 50-+>400<<558000-<　23315431 <4151240->++545<>+	
货物及应税劳务名称	规格型号	单 位	数 量	单 价	金 额	税 率	税 额
修理费					5 000.00	17%	850.00
合计					￥5 000.00		￥850.00
价税合计（大写）	⊗伍仟捌佰伍拾元整					（小写）￥5 850.00	
销货单位	名　　称：青岛市山大机械设备公司 纳税人识别号：310108001567258 地 址 、电 话：青岛市鱼山路 14 号 0532-83979859 开户行及账号：青岛银行鱼山支行 5526901498731416249				备注	青岛市山大机械设备公司 发票专用章	

收款人：　　　　复核：　　　　开票人：齐玉敏　　　　销货单位：（盖章）

国税函[2014]1232号青岛印刷厂

第三联 发票联 购货方记账凭证

图 11-53　增值税专用发票

(29) 19 日，购买材料价款共计 18 400 元，增值税额为 3 128 元，同时承担运费 920 元，增值税额为 101.2 元，货已入库，已签发银行承兑汇票。有关单据见图 11-54～图 11-58（本题学生应自行填写原材料入库单和运费分配表）。

山东省增值税专用发票

（临沂 发票联 国家税务总局监制）

3513076903　　　　　　　　　　　　　　№ 62501236

开票日期:2014 年 12 月 19 日

购货单位	名　　称:青岛天奇食品有限公司 纳税人识别号:370205167860763 地 址 、电 话:青岛市黄岛区环岛路 41 号 0532-89620318 开户行及账号:青岛银行黄岛支行 8702044189243217623	密码区	S454-+>4521<<54100 加密版本:06 <458-265>+5451104　3513076903 50-+>400<<558000-<　62501236 <4151240->++545<>+

货物及应税劳务名称	规格型号	单位	数量	单价	金额	税率	税额
饺子粉		千克	2 200	5.50	12 100.00	17%	2 057.00
花生油		升	200	31.50	6 300.00		1 071.00
合计					¥18 400.00		¥3 128.00
价税合计(大写)	⊗贰万壹仟伍佰贰拾捌元整						(小写)¥21 528.00

销货单位	名　　称:临沂粮油公司 纳税人识别号:371311857623412 地 址 、电 话:临沂市罗庄区长治路 25 号 0539-58626345 开户行及账号:工商银行临沂支行罗庄分理处 4562367717863287328	备注	（临沂粮油公司 发票专用章）

收款人:　　　　复核:　　　　开票人:马莉　　　　销货单位:(盖章)

国税函[2014]1232号青岛印刷厂

第三联 发票联 购货方记账凭证

图 11-54　增值税专用发票

货物运输业增值税专用发票

（临沂 发票联 国家税务总局监制）

4502197666　　　　　　　　　　　　　　№ 62310185

开票日期:2014 年 12 月 19 日

承运人及纳税人识别号	临沂运输公司 371311377092562	密码区	030-817-<782>4521<<54100 >12544744+<458-265>+5451104 4414025621050-+>400<<558000-< 212500180<4151240->++545<>+
收货人及纳税人识别号	青岛天奇食品有限公司 370205167860763	发货人及纳税人识别号	临沂粮油公司 371311857623412
起运地、经由、到达地			
费用项目及金额	费用项目金额 运输费用 920.00	运输货物信息	饺子粉 2 200 千克 花生油　200 升

合计金额	920.00	税率	11%	税额	101.20	机器编号	459211225
价税合计(大写)	⊗壹仟零贰拾壹元贰角整						(小写)¥1 021.20
车种车号		车船吨位		备注	（临沂运输公司 发票专用章）		
主管税务机关及代码	临沂地方税务局 371311903321389						

收款人:张强　　　　复核人:王红　　　　开票人:赵青

第三联 发票联 受票方记账凭证

图 11-55　货物运输业增值税专用发票

原材料入库单

供应单位：　　　　　　　　　　年　　月　　日　　　　　　　　结算方式：

材料名称	单位	数量		实际成本			
		应收	实收	买价	采购费用	其他	总成本
合计							
注：按金额分配运输费用							

主管：　　　会计：　　　收货：　　　采购：　　　制单：

图 11-56　原材料入库单

运费分配表

年　　月　　日

材料名称	价款	分配率	分配金额(元)
合计			

收料人：　　　　　　　　经手人：

图 11-57　运费分配表

银行承兑汇票　　2

签发日期(大写)贰零壹肆年壹拾贰月壹拾玖日

第 IC0498 号

出票人全称	青岛天奇食品有限公司			收款人	全　称	临沂粮油公司		
出票人账号	8702044189243217623				账　号	4562367717863287328		
付款行全称	青岛银行黄岛支行	行号	3695		开户行	中国银行中山支行	行号	3535

汇票金额	人民币(大写) 贰万贰仟伍佰肆拾玖元贰角整	千	百	十	万	千	百	十	元	角	分
				¥	2	2	5	4	9	2	0

汇票到期日 贰零壹伍年零贰月壹拾玖日	本汇票已经承兑，到期日由本行付款	承兑协议编号 00196
本汇票请你行承兑，到期无条件付款 财务专用章 出票人签章 2014 年 12 月 19 日	承兑行签章 承兑日期　2014 年 12 月 19 日 备注：	科目(借) 对方科目(贷) 转账　　年　　月　　日 复核　王象　　记账　李好

此联收款人开户行随委托收款凭证寄付款行作借方凭证附件

图 11-58　银行承兑汇票

(30) 20 日，支付下年办公室租金 60 000 元。有关单据见图 11-59 和图 11-60。

青岛华佳大厦管理公司收款收据

2014 年 12 月 20 日　　　　No 3906487

交款单位 青岛天奇食品有限公司　　　　收款方式 银行转账

人民币(大写) 陆万元整　　　　(小写) ￥60 000.00

收款事由 支付下年企业管理办公室租金

（印章：青岛华佳大厦管理公司 财务专用章）

经办人：　　出纳：张超　　审核：　　记账：　　财会主管：　　单位盖章：

图 11-59　收款收据

青岛银行

转账支票存根

WQV 00960223

科　　目：

对方科目：预付账款

出票日期：2014 年 12 月 20 日

收款人：青岛华佳大厦管理公司
金　额：￥60 000.00
用　途：下年企管办租金

单位主管：　　会计：

复核：　　记账：

图 11-60　转账支票存根

(31) 20 日,支付下年报刊费 576 元。有关单据见图 11-61 和图 11-62。

山东省国家税务局通用手工发票

发票联（山东 国家税务总局监制）

查询码:366725699　　　　　　　　　　　　　　　　发票代码:1450211212852

单位:青岛天奇食品有限公司　　　　2014 年 12 月 20 日　　　　发票号码:00014521

地　址	青岛市黄岛区环岛路41号								
报刊名称	订报日期	份数	单价	金额					
				千	百	十	元	角	分
柳州日报	2015 年 01 月 01 日至 2015 年 12 月 31 日	2	288		5	7	6	0	0
合计人民币(大写)	⊗伍佰柒拾陆元零角零分			¥	5	7	6	0	0

收款单位:(章)　　　　　　　　　　开票人:伍玉梅

（青岛日报社 发票专用章）

第二联 发票联 金额合计超过万元无效金额

图 11-61　通用手工发票

青岛银行

转账支票存根

WQV 00960223

科　　目:

对方科目:预付账款

出票日期:2014 年 12 月 20 日

收款人:青岛日报社

金　额:¥576.00

用　途:支付下年报刊费

单位主管:　　　　会计:

复核:　　　　　　记账:

图 11-62　转账支票存根

(32) 21 日,购买猪肉,价款为 22 500 元,增值税额为 3 825 元,款项已付,货未收。有关单据见图 11-63 和图 11-64。

山东省增值税专用发票

发票联（青岛 国家税务总局监制）

45120256211　　　　No 23215896

开票日期：2014 年 12 月 21 日

购货单位	名　　称：青岛天奇食品有限公司 纳税人识别号：370205167860763 地 址 、电 话：青岛市黄岛区环岛路 41 号 0532-89620318 开户行及账号：青岛银行黄岛支行 8702044189243217623	密码区	S454－＋>4521<<54100 加密版本：01 <458－265>＋5451104　45120256211 50－＋>400<<558000－<　23215896 <4151240－>＋＋545<>＋

货物及应税劳务名称	规格型号	单位	数量	单价	金额	税率	税额
猪肉		千克	1 000	22.5	22 500.00	17%	3 825.00
合计					￥22 500.00		￥3 825.00
价税合计（大写）	⊗贰万陆仟叁佰贰拾伍元整				（小写）￥26 325.00		

销货单位	名　　称：青岛肉食品公司 纳税人识别号：370202323908156 地 址 、电 话：青岛市市北路 218 号 0532-82866345 开户行及账号：工商银行青岛分行市北支行 3362367717824156763	备注	（青岛肉食品公司 发票专用章）

收款人：　　复核：　　开票人：赵洪勇　　销货单位：（盖章）

国税函[2014]1232号青岛印刷厂

第三联 发票联 购货方记账凭证

图 11-63　增值税专用发票

青岛银行

转账支票存根

WQV 00960220

科　　目：

对方科目：在途物资、应交税费

出票日期：2014 年 12 月 21 日

收款人：青岛肉食品公司
金　额：￥26 325.00
用　途：支付货款

单位主管：　　会计：

复核：　　记账：

图 11-64　转账支票存根

（33）22 日，收到押金 200 元。有关单据见图 11-65。

收款收据

2014年12月22日　　　　№ 3906615

交款单位张笑、王芳、赵琳　　　　收款方式现金

人民币(大写)贰佰元整　　　　(小写)￥200.00

收款事由工作服押金

现金收讫

青岛天奇食品有限公司 财务专用章

经办人：　出纳：廖莉　审核：　记账：　财会主管：　单位盖章：

图 11-65　收款收据

(34) 24日，21日购买的猪肉验收入库，同时支付运杂费500元。有关单据见图11-66和图11-67(本题学生应自行填写原材料入库单)。

收款收据

2014年12月24日　　　　№ 3906612

交款单位青岛天奇食品有限公司　　　　收款方式现金

人民币(大写)伍佰元整　　　　(小写)￥500.00

收款事由：市内运杂费(购猪肉)

现金收讫

青岛宏远货运公司 财务专用章

经办人：　出纳：张云　审核：　记账：　财会主管：　单位盖章：

图 11-66　收款收据

原材料入库单

供应单位：　　　　年　月　日　　　　结算方式：

材料名称	单位	数量		实际成本			
		应收	实收	买价	采购费用	其他	总成本
合计							

主管：　会计：　收货：　采购：　制单：

图 11-67　原材料入库单

(35) 25 日，销售水饺，价款为 193 050 元，增值税额为 28 050 元，货已发出，款项未收。有关单据见图 11-68 和图 11-69(本题学生应自行填写出库单)。

山东省增值税专用发票

31120256345　　此联不作报销、扣税凭证使用　　№ 23210601

开票日期：2014 年 12 月 25 日

购货单位	名　　称：青岛大润发超市 纳税人识别号：370202567860234 地 址 、电 话：青岛市开发区长江路 53 号 0532-86899776 开户行及账号：兴业银行青岛分行开发区支行 5678927801213457246				密码区	454－＋＞4521＜＜54100　加密版本：12 ＜458－265＞＋5451104　31120256345 50－＋＞400＜＜558000－＜　23210601 ＜4151240－＞＋＋545＜＞＋	
货物及应税劳务名称	规格型号	单　位	数　量	单　价	金　额	税　率	税　额
猪肉馅水饺		千克	1 500	50.00	75 000.00	17%	12 750.00
羊肉馅水饺		千克	1 000	90.00	90 000.00	17%	15 300.00
合计					￥165 000.00		￥28 050.00
价税合计(大写)	⊗壹拾玖万叁仟零伍拾元整					(小写)￥193 050.00	
销货单位	名　　称：青岛天奇食品有限公司 纳税人识别号：370205167860763 地 址 、电 话：青岛市黄岛区环岛路 41 号 0532-89620318 开户行及账号：青岛银行黄岛支行 8702044189243217623				备注	青岛天奇食品有限公司 发票专用章	

收款人：　　复核：　　开票人：林敏　　销货单位：(盖章)

国税函[2014]1232号青岛印刷厂

第一联 记账联 销货方记账凭证

图 11-68　增值税专用发票

出　库　单

提货部门：　　年　月　日　　结算方式：

品名	规格	单位	应发	实发	金额(元)
合计					

主管：　　会计：　　收货：　　采购：　　制单：

图 11-69　出库单

(36) 25日,收到罚款200元。有关单据见图11-70。

收款收据

2014年12月25日　　　　№ 3906648

交款单位张宏志　　　　收款方式现金

人民币(大写)贰佰元整　　　　(小写)¥200.00

收款事由违规操作罚款

现金收讫

青岛天奇食品有限公司 财务专用章

经办人：　出纳:廖莉　审核：　记账：　财会主管：　单位盖章：

图11-70　收款收据

(37) 26日,支付电信费1 620元。有关单据见图11-71和图11-72。

青岛市电信局电话费发票

缴费日期:2014.12.26　　　　第35385号

客户名称:青岛天奇食品有限公司				缴费合同号:A5698745
其中	市内电话费	628.60	月份　欠费	金　额
	长途人工话费			
	长途直拨话费	991.40		
	电　报　费			
	补　　欠			
	200电话费			
	其　　他			
	滞　纳　金			
	信息台信息费			
	合　　计	¥1 620.00		

第二联　付款单位报销凭证

青岛市电信局 2014.12.26 营业专用章

记账:璐璐　　复核:刘艳　　收款员:庞琴

图11-71　电话费发票

青岛银行
转账支票存根
WQV 00960220

科　　目：

对方科目：管理费用

出票日期：2014 年 12 月 26 日

收款人：青岛市电信局
金　额：¥1 620.00
用　途：支付通信费

单位主管：　　　会计：

复核：　　　记账：

图 11-72　转账支票存根

(38) 28 日，收到货款 193 050 元。有关单据见图 11-73。

青岛银行进账单（收款通知）③

2014 年 12 月 28 日

出票人	全　称	青岛大润发超市	收款人	全　称	青岛天奇食品有限公司
	账　号	5678927801213457246		账　号	8702044189243217623
	开户银行	兴业银行青岛分行开发区支行		开户银行	青岛银行黄岛支行
金额 人民币(大写)	壹拾玖万叁仟零伍拾元整			千 百 十 万 千 百 十 元 角 分	¥ 1 9 3 0 5 0 0 0
票据种类	转账支票				
票据张数	1 张				
单位主管：　会计： 复核：　记账：		青岛银行黄岛支行 2014.12.28 转讫		收款人开户银行盖章	

此联是收款人开户银行交给收款人的收账通知

审核：　　　复核：　　　经办：(单位预留印鉴)

图 11-73　进账单

(39) 30 日，分配并支付电费 35 919 元。有关单据见图 11-74～图 11-76(本题学生应自行填写外购电费分配表)。

山东省增值税专用发票

发票联

5100041140 　　　　№ 10212200

开票日期：2014 年 12 月 30 日

购货单位	名　　称：青岛天奇食品有限公司 纳税人识别号：370205167860763 地 址 、电 话：青岛市黄岛区环岛路 41 号 0532-89620318 开户行及账号：青岛银行黄岛支行 8702044189243217623	密码区	016542－4－275<1＋46＊54＊ 加密版本：01 781301><8102＊59＊09012 　5100041140 <4<3＊2182－9>9＊－163</0 　10212200 ＊01/4>＊>>2－5＊0/9/>>17

货物或应税劳务名称	规格型号	单位	数量	单价	金额	税率	税额
电费		度	38 375	0.80	30 700.00	17%	5 219.00
合计					￥30 700.00		￥5 219.00
价税合计（大写）	⊗叁万伍仟玖佰壹拾玖元整				（小写）￥35 919.00		

销货单位	名　　称：青岛市电业局 纳税人识别号：510700733398367 地 址 、电 话：青岛市香港路 32 号 0532-82343121 开户行及账号：青岛银行香港路支行 0702014020000023119	备注	（印章：青岛市电业局 发票专用章）

收款人： 　　复核： 　　开票人：林静 　　销货单位：（章）

国税函[2014]1232号青岛印刷厂

第三联 发票联 购货方记账凭证

图 11-74　增值税专用发票

外购电费分配表

2014 年 12 月 30 日

应借科目		耗用量（度）	单价（元）	金额（元）
生产成本	猪肉水饺	17 000		
	羊肉水饺	13 815		
	小　计	30 815		
制造费用		3 800		
销售费用		560		
管理费用		3 200		
合　计		38 375		

审核： 　　记账： 　　制单：

图 11-75　外购电费分配表

青岛银行
转账支票存根
WQV 00960220

科　　目：

对方科目：制造费用等

出票日期：2014 年 12 月 30 日

收款人：青岛市电业局
金　额：¥35 919.00
用　途：支付电费

单位主管：　　　　会计：

复核：　　　　记账：

图 11-76　转账支票存根

(40) 31 日，分配水费 7 416 元。有关单据见图 11-77。

水费分配表

2014 年 12 月 31 日

项目部门	耗用量(吨)	单价(元/吨)	分配金额(元)
生产车间	6 000	1.2	7 200
行政管理部门	100	1.2	120
专设销售机构	80	1.2	96
合　计	6 350	1.2	7 416

图 11-77　水费分配表

(41) 31 日，偿还借款 100 000 元，利息 4 500 元。有关单据见图 11-78 和图 11-79(按月计息，12 月未计提利息)。

青岛银行贷款还款凭证

币别：人民币　　　　2014 年 12 月 31 日　　　　借款合同编号：

借款单位	青岛天奇食品有限公司			贷款银行	青岛银行黄岛支行									
付款账号	8702044189243217623			收款账号	2200554158552554513									
开户银行	青岛银行黄岛支行			开户银行	青岛银行黄岛支行									
还款金额	人民币（大写）壹拾万元整				千	百	十	万	千	百	十	元	角	分
						¥	1	0	0	0	0	0	0	0
贷款日期	2014 年 07 月 01 日	贷款金额	¥100 000.00	贷款余额										

上述借款人归还我行贷款本金已收妥。

贷款银行（盖章）

青岛银行黄岛支行 2014.12.31 转讫

经办人：2014 年 12 月 31 日

会计主管：　　　复核：　　　记账：　　　出纳：

第一联 借款人还款回执单

图 11-78　贷款还款凭证

青岛银行利息凭证

币别：人民币　　　　2014 年 12 月 31 日　　　　借款合同编号：

借款单位	青岛天奇食品有限公司					贷款银行	青岛银行黄岛支行									
付款账号	8702044189243217623					收款账号	2200554158552554513									
开户银行	青岛银行黄岛支行					开户银行	青岛银行黄岛支行									
利息金额	人民币（大写）肆仟伍佰元整						千	百	十	万	千	百	十	元	角	分
										¥	4	5	0	0	0	0
备注	起息日期	止息日期	月数	利率（%）	还贷金额		积数									
							十	亿	千	百	十	万	千	百	十	元
	2014.07.01	2014.12.31	6	9	¥4 500.00											

上述借款人支付我行贷款利息已收妥。

贷款银行（盖章）：

青岛银行黄岛支行 2014.12.31 转讫

经办人：2014 年 12 月 31 日

会计：　　　主管：　　　复核：　　　记账：　　　出纳：

第一联 付款人回执单

图 11-79　利息凭证

（42）31 日，填写发料汇总表和周转材料耗用汇总表（采用月末一次加权平均法计算原材料和周转材料的发出成本，周转材料采用一次转销法摊销），编制会计分录。有关单据见图 11-80 和图 11-81。

发料汇总表

2014年12月

材料种类		生产产品		合计
		猪肉水饺	羊肉水饺	
猪肉	数量(千克)	2 600		
	金额			
山羊肉	数量(千克)		1 500	
	金额			
饺子粉	数量(千克)	2 437	1 463	
	金额			
花生油	数量(千克)	94	56	
	金额			
蔬菜	数量(千克)	3 242	1 958	
	金额			
添加剂	数量(千克)	37	23	
	金额			
金额合计				

图 11-80 发料汇总表

周转材料耗用汇总表

2014年12月

材料种类		车间耗用	管理部门耗用	专设销售机构耗用	合计
修理工具	数量(套)	5			
	金额				
工作服	数量(套)	4			
	金额				
包装袋	金额			1 800	
合计					

图 11-81 周转材料耗用汇总表

(43) 31日，填写工作分配表及工资附加费分配表，编制会计分录。有关单据见图11-82和图11-83。

工资分配表

2014年12月

应借账户	生产工时(小时)	分配率	分配金额(元)
生产成本：			
猪肉水饺	1 800		
羊肉水饺	1 200		
小计	3 000		90 000
制造费用			8 500
销售费用			2 770
管理费用			23 500
合　计			124 770

图11-82 工资分配表

工资附加费计算表

2014年12月　　单位：元

应借账户	应付职工薪酬	住房公积金	企业负担的社会保险						工会经费
			医疗保险	失业保险	养老保险	生育保险	工伤保险	小　计	
		(12%)	(7%)	(2%)	(18%)	(1%)	(0.7%)		(2%)
生产成本									
——猪肉水饺									
——羊肉水饺									
小　计	90 000								
制造费用	8 500								
销售费用	2 770								
管理费用	23 500								
合　计	124 770								

图11-83 工资附加费计算表

(44) 31日，分摊保险费、报刊费及办公室租金。有关单据见图11-84。

预付账款摊销表

2014 年 12 月 31 日　　单位:元

项目	财产保险费	报刊费	办公租金	合计
生产车间	200			200
管理部门		48	5 000	5 048

图 11-84　预付账款摊销表

(45) 31 日,计提折旧费。有关单据见图 11-85。

折旧计算表

2014 年 12 月

类别	上月折旧额	上月增加		上月减少		本月折旧额
		原值	折旧额	原值	折旧额	
基本生产车间						
厂房	4 200					4 200
设备	4 200	50 000	500	20 000	600	4 100
小计	8 400		500		600	8 300
管理部门						
办公设备	1 500	70 000	600			2 100
冷库	3 800					3 800
小计	5 300		600			5 900
合计	13 700		1 100		600	14 200

图 11-85　折旧计算表

(46) 31 日,填写制造费用分配表(分配率保留 2 位小数),编制会计分录。有关单据见图 11-86。

制造费用分配表

2014 年 12 月　　单位:元

项目 / 分配对象	生产工人工资	分配率	应分配费用
猪肉水饺			
羊肉水饺			
合　计			

审核:　　记账:　　制单:

图 11-86　制造费用分配表

(47) 31 日,填写完工成本计算单,编制会计分录。有关单据见图 11-87 和图 11-88。

完工产品成本计算单

2014年12月31日

月初在产品数量:500千克

投产数量:5 500千克　　完工产品数量:5 300千克

产品名称:猪肉水饺　　在产品数量:700千克　　完工程度50%

项　目	直接材料	直接人工	燃料及动力	制造费用	合计

图11-87　完工产品成本计算单

完工产品成本计算单

2014年12月31日

月初在产品数量:100千克

投产数量:3 500千克　　完工产品数量:3 200千克

产品名称:羊肉水饺　　在产品数量:400千克　　完工程度50%

项　目	直接材料	直接人工	燃料及动力	制造费用	合计

图11-88　完工产品成本计算单

(48) 31日,填写出库单汇总表,结转已销产品成本(采用月末一次加权平均法计算库存商品发出成本)。有关单据见图11-89和图11-90。

库存商品出库单汇总表

用途：销售　　　　年　　月　　日　　　　仓库：成品仓

名称及规格	计量单位	发出数量	单位成本(元)	总成本(元)
猪肉水饺	千克			
羊肉水饺	千克			

主管：　　会计：　　收货：　　采购：　　制单：

图 11-89　库存商品出库单汇总表

主营业务成本计算单

2014 年 12 月 31 日　　　　金额单位：元

产品名称	期初结存			本期完工			本期销售		
	数量	单位成本	金额	数量	单位成本	金额	数量	单位成本	金额
猪肉水饺									
羊肉水饺									
合　计									

图 11-90　主营业务成本计算单

(49) 31 日，填写城市维护建设税和教育费附加计算表，编制会计分录。有关单据见图11-91。

城市维护建设税和教育费附加计算表

2014 年 12 月 31 日

计税依据		应交税费项目				营业税金及附加合计
		城市维护建设税 (7%)	教育费附加 (3%)	地方教育费附加 (2%)	地方水利建设基金 (1%)	
增值税						
营业税						
消费税						
合　计						

图 11-91　城市维护建设税和教育费附加计算表

(50) 31 日，填写交易性金融资产市价表，编制会计分录。有关单据见图 11-92。

交易性金融资产市价表

2014 年 12 月 31 日　　　　金额单位：元

投资项目	持有股(份)数	单位市价	账面价值	市价总额
股票投资：				
东盛科技		16.00		
合　计				

图 11-92　交易性金融资产市价表

(51) 31日,填写损益类账户发生额汇总表,结转损益类账户。有关单据见图11-93。

损益类账户发生额汇总表

2014年12月

账户名称	借方发生额	贷方发生额

图11-93 损益类账户发生额汇总表

(52) 31日,填写所得税计算表,计算应交所得税并结转所得税费用。有关单据见图11-94。

应交所得税计算表

年 月 日　　　　单位:元

项目	金额
1～11月利润	
12月利润	
全年利润总额	
纳税调整额	
全年应纳税所得额	
所得税税率	
全年应纳所得税税额	
全年已交所得税	
未交所得税	

财务主管:　　　　审核:　　　　制单:

图11-94 应交所得税计算表

(53) 31日,结转净利润。

(54) 31 日，填写利润分配表，编制会计分录。有关单据见图 11-95。

利润分配计算表

2014 年 12 月 31 日　　单位：元

项　目	提取比例	金　额
一、净利润		
二、提取盈余公积		
其中：		
提取法定盈余公积	10%	
提取任意盈余公积	10%	
三、可供投资者分配的利润		

图 11-95　利润分配计算表

(55) 结转“未分配利润”明细账户外的其他明细账户至“利润分配——未分配利润”账户。

四、实训要求

1. 完成总分类账户试算平衡表(见表 11-3)。

表 11-3　总分类账户试算平衡表

年　月　日　　单位：元

科目名称	期初余额		本期发生额		期末余额	
	借方	贷方	借方	贷方	借方	贷方
库存现金						
银行存款						
应收票据						
应收账款						
预付账款						
其他应收款						
在途物资						
原材料						
周转材料						
库存商品						
待摊费用						
固定资产						
累计折旧						
固定资产清理						
无形资产						
待处理财产损溢						
短期借款						

（续表）

科目名称	期初余额		本期发生额		期末余额	
	借方	贷方	借方	贷方	借方	贷方
应付账款						
其他应付款						
应付职工薪酬						
应交税费						
应付股利						
实收资本						
资本公积						
盈余公积						
本年利润						
利润分配						
生产成本						
制造费用						
主营业务收入						
主营业务成本						
营业税金及附加						
销售费用						
管理费用						
财务费用						
营业外支出						
所得税费用						
合　计						

财务主管：　　　　　　　　　复核：　　　　　　　　　制单：

2. 完成“原材料”总账与所属明细账试算平衡表(见表11-4)。

表11-4　　　　**“原材料”总账与所属明细账试算平衡表**

年　月　　　　　　　　　　　　单位：元

明细分类账户	期初余额		本期发生额		期末余额	
	借方	贷方	借方	贷方	借方	贷方
合　计						

财务主管：　　　　　　　　　复核：　　　　　　　　　制单：

3. 完成“应收账款”总账与所属明细账试算平衡表(见表 11-5)。

表 11-5　　“应收账款”总账与所属明细账试算平衡表

年　月　　单位：元

明细分类账户	期初余额		本期发生额		期末余额	
	借方	贷方	借方	贷方	借方	贷方
合　计						

财务主管：　　复核：　　制单：

4. 完成“生产成本”总账与所属明细账试算平衡表(见表 11-6)。

表 11-6　　“生产成本”总账与所属明细账试算平衡表

年　月　　单位：元

明细分类账户	期初余额		本期发生额		期末余额	
	借方	贷方	借方	贷方	借方	贷方
合　计						

财务主管：　　复核：　　制单：

5. 完成“库存商品”总账与所属明细账试算平衡表(见表 11-7)。

表 11-7　　“库存商品”总账与所属明细账试算平衡表

年　月　　单位：元

明细分类账户	期初余额		本期发生额		期末余额	
	借方	贷方	借方	贷方	借方	贷方
合　计						

财务主管：　　复核：　　制单：

6. 编制资产负债表(见表 11-8)。

表11-8　　　　资产负债表

会企01表

编制单位：　　　　年　　月　　日　　　　单位：元

资　产	期末余额	年初余额	负债和所有者权益（或股东权益）	期末余额	年初余额
流动资产：			流动负债：		
货币资金			短期借款		
交易性金融资产			交易性金融负债		
应收票据			应付票据		
应收账款			应付账款		
预付款项			预收款项		
应收利息			应付职工薪酬		
应收股利			应交税费		
其他应收款			应付利息		
存货			应付股利		
一年内到期的非流动资产			其他应付款		
其他流动资产			一年内到期的非流动负债		
流动资产合计			其他流动负债		
非流动资产：			流动负债合计		
可供出售金融资产			非流动负债：		
持有至到期投资			长期借款		
长期应收款			应付债券		
长期股权投资			长期应付款		
投资性房地产			专项应付款		
固定投资			预计负债		
在建工程			递延所得税负债		
工程物资			其他非流动负债		
固定资产清理			非流动负债合计		
生产性生物资产			负债合计		
油气资产			所有者权益（或股东权益）：		
无形资产			实收资本（或股本）		
开发支出			资本公积		
商誉			减：库存股		
长期待摊费用			盈余公积		
递延所得税资产			未分配利润		
其他非流动资产			所有者权益（或股东权益）合计		
非流动资产合计					
资产总计			负债和所有者权益（或股东权益）总计		

7. 编制利润表(见表 11-9)。

表 11-9 **利 润 表**

会企 02 表

编制单位: 年 月 单位:元

项 目	本期金额(1～12 月)	上期金额(上年金额)
一、营业收入		
减:营业成本		
营业税金及附加		
销售费用		
管理费用		
财务费用		
资产减值损失		
加:公允价值变动收益(损失以"一"号填列)		
投资收益(损失以"一"号填列)		
其中:对联营企业和合营企业的投资收益		
二、营业利润(亏损以"一"号填列)		
加:营业外收入		
减:营业外支出		
其中:非流动资产处置损失		
三、利润总额(亏损总额以"一"号填列)		
减:所得税费用		
四、净利益(净亏损以"一"号填列)		
五、每股收益:		
(一) 基本每股收益		
(二) 稀释每股收益		

教学课件索取单

敬爱的老师：

感谢您使用我们出版社的教材。为了方便教学，教材配有相关教学课件。如果您需要，请您填写下面表格中的相关信息，并以电子邮件的形式发到我社，我们在核对您的信息后，即免费向您提供教学课件。

我们的联系方式：

地　　址：上海市中山西路 2230 号 1 号楼 1507 室
　　　　　立信会计出版社

邮　　编：200235　　　　电　话：(021) 64411223(O)

电子邮件：victoria_tysx@126.com　　　　联系人：余　榕

教材名称					作者姓名	
教师姓名		性别		身份证号		
学　　校			院系		教 研 室	
学校地址					邮　　编	
职　　务			职称		办公电话	
E-mail			手机		宅　　电	
通信地址					邮　　编	
教材用量	册		委托订购单位			

您对本教材的意见和建议是：________________________________

____

____

____

____